A APPLE APÓS
STEVE JOBS

Tripp Mickle

A APPLE APÓS
STEVE JOBS

como a busca por excelência e rentabilidade redefiniu a maior empresa de inovação de todos os tempos

Tradução
Cristina Yamagami

Benvirá

Copyright © Tripp Mickle, 2023

Esta edição é publicada conforme acordo com a William Morrow, um selo da HarperCollins Publishers.

Copyright © 2023 by Tripp Mickle

Published by arrangement with William Morrow, an imprint of HarperCollins Publishers.

Título original: *After Steve: How Apple Became a Trillion-Dollar Company and Lost Its Soul*

Direção executiva Flávia Alves Bravin
Direção editorial Ana Paula Santos Matos
Gerência editorial e de projetos Fernando Penteado
Edição Estela Janiski Zumbano
Produção Rosana Peroni Fazolari

Tradução Cristina Yamagami
Preparação Leila Rodrigues
Revisão Queni Winters
Diagramação Negrito Produção Editorial
Capa Tiago Dela Rosa
Imagem de capa Shutterstock / Anton_Ivanov
Impressão e acabamento A.R. Fernandez

Dados Internacionais de Catalogação na Publicação (CIP)
Vagner Rodolfo da Silva – CRB-8/9410

M625a Mickle, Tripp

A Apple após Steve Jobs: como a busca por excelência e rentabilidade redefiniu a maior empresa de inovação de todos os tempos / Tripp Mickle; traduzido por Cristina Yamagami. – São Paulo: Benvirá, 2023.

496 p.

Tradução de: *After Steve: How Apple Became a Trillion-Dollar Company and Lost Its Soul*

ISBN 978-65-5810-153-6 (Impresso)

1. Administração. 2. Sucessão empresarial. 3. Gestão de empresas de tecnologia. 4. Cultura empresarial. 5. Liderança. 6. Estratégia. I. Yamagami, Cristina. II. Título.

2023-933

CDD 658.4012
CDU 65.011.4

Índices para catálogo sistemático:

1. Administração: negócios — 658.4012
2. Administração: negócios — 65.011.4

1ª edição, setembro de 2023

Nenhuma parte desta publicação poderá ser reproduzida por qualquer meio ou forma sem a prévia autorização da Saraiva Educação. A violação dos direitos autorais é crime estabelecido na Lei n. 9.610/98 e punido pelo artigo 184 do Código Penal.

Todos os direitos reservados à Benvirá, um selo da Saraiva Educação.
Av. Paulista, 901, 4º andar
Bela Vista – São Paulo – SP – CEP: 01311-100

SAC: sac.sets@saraivaeducacao.com.br

CÓDIGO DA OBRA 714595 · CL 671079 · CAE 807060

Para minha esposa, Amanda,
e meus pais, Marilynn e Russ.

Uma instituição é a sombra alongada de um homem.
RALPH WALDO EMERSON

O homem racional adapta-se ao mundo; o irracional
insiste em tentar adaptar o mundo a ele. Pensando assim,
todo progresso depende do homem irracional.
GEORGE BERNARD SHAW

SUMÁRIO

Nota do autor	11
Elenco	13
Prólogo	17

1.	Só mais uma coisa	21
2.	O artista	39
3.	O operador	61
4.	É melhor ficar com ele	85
5.	Determinação ferrenha	115
6.	Ideias frágeis	135
7.	Possibilidades	155
8.	A luta pela inovação	169
9.	A coroa	197
10.	Acordos	221
11.	A casa caiu	239
12.	Orgulho	251
13.	Fora de moda	261
14.	O projeto Fuse	281

15. Contadores 297
16. Segurança 311
17. A fase do Havaí 329
18. Fumaça 339
19. Jony 50 355
20. Briga de cachorro grande 367
21. Com um pé aqui e o outro lá 393
22. Em um bilhão de bolsos 413
23. *Yesterday* 429

Epílogo 441
Agradecimentos 453
Uma observação sobre as fontes 457
Notas 459
Referências 495

Veja também o material exclusivo à edição brasileira disponível em nossa plataforma Saraiva Conecta:

https://somos.in/CNCT

NOTA DO AUTOR

Esta é uma obra de não ficção, baseada principalmente em relatos de primeira mão reunidos ao longo de cinco anos, incluindo quatro anos cobrindo a Apple para o *Wall Street Journal*. Mais de 200 funcionários atuais e ex-funcionários da Apple conversaram comigo, fornecendo perspectivas de todos os escalões da empresa. Também entrevistei parentes, amigos, colaboradores, concorrentes e funcionários do governo. Muitos deles passaram várias horas falando comigo em ocasiões diferentes no decorrer de vários meses. A maioria concordou em ajudar com a condição de não ser identificada, observando que a Apple tem um histórico de ameaçar judicialmente pessoas que falam sobre seus negócios. Também me baseei em décadas de artigos, livros, processos judiciais e outras fontes disponíveis ao público. Essas fontes são especificadas no fim deste livro.

Os diálogos descritos no livro foram retirados de gravações de vídeo ou áudio ou reconstituídos com base nas memórias de pessoas que conhecem os eventos descritos. Quando encontrei relatos conflitantes de situações, usei as descrições mais plausíveis e detalhei os outros relatos nas "Notas", que você encontrará no fim do livro.

ELENCO

Tim Cook: chief executive officer – CEO (2011-atual), vice-presidente sênior de operações globais, chief operations officer – COO (1998-2011)

Jony Ive: chief design officer (2015-2019), vice-presidente sênior de design, membro da equipe de design (1992-2015)

Executivos

Angela Ahrendts: vice-presidente sênior de varejo (2014-2019)

Katie Cotton: vice-presidente de comunicações globais (1996-2014)

Eddy Cue: vice-presidente sênior de serviços (2011-atual, entrou na Apple em 1989)

Steve Dowling: vice-presidente de comunicações (2015-2019, entrou na Apple em 2003)

Tony Fadell: vice-presidente sênior da divisão de iPods (2005-2008, entrou na Apple em 2001)

Scott Forstall: vice-presidente sênior do iOS (2007-2012, entrou na Apple em 1997)

Greg Joswiak: vice-presidente sênior de marketing global (2020-atual, entrou na Apple em 1986)

Luca Maestri: vice-presidente sênior e chief financial officer (2011-atual, entrou na Apple em 2013)

Bob Mansfield: vice-presidente sênior de engenharia de hardware (2005-2012, entrou na Apple em 1999, atua como consultor de projetos futuros desde 2012)

Deirdre O'Brien: vice-presidente sênior de varejo + pessoas (2011-atual, entrou na Apple em 1988)

Peter Oppenheimer: vice-presidente sênior e chief financial officer (2004-2014, entrou na Apple em 1996)

Dan Riccio: vice-presidente sênior de engenharia de hardware (2012-2021, entrou na Apple em 1998)

Jon Rubinstein: vice-presidente sênior de engenharia de hardware e da divisão de iPods (1997-2006)

Phil Schiller: vice-presidente sênior de marketing global (1997-2020, entrou na Apple em 1987 e 1997)

Bruce Sewell: vice-presidente sênior e assessor jurídico geral (2009-2017)

Jeff Williams: chief operations officer (2015-atual, entrou na Apple em 1998)

Design industrial

Bart Andre: designer (1992-atual)

Robert Brunner: diretor de design industrial (1990-1996)

Danny Coster: designer (1994-2016)

Daniele De Iuliis: designer (1992-2018)

Julian Hönig: designer (2010-2019)

Richard Howarth: designer (1996-atual)

Duncan Kerr: designer (1999-atual)

Marc Newson: designer (2014-2019), LoveFrom (2019-atual)

Tim Parsey: líder do estúdio de design industrial (1991-1996)

Doug Satzger: designer (1996-2008)

Christopher Stringer: designer (1995-2017)

Eugene Whang: designer (1999-2021)

Rico Zorkendorfer: designer (2003-2019)

Equipe de software

Imran Chaudhri: designer (1995-2016)

Greg Christie: vice-presidente de design de interface humana (1996-2015)

Alan Dye: vice-presidente de design de interface humana (2012-atual); diretor de criação (2006-2012)

Henri Lamiraux: vice-presidente de engenharia de software (2009-2013, entrou na Apple em 1990)

Richard Williamson: designer (2001-2012)

Marketing

Hiroki Asai: vice-presidente de comunicações de marketing global (2010-2016, entrou na Apple em 2000)

Paul Deneve: líder de vendas e marketing da Apple na Europa (1990-1997); vice-presidente de projetos especiais (2013-2017)

Duncan Milner: diretor de criação, TBWA\Media Arts Lab (2000-2016)

James Vincent: CEO da TBWA\Media Arts Lab; diretor geral da TBWA\Chiat\Day, Apple (2000-2006)

Música

Dr. Dre: cofundador da Beats

Jimmy Iovine: cofundador da Beats

Trent Reznor: diretor de criação da Beats

Jeff Robbin: vice-presidente de aplicativos para consumidores

Engenheiros

Jeff Dauber: engenheiro (1999-2014, diretor sênior de arquitetura e tecnologias)

Eugene Kim: engenheiro (2001-atual, nomeado vice-presidente em 2018)

Operações

Tony Blevins: vice-presidente de compras (~2000-atual)

Nick Forlenza: vice-presidente de design de manufatura (2002-2020)

Serviços

Jamie Erlicht: diretor de vídeo global (2017–atual)

Peter Stern: vice-presidente de serviços em nuvem (2016–atual)

Zack Van Amburg: diretor de vídeo global (2017–atual)

Conselho de administração

James Bell (2015-atual)

Mickey Drexler (1999-2015)

Al Gore (2003-atual)

Bob Iger (2011-2019)

Susan Wagner (2014-atual)

Moda

Andrew Bolton: curador-chefe do Instituto de Vestuário do Museu Metropolitano de Arte

Karl Lagerfeld: designer

Anna Wintour: editora-chefe da *Vogue*

Colegas

Martin Darbyshire: cofundador e CEO da Tangerine

Jim Dawton: designer da Tangerine, colega de classe na Politécnica de Newcastle

Clive Grinyer: cofundador da Tangerine

Peter Phillips: sócio da Tangerine

Pais de Tim Cook e Jony Ive

Donald Cook

Geraldine Cook

Mike Ive

Pam Ive

PRÓLOGO

O artista vagava pelo corredor mal iluminado de um teatro em San José, na Califórnia, esperando sua deixa. Ele conhecia suas falas, sabia o que se esperava dele. Ciente de que o público estaria atento a todos os seus movimentos, tentava manter o rosto inexpressivo.

Era início de junho de 2019, e Jony Ive precisava se apresentar em um evento de demonstração de produtos depois de um dos encontros anuais da Apple, os espetáculos ritualísticos nos quais a sempre sigilosa empresa revelava suas mais recentes maravilhas, cujo design não teria sido o mesmo sem a colaboração de Ive. Em um estilo *casual chic*, com calças largas de linho, uma camiseta e um cardigã, no alto de seus 52 anos, ele não precisava provar mais nada. Não era exagero dizer que sua visão, seu amor pelas linhas puras e simples, já havia transformado o mundo. Mas ele nunca se satisfazia com suas próprias criações, notando imperfeições invisíveis aos outros, como no caso do relógio que ele considerava um milímetro grosso demais ou da lacuna infinitesimal no encaixe das peças do iPhone. Ele via poesia nas máquinas. Encontrava inspiração na curva das flores e na cor das águas tropicais. Via na imitação o gesto de um ladrão indolente, não uma forma de bajulação.[1] Em sua presença, sua equipe sentia que qualquer problema tinha uma solução, qualquer revolução era possível.

E, mesmo com esse histórico, lá estava ele, esperando como um figurante por seu momento sob os holofotes, matando o tempo diante de uma mesa de carvalho com o mais recente Mac Pro. Ele conhecia todos os detalhes daquele computador. Estivera presente no estúdio enquanto sua equipe de design falava sobre a estrutura dos corais no fundo do mar que davam vida aos recifes oceânicos. Vira como essa conversa ajudou a criar para o gabinete do computador, uma estrutura de alumínio contendo uma série de orifícios sobrepostos que permitiam a entrada do ar fresco e a saída do ar quente da máquina. O resultado foi um computador diferente de qualquer outro no mundo.

Diante de sua última maravilha, Ive parecia entediado.

Nesse momento, um burburinho de empolgação veio da entrada do teatro. Tim Cook, CEO da Apple, entrou a passos largos ladeado por Norah O'Donnell, apresentadora do *CBS Evening News*, principal noticiário da CBS News. Jornalistas e fotógrafos andavam de ré diante dele, com microfones e câmeras captando cada movimento. Cook, de 58 anos, era esbelto e musculoso, produto de uma rotina matinal de exercícios e de uma dieta inabalável de frango grelhado e legumes cozidos no vapor.[2] Ele havia passado quase uma década à frente da maior empresa de capital aberto do mundo, em um período de crescimento de receita espetacular que elevou a avaliação da Apple para nada menos que US\$ 1 trilhão. Sua ascensão a esse auge corporativo fora uma jornada espetacular para o filho de uma cidadezinha rural do Alabama, onde o futuro como um gerentezinho de franquia de lanchonete teria sido mais provável que a escalada para se tornar um dos CEOs mais admirados do mundo.

Em muitos aspectos, Cook era o oposto de Ive. Havia subido na hierarquia trabalhando na cadeia de suprimentos da empresa. Seu maior talento não era criar novos produtos. Seu dom estava em inventar maneiras de maximizar as margens, convencendo alguns fornecedores a reduzir os preços e persuadindo outros a construir fábricas do tamanho de cidades para produzir mais unidades. Ele odiava ter produtos em estoque. Sabia como fazer os subordinados suarem com perguntas fulminantes. Apesar de ter começado como um mago das planilhas, estava rapidamente se distinguindo como um político magistral que havia forjado alianças globais com os presidentes dos Estados Unidos e da

República Popular da China. Uma única frase saindo de sua boca tinha o poder de colocar os mercados de ações do mundo em queda livre.

Os cliques das câmeras que o saudavam eram ensurdecedores. Ive adentrou a muvuca e cumprimentou Cook. Em seguida, os dois se voltaram ao computador para desempenhar seus papéis, forjando uma espontaneidade que não deixou de parecer artificial.

Ive atuou como se estivesse mostrando a seu CEO algo que este nunca tinha visto antes. Cook fingiu interesse como se não soubesse que aquilo tudo não passava de um ritual de marketing. A teatralidade da coisa pôs um sorriso irônico no rosto de algumas pessoas na plateia.

O momento foi tão constrangedor que chegou a ser quase insuportável para Ive. Ele passou apenas alguns minutos no palco enquanto proferia suas falas e se afastou enquanto as câmeras davam um zoom em Cook. Quase ninguém percebeu Ive passar pela multidão e desaparecer por uma porta lateral.

A verdade era que Ive já vinha saindo de foco havia anos. A Apple não era mais sua bela criação. Ele não era mais a estrela do show. As câmeras não se voltavam mais para ele, e os âncoras dos noticiários não o convidavam mais para falar poeticamente sobre design. O mundo queria saber o que a empresa faria com relação a impostos, imigração e privacidade. Eles queriam Cook. A alma criativa da Apple fora eclipsada pela máquina.

1

SÓ MAIS UMA COISA

Jony Ive preparou-se para o que encontraria ao entrar na imponente casa de dois andares em Palo Alto.[1] Era o início da manhã de terça-feira, 4 de outubro de 2011, e uma tempestade começava a se formar com nuvens pesadas nas planícies normalmente ensolaradas do Vale do Silício. Em circunstâncias melhores, Ive estaria chegando a Cupertino. A Apple faria um evento especial naquele dia para apresentar um novo iPhone que ele havia projetado. Mas Ive deixaria de ir ao evento para ver seu chefe, amigo e parceiro espiritual, Steve Jobs.

Ive entrou em uma casa que havia se transformado em um hospital. Médicos e enfermeiros caminhavam apressadamente na casa onde Jobs, sofrendo de câncer no pâncreas, estava acamado. No escritório transformado em quarto, uma TV fora instalada para exibir o único streaming de vídeo do mundo do evento de produtos da Apple, uma exibição privada para o *showman* de longa data da Apple.

Não era fácil para Ive entrar naquela casa. Desde que saíra de licença médica no início do ano, Jobs continuou convocando Ive e outros líderes das equipes de design, software, hardware e marketing da Apple para sua residência. No interior da casa, a passagem do tempo podia ser medida pela perda de peso do CEO e por seus movimentos cada vez mais restritos. Seu rosto estava esquelético e suas pernas se atrofiaram, lembrando galhos rígidos.

Ele raramente saía da cama onde ficava cercado por fotos da família, remédios, pilhas de papel, monitores e máquinas. Mesmo assim, recusava-se a parar de trabalhar.

"A Apple não é só um emprego para mim", dizia. "É uma parte gigante da minha vida. Eu adoro fazer o que faço."

Naquele dia, enquanto se dirigia para o quarto onde Jobs estava de cama, Ive passou por uma imagem captada pelo fotógrafo Harold Edgerton, o homem que congelava o tempo. A foto mostrava uma maçã vermelha suspensa contra um fundo azul-espacial no exato momento em que era atingida por uma bala, explodindo seu miolo.

A CERCA DE 25 QUILÔMETROS dali, Tim Cook parou no estacionamento da sede da Apple no 1 Infinite Loop. O *campus* de 32 acres da empresa, um anel formado por seis prédios esbranquiçados, ficava em Cupertino, na Califórnia, perto da Rodovia Interestadual 280 e atrás do BJ's Restaurant and Brewhouse, uma base de operações despretensiosa para uma empresa que acumulava lucros anuais de quase US$ 26 bilhões.

Aquele seria um dos dias mais importantes da carreira de Cook. Dois meses antes, Jobs o promovera de chief operations officer (diretor de operações) a CEO da Apple. O *timing* da promoção pegou o mundo de surpresa. A Apple e Jobs não divulgaram a gravidade da doença de Jobs e privaram funcionários, investidores e a mídia de informações sobre sua saúde, que ia de mal a pior. Quando passou o bastão a seu braço direito de longa data, ele garantiu aos funcionários e aos investidores que continuaria envolvido no desenvolvimento de produtos e na estratégia corporativa, mas disse que Cook lideraria o negócio, uma posição que catapultou o responsável pelas operações da empresa ao centro de seus eventos de lançamento de produtos.

Em poucas horas, cerca de 300 jornalistas e convidados especiais iriam ao *campus* da Apple para o primeiro discurso de Cook. Eventos como esse costumavam ser realizados em grandes auditórios ou centros de convenções em São Francisco, mas este seria realizado em uma sala de palestras apertada conhecida como Town Hall, na parte de trás do *campus*. Os organizadores da Apple escolheram deliberadamente o local pequeno, perto de casa. Jobs era um *showman* nato. Mas Cook não.

O cofundador da Apple havia transformado as apresentações corporativas em um teatro de produtos, engajando o público com histórias meticulosamente elaboradas que apresentavam o propósito de um novo dispositivo com uma simplicidade que empolgava novos clientes e impulsionava as vendas. Ele anunciara o iPhone como sendo três coisas ao mesmo tempo: um telefone, um tocador de música e um dispositivo de comunicação pela internet. Transformara o esguio MacBook Air em um laptop tão compacto que cabia em um envelope pardo comum. E convencera o mundo de que os iPods não eram só para tocar músicas, mas para revolucionar a maneira como as pessoas descobriam e apreciavam a música. Cook, por sua vez, ficava mais à vontade avaliando a logística da cadeia de suprimentos do que diante de uma plateia. Quando subira ao palco em eventos anteriores, fora no papel secundário de detalhar o número de computadores vendidos ou de novas lojas abertas. No entanto, com o astro da Apple de cama, chegara a hora de Cook, seu substituto, assumir o papel de protagonista.

A escolha do Town Hall fora pensada para reduzir os riscos da estreia de Cook. O local era o equivalente a um teatro dedicado a produções de baixo orçamento, com menos assentos para jornalistas e críticos que poderiam publicar críticas negativas. Também ficava no *campus*, para que, durante a semana, Cook pudesse ir andando de seu escritório até o local para ensaiar. Ele dedicara horas repassando seus comentários roteirizados na tentativa de se acostumar com o palco e não ter um branco durante a apresentação. O tamanho do local implicava uma quantidade menor de câmeras, equipes de reportagem reduzidas e menos barulho. A familiaridade com o ambiente concentraria sua atenção na tarefa mais importante: dizer suas falas.

A EQUIPE APELIDOU O CELULAR que seria lançado naquele dia de "Para Steve".[2]

Nas três últimas décadas, Jobs se consolidara como um visionário tão original que chegou a ser comparado com Leonardo da Vinci e

Thomas Edison. Trabalhando na casa de seus pais em Los Altos, Califórnia, ele e seu amigo Steve Wozniak, um engenheiro autodidata, desenvolveram um dos primeiros computadores para as massas, uma caixa cinza com um teclado e uma fonte de alimentação capaz de exibir gráficos. Em 1977, a empresa da dupla de amigos foi aberta formalmente com o nome de Apple Computer Inc., inspirado na banda favorita de Jobs, os Beatles, e seu selo fonográfico, a Apple Records. A ousadia de Jobs ao apresentar seus computadores a compradores potenciais era vista por alguns como pura balela, mas o computador Apple II se tornou um dos primeiros PCs de sucesso comercial, rendendo à empresa US$ 117 milhões em vendas anuais antes de a Apple abrir seu capital em 1980. Jobs e Wozniak ficaram milionários e garantiram seu lugar na mitologia do Vale do Silício com uma história de ascensão triunfal.

Um marqueteiro magistral com um olho espetacular para o design, Jobs redefiniu a categoria de PCs em 1984 com o Macintosh, um computador para as massas que podia ser controlado com o clique de um mouse em vez de catando milho em um teclado. Ele apresentou o novo computador como uma máquina que veio ao mundo para democratizar a tecnologia e destronar a maior fabricante de computadores, a IBM. Trabalhando com a agência de publicidade Chiat/Day, ele desenvolveu um comercial orwelliano para ser exibido no Super Bowl intitulado *1984*, que mostrava o Macintosh e a Apple como uma velocista olímpica empunhando uma marreta e destruindo uma tela gigante que projetava o Grande Irmão. Ele apresentou o computador uma semana depois, em um dos primeiros eventos que passaram a ser a marca registrada da Apple, cativando o público em um auditório escuro de Cupertino ao ligar o computador e deixar que ele falasse por si só, dizendo: "Olá, sou o Macintosh. Ufa! Que alívio sair daquela mala".

No entanto, uma queda nas vendas em 1985 levou o conselho a demitir Jobs em favor de John Sculley, um ex-executivo da PepsiCo. Sculley levou a Apple a novos patamares de vendas até que o software

Windows da Microsoft começou a abocanhar a participação de mercado da Apple. A empresa demorou a entrar no mercado de laptops e disputas internas levaram ao afastamento de Sculley. Seu sucessor, Michael Spindler, que entrou na empresa em 1993, inundou o mercado com computadores da Apple, uma estratégia que só agravou os problemas da empresa. A Apple perdeu quase US$ 2 bilhões em dois anos e estava à beira da falência em 1996, quando fechou um acordo para comprar uma empresa de desktops chamada NeXT, que Jobs fundara enquanto estava no exílio.

Jobs voltou à Apple e deu início a uma das viradas empresariais mais notáveis da história. Ele aparou meticulosamente a linha de produtos, usou o sistema operacional da NeXT como a base do OS X, um sistema operacional mais rápido e moderno, e liderou o desenvolvimento de um desktop translúcido e colorido chamado iMac, que colocou a empresa de volta ao crescimento das vendas. Em seguida, levou a Apple para além dos computadores e entrou no mercado de eletrônicos de consumo com o iPod, que foi lançado em 2001 e colocou milhares de músicas de US$ 0,99 no bolso das pessoas. O iPhone foi lançado em 2007, introduzindo um sistema de tela sensível ao toque que revolucionou a comunicação e se tornou um dos produtos mais vendidos da história. Seu sucessor, o iPad, lançado em 2010, redefiniu a computação em tablet. A série de produtos de sucesso transformou Jobs em um herói cult.

Os consumidores mais fervorosos da Apple eram absolutamente dedicados e protegiam a empresa como membros de um culto religioso. Alguns chegaram a tatuar nos pulsos o logotipo da empresa ou slogans publicitários. Na posição de CEO, Jobs tinha um domínio quase messiânico sobre eles, e seu uniforme diário – uma camisa preta de mangas compridas e gola rolê, jeans 501 da Levi's e tênis New Balance – reforçava sua aparência eclesiástica. Ele tinha a capacidade de distorcer a realidade. Recusava-se a aceitar limites da engenharia ou da fabricação que pudessem impedir a concretização de suas ideias e

Só mais uma coisa   25

conseguia persuadir sua equipe de designers e engenheiros de que eles eram capazes de fazer o que parecia impossível. Era tão convincente que alguns acreditavam que ele podia até se esquivar da morte.

Jobs não participou dos ensaios para o evento, mas alguns líderes da Apple chegaram ao Town Hall naquela manhã se perguntando: "Será que ele vem?".[3]

A equipe reservou um lugar no corredor na primeira fila para ele, colocando um pano preto com a palavra "Reservado" escrita em branco no encosto da cadeira bege.[4] O assessor jurídico geral da Apple, Bruce Sewell, que estava no assento ao lado, sabia que eram grandes as chances de o lugar de Jobs continuar vazio. A saúde de Jobs tinha piorado nos últimos dias, mas ele já tinha surpreendido a todos antes, e até alguns de seus colegas mais próximos ainda tinham esperanças de que o lugar estaria ocupado quando o evento começasse.

As luzes foram apagadas e Tim Cook entrou no palco por trás de uma tela escura com um logotipo branco da Apple. Seus lábios finos formaram um sorriso inexpressivo enquanto algumas pessoas aplaudiam polidamente. Em uma versão da Brooks Brothers em comparação com a casual e elegante camiseta de gola alta do estilista Issey Miyake usada por Jobs, Cook vestia uma camisa de botões preta e girava um controle remoto de apresentação nas mãos enquanto andava de um lado ao outro na frente da plateia.

"Bom dia", começou. "Este é o meu primeiro lançamento de produto desde que fui nomeado CEO. Tenho certeza de que vocês não sabiam disso."

Ele deu um sorriso sem graça, esperando quebrar um pouco o gelo com a piada. Umas risadinhas tensas percorreram a plateia. A piada não rolou, mas Cook seguiu em frente. "Eu adoro a Apple", disse. "Para mim, é um privilégio enorme ter passado quase 14 anos trabalhando aqui e estou muito, mas muito empolgado com essa nova função." Sua voz ganhou confiança quando ele mudou o foco para o crescente negócio de varejo da Apple. A empresa tinha acabado de abrir duas lojas fabulosas na China, disse ele. A loja de Xangai havia batido um recorde ao receber 100 mil visitantes no primeiro fim de semana, um total que a loja-âncora da Apple em Los Angeles levara um mês para alcançar após sua inauguração. Cook passou a falar sobre as principais métricas dos negócios da Apple, incluindo o Mac, o iPod, o iPhone e o iPad, ilustrando tudo com gráficos de linha e de pizza. "É um grande prazer anunciar a vocês que ultrapassamos a marca de um quarto de bilhão de unidades vendidas", disse ele. "E hoje vamos inaugurar um patamar ainda mais alto!"

Cook cedeu a palavra a outros executivos de confiança de Jobs. Scott Forstall, o vice-presidente de software, detalhou as novas funcionalidades de mensagens do iPhone, o vice-presidente de serviços Eddy Cue fez uma demonstração do iCloud, e o chief marketing officer Phil Schiller revelou o iPhone 4S, que apresentava uma bateria e uma câmera melhores, mas era muito parecido com seu antecessor. O evento culminou com Forstall fazendo uma demonstração ao vivo do novo assistente virtual da Apple, a Siri, que respondia a comandos de voz para dar informações sobre o clima, apresentava os preços das ações e listava restaurantes gregos nas proximidades.

"Não é incrível?", Cook perguntou ao retomar a palavra. "Só a Apple seria capaz de criar um hardware, um software e serviços tão incríveis e reuni-los em uma experiência tão extraordinária e integrada."

Seu entusiasmo não conseguiu contagiar a imprensa técnica, mais cética. Os jornalistas e analistas de tecnologia que estavam na plateia não se impressionaram. Um analista de tecnologia disse ao *Wall Street Journal* que a apresentação foi "decepcionante". Outro disse que ficou desapontado porque a Apple decidiu manter a tela de 3,5 polegadas do iPhone em vez de aumentá-la para 4 polegadas. Fãs reclamaram no Twitter. Investidores correram para vender suas ações, derrubando 5% o preço das ações da Apple e transformando em pó bilhões de dólares em valor de mercado. A rejeição foi enorme.

Cook e os outros líderes da Apple nem tiveram tempo de processar a reação do público. Quando o evento terminou, a esposa de Jobs, Laurene, mandou uma mensagem para alguns de seus principais braços direitos – Cook, Phil Schiller, Eddy Cue e Katie Cotton, vice-presidente de comunicações globais – chamando-os para ir à casa de Jobs. O grupo confabulou, temeroso: ou Jobs não gostara do evento e queria lhes dar uma bela bronca ou sua saúde tinha piorado.

Eles se apressaram para a casa de Jobs, a uns 15 minutos dali, na esperança de que o motivo fosse apenas ira e nada mais. Era mais fácil imaginá-lo furioso do que deixar cair a ficha de que sua saúde o impedira de comparecer.

Quando chegaram à mansão em estilo Tudor, Jony Ive já havia saído depois de ter passado um tempo sozinho com Jobs naquela manhã. Laurene disse ao grupo de executivos que Jobs não estava bem e queria falar com cada um deles a sós. Ele não os repreenderia. Ele queria se despedir.

NA TARDE SEGUINTE, 5 de outubro de 2011, uma sinfonia de notificações soou no 1 Infinite Loop.[5] Um alerta apareceu no topo do iPhone dos funcionários da Apple dando a notícia: "Steven P. Jobs, cofundador da Apple, faleceu aos 56 anos". Foi uma das primeiras vezes na história que os funcionários de uma empresa liderada por um fundador souberam da morte de seu CEO de longa data pelo produto revolucionário que ele havia criado e trazido ao mundo.

Um grupo de cerca de 25 engenheiros de software estava no meio de uma reunião de planejamento de produto quando a notificação chegou no iPhone do vice-presidente de engenharia de software Henri Lamiraux. Ele interrompeu a reunião para dar a notícia à equipe e viu os colegas abrindo o celular para confirmar o que poucos queriam admitir. Sem dizer uma palavra, eles saíram da sala, arrasados.

A menos de 25 quilômetros dali, Ive se encontrava sentado no jardim da casa de Jobs.[6] O céu de outubro estava nublado naquele dia, e os sapatos de Ive estavam apertados demais. Cook juntou-se a ele e os dois ficaram um bom tempo sentados juntos. Ive não sabia o que sentir, lembrando-se das últimas palavras que Jobs lhe dissera: "Vou sentir falta dos nossos papos".

Em São Francisco, o assessor jurídico geral Bruce Sewell, que havia saído imediatamente depois da apresentação para uma viagem de negócios, esperava para desembarcar de um avião que acabara de pousar no aeroporto internacional. O celular dos outros passageiros começou a tocar e vibrar com notificações, e suspiros abafados de espanto reverberaram ao redor dele. Alguém sussurrou: "Você viu?". Sewell ainda não tinha ligado o celular, mas soube imediatamente que seu chefe havia morrido. Embora os outros passageiros não tivessem um relacionamento pessoal com Jobs, todos sentiam uma conexão com ele por meio dos dispositivos da Apple que levavam nas mãos. Agora eles se faziam a pergunta que Sewell passara o voo inteiro se fazendo: o que a morte de Jobs significaria para a Apple e para o mundo?

Obituários de Jobs dominaram as primeiras páginas do *New York Times* e do *Wall Street Journal*. Ele recebeu os créditos por ter transformado os pomares de frutas da península de São Francisco em um centro global de inovação. Mesmo sem ter sido um engenheiro de hardware ou programador de software, ele havia definido as metas para os produtos da Apple, reunido os talentos da empresa e estimulado suas equipes a entregar o que muitos inicialmente consideravam impossível. E possibilitou tudo isso com seu estilo de liderança carismático e sua disposição para assumir grandes riscos, que inspiravam lealdade mesmo diante de seu comportamento ocasionalmente cáustico. "A Apple perdeu um gênio visionário e criativo e o mundo perdeu um ser humano espetacular", disse Cook em uma carta aos funcionários. "Vamos honrar sua memória nos dedicando a dar prosseguimento ao trabalho que ele tanto amou." Ele lhes assegurou que a Apple não mudaria.

Jobs havia previsto os obstáculos adiante.[7] Ele nunca se esqueceu do exemplo da Walt Disney Company, que patinou após a morte de seu cofundador; deu um sermão para a liderança da Polaroid depois que a empresa forçou seu fundador, Edwin Land, a deixá-la; e alarmava-o o fato de que a Sony perdeu o rumo sem Akio Morita, o mestre do marketing por trás do walkman. Jobs acreditava que empresas antes espetaculares frequentemente entravam em declínio após se tornarem monopólios, sua inovação desacelerava e os produtos viravam apenas história. Essas empresas acabavam colocando os vendedores no comando e priorizando o quanto vendiam, não o que vendiam. Marcas como a Intel e a Hewlett-Packard eram diferentes. "Elas criaram uma empresa para durar, não só para ganhar dinheiro. Quero que a Apple seja assim", ele disse a seu biógrafo, Walter Isaacson. (Em 2015, a Hewlett-Packard foi desmembrada depois de 75 anos. Em 2020, a Intel estava ficando para trás dos rivais na fabricação de chips de silício mais compactos e potentes.)

Assim como Jobs, Walt Disney construiu um império usando uma combinação de visão, ambição e sorte. Ele cresceu em uma fazenda do Missouri e sonhava em ser um cartunista. Em 1923, mudou-se para Hollywood e fundou o Disney Brothers Studio com o irmão mais velho, Roy. Disney se concentrou em contar histórias e ajudou a criar o primeiro personagem de sucesso dos irmãos, Oswald, o Coelho Sortudo. Como o contrato de distribuição dava os direitos de Oswald à distribuidora Universal Pictures, Disney transformou o coelho em um personagem orelhudo chamado Mickey Mouse. O personagem decolou quando Disney incluiu som às animações, uma novidade que fez de Mickey Mouse uma sensação internacional. Disney contratou animadores e desenvolveu novos personagens, como o Pateta e o Pato Donald, antes de começar a produzir longas-metragens como *Branca de Neve e os Sete Anões*.

Disney estruturou sua empresa da mesma forma como, posteriormente, Jobs estruturou a Apple. A Disney tinha uma estrutura horizontal, os funcionários não tinham cargos e todos eram chamados pelo primeiro nome. "Se você for importante para a empresa", disse Disney, "isso vai ficar claro para você".

A Apple seguia a mesma filosofia. A empresa tinha apenas três dos mais altos cargos antes da morte de Jobs: chief executive officer, chief operations officer e chief financial officer. Outras sete pessoas atuavam como vice-presidentes seniores na equipe executiva. A Apple tinha cerca de 90 vice-presidentes, que desenvolviam e administravam os produtos que a empresa vendia. Abaixo deles, havia diretores e diretores seniores. No papel, todos reportavam ao chief financial officer. A estrutura eliminava a burocracia, desprezada por Jobs, que falava diretamente com alguns dos funcionários mais talentosos da Apple.

Walt Disney havia criado uma informalidade parecida ao construir uma empresa onde tudo passava por ele. Depois que ele morreu de câncer no pulmão em 1966, a produção da empresa ficou estagnada, pois as pessoas ficavam se perguntando "O que Walt faria?", em vez de dar seus próprios saltos criativos. Na década de 1980, a participação da empresa no mercado de filmes já tinha despencado para 4%. A Disney só recuperou sua bilheteria, ou posição financeira, quando Michael Eisner se tornou CEO, em 1984, e deu carta branca para a produção de uma série de filmes de sucesso.

A Polaroid era outra obsessão de Jobs. Ele considerava seu cofundador, Edwin Land, um dos maiores inventores dos Estados Unidos. Land possuía muitas das características que mais tarde foram associadas a Jobs, como visão, motivação e o domínio da arte de vender. Ele antecedeu Jobs na defesa da ideia de uma empresa que se posicionava no cruzamento entre a tecnologia e a arte. Land fundou a Polaroid depois de criar um processo de revestimento de produtos com filme polarizado para reduzir o brilho, incluindo óculos de sol. Depois, inventou um processo para criar fotografias instantâneas. Desde o lançamento de sua primeira câmera, em 1948, até a Kodak desenvolver um produto similar, em 1976, a Polaroid foi a fabricante de câmeras mais respeitada do mundo. A invenção seguinte de Land, uma câmera de vídeo caseira instantânea, foi um fracasso e ele foi afastado da empresa. Depois de sua saída, a Polaroid dedicou-se a aprimorar seus produtos existentes em vez de lançar novos, levando Jobs a repreender sua administração durante uma visita à empresa por volta de 1983, dizendo que ela havia se tornado irrelevante.

A Sony era a empresa que Jobs mais conhecia. Na década de 1980, ele visitou sua sede no Japão e conversou com seu cofundador, Akio Morita. Assim como Jobs, Morita e o cofundador Masaru Ibuka confiavam em seus instintos ao tomarem decisões sobre os produtos. O walkman nasceu da necessidade de Ibuka de ter um tocador de música portátil para levar em voos internacionais. Morita testou um protótipo inicial e o levou ao mercado quatro meses depois, com instigantes anúncios impressos que mostravam o dispositivo sob os dizeres: "O motivo para o homem ter aprendido a andar". O produto foi um sucesso imediato e, na década seguinte, a Sony desenvolveu 80 modelos. Sob a direção de Morita, a empresa adquiriu gravadoras e estúdios de cinema na esperança de se beneficiar do controle sobre as músicas e os filmes reproduzidos em seus tocadores de música e TVs. Morita renunciou à presidência do conselho em 1994. A empresa promoveu um de seus principais marqueteiros ao cargo de CEO e ele se voltou a transformar a Sony mais em um titã corporativo tradicional do que uma empresa que seguia a intuição de seus fundadores. O negócio de eletrônicos da empresa definhou e não conseguiu entregar outro sucesso.

Três grandes empresas, lideradas por três fundadores criativos, mas nenhuma continuou sendo a mesma sem eles.

Jobs queria que a Apple resistisse ao destino da Disney, Polaroid e Sony.[8] Em 2008, ele contratou Joel Podolny, reitor da Faculdade de Administração de Yale, para criar a Apple University. Ele queria um programa de treinamento para ensinar aos novos funcionários da Apple o que diferenciava a empresa dos concorrentes. Quando Podolny perguntou, durante o processo de entrevista, quantos cursos a empresa pensava em oferecer e qual seria o tamanho do corpo docente, Jobs fez pouco caso. "Se eu soubesse as respostas para essas perguntas, eu não precisaria contratar alguém como você", disse ele. Podolny criou um currículo com cursos como "A comunicação na Apple", que enfatizava a clareza e a simplicidade em produtos e apresentações. Também eram expostos estudos de caso sobre decisões importantes, como a decisão da Apple de tornar o iPod e o iTunes compatíveis com o Windows da Microsoft.

Contudo, não bastaria codificar a mentalidade de Jobs para garantir o sucesso da Apple. O CEO não queria saber dos conceitos de comportamento organizacional ensinados pela Faculdade de Administração de Harvard. A empresa que ele construiu funcionava como uma estrela-do-mar. Ele se posicionava na interseção das pernas que se concentravam na excelência em marketing, design, engenharia e gestão da cadeia de suprimentos. Ia até a extremidade de uma perna quando lhe dava na telha e se envolvia pessoalmente, dirigindo cada divisão como bem entendesse.

Antes de sua morte, Jobs insistiu na necessidade de manter unidas as pernas da estrela-do-mar da Apple. Conversou individualmente com os membros da equipe executiva e os pressionou a se comprometer a ficar pelo menos mais alguns anos na empresa. "O Tim vai precisar de vocês", ele lhes disse. Exortou o conselho de administração a conceder ações à equipe executiva para garantir a retenção dos executivos, um pedido que foi atendido em uma reunião de emergência dias após sua morte. Cada executivo recebeu 150 mil unidades de ações restritas, a metade das quais seria disponibilizada em 2013 e a outra metade, em 2016. Avaliados na época em cerca de US$ 60 milhões cada, os pacotes de ações foram concedidos a Sewell, Forstall, Schiller, Peter Oppenheimer (o chief financial officer), Bob Mansfield (o responsável pelo hardware) e Jeff Williams (o guru da cadeia de suprimentos). Cue, que tinha entrado na equipe executiva pouco tempo antes, em caráter experimental, recebeu um pacote menor de ações restritas. Acredita-se que Ive tenha recebido mais de US$ 60 milhões, mas o valor não foi divulgado porque ele havia feito um acordo evitando ser nomeado como um chief da empresa para manter sua remuneração em segredo. A maior alocação foi para Cook, que recebeu 1 milhão de ações, avaliadas, no total, em US$ 375 milhões, não só elevando Cook aos olhos de Wall Street, como também o colocando acima dos outros, dando-lhe o tipo de riqueza normalmente reservada para os endeusados fundadores de empresas do Vale do Silício.

NA MANHÃ SEGUINTE à morte de Jobs, Cook reuniu a equipe executiva na sala do conselho de administração da empresa, no quarto andar do 1 Infinite Loop. O lugar de Jobs, que era a segunda cadeira antes da cabeceira, permaneceu vazio. Cook sentou-se à direita e Schiller à esquerda, como sempre. Os dois passaram um tempo mantendo o lugar vazio entre eles nas reuniões, para que todos se lembrassem de que Jobs sempre estaria presente.

Cook os encorajou a compartilhar lembranças de Jobs. Para muitos deles, perder Jobs foi como perder um pai. Por mais de uma década, quase todas as decisões de negócios que eles tomaram passaram pelo crivo de Jobs. Eles contaram histórias e compartilharam lembranças pessoais sobre o cofundador. Cook garantiu ao grupo que faria de tudo para preservar o coração e a alma da empresa criada por Jobs e sugeriu que não tinha intenções de fazer mudanças imediatas. Ao contarem histórias sobre Jobs, todos sentiram que a maior homenagem que poderiam fazer a ele não era apenas manter a empresa viva, mas mantê-la na vanguarda da tecnologia, fabricando produtos espetaculares.

DUAS SEMANAS DEPOIS, milhares de funcionários da Apple lotaram o pátio gramado no interior do 1 Infinite Loop para celebrar a vida de Jobs.[9] Todas as lojas da Apple foram fechadas em um dia de luto oficial para que funcionários do mundo todo pudessem assistir a uma transmissão ao vivo do evento. A multidão no *campus* aplaudiu quando Cook subiu ao palco ladeado por retratos de Jobs em preto e branco do tamanho de outdoors. Cook descreveu Jobs como um visionário, não conformista, original, o maior CEO e o inovador mais notável de todos os tempos. Ele não contou nenhuma história pessoal sobre o relacionamento dos dois. Embora tivesse confiado a empresa a Cook, Jobs considerava seu chief operations officer de longa data um enigma. Os que trabalharam com eles diziam que o denominador comum dos dois homens era sua devoção à empresa. As palavras desapaixonadas de Cook refletiram seu vínculo profissional com a empresa.

"Eu conheci o Steve e sei que ele não ia querer que a gente vivesse em um luto eterno; ele ia querer que o nosso foco se voltasse ao trabalho que ele tanto amava", disse Cook, que colocou a mão sobre o coração antes de listar os princípios que Jobs havia colocado no centro da identidade da empresa: a convicção de que só uma equipe – e não pessoas trabalhando individualmente – é capaz de atingir feitos espetaculares; a necessidade de a equipe se recusar a aceitar um trabalho "apenas bom" e sempre buscar entregar o "insanamente ótimo"; e o compromisso de que cada produto criado pela empresa fosse lindo.

"Ele nunca parou de pensar na Apple, até seu último dia de vida", disse Cook, "e um dos últimos conselhos que me deu e que deu a todos vocês foi nunca nos perguntar o que ele faria. 'É só fazer a coisa certa', ele instruiu."

As orientações de Jobs davam uma aura de autoridade a Cook. A mensagem deixava claro que Cook foi um dos últimos a falar com o visionário e lembrava aos funcionários que o finado CEO havia escolhido Cook para liderá-los. O discurso de Cook advertiu os funcionários de que o futuro da empresa teria uma ligação com o passado, mas não seria acorrentado a ele. Sem Jobs, a identidade da Apple teria que mudar.

Ive seguiu Cook até o púlpito e colocou os óculos escuros na gola da camiseta preta. Pôs suas notas no púlpito e olhou para os enlutados reunidos diante de si, uma visão aterrorizante para alguém que odiava falar em público.

Era comum os funcionários verem Ive almoçando com Jobs no mesmo pátio onde estavam agora. Eles sabiam que Jobs considerava Ive a segunda pessoa mais importante da Apple, atrás apenas do próprio CEO. Sabiam que, quando Jobs não estava em seu escritório, podia ser encontrado no estúdio de design, onde a equipe de cerca de 20 designers industriais de Ive havia projetado os produtos da Apple que revitalizaram os negócios da empresa e deram a Ive mais poder operacional do que tinha qualquer outra pessoa da empresa. Ive passara os últimos dias tentando encontrar as palavras certas para representar a profunda e longa relação de trabalho e amizade entre eles.

"O Steve vivia me dizendo: 'Ei, Jony, acabei de ter uma ideia sem noção'", começou. "Às vezes as ideias eram muito idiotas mesmo."

O público riu.

"Às vezes elas eram terríveis", continuou. Fez uma pausa. O relógio prateado em seu pulso esquerdo reluzia ao sol quando ele movia o dedo indicador para a próxima linha de suas notas. "Mas às vezes as ideias dele eram sensacionais e a gente só ficava em silêncio. Ideias ousadas, malucas e magníficas. Ou ideias discretas, simples, que, em sua sutileza, em seus detalhes, tinham uma profundidade sem tamanho."

Fascinado, o público ouviu em silêncio enquanto Ive explicava que Jobs tratava o processo criativo com reverência, sabendo que as ideias eram frágeis, correndo o risco de perecerem antes de conseguirem alçar voo. Os dois costumavam viajar juntos e Jobs exigia tanta excelência que Ive disse que nunca desfazia as malas depois de fazer o check-in em um hotel. Ele entrava no quarto, sentava na cama e ficava esperando Jobs ligar dizendo algo como: "Jony, este hotel é uma droga. Vamos cair fora daqui!".

A plateia riu e voltou a fazer silêncio para ouvir Ive contar como era desenvolver uma nova criação com Jobs, como ele passava meses insistindo para fazer o que muitos diziam ser impossível. "Ele vivia questionando: não dá para fazer melhor do que isso? Isso aqui está certo?", Ive contou. "E, mesmo com todos os seus sucessos, todas as suas conquistas, ele nunca partiu da premissa de que esse sucesso era garantido."

Enquanto recolhia suas notas, ele anunciou que a Apple havia organizado uma apresentação especial em memória de Jobs. "Por favor, vamos dar as boas-vindas aos nossos amigos do Coldplay", disse. Afastou-se do púlpito e sentou-se em seu lugar debaixo de uma tenda branca enquanto a banda britânica que havia sido apresentada em um dos comerciais do iPod da Apple começava a tocar seu primeiro hit, "Yellow".

Conforme o vocalista Chris Martin cantava ao microfone, Ive e a equipe executiva assistiam ao show, os rostos inexpressivos ocultando todo o pesar e as ansiedades que fervilhavam por dentro. A figura mais importante de sua vida profissional se fora. Como a Apple poderia seguir em frente sem ela?

A resposta dependeria, em grande parte, de Cook e Ive.

2

O ARTISTA

Os funcionários o chamavam de *sanctus santorium*.[1] Localizado no prédio número 2 do Infinite Loop, o estúdio de design era o local mais reverenciado do *campus*. Era onde os produtos do futuro nasciam e os artefatos do passado eram reimaginados. Vidros escurecidos e uma porta trancada protegiam Jony Ive e sua equipe dos meros mortais. Em um balcão de recepção instalado em uma cabine de vidro, assistentes faziam a triagem dos visitantes. Depois de passar pela primeira triagem, 20 designers, alguns modelistas e vários especialistas em tintas, metais e plásticos avaliavam materiais. O controle era tão rigoroso que conseguir um crachá de acesso era considerado uma das maiores honras na empresa.

Depois da morte de Steve Jobs, o sumo sacerdote da Apple, Jony Ive, passou pela recepção com um peso que enfatizava sua figura atarracada. Os cabelos grisalhos raspados alguns dias atrás e a barba por fazer emolduravam um olhar distante. Nos últimos anos, Ive ficara conhecido por seu sorriso fácil e o hábito de manter as portas abertas para todos. Agora o pesar tinha dado lugar a uma melancolia desmazelada.

O estúdio parecia assombrado. Jobs o visitara quase todos os dias na última década, ansioso para ver o que a equipe de design estava fazendo e dar sugestões de melhoria. O CEO demonstrava uma grande reverência pelo local, nunca levantando os panos pretos que a equipe de design usava para ocultar o trabalho, esperando respeitosamente que um designer fizesse isso para ele. Seu respeito pelas sensibilidades estéticas dos designers, pela precisão obsessiva que eles incorporavam à definição das curvas, pela criação de cores personalizadas e seleção de materiais, colocara o design no topo da hierarquia da Apple. Jobs tinha o olhar de um designer. Certa vez, ele passou por um protótipo de uma versão futura do iPhone e vociferou: "Mas que merda é essa?". A curvatura e o polimento do protótipo tinham sido minimamente alterados na fabricação, mas ele notou a diferença só de bater os olhos e ficou revoltado. Exigiu que o erro fosse consertado. Agora, sem ele, a equipe havia perdido seu valioso feedback para direcionar o trabalho.

Ive, que sentiu profundamente a ausência de Jobs, passou muitos dias em um canto do estúdio, sentado a uma enorme mesa de carvalho claro conversando baixinho com uma das poucas designers mulheres da equipe. Seus colegas tinham a impressão de que aquelas conversas mais pareciam sessões de terapia intermináveis, como se Ive estivesse perdido em um deserto de dor.

JONY IVE CRESCEU querendo ser como o pai.[2]

Nascido em 1967 em um subúrbio de Londres, Jonathan Paul Ive foi o primeiro de dois filhos trazidos ao mundo por Michael John Ive e Pamela Mary Walford. Seus pais haviam crescido em Chingford, uma comunidade tranquila de casas geminadas em estilo Tudor, e se conheceram na Igreja Evangélica de Sewardstone, uma pequena congregação com cerca de 50 paroquianos. Eles eram ativos na igreja e os dois se tornaram professores. Pam, descrita por amigos como inteligente e intelectual, ensinou teologia e, mais tarde, tornou-se terapeuta. Mike, considerado um trabalhador esforçado e um eterno aprendiz, tornou-se professor de design e tecnologia do ensino médio.

O interesse de Mike por essas duas áreas surgiu naturalmente do ambiente ao seu redor. Chingford ficava no topo de uma colina arborizada com vista para uma série de reservatórios de água azul usados para resfriar fábricas, usinas de cobre e uma usina de energia nas proximidades. Do outro lado da água, erguiam-se os edifícios de

Londres, uma cidade que se estendia até o condado de Essex, onde fica Chingford. Na comunidade, viviam muitos engenheiros que trabalhavam nas fábricas da região, incluindo o avô de Jony Ive, que trabalhava como torneiro mecânico na Royal Small Arms Factory, que ficava nas proximidades. Eles criaram filhos e netos predispostos a se tornar engenheiros, mecânicos e artesãos.

Mike começou a trabalhar com marcenaria e metal na adolescência e entrou no Shoreditch Training College, escola voltada a formar instrutores de artesanato e de habilidades técnicas. Na Shoreditch, Mike combinou o antigo com o novo, especializando-se no tradicional ofício da ourivesaria com prata ao mesmo tempo em que se interessava pela engenharia de máquinas modernas.

Depois de se formar, ele começou a ensinar artesanato, design e tecnologia para jovens de 16 a 19 anos em uma escola no leste de Londres. Ensinava os alunos a cortar metal e alumínio fundido e os inspirava mostrando-lhes algumas de suas próprias obras, incluindo uma cadeira articulada em diversos ângulos e uma cafeteira de prata sólida. Era comum ele levar o filho à oficina para ver os alunos trabalhando. Jony Ive tinha cerca de 4 anos quando o pai se uniu a um grupo cristão local no projeto de construção de um *hovercraft* na oficina para transportar suprimentos médicos através do Lago Chade, na África. Seu pai e Tim Longley, um engenheiro, passaram três anos liderando o projeto, definindo o design e orientando os alunos na montagem da máquina.

Ainda um menino, Jony Ive seguia em silêncio o pai pela embarcação e ouvia as explicações de Mike sobre como fundir alumínio, esculpir fibra de vidro ou dar forma à hélice. Depois, Jony ficava observando os alunos trabalhando com madeira ou instalando rebites. Eles dizem que Ive ficava tão fascinado com aquilo tudo quanto uma criança vendo desenhos animados na TV.

Quase 50 anos depois, Jony Ive disse que conseguia se lembrar "com uma clareza absurda [do *hovercraft*] sendo construído".

Nos anos que se seguiram, Mike Ive encorajou o filho a desmontar rádios, despertadores e tudo o que encontrava pela frente, e analisar seus componentes para descobrir como as coisas funcionavam.[3] Seu presente favorito de Natal incluía um dia de atenção exclusiva do pai na oficina da Politécnica de Middlesex, uma faculdade da região onde Mike trabalhava ensinando professores de design. Jony conseguia fazer qualquer coisa que imaginasse – um kart, móveis, uma casa na árvore –, mas com uma condição: primeiro, ele tinha que desenhar à mão. A prática de desenhar antes de produzir as coisas o levou a se dar conta do cuidado que os designers dedicam aos produtos.

Quando cresceu, Jony passou a viajar pelo país com o pai nos fins de semana para visitar lojas e dar uma olhada no que elas tinham a oferecer. Os dois pegavam um item como uma torradeira e discutiam de que forma ela tinha sido feita. "Por que eles usaram rebites e não parafusos?", Jony perguntaria. Ele ouvia as explicações do pai, baseadas em anos de experiência lecionando e trabalhando em design de produtos. Os colegas professores achavam que havia maneiras melhores de passar o sábado, mas admiravam a relação do pai com o filho, cientes da importância desse tipo de atividade para o futuro de uma criança.

Em 1979, Mike entrou no Ministério da Educação como Superintendente de Sua Majestade, um cargo do governo federal cujas responsabilidades envolviam supervisionar o ensino de design no sul da Inglaterra e possibilitariam que ele modernizasse o currículo de design do país. A família mudou-se de Chingford para Stafford. Da noite para o dia, Jony foi transferido da familiaridade de um subúrbio de Londres para o interior, duas horas ao norte da cidade. Seus pais compraram uma casa em Brocton em um condomínio novo de casas de tijolos vermelhos e janelas brancas. A pequena cidade tinha uma agência dos correios e um campo de golfe, mas nenhum pub. O bairro dos Ives dava para Cannock Chase, uma pastagem ondulada ladeada por florestas de pinheiros e bétulas onde, segundo a lenda local, perambulavam lobisomens.

Jony começou a estudar na Walton High School, que ficava próxima de seu bairro e na qual ele imediatamente impressionou seus 1.500 colegas. Atarracado, independente e sensível, ele tinha uma maturidade e autoconfiança raras entre os adolescentes. Conversava de igual para igual com os professores e tinha grande interesse por questões da época, como feminismo e antirracismo. Sentia-se muito à vontade com seus pontos fortes – arte e design – e não se incomodava com sua relativa falta de habilidade nas disciplinas acadêmicas tradicionais. Enquanto muitos colegas se angustiavam tentando descobrir quem eram e o que queriam fazer, ele já tinha planos de entrar em uma faculdade técnica para estudar design. "Acho que não vou tirar mais do que C nas provas, mas tudo bem. Não preciso de mais do que isso", disse ele a Rob Chatfield, um colega de classe.

Mesmo assim, tinha uma determinação feroz e um impulso perfeccionista. Jogava no time de rúgbi da escola e usava seu corpanzil para ganhar a posse da bola nos *scrums*.* Um dia, durante um jogo, levou um chute no nariz e o sangue começou a escorrer pelo seu rosto. Sem dizer uma palavra, ele limpou o sangue na camiseta e pulou de volta para o *scrum*, com o peito arfando e o rosto corado de frustração. Achando que Jony estivesse ferido – ou que pudesse machucar outro jogador –, um professor de educação física o tirou rapidamente do jogo. Em outra ocasião, ele levou sua bateria para um show de talentos da escola. Fã de Pink Floyd, tocou um clássico do rock enquanto os colegas acompanhavam as batidas com os pés. Todo mundo adorou a apresentação, mas ele voltou ao seu lugar parecendo decepcionado. Seus padrões de exigência eram muito altos e ele estava convencido de que havia saído do ritmo em algum ponto.

Ninguém tinha medo dele da escola, mas poucos colegas se dispunham a contrariá-lo. Em uma ocasião, os alunos se dividiam em times

---

* Jogada em que, depois de uma interrupção no jogo, os jogadores dos dois times se juntam com a cabeça abaixada e se empurram para decidir a posse da bola (N. T.).

para jogar futebol em uma aula de educação física e Ive viu um dos valentões da escola exigindo que Chatfield, um *nerd* assumido, jogasse como goleiro. Chatfield se recusou. O valentão persistiu.

"Eu estou mandando", ordenou.

"Não", insistiu Chatfield.

"Estou mandando", repetiu o outro.

Ive se aproximou e disse o nome do valentão. Lançou um olhar fulminante para ele, que achou melhor deixar para lá. Chatfield ficou admirado com o fato de Ive ter interferido não para chamar a atenção dos colegas, mas porque achava que era a coisa certa a fazer.

Em seu último ano do ensino médio, Ive começou a se vestir de preto e deixou crescer uma mecha de cabelo que ia quase até a altura dos ombros. Vivia com uma pasta de arte debaixo do braço e tinha uma namorada firme, Heather Pegg, a filha estudiosa de um inspetor escolar que trabalhava com o pai dele. Ive não era necessariamente popular, mas os colegas mais jovens o achavam um dos garotos mais descolados da escola. Ele irradiava confiança. Johnson, o professor de geografia da Walton, dava suas aulas em uma grande área aberta no centro da escola, conhecida como Well. A área tinha um corredor que a ligava a outras salas de aula, de modo que era comum outros alunos passarem por lá durante as aulas. Quando isso acontecia, Johnson os repreendia por interromper sua aula. Um dia, quando Ive passou por ali parecendo um músico de *glam rock* dos anos 1980, com sua pasta de arte sob o braço, Johnson o recebeu com um sorriso. "E aí? Tudo beleza, Jony?", gritou. A turma percebeu que até o professor mais rigoroso da escola admirava o estilo e a confiança de Ive ao andar despreocupadamente pela cova dos leões.

Ive podia se parecer com uma estrela do rock, mas, fora da escola, era mais como um coroinha. Numa época em que muitos britânicos haviam abandonado a religião, a família Ive era ativa em uma igreja evangélica local chamada Wildwood Christian Fellowship. A congregação se reunia todo domingo de manhã em uma pequena capela de tijolos de menos de 50 metros quadrados nos arredores de Stafford. A igreja concentrava sua mensagem na importância de as pessoas serem discípulas de Jesus. Os amigos de Ive o consideravam um cristão comprometido que levava sua fé a sério. Ele e Heather frequentavam a mesma igreja e, como os pais de Ive, que se conheceram na igreja evangélica em Chingford, também se casaram.

O PORTFÓLIO DE ARTE do Ive adolescente continha páginas e mais páginas de esboços em papel de embrulho pardo com floreios de tinta azul.[4] Havia incontáveis desenhos de relógios, vitrais, arquitetura gótica e um produto que se tornou uma obsessão de sua vida: telefones esguios e detalhados.

Os sofisticados desenhos deixaram o professor de design da Walton, Dave Whiting, desconfiado. "O trabalho dele era tão bom que eu não acreditei que era mesmo dele", disse Whiting. Convencido de que o pai de Ive estava ajudando a fazer os desenhos, Whiting sondou colegas do departamento de arte e se convenceu da autoria do trabalho, que ele caracterizou como o fruto de "um desenhista brilhante".

Quando Ive estava na adolescência, seu pai arrumou para ele uma vaga em um curso intensivo de verão para professores de design na Universidade de Loughborough, no coração do interior da Inglaterra. Um instrutor de design chamado David Jones dava um curso de desenho. Ao contrário do pai de Ive, que tinha a cabeça de um engenheiro, Jones tinha a sensibilidade de um artista gráfico e dizia aos alunos que caneta e papel eram instrumentos da imaginação, ferramentas que davam forma às possibilidades que os designers colocavam no mundo. Ele ensinou os futuros professores a melhorar suas habilidades desenhando em um cavalete branco e fazendo com que o copiassem, como um adulto ensinando o alfabeto a uma criança. O curso expôs Ive a uma faceta diferente da profissão que conhecera com seu pai. Até então, os colegas de Mike achavam que Ive poderia se formar em artes visuais, mas ficou claro para Ive que ele poderia aplicar suas sensibilidades artísticas ao design.

De volta a Walton, Ive usou o que aprendera no curso de verão para criar o design de um retroprojetor em um projeto de fim de curso. Ele queria reimaginar os projetores gigantescos que costumavam ser usados nas escolas, porque tinham um grande defeito: nenhum deles era portátil. Em vez de transportá-los em um carrinho de uma sala de aula à outra, ele imaginou um retroprojetor que caberia em uma pasta para os professores poderem levar com facilidade.

Mike levou o projetor finalizado para mostrar a seus colegas no trabalho. Ele colocou o estojo preto de 60 por 60 centímetros em uma mesa no escritório e, com um sorriso no rosto, convocou alguns colegas para uma demonstração. "Vocês precisam ver isso", disse. Abriu a caixa preta com acabamento verde-limão e tirou a tampa. O projetor se revelou suavemente subindo à superfície, com o sistema hidráulico dando um leve suspiro. Mike levantou o braço do projetor e demonstrou como a lente de aumento e a luz projetavam em uma parede a imagem de uma lente Fresnel. Ele sorriu satisfeito enquanto seus colegas se maravilhavam com o trabalho de seu filho de 17 anos. "A gente nunca tinha visto nada parecido na vida", lembrou o colega de Mike, Ralph Tabberer. "O jeito como a coisa se movia e agia tinha um apelo muito interessante."

Em 1983, antes de Ive se formar na Walton, professores de design de todo o Reino Unido se reuniram para uma conferência na Universidade de Loughborough.[5] Mike estava ajudando a organizar o evento e convidou Philip Gray, diretor geral de uma importante empresa de Londres, a Roberts Weaver Group, para dar uma palestra. Mike marcou de se encontrar com Gray no saguão de um auditório decorado com desenhos de estudantes de design do país inteiro. Ao passar os olhos pelos esboços em giz de cera, caneta hidrográfica e caneta esferográfica, os olhos de Gray se fixaram na representação de uma escova de dentes com um cabo ergonômico detalhado.

"Que talento extraordinário", ele comentou.

"Foi meu filho que fez", disse Mike.

Pouco tempo depois do evento, Ive e seu pai foram a Londres para conversar com Gray no escritório da Roberts Weaver Group, localizado em uma ruazinha de calçamento de tijolos em Notting Hill ladeada de sobrados com o térreo convertido em garagem, uns grudados nos outros. Ive estava começando a pensar na faculdade e não sabia ao certo qual curso fazer. Mike esperava que Gray pudesse ajudar.

Almoçando massa em um bistrô italiano nas proximidades, Gray recomendou que Ive considerasse a Politécnica de Newcastle, uma excelente escola profissionalizante de design. Era uma instituição extremamente seletiva e competitiva, com cerca de 250 candidatos para 25 vagas no curso de design. Reconhecendo o talento de Ive, Gray concordou em lhe pagar uma bolsa de estudos de 1.500 libras ao ano se ele topasse ser estagiário na Roberts Weaver durante a faculdade e trabalhar em período integral depois de se formar, um acordo incomum que dizia muito sobre o talento de Ive.

Ive se matriculou na Newcastle no ano seguinte. O trem até lá levava cerca de quatro horas e meia e passava por colinas verdejantes até o canto nordeste da Inglaterra. Rico em carvão e perto das águas geladas do Mar do Norte, o norte industrial já fora o maior polo industrial do país, mas, na época em que o trem de Ive cruzava o Rio Tyne, que atravessa a cidade de Newcastle, as minas de carvão das proximidades estavam fechando e a locomotiva a vapor que a cidade havia colocado no mundo tinha sido substituída por trens elétricos.

A escola de design da Politécnica de Newcastle ficava no terceiro andar do Squires Building, um enorme retângulo dos anos 1960 com uma fachada de tijolos marrons. Todos os dias, Ive subia pela escadaria estreita e emergia em um corredor mal iluminado que funcionava como uma linha de montagem, no qual, a cada ano, os alunos avançavam por quatro estúdios adjacentes até se formarem. O primeiro estúdio à esquerda, onde Ive começou, tinha cerca de 30 pranchetas e cheirava a caneta hidrográfica e ao aroma adocicado de papelão e

MDF. O medo pairava no ar: medo de faltar imaginação. Medo de não conseguir cumprir os prazos. E medo de os colegas criticarem o resultado de algum trabalho.

"Era um ambiente muito competitivo", disse Jim Dawton, um colega de Ive na Newcastle. "Todo mundo queria mostrar um bom trabalho e, se alguém visse que estava ficando para trás em comparação com os colegas, tinha que correr atrás do prejuízo."

Por manter um relacionamento a distância com a namorada, Heather, e continuar sendo um cristão fiel, Ive se destacava em um grupo criativo que aliviava o estresse nos pubs das proximidades, ia a baladas no Bigg Market e frequentava o *Tuxedo Princess*, um barco no Rio Tyne que tinha uma pista de dança giratória.

Todos os colegas se impressionavam com as habilidades de desenho de Ive. Ele usava canetas em azul-claro, amarelo suave e marrom-claro para esboçar uma imagem e destacá-la com uma caneta preta de precisão antes de incluir sombra e profundidade com um lápis borrado. No primeiro ano da faculdade, ele submeteu suas habilidades de desenho a um teste incomum. Como nunca tinha dinheiro e o custo das cartas e dos esboços semanais que enviava para Heather em Stafford estava começando a pesar em seu bolso, ele decidiu desenhar um selo em um envelope. Fez uma representação perfeita da rainha Elizabeth e pôs o envelope na caixa de correio. Quando Heather respondeu, Ive soube que tinha enganado o serviço postal do Reino Unido.

"Deu certo", disse ele, com um sorriso maroto, ao amigo Sean Blair. Confiante, Ive transformou em jogo as tentativas de poupar dinheiro. Toda semana, desenhava selos cada vez menos realistas, até que, em um ato de rebeldia criativa, desenhou uma rainha caricatural.

EM NEWCASTLE, IVE TEVE a chance de aprender um programa técnico com uma pitada de currículo universitário tradicional.[6] Os alunos passavam mais da metade do tempo aprendendo os fundamentos do design e criando produtos. Estudavam materiais e processos industriais, ergonomia, eletrônica e gestão da produção. Cerca de 40% do tempo dos alunos era gasto estudando a teoria do design de movimentos como o Bauhaus, a escola alemã que uniu a arte com o design de produtos, além de história da arte e da arquitetura.

O estilo e as preferências de Ive foram ficando cada vez mais sofisticados. A década de 1980 foi marcada por designs pós-modernos radicais repletos de cores ultrajantes, formatos desencontrados e floreios extravagantes que refletiam a permissividade da década. O movimento do design italiano conhecido como Memphis, que recebeu o nome da música *nonsense* de Bob Dylan "Stuck Inside of Mobile with the Memphis Blues Again", abandonou o minimalismo de meados do século em favor de móveis em estilo yuppie que mais pareciam um parque de diversões. Os designs incluíam uma mesa amarela com duas pernas verdes semicirculares e duas pernas triangulares pretas. Todos os edifícios mais famosos do mundo, como a então Sony Tower, em Nova York, e o Fox Plaza, em Los Angeles, adotaram o estilo da época. Ive odiava os conceitos exuberantes e considerava a mistura de formas e cores uma afronta visual. Ele preferia a abordagem ordenada e linear do estilo inspirado na escola Bauhaus, que podia ser vista no simétrico edifício Seagram, em Nova York. O rapaz se tornou um discípulo da abordagem funcionalista do designer alemão Dieter Rams, que popularizara a marca de eletrodomésticos criando o design de rádios e secadores de cabelo minimalistas com base em sua filosofia de que o design atemporal devia se fundamentar na prática do "quanto menos melhor". Embora Ive admirasse as cores chamativas e as obras decorativas bulbosas do designer italiano Ettore Sottsass, colegas disseram que ele podia ser tão rígido quanto o personagem Howard Roark, do filme *Vontade indômita*, e intolerante com colegas que exploravam estilos mais cheios de detalhes. Quando um amigo fez um modelo de um produto com detalhes ornamentados, Ive o rejeitou dizendo que faltava "integridade". Eles acabaram perdendo o contato e o colega passou o resto da vida suspeitando que foi por ter insultado a filosofia de design de Ive.

Ive não só tinha um bom olho para detalhes ao criar o design de um produto como também tinha um talento especial para o marketing. No primeiro ano de faculdade, os alunos receberam a tarefa de criar o design de um ferro de passar roupas e Ive criou um modelo com um nariz rombudo e um reservatório de água que remetia à cabine de um helicóptero. Um pegador inclinado desconectado da base dava ao ferro um aspecto agressivo. Ele realçou o produto todo branco com detalhes e emblemas em um roxo meio borrado. Na época, a Renault estava anunciando um de seus modelos com o slogan "Não dá folga para a estrada". Em sua apresentação para os colegas, Ive se inspirou na Renault e usou o seguinte slogan para seu ferro de passar: "Não dá folga para os lençóis".

O ferro de passar consolidou o lugar de Ive aos olhos de professores e colegas como a estrela da classe, mas ele achava que muitos de seus trabalhos eram simplesmente tenebrosos. "Era muito frustrante porque conceitualmente eu não tinha como fazer o que realmente queria fazer", lembrou anos depois. Esse sentimento de inadequação o perseguiria por grande parte da carreira, fazendo-o sofrer com a síndrome do impostor.

Em 1987, Ive cumpriu sua promessa a seu patrono e passou uma parte do ano estagiando na Roberts Weaver em Notting Hill.[7] O bairro ainda não tinha estrelado no filme de Hollywood com Hugh Grant e Julia Roberts, mas já estava se transformando em um centro de designers; a Pentagram, outro estúdio de design, ficava a apenas alguns quarteirões de distância. Ive recebeu uma prancheta para trabalhar ao lado de funcionários contratados no amplo escritório sem divisórias. Seus cabelos espetados imediatamente chamaram a atenção dos colegas. "Ele parecia uma escova de dentes", disse Clive Grinyer, um designer sênior que se tornou um grande amigo de Ive.

Pouco tempo depois de começar a trabalhar na empresa, Ive entrou na sala do cofundador, Barrie Weaver, e ficou obcecado com uma vitrine contendo grampeadores, canetas e calculadoras japonesas. Começou a perguntar como os produtos foram feitos, exatamente como fazia quando visitava lojas com seu pai. Sua curiosidade e sensibilidade visual impressionaram Weaver, que alocou Ive para desenvolver uma carteira para a Zebra, uma empresa japonesa. Weaver explicou a Ive que a Roberts Weaver precisaria mostrar à Zebra exatamente como fazer o produto, incluindo as costuras, ou a empresa produziria sua própria versão. Ive foi à sua prancheta e começou a cortar e dobrar folhas de papelão branco grosso para criar um modelo exato da carteira que queria fazer. Ele usou o papel em camadas para criar a espessura do couro e o modelou em relevo para adicionar textura. Em seguida, usou uma caneta para pontilhar cada ponto da costura nas bordas da carteira. A sofisticação de seu trabalho impressionou os designers contratados, que passaram a vê-lo menos como um estagiário e mais como um colega.

Quando não estava trabalhando, Ive vivia no pé do experiente Grinyer para fazer perguntas. Ele ficou obcecado com um esboço que Grinyer havia pendurado acima de sua mesa mostrando as aberturas angulares de um gabinete de computador. Seus olhos se arregalaram quando Grinyer lhe disse que tinha feito o esboço quando trabalhara na Califórnia.

"Como é trabalhar lá?", perguntou Ive.

"É bem diferente daqui", Grinyer falou. No Reino Unido, era comum os clientes rejeitarem os conceitos desenvolvidos pelos designers. Em São Francisco, disse Grinyer, as ideias dos designers eram financiadas e produzidas sem grandes alterações. Ive ficou encantado com a possibilidade, lembrou Grinyer anos depois. "Ele ficou maravilhado e não cansava de ouvir sobre a atitude do pessoal de São Francisco, a ideia de um ambiente onde o design podia alçar voo."

O encantamento de Ive com São Francisco contrastava com a realidade de sua experiência na Roberts Weaver. Seu impulso de romper limites com os designs incomodava alguns clientes e os levava a rejeitar suas ideias ou exigir mudanças. Ive ficava desanimado e o cliente, irritado. Para um fabricante de ferramentas mecânicas que queria uma nova britadeira, Ive criou uma máquina elegante e futurista com um punho engenhoso no formato de um diamante. Seu esquema de cores marrom e roxo dava à ferramenta um requinte difícil de imaginar nas mãos de um operário usando um capacete. O cliente rejeitou o projeto considerando-o elegante demais. "Ele tinha ideias ambiciosas e fazia desenhos lindos", disse Weaver. "Dava para ver a forma, mas não dava para saber como concretizar o projeto."

Quando voltou para Newcastle, Ive se empenhou em definir como os produtos deveriam ser antes de mergulhar no design. Por exemplo, ele achava que os aparelhos auditivos para crianças eram estigmatizantes. O NHS, serviço nacional de saúde do Reino Unido, fornecia um produto com um receptor de rádio que as crianças prendiam à lapela e era conectado por um fio a um volumoso fone de ouvido cor-de-rosa. Ive queria fazer um dispositivo que parecesse tão moderno e descolado quanto o walkman da Sony, que as pessoas levavam consigo por toda parte.

Visitou uma escola primária e conversou com crianças com deficiência auditiva, as quais confirmaram que se sentiam estigmatizadas em razão da aparência dos aparelhos auditivos. Disse a amigos que um design melhor ajudaria as crianças a ouvir e reduziria o estresse de serem diferentes. A ideia era ajudá-las a ter mais foco na escola, tirar notas mais altas e tranquilizar os pais. O produto que ele criou tinha um receptor branco retangular com um clipe para levá-lo no cinto e fones de ouvido para os alunos ouvirem o que um professor dizia em um microfone.

Os computadores não tinham um destaque especial no currículo de design da Newcastle, mas, antes de se formar, Ive foi apresentado ao seu primeiro Macintosh. Seu pai, que ainda era inspetor escolar, tornou-se um evangelizador dos computadores da Apple, incentivando as escolas a comprá-los por serem mais fáceis de usar para aprender design que os computadores BBC Micro, mais populares na época. Ive logo entendeu o porquê. O Macintosh, com seu mouse de apontar e clicar, era mais intuitivo que qualquer outro computador que ele tinha visto. Ele gostou tanto do computador que decidiu pesquisar a empresa. Adorou a rebeldia do anúncio *1984* da Apple e via essa atitude no Mac. "Dava para ter uma ideia dos valores das pessoas que fizeram o Mac", disse Ive ao *The New Yorker* anos depois.

PARA SE FORMAR, os alunos da Newcastle receberam a tarefa de reimaginar um conceito conhecido.[8] A faculdade chamava a tarefa de projeto "céu azul", um nome que encorajava os alunos a pensar em produtos futuristas que não fossem limitados pelas capacidades de produção da época.

Naquele tempo, Ive estava interessado na popularização dos cartões de crédito e ficava pensando sobre o contraste entre o baixo custo do plástico do qual o cartão era feito e a fortuna que uma pessoa podia gastar apenas passando um cartão. O usuário do cartão precisava esperar uma fatura impressa chegar pelo correio, mas Ive ficou pensando em como um comerciante poderia confirmar uma compra instantaneamente com a operadora do cartão. Imaginou um mundo no qual as pessoas levavam pequenos *tags* circulares que colocariam em cima de um minicomputador no caixa das lojas. O *tag* preto e reluzente exibiria as informações da transação em um dispositivo do tamanho de uma calculadora de bolso. "Ele incluiu o preciosismo e o requinte de relojoeiro em sua ideia", disse John Elliott, um professor da Newcastle. Quando, décadas depois, a Apple lançou um sistema de pagamento sem contato chamado Apple Pay, Elliott lembrou-se do projeto "céu azul" de Ive. "Ele estava 20 anos à frente de seu tempo", disse.

Quando os alunos se reuniram no fim do ano para apresentar seus projetos de conclusão de curso, a apresentação de Ive se destacou. Os projetos foram expostos em quadros de madeira de 2,5 metros por 1 metro que os professores analisavam para dar as notas finais.

Enquanto os colegas encheram seus quadros de cima a baixo com fotos e informações sobre seu projeto, os quadros de Ive estavam praticamente vazios. Ele fixou um porta-revistas em um de seus quadros contendo uma apresentação em papel e seu *tag* do "céu azul". Nos outros dois quadros, expôs algumas poucas fotografias de seu trabalho. Foi a apresentação mais discreta da sala, um reflexo da abordagem que estava nascendo nele, segundo a qual menos poderia ser mais. Quando o avaliador externo, Russell Malloy, chegou ao projeto de Ive, ficou em dúvida sobre o que fazer. Ele se voltou para Elliott e outros professores e perguntou: "Qual é a nota máxima?". Em geral, a nota mais alta não passava de 70, que equivalia a um A. Ninguém nunca tinha cogitado dar uma nota mais alta que 70. Eles passaram um tempo discutindo entre si e disseram a Malloy para dar ao trabalho a nota que ele considerasse mais apropriada. Ele deu um 90 a Ive.

"Tem certeza?", o líder do painel perguntou.

"Nunca vi nada parecido", Malloy explicou. "Ele merece."

Ive também deixou uma boa impressão nos juízes de concursos de design organizados pela Royal Society of Arts. Fundada no século XVIII, a organização britânica concedia desde 1924 viagens e bolsas de estudo em concursos de design industrial para estudantes. Ive entrou em um concurso para criar o design de um telefone. Ele sempre achou antinatural ter de ficar com a mão na lateral do rosto para falar ao telefone. Achava que, para operar um telefone, não deveria ser preciso usar mais do que duas coisas: a boca e o ouvido. Ele reimaginou o telefone como um dispositivo elegante e angular com um receptor esbelto do tamanho de uma escova de dentes que as pessoas poderiam segurar e falar como em um microfone. Parecia um ponto de interrogação. Ive encheu seu apartamento com centenas de modelos de isopor com diferenças sutis de formas e ângulos até obter o design que queria. A versão final foi feita de plástico branco com teclas cor de alfazema. Ele batizou sua criação de "Orator" – o orador. "Lembro que fiquei 'me achando'", disse sobre o nome, décadas depois. O modelo, que lhe rendeu uma viagem de 500 libras, surpreendeu seus colegas de classe.[9] "Nunca ninguém tinha visto qualquer coisa parecida com aquilo", conta Craig Mounsey, que estava um ano à frente de Ive na Newcastle.

Entretanto, Ive ficou se sentindo um fracassado. Quando levou o protótipo a um escritório para fotografar pessoas usando sua criação, notou que elas estranhavam demais o design incomum. O experimento expôs um problema que ele passaria anos tentando resolver: não bastava criar um produto que parecesse radical; as pessoas tinham de se conectar com ele de alguma forma. O design precisava ser intuitivo para as pessoas. Caso contrário, elas não usariam o produto.

Feliz da vida com o dinheiro do prêmio, Ive foi para a Califórnia em meados de 1989.[10] O Vale do Silício ainda pairava em sua mente como um lugar mítico onde os designers eram respeitados e podiam decidir o design de computadores e outros produtos que estavam mudando o mundo. A região era enaltecida como um lugar onde o sol está sempre brilhando, onde abundantes pomares de frutas deram lugar a 50 quilômetros de parques tecnológicos repletos de fabricantes de componentes eletrônicos, startups e empresas de capital de risco. As pastilhas de silício que deram nome à região originaram a era da computação pessoal que fez de Steve Jobs, de 23 anos, um milionário. Arrebatados pela possibilidade de conseguir fazer o mesmo, jovens engenheiros, designers e empreendedores do mundo todo migravam para lá em busca da próxima novidade.

Ive era um peregrino curioso. Depois de anos ouvindo seu amigo Clive Grinyer falar sobre a Califórnia, queria ver se a realidade batia com o que ele tinha imaginado. Pediu para falar com pessoas de várias empresas de design, incluindo a Lunar Design. Cofundada por Robert Brunner, formado em design industrial pela Universidade Estadual de San José, na Califórnia, a Lunar tinha acabado de fechar um contrato com a Apple para trabalhar no design de um novo computador e estava começando a ser conhecida como uma nova empresa de design com uma *vibe* de surfistas descontraídos.

Ive abriu a porta da empresa, que não ficava muito longe da Universidade Stanford, e entrou em um saguão pintado de azul e rosa, que lembrava a série *Miami Vice*. O escritório recendia ao *tandoori* de frango do restaurante indiano que ficava no andar de baixo. Ive levou uma pesada caixa contendo seu trabalho até uma mesa e a abriu para mostrar a Brunner seu futurista telefone sem fio. Ele tirou a tampa do Orator para revelar uma série de modelos removíveis de componentes internos. Brunner ficou boquiaberto enquanto Ive explicava como os componentes funcionavam e como o telefone poderia ser montado. Apesar de ter acabado de se formar, ele foi capaz de explicar o telefone inteiro, desde a aparência até a fabricação.

Enquanto o outro falava, Brunner começou a se perguntar: "O que eu faço para contratar esse rapaz?". A empresa não tinha nenhuma vaga, mas, antes de se despedir, ele tentou mostrar a Ive que tinha interesse em contratá-lo. "Vamos manter contato e quem sabe o que pode acontecer?", disse.

Ive ficou empolgadíssimo com o interesse de Brunner e fascinado com a Califórnia. Quando o jovem designer voltou ao Reino Unido, apresentou um relatório sobre sua viagem à Royal Society of Arts. "Estou simplesmente apaixonado por São Francisco e espero, com todas as minhas forças, ter a chance de voltar um dia", escreveu. Com o tempo e com a ajuda de Brunner, ele realizaria seu desejo.

O RETORNO DE IVE à Roberts Weaver em Londres não durou muito tempo.[11] A empresa faliu em 1990, depois que sua situação financeira entrou em colapso em meio a uma crise bancária no Reino Unido. Livre do compromisso contratual que havia feito em troca do apoio financeiro para estudar na Newcastle, Ive foi trabalhar em uma empresa fundada por seu amigo Grinyer e outro designer, Martin Darbyshire. Os sócios batizaram a empresa de Tangerine.

Eles montaram um escritório em um loft pós-industrial com pé-
-direito alto e piso de madeira rústica perto da Hoxton Square, no
bairro de Shoreditch, no leste de Londres, na época uma área deca-
dente cheia de clubes de striptease e pubs. A recessão estava forçando
os clientes da Tangerine a apertar os cintos. Para atrair mais clientes, eles compraram anúncios em revistas de design e criaram conceitos para demonstrar o que eram capazes de fazer. Ive dedicou-se a
um projeto para a Ideal Standard, uma empresa de vasos sanitários e
acessórios para banheiros que se interessou por ele depois de ver, em
uma exposição do Design Council, o aparelho auditivo que Ive criara
na Newcastle. Ele encheu seu apartamento com modelos de isopor de
pias de banheiro. Um dia, quando Jim Dawton foi visitá-lo, encontrou
Ive aspirando pedaços de isopor do chão. Ive se voltou para Dawton,
apontou a ponta do aspirador para seu rosto e, com um sorriso, aspi-
rou pedaços de pó de isopor de seu nariz.

Depois que Ive entrou na Tangerine, ele e Heather se mudaram para
um apartamento em Blackheath. Ele tirou alguns dias de folga para pintar e decorar o novo lar do casal. Quando voltou ao trabalho, Ive parecia um pouco melancólico e confessou que não conseguira fazer mais do
que pintar uma única janela. Ele lixou a janela, pintou-a e repintou-a
vez após vez até finalmente conseguir o efeito que queria.

"Tinha que ser perfeito para ele", conta Darbyshire. "Ele é absolutamente obcecado com todos os detalhes."

Ive não ganhava muito, mas fez questão de comprar um toca-discos
Rega Planar, que não era nada barato, para seu apartamento, antes
mesmo de comprar qualquer mobília. Aquele foi o primeiro item de
sua dispendiosa coleção de produtos bem-acabados e artisticamente
projetados, uma obsessão que o acompanharia pela vida.

Para o projeto da Ideal Standard, Ive e Grinyer se recolheram na
casa dos pais de Ive em Somerset. Enquanto eles faziam modelos e
mais modelos de pias e vasos sanitários na garagem, Ive filosofava sobre a importância da água. Folheava livros de biologia marinha sobre

O artista   57

o movimento da água, e usou como inspiração a cerâmica grega antiga. O lavatório meio ovalado que eles criaram repousava sobre uma coluna angular que se afastava da parede. Eles apresentaram os modelos à Ideal Standard no Red Nose Day, um evento beneficente organizado pela Comic Relief – em um toque surreal, o CEO da empresa passou o evento inteiro usando um nariz de palhaço. Quando eles terminaram a apresentação, o CEO com o nariz de palhaço ficou preocupado: a pia seria cara demais para fabricar e destoava muito do estilo de design mais tradicional da empresa.

"E se essa pia pesada cair em cima de uma criança?", ele perguntou.

A pia foi rejeitada. Ive voltou a Londres desmoralizado e deprimido. Foi forçado a encarar suas limitações como designer. Sua paixão por contestar as normas e a profunda pesquisa que ele dedicava aos projetos podiam torná-lo relutante em fazer concessões nos designs para satisfazer os clientes. Seria difícil trabalhar em uma empresa como a Tangerine, cujo crescimento dependia de agradar os clientes. Ele percebeu que trabalhar em uma agência podia não ser sua praia. "Achei que trabalhar naquele esquema era restritivo demais", Ive explicou mais tarde.

COM IVE PRECISANDO desesperadamente de um empurrãozinho, um velho conhecido veio a seu resgate.[12] Em 1989, a Apple contratou Brunner, da Lunar Design, que Ive tinha visitado na Califórnia, para montar uma equipe interna de design industrial. A empresa estava ampliando sua linha de produtos para incluir laptops e assistentes digitais pessoais a seus desktops. Seu design anterior – um computador cor de creme com linhas em relevo verticais e horizontais – havia catapultado o Macintosh para o sucesso, mas estava ficando datado. Brunner queria um visual mais dinâmico que refletisse a mobilidade dos novos dispositivos. Ansioso para encontrar novas ideias, ele se lembrou de Ive e contratou a Tangerine para criar o design de quatro possíveis produtos da Apple: um tablet, um teclado para o tablet e dois desktops.

Ive ficou intimidado com o projeto, que recebeu o codinome de Juggernaut, o "rolo compressor". Era a primeira vez que tinha a chance de trabalhar com uma empresa cujos designs ele admirava. Assumiu a responsabilidade pelo tablet e podia ser visto no estúdio fingindo digitar em um modelo de teclado feito de isopor. O design resultante tinha uma tela inclinada como uma prancheta de arquiteto.

Quando os modelos ficaram prontos, Ive os embalou para enviá-los à Apple. Colocou os modelos embrulhados em plástico-bolha primeiro e os esboços correspondentes por cima. E, por cima de tudo, colocou camisetas que mandara fazer especialmente para a ocasião, com o logotipo laranja da Tangerine, embrulhadas em papel de seda branco afixado com adesivos também com o logotipo. Toda aquela atenção aos detalhes surpreendeu seus colegas, acostumados a empresas de design que mandavam modelos em uma caixa com nada mais que flocos de isopor. Ive transformou a caixa destinada à Apple em uma experiência, dedicando à embalagem a mesma atenção e cuidado que dedicara a seus modelos.

Brunner ficou impressionado com a caixa e convidou os sócios da Tangerine para visitar a Apple, em Cupertino. Depois que eles apresentaram o trabalho, Brunner puxou Ive de lado. Estava recrutando talentos para sua equipe de design e notou o interesse de Ive pela Apple. "As portas estarão sempre abertas para você aqui", ele disse. "Não precisa responder agora, mas pense com carinho."

Ao ver aquilo, Darbyshire e Grinyer decidiram que o objetivo do Projeto Juggernaut não era só criar alguns dispositivos móveis. Não era por acaso que empresas pequenas e novas no mercado, como a Tangerine, recebiam briefings de empresas internacionalmente famosas como a Apple. Brunner queria contratar o sócio deles. Quando entrou no escritório da Tangerine depois que todos voltaram a Londres, Grinyer Foi direto até ele.

"Eles estão te cortejando, não é?", perguntou.

Ive sorriu e não disse nada.

"Vai fundo, cara!", Grinyer aconselhou.

Ive estava dividido. Sabia que estava diante de uma oportunidade incrível de trabalhar em uma empresa que ele admirava. Não precisaria mais ficar agradando os clientes, ganharia mais e ainda por cima poderia morar na Califórnia. Mas não queria morar fora da Inglaterra e ter filhos em outro país, longe de seus pais, principalmente seu pai, que tivera um papel tão importante em sua carreira.

Ele passou semanas sem saber o que fazer. Além de tudo, não sabia se daria conta do recado. Tinha só 25 anos, havia se formado apenas alguns anos antes e muitos de seus designs nunca chegaram a ser produzidos. E a Apple tinha um histórico de criar designs espetaculares. Era um patamar totalmente diferente para Ive.

Durante uma caminhada em um dia quente em Londres, Ive e Steve Bailey, seu amigo de faculdade, sentaram-se em um banco com vista para um rio que desaguava no Tâmisa. A cidade que ele chamava de lar se estendia diante de si. Era difícil pensar em deixá-la. Ele disse a Bailey que não sabia se estava pronto para trabalhar na Apple. O legado de design da Apple o intimidava, para dizer o mínimo. O Macintosh reinventara a maneira como as pessoas interagiam com os computadores e parecia mais intuitivo do que qualquer coisa vendida pelos concorrentes. Apesar de todas as realizações de Ive aos olhos de seus colegas, ele desconfiava dos elogios e ainda via grandes defeitos na maioria de seus trabalhos. "Ele estava uma pilha de nervos", Bailey conta. Na Apple, Ive temia que suas deficiências como designer fossem expostas. Ele se preocupava com o que estava por vir.

3

O OPERADOR

Os funcionários a chamavam de Valhalla. Localizada no último andar do prédio número 1 do Infinite Loop, a ala executiva era o epicentro do império comercial da Apple. A equipe executiva da empresa, um grupo de dez, se reunia na sala de reuniões toda segunda-feira para uma discussão de quatro horas sobre os negócios da empresa. A reunião semanal refletia a hierarquia de uma gigante da tecnologia em expansão, onde um pequeno grupo avaliava todos os detalhes do negócio, desde o desenvolvimento de novas lojas até a exploração de novas categorias de produtos.

Após a morte de Steve Jobs, o especialista do lado comercial da Apple, Tim Cook, teve de liderar as reuniões de segunda-feira sozinho. Quando Jobs o escolhera para ser o CEO, Cook achou que teria a chance de recorrer às orientações de seu antecessor. No entanto, ele não tinha mais a quem recorrer e se viu navegando sozinho pelas complexidades do luto e da liderança de uma empresa como a Apple.

Cook sempre foi muito reservado, mas seu comportamento dava aos colegas indicativos do que ele estava sentindo após a morte de seu mentor. Em vez de ocupar o antigo escritório de Jobs, ele o lacrou como um túmulo. Papéis foram deixados espalhados pela mesa e desenhos feitos pela filha de Jobs ficaram gravados no quadro branco. Em alguns dias, Cook destrancava a porta e entrava no escritório para sentir a presença de seu antecessor.[1] Ele comparava esses momentos de reflexão com uma visita a um túmulo.

Nas segundas-feiras, Cook buscou criar um clima parecido com o que existia quando Jobs estava vivo. Os executivos entravam na sala de reuniões e ocupavam seus lugares em torno de uma grande mesa de conferências com um quadro branco à cabeceira, no qual Jobs costumava esboçar ideias. Enquanto atualizavam os colegas sobre suas respectivas áreas de responsabilidade, como hardware e software, alguns passaram a sentir que uma certa apatia estava criando raízes. Enquanto Jobs tomava decisões instantâneas e intuitivas, confiando tanto em seu instinto quanto em seu cérebro, Cook era mais ponderado e preferia analisar tudo. Em vez de exigir que a equipe criasse um iPhone maior, como Jobs poderia ter feito, ele sugeriu explorar tamanhos diferentes para avaliar os benefícios de uma mudança. Alguns membros da equipe reclamavam da incapacidade de Cook de tomar decisões. Outros preferiam acreditar que ele decidiria depois de coletar informações.

Durante uma reunião naqueles primeiros meses, Cook se levantou e saiu da sala sem dizer uma palavra enquanto os colegas discutiam. A porta se fechou atrás dele e a sala ficou em silêncio, com todos esperando seu retorno. Ele caminhou pelo corredor até seu escritório e se sentou à sua mesa. Então, um membro da equipe executiva foi atrás do CEO e o encontrou perdido em pensamentos.

Cook olhou para ele. "Vocês já terminaram?", perguntou.

"Estamos esperando você", disse o executivo.

Tim Cook cresceu querendo ter uma vida diferente de seu pai.[2]

Nascido em 1960 em Mobile, no Alabama, Timothy Donald Cook foi o segundo de três filhos trazidos ao mundo por Donald Dozier Cook e Geraldine Majors.[3] Seus pais cresceram a cerca de 50 quilômetros um do outro no sul do Alabama, uma paisagem de fazendas, grandes carvalhos e pinheiros altos. O nome do meio de seu pai vinha da cidade onde ele estudou, Dozier, um distrito com algumas centenas de habitantes em uma região conhecida como Tinder Belt, o "cinturão da

62   A Apple após Steve Jobs

madeira".[4] Sua família havia chegado à região mais de 100 anos antes, saindo da Carolina do Norte e da Carolina do Sul e dirigindo-se para o sul, para uma região entregue aos colonos depois que o general Andrew Jackson derrotou a Confederação de Muscogee Creek.[5] Seu pai sustentava a família vendendo frutas e verduras e entregando leite de porta em porta.[6] Uma das estradas que saíam de Dozier seguia para o noroeste até Georgiana, no Alabama, onde Geraldine havia crescido.

Donald se orgulhava de ter crescido no campo e tudo o que ele dizia saía com o sotaque e o palavreado do Sul rural. Um dia ele se gabou de que seu filho do meio "é o tipo de rapaz que não larga o osso por nada nesse mundo. Ele é determinado".[7] Ele incutiu em seus filhos um senso de modéstia e um desdém por qualquer tipo de ostentação de riqueza. Quando Cook se tornou um alto executivo da Apple e deu uma caminhonete ao pai, Donald se queixou várias vezes do presente.[8] "Mas que diabos? Por que é que ele colocou na cabeça de me dar uma caminhonete?", dizia aos amigos tomando um café. Ele não queria que ninguém pensasse que estava de ostentação.

O pai de Cook tinha uma cabeça de trabalhador braçal forjada por uma vida inteira de trabalho duro.[9] Depois de se formar no ensino médio, ele conseguiu um emprego na Alabama Dry Dock and Shipbuilding Company, um estaleiro em Mobile, antes de ser convocado para o Exército dos Estados Unidos durante a Guerra da Coreia. No Exército, trabalhou no almoxarifado, fornecendo peças para caminhões de carga que transportavam homens, munições e rações para a frente de batalha. Gostava de fazer o inventário e o considerava "o melhor trabalho do exército". Passou 18 meses na Coreia do Sul antes de voltar à Costa do Golfo, onde trabalhou nos estaleiros. Ele e Geraldine se casaram e tiveram três filhos. A família se mudou de Mobile e foi para o outro lado da baía, para Pensacola, na Flórida, onde morava o avô de Cook, Canie. Eles moraram em Pensacola até o caçula, Gerald, entrar na escola. Era 1970, e a dessegregação entre negros e brancos estava acelerando na região.

Pensacola, que havia resistido à integração racial nos ônibus, foi obrigada por um juiz a integrar suas escolas. O clima estava tenso. Brigas eclodiam entre brancos e negros na escola de ensino médio da cidade, algumas motivadas por símbolos da Confederação. A família Cook, que era de classe média baixa, mudou-se para o condado de Baldwin, no Alabama, onde morava a irmã gêmea de Geraldine.[10] Donald disse que eles escolheram a cidade de Robertsdale porque tinha um único *campus* para escolas que iam da pré-escola até o último ano do ensino médio e seus três filhos poderiam ir à escola juntos.[11]

Robertsdale era uma pequena comunidade agrícola onde estradinhas cruzavam vastas e planas extensões de plantações de milho, algodão e batata. Florestas de carvalhos e pinheiros imponentes marcavam onde uma fazenda terminava e a outra começava. Vacas leiteiras pastavam nos campos. Uma ferrovia que atravessava a cidade transportava a colheita para o norte, em direção a Montgomery. O terreno plano, vazio e abundante encorajava a construção de grandes casas térreas. A cidade era quase exclusivamente composta de moradores brancos. Os residentes comparavam-na com Mayberry, na Carolina do Norte, a cidade fictícia do sitcom *The Andy Griffith Show*. A maioria de seus 2.300 moradores trabalhava em fazendas nas proximidades, em lojinhas familiares locais ou na Vanity Fair, uma fábrica têxtil que produzia roupas íntimas, pijamas e sutiãs.[12] As crianças vagavam livremente pelos bairros da cidade, os moradores faziam compras em um mercadinho local e todos saíam da igreja aos domingos e se apressavam para comer no Johnnie Mae's, um restaurante local conhecido por seu frango frito crocante.[13] Na escola, os dias começavam com uma oração da Juventude Cristã e a passagem das temporadas era marcada por jogos de futebol americano do ensino médio e o festival de camarão da cidade de Gulf Shores, a 35 quilômetros de Robertsdale.

A família Cook conseguiu um feito raro em uma cidadezinha do tamanho de Robertsdale: eles eram, ao mesmo tempo, conhecidos e anônimos. Donald e Geraldine frequentavam eventos de pais e mestres na escola, mas nunca se envolviam nas atividades formais.[14] Iam à Igreja Metodista Unida de Robertsdale de vez em quando, mas não eram especialmente ativos lá.[15] E, embora amigáveis, não apareciam na coluna social do jornal local, que cobria encontros de clubes de jardinagem, churrascos no quintal de um ou outro morador e jantares. Em geral, eram reservados – uma atitude que transmitiram aos filhos.

Na infância, Tim via o pai, Donald, acordar cedo para passar quase uma hora dirigindo até o estaleiro em Mobile. Donald trabalhava como auxiliar de soldadores e outros trabalhadores especializados, fazendo trabalhos braçais, como limpar as áreas de trabalho e levar ferramentas.[16] Ele dava duro na úmida Baía de Mobile enquanto navios de mil toneladas eram içados para cima de blocos de apoio para manutenção. Por esse trabalho, ganhava apenas cerca de US$ 5 por hora. Ele não reclamava, mas Tim sabia que o pai não gostava daquele serviço. Contudo, precisava do emprego para sustentar a família. As horas árduas e sombrias que o pai dedicava ao trabalho no cais ficaram gravadas na memória de Tim, que sonhava em encontrar um emprego que lhe desse algum senso de paixão.

Os PAIS DE COOK inculcaram nele a importância do trabalho duro.[17] Cook teve seu primeiro emprego aos 10 anos. Passou anos entregando o jornal *Press-Register* da cidade vizinha Mobile, fazendo hambúrgueres em uma lanchonete e trabalhando de faz-tudo na Lee Drug Store, a farmácia local, onde limpava o chão, abastecia as prateleiras e ficava no caixa. Na farmácia Lee, ele demonstrou a iniciativa e o tino para os negócios que viriam a definir sua vida, ajudando a aumentar as vendas ao reorganizar a seção de cigarros com base na popularidade das diferentes marcas.[18]

Cook também era disciplinado nos estudos. Estudava com os filhos e as filhas de agricultores, trabalhadores de fábricas e estivadores em um prédio térreo de tijolos com janelas emolduradas em branco. Transitava das aulas ao trabalho sem deixar de fazer nenhuma lição de casa

O operador **65**

e sem causar problemas. Entretanto, o garoto não se levava muito a sério. Seus professores o comparavam a um golden retriever: um aluno despreocupado e alegre que gostava de rir e brincar com os colegas.[19] Apesar de estar entre os alunos mais brilhantes e estudiosos da escola, era tímido e tendia a se manter em silêncio durante as discussões em sala de aula. Os professores o encorajavam a participar perguntando: "Tim, e você? O que você acha?".

"Ele era um daqueles garotos que você não conhece muito bem", disse Eddie Page, o diretor da banda da escola.[20] Seu professor de química, Ken Brett, disse que ele era um menino estudioso, "de fala mansa, fácil de se relacionar e que nunca deixava de entregar a lição de casa". Por vários anos, seus colegas o elegeram "O Mais Estudioso" da turma.

No ensino médio, ele estabeleceu seu primeiro grande objetivo: entrar na Universidade de Auburn. Era um sonho ambicioso para o filho de pais sem formação superior. Um dos fatores que levaram à escolha foi a cultura do Alabama, onde o futebol universitário reinava supremo. Todos os moradores do Alabama pareciam se dividir na rivalidade entre a Universidade do Alabama, uma instituição de ensino conhecida por produzir médicos, advogados e campeões nacionais de futebol americano, e a Universidade de Auburn, uma instituição conhecida por produzir agricultores, engenheiros e ganhadores do Troféu Heisman, um prêmio concedido ao melhor jogador da temporada de futebol americano universitário dos Estados Unidos. A cidade de Robertsdale preferia o azul e laranja da Auburn ao vermelho e branco da Alabama, e Cook cresceu cercado de fanáticos pelo time de futebol da faculdade técnica do estado.

Em 1971, Cook viu um de seus primeiros jogos entre a Auburn e a Alabama na TV.[21] Os Tigers da Auburn perderam de lavada: 31 a 7. Cook viveu com a decepção dessa derrota até que as equipes se enfrentaram no ano seguinte em um jogo que ele jamais esqueceria. No estádio Legion Field, em Birmingham, no Alabama, a Auburn perdia por 16 a 0 para a Alabama faltando dez minutos para terminar o jogo. Depois que a Auburn fez 3 pontos em um *field goal*, sua defesa ainda conseguiu bloquear o avanço da Alabama e fez 6 pontos em um *touchdown* de 25 jardas. Minutos depois, eles bloquearam o ataque novamente e fizeram mais um *touchdown*, vencendo o jogo. O resultado foi tão improvável que ficou gravado na memória do estado inteiro. Um ano depois, Cook informou à mãe que queria entrar na Auburn "de qualquer jeito".[22]

A CIDADE DE ROBERTSDALE tinha uma enorme divisão racial na época em que a família Cook se mudou para lá. A comunidade, como algumas outras do Sul dos Estados Unidos, tinha restrições não oficiais que desencorajavam os negros de circular pela cidade depois do anoitecer.[23] Quando a noite caía em Robertsdale, os moradores negros se retiravam para suas casas nas cidades vizinhas de Loxley e Silver Hill. Em 1969, a escola local começou a levar de ônibus estudantes negros dessas áreas para Robertsdale.[24] Alguns moradores da cidade resistiram à integração. A família de um dos primeiros alunos negros a entrar na escola de ensino médio de Robertsdale encontrou uma bomba caseira em sua caixa de correio.

Cook se viu inserido no meio dessas tensões raciais quando sua família se mudou para a cidade. Quando tinha uns 11 ou 12 anos, voltando para casa com sua nova bicicleta de dez marchas, ele se deparou com uma multidão de homens encapuzados diante de uma cruz em chamas plantada no gramado de uma família negra.[25] Parou em choque e ouviu os homens entoando insultos raciais. Ouviu o vidro de uma janela quebrar.

"Parem com isso!", Cook gritou. Um homem se voltou para ele e levantou o capuz. Era um diácono de uma igreja local, não a que a sua família frequentava. Atônito, Cook saiu pedalando o mais rápido que pôde.

Aquela imagem da Ku Klux Klan passou décadas na mente de Cook. Depois que se tornou CEO da Apple, ele contou em um discurso alguns detalhes sobre o episódio.[26] "Não muito longe da minha casa, me lembro como se fosse ontem de ter visto a Ku Klux Klan queimando uma cruz na frente da casa de uma família negra", disse. "Aquilo mudou a minha vida para sempre." Depois do discurso, a equipe da Apple ajudou a confirmar a história para a elaboração de um artigo de Cook no *New York Times*, incluindo os detalhes sobre o diácono e a bicicleta.[27] Quando os moradores de Robertsdale leram o artigo, muitos ficaram furiosos. Ex-colegas de classe, vizinhos e amigos criticaram Cook por ter usado sua posição de destaque para difamar a cidade. Ficaram ainda mais frustrados porque estavam convencidos de que o episódio descrito no *New York Times* nunca tinha acontecido.

O artigo transformou Cook em um pária em sua cidade natal. Ex-colegas de classe e vizinhos passaram anos debatendo a veracidade da história.[28] Um ex-professor se lembrou de Cook contando uma história parecida décadas antes, mas muitas outras pessoas fizeram questão de destrinchá-la. Elas alegaram que nenhuma família negra tinha uma casa em Robertsdale e que o negro mais próximo morava a muitos quilômetros da casa de Cook. Alguns disseram que Cook nunca teve uma bicicleta de dez marchas naquela idade. Lisa Straka Cooper, uma amiga próxima do tempo do ensino médio, mandou um e-mail a Cook perguntando como ele conseguira reconhecer o diácono de outra igreja e se contara sobre o episódio a seus pais. "Se for verdade, falta um monte de detalhes nessa sua história: de quem era a casa, se você ainda tem contato com eles", escreveu ela.

"Ele respondeu: 'Por que eu mentiria sobre isso?'", contou Cooper. Ela disse a Cook que os moradores de Robertsdale não acreditavam nele. Os velhos amigos não se falaram muito desde então.[29]

Cook entrou no ensino médio como um adolescente desengonçado vestido ao estilo dos anos 1970, com camisas de gola larga e jeans boca de sino. Seu cabelo crescia como um cogumelo no topo da cabeça e caía em ondas sobre as orelhas. Ele encontrou sua tribo na banda da escola, depois de começar a tocar trombone no primeiro ano.[30] Por ter entrado na escola atrasado para aprender a tocar o instrumento, começou com os alunos mais novos e teve de correr para alcançar seus colegas. Acontecia muito de ele soprar o instrumento com tanta força que o trombone se destacava, desafinado, de todos os outros instrumentos. Page, o instrutor da banda, balançava a cabeça e o repreendia: "Menos, Tim! Menos!".

Apesar de passar a maior parte do tempo com seus colegas de banda, Cook também socializava com os atletas e os colegas do teatro.[31] Entretanto, ele raramente ia às quadras de tênis nos fins de semana, onde os colegas se encontravam para conversar e, no ensino médio, beber cerveja. Poucos colegas se lembram de socializar com ele fora da escola. "Tim era esquisito, um pouco diferente", disse Johnny Little, que estava um ano atrás de Cook.[32]

Cooper era uma das melhores amigas de Cook.[33] Ela namorava um recém-formado da escola de Robertsdale, com quem mais tarde se casaria, e era comum Cook acompanhá-la em eventos, como o encontro de ex-alunos. Os dois adoravam o filme de Barbra Streisand e Robert Redford *Nosso amor de ontem* e cantavam versos da música-tema um para o outro, exagerando nos trechos mais sentimentais.

"Memórias iluminam os cantos da minha mente...", Cooper começaria. "Imagens espalhadas dos sorrisos que deixamos para trás...", Cook emendaria.

Enquanto os colegas reviravam os olhos, Cook e Cooper gargalhavam, convencidos de que estavam sendo histericamente irritantes.

Cook passava boa parte do tempo extracurricular colaborando para o anuário da escola. No papel de gerente de negócios, ele levava um caderno praticamente a toda parte, o qual guardava na mochila que colocava nas costas antes de montar na bicicleta e pedalar até a escola de ensino médio de Robertsdale.[34] Abria seu caderno na sala de aula para revisar uma lista de empresas locais, como a sorveteria Tastee Freez, o restaurante Campbell's e a floricultura Eastside Florist. Ele controlava os anúncios contratados por essas empresas no anuário e monitorava os pagamentos.

Quando as reuniões da equipe do anuário começavam, por volta do meio-dia, Cook atualizava sua orientadora de anuários da escola, Barbara Davis, sobre as vendas e os pagamentos dos anúncios. Juntos, eles pensavam em ideias para encorajar algumas empresas a fazer cheques pré-datados para pagar pelos anúncios de um quarto de página e de meia página. Davis, que ensinava álgebra e trigonometria, estava acostumada com gerentes de anuários que esperavam os pagamentos vencerem para correr atrás de receber dos anunciantes. Cook foi o primeiro aluno a cobrar os pagamentos ao longo do ano. Inclusive, a persistência e a responsabilidade dele foram algumas das razões pelas quais ela decidiu escolhê-lo para o trabalho. Nos três anos que passou estudando matemática com ela, ele nunca deixou de entregar um dever de casa e foi um de seus melhores alunos. "Ele era muito eficiente e dava para confiar de olhos fechados nele", ela lembrou décadas depois.

Ainda decidido a estudar na Universidade de Auburn, no último ano do ensino médio, Cook começou a se preparar para entrar na faculdade.[35] Seu professor de química, um treinador de futebol americano, começava as aulas dando breves lições sobre propriedades físicas e químicas e depois deixava os alunos livres para jogar baralho, ler livros ou conversar. Cook e uma colega, Teresa Prochaska, também muito dedicada aos estudos, temiam não estar aprendendo o suficiente. Eles procuraram o orientador da escola para levantar a questão. "Fiquem tranquilos", o orientador disse. "Vai dar tudo certo."

No fim, o orientador tinha razão: Prochaska foi nomeada oradora da turma na cerimônia de formatura e Cook se formou com a segunda média mais alta do ensino médio.

No sul do Alabama na década de 1970, como em grande parte do chamado cinturão bíblico ao seu redor, a homossexualidade era considerada um pecado. Muitas pessoas interpretavam passagens do Antigo

Testamento como proibições de relacionamentos entre pessoas do mesmo sexo. A homossexualidade era considerada por alguns como uma perversão e por outros como "antinatural".[36] Na pequena comunidade rural de Robertsdale, a hostilidade em relação à homossexualidade criava um ambiente onde ser gay era impensável, tanto para colegas quanto para professores.[37] Naquela cidadezinha cristã e majoritariamente branca, era impossível ter um gay entre eles.

Cook se sentia um peixe fora d'água dentro de seu próprio aquário.[38] Ele sabia que era diferente, mas nunca conversou a respeito com nenhum amigo. Não se abria nem com seus melhores amigos sobre suas esperanças ou sonhos. Não participava dos eventos dos Estudantes para Cristo na escola, dedicados a falar sobre Deus, pecado e salvação. Não falava de se apaixonar por alguma garota nem de namoradas. Não frequentava muitos eventos sociais. E nunca disse, nem a seus amigos mais próximos, que talvez fosse gay. Preferiu criar a imagem de alguém que priorizava tirar boas notas e entrar na faculdade aos interesses normais dos colegas. Seu foco no futuro justificava todas as suas peculiaridades.

A imagem criada com tanto cuidado por Cook o protegia da homofobia velada que às vezes borbulhava na superfície. Um exemplo aconteceu com um dos professores da escola de Robertsdale, que era solteiro e afeminado: certo dia, ele estava conversando com um grupo de estudantes quando um funcionário da escola passou com outro aluno.[39] "Não quero te ver falando com aquela bicha", disse o funcionário sobre o professor. A professora de inglês, Fay Farris, estava por perto e imediatamente repreendeu o funcionário pela intolerância. Os alunos adoraram a atitude da professora e ficaram gratos pela intervenção, mas o incidente ilustrava a intransigência da época.

Quando Cook concluiu o ensino médio, sua mãe contou a seus colegas de trabalho da farmácia Lee Drug que ele estava namorando uma garota na cidade vizinha, Foley.[40] A sexualidade de Cook seria uma sombra que o acompanharia por grande parte de sua vida.

Em 1977, Cook recebeu sua tão cobiçada carta de aceitação à Universidade de Auburn. A instituição tinha sido fundada em 1859 como Faculdade do Alabama para Rapazes antes de se tornar a Faculdade Agrícola e Mecânica do Alabama e, mais tarde, assumir o nome da cidade onde ficava sediada. Localizada nas planícies do centro do estado do Alabama, longe das brisas oceânicas da Costa do Golfo, fazia um calor sufocante na Auburn durante grande parte do ano.

Cook e um grupo de oito colegas de Robertsdale formaram uma república e alugaram apartamentos no condomínio Neill House, que ficava em frente ao *campus*.[41] Eles moravam em quartos pequenos, separados por uma divisória parcial, mobiliados com escrivaninhas, camas de solteiro e uma cozinha. O *campus* tinha carvalhos frondosos, magnólias e prédios de tijolos de dois pavimentos. A vida estudantil girava em torno do futebol americano. Aos sábados, o grito de guerra da universidade ecoava pela cidade conforme alunos vestidos de laranja e azul se dirigiam ao estádio. Um elevado aviário de arame do lado de fora abrigava uma águia – o time da Auburn era os Eagles – que mergulhava no campo antes do pontapé inicial. Em seu lugar na seção 26, Cook se deleitava com a pompa dos dias de jogo, mesmo naquelas temporadas em que a Auburn tropeçava.

A distância de casa deu a Cook a chance de se reinventar. O estudante do ensino médio que raramente ia às quadras de tênis tomar cerveja com os colegas passou a ser um frequentador assíduo dos bares de Auburn em uma época na qual beber constituía uma grande parte da vida estudantil. Havia competições de bebedeira com funil e protestos estudantis contra aumentos de 2 centavos no imposto sobre a cerveja.[42] "Devo dizer que era tudo uma grande farra", lembrou Cook anos depois.[43]

Cook integrava o comitê de cinema do grêmio estudantil, que exibia filmes como *O monstro da Lagoa Negra* e *Loucuras de verão*.[44] Ele checava as carteiras de estudante na porta do cinema e anunciava os filmes antes de as luzes serem apagadas, fazendo o possível para continuar no palco enquanto universitários rebeldes vaiavam e jogavam coisas nele. A experiência ensinou-lhe o valor de ser breve ao falar em público.

Na república, Cook ouvia *ad nauseam* sua música favorita dos Rolling Stones, "Beast of Burden", até que um colega de quarto pegou o disco de vinil e o jogou pela varanda como um frisbee.

A Universidade de Auburn moldou a identidade de Cook. Ele se identificava profundamente com o credo da instituição. Escrito pelo primeiro treinador de futebol da Auburn, George Petrie, em 1943, dizia: "Acredito que este é um mundo prático e que só posso contar com minhas próprias conquistas. Por isso, acredito no trabalho, no trabalho duro. Acredito na educação, que me dá o conhecimento para trabalhar com sabedoria e treina minha mente e minhas mãos para trabalhar com habilidade. Acredito no valor de ser honesto e falar a verdade, atitudes sem as quais não posso conquistar o respeito e a confiança de meus pares".

Cook precisou trabalhar duro. As boas notas que ele havia tirado com facilidade em Robertsdale eram mais difíceis de obter na Auburn, onde se matriculou em engenharia industrial e de sistemas. Foi uma escolha prática, motivada tanto por seu desejo de se tornar engenheiro quanto pelo programa de estágio oferecido pelo departamento, que lhe permitia pagar a mensalidade de US$ 200 trabalhando entre os trimestres na Reynolds Aluminium, em Richmond.[45] A engenharia industrial surgiu no início do século XX, quando os fabricantes buscavam maneiras de melhorar a produção. Ela se distingue das outras disciplinas da engenharia porque coloca menos ênfase na ciência e foca o uso da matemática para identificar maneiras de melhorar processos complexos, como criar uma linha de montagem mais eficiente ou simplificar uma unidade de pronto atendimento hospitalar. Como muitos de seus colegas de classe, Cook gostava dessa aplicação prática da matemática. O programa lhe ensinou a pensar sobre tudo e questionar tudo. Seus colegas de classe disseram que uma coisa que eles aprenderam a se perguntar foi: "Por que fizeram assim?".[46] A faculdade lhes ensinou que a resposta que as pessoas costumam dar – "Porque é assim que se faz" – era inaceitável e os encorajava a fazer perguntas para isolar os fatores mais importantes das práticas existentes e identificar o que poderia ser melhorado. Esse conhecimento mudou profundamente a vida de Cook, dando-lhe uma base para analisar as decisões de negócios e escolher o melhor resultado.

As turmas eram grandes e Cook sumia nelas. Seus colegas dizem que mal o conheciam. Eles se lembram dele como um cara quieto de cabelos cacheados que "não se distinguia pela inteligência ou pelas habilidades".[47] Na aula de estatística do professor Saeed Maghsoodloo, Cook sentava na primeira cadeira da terceira ou quarta fila e fazia anotações, mas não fazia perguntas nem participava das discussões. Ele raramente interagia com os outros alunos durante as aulas e nunca procurou Maghsoodloo em seu escritório, porém nunca faltou às aulas e sempre tirava notas boas nas provas. Seus professores admiravam sua capacidade de analisar as complexidades e chegar rapidamente ao cerne de um problema.[48]

Em 1982, Cook foi recrutado pela Alpha Pi Mu, a sociedade de honra da faculdade de engenharia industrial.[49] Ele entrou em um conselho consultivo estudantil da faculdade de engenharia. Um dia, em uma das reuniões do conselho, apresentou um relatório e um recrutador da IBM que estava presente o abordou depois e insistiu que ele fosse trabalhar na empresa. Cook já estava avaliando oportunidades na Andersen Consulting e na General Electric, mas aceitou o emprego na IBM.

A decisão o levou ao mundo dos computadores, um campo que ele nunca havia considerado, e ajudou a consolidar sua crença de que uma vida gratificante requer uma mistura de preparação e sorte. Quando voltou, décadas depois, à Universidade de Auburn para fazer o discurso de formatura de 2010, ele aconselhou os formandos a sempre se prepararem para quando a oportunidade chegasse, como aconteceu com ele naquele dia em que foi notado pelo recrutador da IBM.[50]

"Nós raramente temos controle sobre o *timing* das oportunidades, mas podemos nos preparar para elas", disse.

COOK ENTROU NA IBM no despontar da era dos PCs. Trabalhando em uma garagem na Califórnia, seu futuro chefe, Steve Jobs, ao lado de Steve Wozniak, havia popularizado o computador pessoal. A popularização dos PCs inspirou a gigante global da tecnologia, a IBM, a ampliar sua linha de negócios, que até então focavam os colossais computadores mainframe usados por empresas e universidades, para incluir os computadores que as pessoas começavam a usar em suas casas.

Seguindo ordens do topo, dois executivos da IBM, Philip "Don" Estridge e William Lowe, lideraram o desenvolvimento de um rival do Apple II que os consumidores poderiam configurar como quisessem com o software e a unidade de disco de sua escolha. O Personal Computer – ou PC – resultante ganhou popularidade, e a divisão passou de zero venda em 1980 para quase US$ 1 bilhão em vendas quando Cook entrou na empresa em 1982.[51] Foram tantas as unidades vendidas que a revista *Time* substituiu o tradicional "Homem do Ano" e nomeou o computador a "Máquina do Ano".

A IBM era a empresa perfeita para Cook. O império da IBM, que tinha décadas de existência, era um gigante burocrático repleto de estrutura, hierarquia e jargões internos. Sua história de sucesso lhe rendera a reputação de ser uma das empresas mais bem administradas do mundo. Os executivos usavam camisas brancas engomadas e se referiam aos talentos juniores de alto desempenho como HiPos, de *high potentials*, ou alto potencial.[52] A cultura de conformidade não era para todos, especialmente para Jobs, que posicionou a Apple como a empresa de inspiração revolucionária que chegou para desafiar o império da computação sem alma da IBM.

Cook não era um revolucionário. Recém-formado pela Auburn, era um jovem responsável de Robertsdale satisfeito por encontrar um emprego longe dos estaleiros onde o pai e o irmão mais velho trabalhavam. A IBM o alocou para trabalhar como engenheiro de produção em sua operação em expansão em Raleigh, na Carolina do Norte. O trabalho o colocou na vanguarda das iniciativas da IBM para projetar linhas de fabricação que automatizariam o lado da montagem de seus negócios de computadores e impressoras, em rápido crescimento.[53] A empresa estava no meio da criação de novos robôs, como o IBM 7535, que pairava sobre uma esteira transportadora, pegava teclas individuais do teclado de um computador e as montava no lugar certo. As tentativas de automação nem sempre tinham sucesso. Processos de tentativa e erro mostraram que era mais econômico usar mão de obra humana do que robôs em alguns casos, em razão dos espaços apertados entre os componentes. Mesmo assim, Cook se destacou rapidamente e entrou na lista HiPo dos 25 jovens mais promissores com vista a assumir cargos de liderança.

Cook deixou sua marca na gestão de materiais.[54] A IBM estava transferindo a montagem de PCs da Flórida para a Carolina do Norte, e o trabalho dele tinha o potencial de decidir o sucesso ou o fracasso da produção. Ele era o responsável por garantir o suprimento dos componentes necessários para fabricar os PCs. Sem os materiais, a linha de montagem pararia. Por outro lado, se Cook comprasse materiais demais, a IBM teria de arcar com os custos do excesso de estoque. Cook implementou processos de pedidos *just-in-time* para que o número de materiais disponíveis correspondesse ao número de computadores produzidos a cada dia. A IBM havia importado a prática do Japão na década de 1970, buscando defender-se da crescente concorrência da Ásia e tornar-se o maior produtor de computadores de baixo custo do mundo. A empresa também ensinou a Cook o valor de encontrar fornecedores confiáveis e de baixo custo. Para construir seu negócio de PCs, a IBM abandonou sua antiga propensão a fabricar os próprios componentes em favor de alternativas mais baratas de fornecedores menores. Isso permitiu à empresa alcançar rapidamente a Apple no negócio de PCs e minimizar seus custos. Embora a gestão de fornecedores e a minimização de estoques tenham se tornado um dos pontos fortes de Cook, foi sua energia e empenho que lhe deram destaque na empresa.

Certa vez, ele se ofereceu para administrar as operações de fabricação do negócio de PCs da IBM nos feriados de Natal e Ano Novo.[55] Com isso, seus chefes poderiam passar o feriado com a família, e Cook ficaria responsável por enviar produtos cruciais para os resultados de fim de ano da IBM. Os chefes de Cook começaram a vê-lo como um líder confiável e recomendaram que a IBM lhe pagasse um curso noturno de MBA na Faculdade de Administração da Universidade Duke. Aulas de finanças, estratégia e marketing lhe abriram as portas para um lado dos negócios que estava fora do escopo de seu trabalho na cadeia de suprimentos. Nas aulas de marketing, ele estudou o famoso comercial *1984* de Jobs.[56] Ele era fervorosamente leal à IBM, mas caiu de amores pelo anúncio.

No dia 5 de setembro de 1987, Cook se viu em apuros. Era um sábado de outono no Sul dos Estados Unidos, dia em que os torcedores de futebol americano universitário ficam assistindo aos jogos e bebendo cerveja. A Duke jogaria contra a Colgate em Durham, enquanto a Auburn, que estava em quinto lugar no ranking nacional, abria a temporada em casa contra um dos times mais fortes do país, a Universidade do Texas. Os Longhorns da Universidade do Texas haviam arruinado as chances da Auburn de conquistar o título nacional quatro anos antes, e os Tigers da Auburn se vingaram com uma vitória arrasadora de 31 a 3. Cook passava de carro por Durham naquele dia quando teve um desentendimento com a polícia. Não existem registros detalhados do episódio, mas um policial que estava no local contou que Cook provavelmente sofreu um pequeno acidente de carro e estava cheirando a álcool. O Departamento de Polícia de Durham lhe deu uma multa por condução imprudente de veículo e condução sob influência de álcool.

O operador **77**

Mais tarde, ele se declarou culpado por uma pena menor de condução imprudente. A campanha do "Se beber não dirija" estava apenas começando nos Estados Unidos, e os juízes, especialmente na Carolina do Norte, eram muito tolerantes e comumente reduziam as penas. Mas, para Cook, o rapaz responsável de Robertsdale que se manifestara contra a injustiça racial, aquela foi uma das primeiras vezes em que ele cometeu um erro que poderia ter prejudicado outras pessoas.

Pouco tempo depois, Cook se viu diante de outro desafio pessoal inesperado: ele foi diagnosticado com esclerose múltipla.[57] A doença ameaçava incapacitar seu cérebro e debilitar sua medula espinhal. Depois, ele soube que foi um erro de diagnóstico, mas o susto o inspirou a arrecadar fundos para a pesquisa da esclerose múltipla e ensejou um período de introspecção.

Mais ou menos naquela época, ele se pegou perguntando: "Qual é o sentido da minha vida?".[58]

"Foi caindo a ficha de que o propósito da vida não era amar o trabalho", ele disse a um grupo de estudantes da Universidade de Oxford duas décadas depois. "Era servir a humanidade num sentido amplo, e o amor pelo trabalho seria uma consequência. E comecei a me dar conta de que eu não estava em condições de fazer isso."

COOK CONTINUOU NA IBM depois de concluir o MBA pela Duke entre os 10% melhores de sua turma. Em 1992, quatro anos depois, seu chefe na divisão de fabricação saiu de repente da IBM.[59] Foi bem na época em que a IBM se preparava para produzir seu primeiro computador de baixo custo, o PS/ValuePoint, que a empresa queria lançar antes do Natal. Os resultados trimestrais dependiam disso.

Com apenas 31 anos, Cook assumiu a responsabilidade pela produção de 250 mil computadores antes da temporada de Natal. Apesar da enorme pressão, ele entregou bons resultados. A IBM conseguiu fabricar os computadores e cumpriu as metas de fim de ano. A empresa o promoveu a diretor de atendimento de pedidos para a América do

Norte, responsável pela supervisão da fabricação e distribuição nos Estados Unidos, no México, no Canadá e na América Latina. A promoção lhe deu visibilidade e o colocou no radar de um atacadista de PCs de capital aberto chamado Intelligent Electronics. A empresa, sediada na Filadélfia, precisava desesperadamente de um especialista em operações para ajudar a melhorar sua lucratividade e abordou Cook por indicação de seu ex-chefe na IBM, que o recomendou por considerá-lo um líder inteligente, responsável e imperturbável.[60]

O fundador da Intelligent Electronics, Richard Sanford, precisava de alguém com essas características. As margens eram baixas no negócio de atacado de computadores, aproximadamente 3%, e cerca da metade dos lucros da Intelligent Electronics vinham do que alguns insiders consideravam práticas contábeis questionáveis.[61] A Intelligent Electronics cobrava de empresas como a IBM e a Apple mais despesas de marketing do que gastava em folhetos e anúncios. Em 1994, a prática desencadeou uma investigação da Comissão de Valores Mobiliários dos Estados Unidos e ações judiciais coletivas. O preço das ações da empresa despencou 25%. Os processos judiciais, para os quais a Intelligent Electronics acabou chegando a um acordo sem admitir responsabilidade, semearam o caos na empresa, criando uma situação que seu ex-diretor financeiro, Thomas Coffey, descreveu como "um verdadeiro campo de batalha".

Cook viu além dos destroços. A Intelligent Electronics seria uma fuga do beco sem saída que a IBM estava se tornando para ele. Sob o comando de seu novo CEO, Louis Gerstner, a IBM vinha deixando de ser uma empresa focada na fabricação de computadores para se tornar uma empresa focada na venda de serviços. Os executivos que galgavam a hierarquia corporativa provinham das vendas e do marketing, não da fabricação.[62] A oferta da Intelligent Electronics deu a Cook a chance de sair de uma área que estava perdendo relevância para se tornar executivo em uma empresa de capital aberto. Ele reportaria a um conselho de administração e teria a chance de montar sua própria equipe; sua remuneração total seria de US$ 300 mil anuais, mais ações da empresa.[63] Mais que qualquer outra coisa, ele enxergou uma empresa em dificuldades que precisava de reparos, um desafio que ele teria autoridade para enfrentar. Aceitou o emprego em Denver, seu primeiro lar fora do Sudeste do país. Ele e Coffey, que entraram na empresa mais ou menos na mesma época, trabalharam identificando oportunidades de reduções de custos para reverter um negócio cambaleante.

A Intelligent Electronics tinha mais armazéns do que precisava e diferentes sistemas de software para pedidos de clientes. A empresa havia crescido rapidamente por meio da aquisição de concorrentes, mas não integrou bem esses negócios. Na época, alguns clientes queriam que a Intelligent Electronics atendesse a um único pedido com equipamentos de rede da Cisco e computadores da IBM, mas, muitas vezes, eles ficavam espalhados em quatro armazéns diferentes em Denver. Cook descobriu que a empresa desperdiçava tempo e dinheiro transportando equipamentos entre seus próprios armazéns. Ele decidiu fundir o estoque da empresa para reduzir custos e aproximá-lo de seu parceiro de transporte, a FedEx, para agilizar o atendimento. Em seu primeiro ano na empresa, fechou cinco armazéns e eliminou 300 empregos, substituindo os antigos armazéns por um único grande armazém de 45 mil metros quadrados em Memphis, ao lado do principal terminal da FedEx no aeroporto.[64] A reformulação da cadeia de suprimentos cortou custos e aliviou a pressão sobre a empresa.

Ainda assim, mesmo melhorando as margens, os lucros totais da empresa continuaram caindo. Em 1996, Cook e Coffey fizeram uma apresentação para o conselho propondo uma revitalização.[65] Eles sugeriram levantar capital para reformular o software de pedidos ou colocar a empresa à venda. A consultoria McKinsey foi contratada para avaliar as propostas e concordou: a empresa deveria investir ou vender. O conselho de administração decidiu vender o negócio em vez de investir dinheiro em um projeto de recuperação.[66] A concorrente

Ingram Micro ofereceu um preço mais baixo do que Coffey e Cook achavam que o negócio merecia. Coffey foi ficando cada vez mais frustrado à medida que as negociações se arrastavam e a Ingram Micro se recusava a aumentar a oferta, mas Cook manteve a calma. Ele foi paciente e continuou pressionando por um lance mais alto. Finalmente, convenceu a Ingram Micro a aumentar sua oferta em vários milhões de dólares e fechou um acordo de US$ 78 milhões.[67] "Se não fosse pelo Tim, esse negócio nunca teria saído", disse Coffey.

ENQUANTO O PROCESSO DE VENDA se desenrolava, a Compaq marcou uma reunião com Cook para ver como a Intelligent Electronics poderia ajudar a fabricante de computadores a rever seu processo de montagem.[68] Greg Petsch, que supervisionava a fabricação da Compaq, queria acabar com a prática dos revendedores de incluir memória ou alterar o disco rígido para atender às especificações do cliente. Ele queria que a própria Compaq fabricasse o computador exatamente como os clientes queriam. Cook logo percebeu que Petsch queria adotar eficiências de produção parecidas com as que ele havia levado à Intelligent Electronics com a consolidação dos armazéns. A inteligência de Cook impressionou Petsch, que já havia conversado com dez outros distribuidores, os quais tiveram muita dificuldade de entender o que ele pretendia. Logo depois da reunião, Petsch ligou para Cook para perguntar se ele não faria uma entrevista para entrar na Compaq. Petsch assegurou a Cook que a Compaq tinha uma cultura familiar. "Acho que você vai se dar muito bem aqui", disse.

O *timing* da oferta não poderia ter sido melhor para Cook, que estava no processo de redução dos negócios da Intelligent Electronics. O emprego na Compaq o colocou no comando do estoque de uma empresa cujas vendas tinham crescido rapidamente, de US$ 3 bilhões ao ano em 1991 para quase US$ 34 bilhões em 1997, o ano em que ele entrou na empresa. Era o tipo de trabalho que ele almejara por toda a carreira.

Quando Cook entrou na empresa, a Compaq tentava descascar um abacaxi gigantesco com seu estoque. A razão entre o espaço dos armazéns e a fabricação era de dois para um. Para dar conta do número cada vez maior de pedidos, a empresa precisava melhorar seu gerenciamento de estoque, ocupando menos espaço físico. Cook fez com que as compras de estoque correspondessem à demanda, e passou a agendar as entregas para uma hora antes do início de um turno de fabricação. Com esse novo esquema, a Compaq só precisava manter o estoque por duas horas ao dia, uma pequena janela logo antes de cada um dos turnos de fabricação, de 12 horas. O fluxo de caixa da empresa melhorou e seus custos caíram. Melhor ainda, a solução de Cook liberou espaço no depósito e a empresa pôde instalar mais linhas de montagem para produzir mais computadores. As intervenções de Cook pouparam uma fortuna para a empresa.

No início de 1998, Petsch recebeu um telefonema de um *headhunter* querendo saber se ele estaria interessado em dirigir as operações na Apple.[69] Steve Jobs tinha acabado de voltar à empresa e seu principal executivo de operações havia saído. Ele queria muito contratar alguém que pudesse ajudar a melhorar sua problemática cadeia de suprimentos. Petsch recusou a oferta. "Por que eu sairia da empresa de computadores número um do mundo para ir à Apple?", perguntou ao recrutador.

Essa rejeição redirecionou o foco dos recrutadores da Apple a Cook, que também não aceitou as propostas. Ele já tinha tido a experiência de revitalizar um negócio problemático na Intelligent Electronics e fora recompensado com um emprego do qual gostava, na maior fabricante de computadores do mundo, a Compaq. Por que abriria mão disso para entrar em uma empresa à beira da falência?

Mas os recrutadores da Apple persistiram: "Você não toparia pelo menos falar com o Steve Jobs?". Cook parou para cogitar. "Conversar com o Steve Jobs?", pensou. "O homem que criou a indústria de computadores pessoais? Por que não?"[70]

Cook concordou. Pouco tempo depois, foi à Califórnia para uma reunião em Palo Alto, em um sábado. Em um pequeno escritório com uma quitinete e uma sala de reuniões, Jobs começou a apresentar sua estratégia para revitalizar a Apple. Ele planejava ir na direção oposta dos outros fabricantes de computadores. A Compaq, a IBM e a Dell estavam travadas em uma batalha por clientes empresariais. Jobs queria que a Apple se concentrasse nos consumidores comuns que precisavam de um computador em casa. Ele pretendia conquistar os americanos com um design inovador e estava desenvolvendo um computador que seria vendido em um arco-íris de cores. Cook ficou fascinado. Ele havia feito uma lista dos prós e contras de entrar na Apple e encontrado poucos argumentos concretos a favor da empresa nos livros contábeis, mas, ao ouvir Jobs, viu-se dominado por um sentimento inesperado: "Eu quero fazer parte disso".

"Eu pensei que poderia ajudar aquela empresa, ajudar as pessoas, sabe? E trabalhar com ele seria um privilégio sem igual", recordou Cook anos depois. "Pensei comigo: 'Estou dentro! Eu topo!' Quero ir pelo caminho menos batido! Vamos ver no que vai dar!"

Cook não deixou seu romantismo interferir nas negociações. Antes de aceitar o emprego, insistiu que a Apple se comprometesse a lhe pagar o salário e as ações das quais ele abriria mão na Compaq. O total superou a marca de US$ 1 milhão, mais do que a Apple havia oferecido a qualquer executivo até aquele momento.[71]

Jobs ficou furioso quando ouviu a exigência. "De jeito nenhum que a Apple vai fazer uma coisa dessa!", gritou para o *headhunter* executivo Rick Devine, que havia encontrado Cook. "O que você tem na cabeça? Você tem alguma noção de matemática?"[72]

Devine esperou o ataque de fúria de Jobs terminar.

"Steve, a sua realidade é que a Apple vai voltar a ser uma grande empresa", ele explicou. "A realidade de Tim é que ele está disposto a fazer da Apple uma grande empresa, só que ele já está em uma grande empresa. Ele não é rico como você."

O telefone ficou mudo por um momento. "Pode ir em frente", Jobs instruiu.

Depois de várias semanas, Cook entrou na sala de Petsch e disse que precisava conversar. Petsch soube imediatamente o que seu jovem braço direito tinha a dizer.

"Tenho más notícias", disse Cook.

"Você está indo para a Apple?", Petsch perguntou.

"É…", Cook respondeu. "Acho que sim."

Cook viu a energia de seu chefe, normalmente otimista e alegre, se esvair. Mais tarde, Petsch chamou Cook de volta à sua sala. Ele disse a Cook que planejava se aposentar como diretor de operações da Compaq em um ano e queria que Cook ficasse em seu lugar. Eles só tinham trabalhado juntos por oito meses, mas Petsch tinha ações da Compaq e queria que o preço de suas ações subisse. Como acionista, acreditava que manter Cook na empresa garantiria a alta de suas ações.

"Posso sair antes, se você ficar", propôs Petsch.

Cook balançou a cabeça. "Já me comprometi com a Apple", disse. "Vou cumprir a minha palavra."

4

É MELHOR FICAR COM ELE

O Saab conversível amarelo de Jony Ive podia ser visto de manhã descendo a rodovia I-280 em direção a Cupertino.[1] Era 1992 e Ive tinha comprado o carro para fazer o trajeto diário de 70 quilômetros até a sede da Apple. Ele adorava ver a neblina pairando nas colinas verdejantes acima da represa Crystal Springs. Abria a capota nos fins de semana mais quentes e dirigia por São Francisco, maravilhado com a abundância de sol.

Ele e Heather se estabeleceram em uma casa de dois quartos no bairro de Castro, um movimentado vale aninhado entre vários parques. São Francisco ainda não havia sido tomada pela indústria da tecnologia.[2] Era uma cidade de boêmios e banqueiros, um lugar com raízes na contracultura, onde Jack Kerouac e os *beats** deram lugar aos hippies da Haight Street e à comunidade abertamente gay de Castro. O bairro de Mission District tinha uma vida artística vibrante e colaborativa que fundia arte popular com conceitos de graffiti, e as raves em galpões industriais do bairro do South of Market – o SoMa – colocavam a cidade na vanguarda da dance music eletrônica do país.[3]

Ive mergulhou no trabalho. Sua carga horária variava entre 70 e 80 horas por semana. Trocou o cabelo espetado por um corte militar e muitas vezes usava elegantes ternos de tweed e botas grandes.[4] Por fora, sua persona era de um britânico requintado, despretensioso,

---

* Nota da Editora: Os *beats* foram um movimento literário de meados do século XX formado, principalmente, por poetas e escritores norte-americanos, como Jack Kerouac.

cortês e sensível. Por trás das aparências estavam o ímpeto, a ambição e a determinação de um perfeccionista que queria fazer produtos exatamente como os imaginava.

A equipe de design trabalhava em um prédio de concreto a um quarteirão do *campus* Infinite Loop da Apple.[5] Em seu primeiro dia no emprego, Ive, o nono integrante de uma equipe pequena, porém em crescimento, entrou por uma passagem curvada azul que se abria para um loft de leiaute aberto e um teto exposto de 7 metros de altura. Os cubículos tradicionais eram organizados em um espaço aberto para promover a colaboração e dar espaço para uma máquina gigantesca de fazer modelos. O espaço aberto e fluido remetia ao estúdio de um artista.

Ive começou trabalhando na segunda versão do Newton, o tablet da empresa. O CEO da Apple, John Sculley, que havia demitido Steve Jobs em 1985, anunciou o dispositivo como o primeiro computador portátil, um assistente digital pessoal capaz de enviar e receber faxes e e-mails, servir como agenda de compromissos e fazer anotações. A Apple havia investido US$ 100 milhões em seu desenvolvimento. A primeira versão apresentava uma tampa sobre a tela que os usuários prendiam na parte inferior durante o uso prolongado. Ive achava que o dispositivo causava estranheza e não era intuitivo. "Não oferecia uma metáfora que as pessoas pudessem compreender", ele explicou na ocasião.[6] Antes do Natal, ele estava esboçando conceitos para melhorar o Newton quando teve uma ideia: e se fosse parecido com o bloco de notas de um estenógrafo? Projetou uma dobradiça dupla que permitia que a tampa girasse por cima do dispositivo e se encaixasse na parte de trás. A dobradiça se dobrava por cima de uma fenda interna que servia para guardar a caneta, da mesma forma que um caderno em espiral pode segurar uma caneta.

O Newton MessagePad rendeu a Ive uma série de prêmios de design, mas o produto foi um fracasso. Sua funcionalidade mais importante, a tecnologia de reconhecimento de caligrafia, era tão ruim que se tornou alvo de uma piada de *Os Simpsons*. Foi um erro que custou caro à empresa. Em 1992, os lucros da Apple dispararam, mas despencaram no ano seguinte, quando a Compaq e a IBM reduziram em 30% o preço de seus computadores, dando início a uma guerra de preços de PCs.[7]

O CEO da Apple, John Sculley, renunciou ao cargo. O conselho o substituiu por Michael Spindler, um alemão obcecado por vendas que queria mudar o foco da Apple da aparência de seus computadores para a velocidade de seus processadores. Ele falava sobre tudo usando metáforas de guerra e redirecionou a empresa para se concentrar em destruir seus rivais.

Sem Jobs, a Apple se transformara em uma corporação em crise, não a meca do design que Ive imaginava. Para reverter a queda nas vendas, Spindler expandiu a linha de produtos de um punhado de computadores para mais de 40 variações e intensificou a pressão para reduzir custos.[8] O tempo que Ive e seus colegas tinham para desenvolver produtos foi reduzido pela metade. O chefe de Ive, Robert Brunner, ficava no meio da rivalidade entre engenheiros e executivos para decidir os planos de produtos, enquanto a equipe de design se transformou em uma linha de montagem para produzir gabinetes cinza sem personalidade.[9]

O 20º aniversário da Apple estava por vir e deu aos designers a chance de fazer uma edição especial do Macintosh para marcar a ocasião. Ansioso para lembrar colegas e clientes da importância do design, Brunner defendeu um computador mais fino, que incluía som estéreo e um reprodutor de vídeo. Ele encarregou Ive de liderar a iniciativa. Durante o processo de design, Ive dedicou aos alto-falantes a mesma investigação profunda que dedicava a seus aparelhos auditivos na Politécnica de Newcastle, fazendo perguntas como: alguém já fez algo assim antes? O que podemos aprender sobre os materiais que eles usaram? Como podemos melhorar o que eles fizeram?

"Este aqui é o Jony. Pense em alguém que mergulha fundo nas reflexões. Este é o cara", disse Tim Parsey, o líder do estúdio na época.[10] "Ele é um gênio."

O projeto elevou Ive acima daqueles que labutavam para criar os computadores comuns da Apple. Alguns ficaram com inveja, mas Ive não se abalou e manteve um bom relacionamento com os colegas. Ele pegava carona para o trabalho com Daniele De Iuliis, designer anglo-italiano que se tornou peça central da equipe depois de ensinar a todos como fazer bons cappuccinos, especialidade a qual aprendera com a família, que administrava um restaurante italiano em Bristol, na Inglaterra.

Para os colegas, a amizade de Ive com De Iuliis parecia, ao mesmo tempo, natural e calculada. Ive sabia que De Iuliis havia conquistado o respeito dos colegas e, juntos, os dois começaram a recrutar novos integrantes para a equipe, identificando pessoas cujo trabalho e personalidade admiravam. Aos poucos, Ive foi se destacando como o líder do grupo, conquistando não só a admiração dos colegas por seu trabalho árduo e seu talento natural, como a confiança deles por ouvir suas opiniões sobre um projeto antes de dizer o que pensava. Brunner logo promoveu o jovem de 28 anos a gerente do estúdio.

Ive concluiu o projeto com a costumeira atenção obsessiva aos detalhes. O computador resultante apresentava uma base de metal fundido que se elevava para sustentar um gabinete de plástico com aparência metálica.[11] O cabo de energia se aninhava em um clipe que o mantinha alinhado atrás da máquina. A base do teclado apresentava um couro preto elegante e macio para proteger o pulso do usuário. A tela de cristal líquido do computador era ladeada por alto-falantes da Bose envoltos em um refinado tecido cinza. Os detalhes refinados levaram o computador a um preço assombroso de US$ 9 mil. A Apple vendeu apenas 11 mil unidades.

O projeto foi muito desgastante. Brunner saiu da Apple no meio do processo, cansado de reuniões ininterruptas e ansioso por voltar a trabalhar com consultoria. Antes de sair, encorajou seu chefe, Howard Lee, vice-presidente de hardware de computadores, a promover Ive a diretor de design. Lee queria procurar candidatos ao redor do mundo, mas Brunner avisou: "Você vai perder a equipe".[12] A Apple não estava em posição de recrutar alguém de fora. Sob o comando de Spindler, seus negócios, já em dificuldades, ficaram ainda mais problemáticos. A empresa errou na projeção da demanda e produziu unidades a menos, teve de fazer o recall de um modelo de laptop que pegava fogo e demitiu 16% da equipe para tentar controlar os custos.[13] O CEO acabou sendo destituído e substituído pelo membro do conselho Gil Amelio.[14]

A coroação de Ive como diretor de design ocorreu em meio a uma série de ataques à Apple. Analistas financeiros começaram a prever que a empresa iria à falência, enquanto a imprensa informava que a Apple era um alvo de aquisição pela Sun Microsystems.[15] Uma torrente de artigos passou a descrever a Apple como a "fabricante de computadores em dificuldades". Ive se irritava com as manchetes negativas.[16] "A Apple é uma empresa com muita desenvoltura", disse ele à *Design Week,* "perdeu bilhões, mas também ganhou bilhões. É uma grande bobagem achar que a Apple vai falir".

As bravatas em público mascaravam sua frustração privada. O estúdio chegava a passar meses projetando um computador, mas acabava abortando o projeto porque a Apple não tinha como bancar a produção. Ele pensou em pedir demissão e voltar para a Inglaterra, uma possibilidade que o deixava muito nervoso.[17] "O que me restava para fazer depois de ter feito tudo o que eu fiz com apenas 29 anos?", perguntou ele a um repórter britânico. "Talvez fazer um mestrado no Royal College of Art…"

Um dia, em julho de 1997, Ive sentou-se nos fundos do auditório do *campus* da Apple, o Town Hall, para uma reunião geral destinada a discutir os problemas da empresa.[18] Ele ouviu o chief financial officer, Fred Anderson, anunciar que atuaria como CEO da empresa – o quarto CEO em quatro anos. Doze anos depois de expulsar Jobs da empresa que este havia transformado em um ícone americano, a Apple adquiriu a startup NeXT Computer de seu cofundador. Anderson disse que trabalharia com Jobs para integrar a NeXT à Apple. O retorno de Jobs inquietou os funcionários, cuja admiração pelo pioneiro da computação pessoal era neutralizada por sua reputação de ser um chefe grosseiro, imaturo e hipercrítico.[19] Quando Jobs se apresentou à desanimada equipe, apenas comprovou as preocupações desta.

"Qual é o problema deste lugar?", perguntou ele. "Os produtos são uma droga! Não têm mais nenhuma gota de apelo!"[20] A crítica era sinal de problema. Ive passara anos reclamando que os produtos da Apple eram sem graça, mas seu novo chefe foi muito além e depreciou quase tudo e todos da Apple. Ele planejava acabar com o Newton e alocar executivos da NeXT em cargos de liderança. Por que ele manteria a equipe de design responsável pela criação de uma linha tão banal de computadores?

Apesar da incerteza, Ive tentou manter a equipe de design unida. O grupo contava com uma mistura de talentos internacionais recrutados de algumas das melhores consultorias do mundo. Incluía britânicos (como De Iuliis, Richard Howarth e Duncan Kerr), neozelandeses (como Danny Coster), australianos (como Chris Stringer) e americanos (como Doug Satzger e Bart Andre). Todos ficaram abalados com os rumores de que Jobs planejava contratar um designer internacionalmente famoso e demitir a equipe inteira.[21] Em uma tentativa de elevar o moral, Ive marcou almoços individuais com os membros da equipe. Levou Satzger, um designer de Cincinnati, a um restaurante italiano. Quando se sentaram à mesa, Ive tentou colocar um pouco de ordem ao caos da situação. "Ninguém sabe ao certo o que vai acontecer com a equipe agora que o Steve vai voltar", disse.

Satzger confessou que estava nervoso com a possibilidade de perder o emprego. "O que a gente faz se o Steve demitir todo mundo?", ele perguntou.

"Vou tentar manter a equipe unida", disse Ive. Ele lançou a ideia de abrir uma empresa de design com a equipe, mas não queria que ninguém saísse antes de todos saberem o que Jobs planejava fazer.

Como era de esperar, Jobs saiu em busca de um designer de classe mundial. Conversou com Richard Sapper, que havia desenvolvido o ThinkPad da IBM, e um designer de carros italiano, Giorgetto Giugiaro, que trabalhou na Ferrari e na Maserati.[22] Também se reuniu com Hartmut Esslinger, seu ex-sócio na Frog Design, que havia trabalhado no Macintosh original. Esslinger disse a Jobs que Ive tinha muito talento. "É melhor ficar com ele", Esslinger recomendou. "Você só precisa de um sucesso de vendas."[23]

Antes da visita de Jobs ao estúdio, Ive já estava preparado para pedir demissão.[24] A equipe arrumou o lugar e preparou vários projetos para apresentar a Jobs, incluindo o design criado por De Iuliis para um computador de tela plana que recebeu o codinome Marilyn e um laptop conhecido como Wall Street, que tinha, de perfil, o formato de uma casca de amendoim.[25] Jobs irrompeu porta adentro e circulou pelo espaço, falando alto e animado. Ive, que era calmo e reservado, o cumprimentou e lhe mostrou os modelos. Os designers tentaram parecer ocupados enquanto observavam Ive responder às perguntas de Jobs, o que indicava que ele estava gostando do trabalho.

"Mas que merda! Eles fizeram vocês perderem esse trabalho todo?", Jobs disse com um misto de admiração e tiração de sarro.[26] Os designers respiraram aliviados. Jobs viu que o estúdio estava fazendo um bom trabalho, mas seus produtos não estavam chegando às prateleiras das lojas, o que significava que Ive tinha feito um péssimo trabalho em convencer a equipe de gestão da Apple a fazer o que os designers propunham. Como achava que a Apple tinha passado anos sob a liderança dos maiores idiotas do mundo, Jobs desculpou a incapacidade de persuasão de Ive e se concentrou em saber o que este pensava sobre o design. Ele ouviu Ive falar sobre os formatos e materiais com os quais a equipe estava fazendo experimentos e se animou com as possibilidades.

"A gente pensava na mesma frequência", Ive lembrou anos depois. "De repente eu entendi por que eu amava tanto aquela empresa."[27]

O TRABALHO PARA REVIVER a Apple começou imediatamente. Jobs apostou que um "computador em rede" focado na conexão com a internet seria a próxima onda de PCs. Ele queria posicionar a Apple na vanguarda dessa transição com um desktop tudo-em-um que omitisse a unidade de disquete e incentivasse as pessoas a recorrerem à internet para obter software e informações. Ele encarregou Ive do design.

Com o futuro da empresa em dúvida, Ive recrutou a equipe inteira para trabalhar no projeto. Antes, eles tinham tantos produtos para projetar que os integrantes da equipe trabalhavam independentemente, mas Jobs eliminou a maioria dos produtos a fim de produzir menos computadores, porém melhores. Os designers da Apple sentaram-se ao redor de uma mesa no estúdio Valley Green para discutir ideias. Folhas soltas de papel, lápis de cor e canetas foram dispostos para os esboços. Ive instigou o grupo com perguntas baseadas na ideia de Jobs de fazer um computador que remetesse à alegria.[28] Ele perguntou: qual sentimento queremos evocar nas pessoas com este computador? Que parte da nossa mente ele deve ocupar? Como podemos fazer algo que pareça novo, mas não ameaçador? O grupo começou a se unir em torno da ideia de que o computador precisava ser como o desenho de TV *Os Jetsons*: futurista e, ao mesmo tempo, familiar. Enquanto conversavam nas reuniões, Satzger esboçou um computador ovoide que lembrava algumas TVs da época, enquanto outro designer, Chris Stringer, desenhou um dispensador de doces colorido.[29] Não muito tempo atrás, a equipe havia feito um laptop com plástico translúcido e Ive gostou da ideia de usar esse material, porque faria com que o monitor do computador parecesse flutuar no espaço.[30] Ele e Danny Coster assumiram a liderança do projeto. O formato de ovo, o uso da cor e o material translúcido foram combinados em modelos para serem mostrados a Jobs.

Ive estava apostando na aprovação do conceito, mas Jobs rejeitou uma dúzia de modelos. Ive persistiu, apontando para outro modelo enquanto o descrevia. "Parece que ele acabou de chegar à sua mesa ou então que a qualquer momento vai sair saltitando daí", ele disse a Jobs.[31] A descrição que remetia a um brinquedo ficou na cabeça do CEO. Quando viu uma versão mais elaborada em uma avaliação posterior, Jobs gostou tanto do modelo que começou a carregá-lo pelo *campus* para mostrar às pessoas. Ele enxergou seu potencial de ser o sucesso do qual a Apple precisava.

Definida a direção, a equipe de design se concentrou na seleção de materiais e cores. Para o casco, escolheram um dos plásticos mais resistentes disponíveis, o policarbonato, porque mantinha bem a cor. A equipe fez modelos em três cores: laranja, roxo e um tom azul-esverdeado, inspirados em um pedaço de vidro marinho que um dos vários designers surfistas levou para o estúdio.[32] Eles decidiram batizar a cor azul de Bondi, uma referência às águas azuis e transparentes da Bondi Beach, em Sydney, um dos pontos de surfe preferidos do líder do projeto, Coster. Como o interior do computador seria visível, eles também pensaram na disposição dos componentes.

Ive se animou ao saber que, para Jobs, os custos eram secundários. O corpo de plástico que sua equipe de design desenvolveu exigia um processo customizado para torná-lo resistente e translúcido.[33] Custava US$ 60 por unidade, três vezes o custo de um gabinete padrão de computador, mas Jobs aprovou a despesa.[34] Ive também insistiu em incluir uma alça, não para as pessoas poderem levar o computador, mas para torná-lo mais acessível. Ele queria fazer algo que as pessoas se sentissem compelidas a tocar. Jobs sacou imediatamente a ideia. "Adorei!", exclamou. Alguns engenheiros se opuseram à alça porque aumentava as despesas de fabricação, mas Jobs os venceu. A Apple tinha uma nova maneira de fazer as coisas: o design vinha em primeiro lugar.

No início de maio de 1998, quando a Apple se preparava para apresentar o iMac, Jobs irrompeu no teatro do Flint Center for the Performing Arts da Faculdade de Anza, em Cupertino, ansioso para ver o computador nos ensaios antes de ser revelado ao mundo em um evento que ocorreria em breve.[35] O cavernoso teatro de 2.400 lugares ficava a três quilômetros do *campus* da Apple e era um local sagrado para Jobs. Quase 15 anos antes, ele subira ao palco e apresentara o Macintosh, um dispositivo que redefiniu a maneira como as pessoas usavam computadores. Jobs insistiu que a Apple usasse o mesmo local para revelar um dispositivo que ele esperava que fosse igualmente revolucionário.

Jobs caminhou a passos largos em direção ao palco, onde o iMac estava em uma pequena mesa. Era a primeira vez que ele via o produto final e queria ter certeza de que o computador tinha ficado como o vislumbrara. Ao se aproximar, ele congelou. Em vez de uma fenda para inserir o CD, encontrou um botão que abria uma bandeja. Ele não se lembrava de ter concordado com aquilo.

"Mas que merda é essa?!?", ele explodiu.[36] Esculachou Jon Rubinstein, vice-presidente de engenharia de hardware da Apple, que explicou que o que Jobs queria não existia. Jobs ficou tão possesso que algumas pessoas que o viram no palco ficaram com medo de ele cancelar o evento ou adiar o lançamento do produto.

Mais tarde, Ive foi falar com Jobs, ainda enfurecido, nos bastidores. "Steve, você está pensando no próximo iMac", explicou, referindo-se com calma aos planos para fazer um futuro computador com a fenda para o CD. "Ainda vamos melhorar, mas este aqui precisa ser lançado."[37]

Jobs respirou fundo. A fúria começou a deixar seu rosto. "Beleza", ele disse. "Tudo bem, tudo bem."

Ive e Jobs saíram juntos, o braço do CEO sobre o ombro de Ive. Wayne Goodrich, produtor executivo de longa data de Jobs, que viu a cena, disse mais tarde que Ive tinha um jeito sobrenatural de apaziguar o volátil CEO. "Daquele dia em diante, parecia que o Steve ficava aliviado sempre que o Jony estava por perto", ele disse.

Ao apresentar o computador diante de um teatro lotado, Jobs começou mostrando uma série de fotos de PCs quadrados e beges antes de puxar uma folha da mesa no centro do palco para revelar o iMac.

"Parece que vem de outro planeta, um planeta bom, com designers melhores", ele se gabou.

A DEMANDA PELO NOVO computador foi gigantesca. A Apple vendeu um iMac a cada 15 segundos ao redor do mundo.[38] No fim do ano, a empresa já tinha vendido 800 mil unidades, fazendo do iMac o computador mais vendido dos Estados Unidos e o mais vendido da história da empresa. O computador causou tamanha sensação que Ive quis ver com os próprios olhos.

No dia do lançamento, a loja de computadores perto da casa de Ive abriu à meia-noite.[39] Ive se uniu a um grupo de 70 clientes de todas as idades que esperavam na frente da loja para serem os primeiros a comprar a máquina. Viu as pessoas acariciando e dando tapinhas no iMac e as ouviu descrever a máquina com os adjetivos fofos que geralmente são reservados para bichos de pelúcia. O computador convidava ao toque, justamente como ele pretendia.

Grande parte dos créditos pelo sucesso do iMac foi para Ive.[40] Jornais e revistas correram para publicar artigos sobre o designer em grande parte desconhecido. A *Associated Press* o descreveu como "afável e acessível e ao mesmo tempo inovador e talentoso", enquanto o *Daily News* de Nova York o caracterizou como o Giorgio Armani da computação. Em seu país natal, ele foi agraciado com o primeiro prêmio de Designer do Ano, do Design Museum, recebendo o valor de 25 mil libras.[41]

No entanto, os clientes encontraram um defeito: Ive tinha insistido em um mouse em formato de disco de hóquei. Só que o cabo ficava emaranhado e sua forma plana deixava as pessoas com cãibras nas mãos. Mesmo assim, o problema não desacelerou as vendas.

Jobs decidiu lançar mais cores. Satzger, que liderava o design de cores, comprou dezenas de itens de plástico, desde pratos coloridos até garrafas térmicas transparentes. Ele os colocou em uma mesa para Jobs avaliar. Jobs recuou. "Tem coisa demais aqui", reclamou.

Virando-se para Satzger, acrescentou: "Você é péssimo". Nas três semanas seguintes, Satzger se esforçou para fazer 15 modelos, usando corantes alimentícios e outras tinturas, em cores como cerveja-âmbar e folha-de-figueira.[42] Ele as dispôs para Jobs, que entrou na sala e colocou de lado as que não gostou, inclusive a amarela. "Parece mijo", disse. Ficou com as cores uva, limão e tangerina e pediu uma rosa. E decidiu que elas se pareciam com balas Soft.

Ive ficou impressionado. Na maioria das empresas, uma decisão como essa levaria meses.[43] Jobs a tinha tomado em meia hora.

O sucesso do iMac não só transformou a imagem da empresa como também seu balanço patrimonial. Em vez de apenas sinalizar que era uma empresa capaz de "Pensar diferente", como fizera em 1997, a Apple entregou um produto colorido que não se parecia com nenhum outro computador no mercado. A inovação gerou três anos de lucros anuais, revertendo o bilhão que a Apple havia perdido no ano em que Jobs retornou. A Apple, antes vista como uma empresa em dificuldades, havia se tornado uma empresa em ascensão.

TRABALHAR JUNTOS NO DESIGN do iMac consolidou o relacionamento de Ive e Jobs. Quando Jobs precisava de um sucesso, como Esslinger lhe dissera, Ive ia lá e entregava. Quando Ive lutava por um recurso dispendioso, Jobs atuava como seu patrono, desdenhando das preocupações dos engenheiros sobre custos. A decisão de Jobs de reduzir a linha de produtos da Apple permitiu à equipe de design concentrar seus esforços. Antes do retorno do cofundador, o grupo trabalhava em diferentes computadores, muitas vezes com cores, estilos e materiais diversos. O processo colaborativo para criar o iMac tornou-se o modelo para o futuro: Ive nomeava um designer-chefe para gerenciar cada produto, mas reunia o grupo todo para desenvolvê-lo.

"Antes de Steve, cada um naquele escritório acreditava que 'o meu design é o melhor'", disse Satzger. "Em pouco tempo, essa cultura desapareceu. As conversas ficaram mais abertas."

No início de 2001, Jobs transferiu o estúdio de design para o Infinite Loop e passou mais tempo com Ive.[44] A Apple equipou o espaço de acordo com as expectativas dos designers, incluindo uma máquina de café expresso que enchia o ambiente com o aroma de um bom café e alto-falantes que tocavam uma música eletrônica suave. As janelas que davam para o pátio foram escurecidas para desencorajar olhares indiscretos. Os designers circulavam discutindo seus projetos e se inclinavam sobre mesas da altura da cintura para fazer esboços. Em uma empresa onde as pressões para cumprir prazos podem estafar os engenheiros, o espaço dos designers lembrava um estúdio de artes marciais: sereno, focado e objetivo.

Jobs e Ive descobriram que tinham muitas sensibilidades de design em comum. A afinidade de Ive com a filosofia de Dieter Rams, do "menos é mais", refletia o conceito que Jobs incluíra em um folheto da Apple dos anos 1980: "A maior sofisticação é a simplicidade". Seu espírito minimalista parecia transbordar para a vida deles, com Ive raspando sua mecha de cabelo escuro e Jobs usando todos os dias a mesma camiseta de gola rolê preta, do estilista Issey Miyake. Eles também compartilhavam a compulsão de dissecar os materiais usados em um produto e ver como ele tinha sido fabricado. O olhar crítico de ambos alimentava uma competição tácita entre eles, diziam alguns colegas. Cada um queria vencer o outro encontrando pequenas falhas que fariam um produto da Apple ficar aquém da grandeza a que os dois aspiravam.

Uma coisa que Jobs fazia muito bem era encontrar parceiros criativos. A Apple nasceu de sua parceria com Steve Wozniak. Seu relacionamento com Ive nos anos seguintes seria fundamental para seu segundo ato na Apple. Eles se complementavam como os líderes da banda favorita de Jobs: John Lennon, mais cético, e Paul McCartney, mais sentimental. Enquanto Jobs era volúvel, direto e insistente, Ive era tranquilo, firme e paciente. Jobs não tinha papas na língua para dizer o que gostava ou não, orientando o trabalho de Ive; e Ive conseguia acalmar Jobs quando este explodia ou apresentar as ideias de maneira a levar Jobs a reconsiderá-las.

Percebendo a importância da dinâmica entre eles, Jobs dava a Ive um tratamento diferente em relação aos outros líderes. Propenso a intimidar e humilhar as pessoas, ele nunca magoou Ive de propósito. Deu ao designer poder de decisão e um papel central no desenvolvimento dos produtos da empresa. "Eu e o Jony pensamos juntos na maioria dos produtos e só depois chamamos os outros e dizemos: 'E aí? O que vocês acham disso?'", Jobs contou a seu biógrafo, Walter Isaacson. "Além de ver o todo, ele também domina os detalhes mais minúsculos de cada produto. E ele sabe que a Apple é uma empresa de produtos. Ele é mais do que apenas um designer."[45]

O PERFECCIONISMO DE IVE se intensificou sob o comando de Jobs. Em 2002, a liderança da Apple concordou em trocar a carcaça de seus laptops de titânio para alumínio, um metal mais versátil. A empresa contratou um fabricante japonês para produzir a carcaça, e Ive foi até Tóquio avaliar o trabalho com Bart Andre, o líder de design do produto, e Nick Forlenza, um engenheiro que concretizava os designs no chão de fábrica. Ive marcou uma reunião no Okura Tokyo Hotel, um dos hotéis de luxo mais antigos da cidade.

No dia da reunião, a delegação da Apple e da fabricante atravessou o saguão dourado do hotel, passando por mesas altas até uma sala privada. Um executivo japonês tirou várias carcaças de alumínio de um envelope pardo para Ive avaliar. O fornecedor havia polido as peças para obter um brilho prateado acetinado que refletiu a luz artificial do teto. Ive pairou sobre uma carcaça e a levantou em direção à luz em ângulos variados. Suas mãos tremeram em pânico, pois seus olhos vislumbraram pequenos desvios em relação a suas especificações de design. Ele se levantou abruptamente e deixou o grupo, transtornado.

Preocupado com a possibilidade de haver um ou outro defeito na peça, Forlenza pegou um pincel atômico vermelho e o entregou a Ive. "Marque as coisas que estão erradas", ele pediu. "Vou pedir para eles consertarem."

Ive o fuzilou com os olhos. "Tenho outra ideia", disse ele. "Traga um balde de tinta vermelha. É mais fácil eu mergulhar tudo no balde e apagar o que está certo."

Segurando uma folha de alumínio acima da cabeça, Ive a moveu sob as luzes do teto, mostrando a Forlenza como o reflexo revelava manchas quase imperceptíveis. Era um erro inaceitável. Forlenza explicou o problema ao fornecedor e, quando o grupo voltou a se reunir duas semanas depois para reavaliar a peça, as manchas haviam desaparecido.

Ive intensificou a inspeção da cadeia de suprimentos à medida que a linha de produtos da Apple se expandia. Quando ocorreu o surto da síndrome respiratória aguda grave (SARS, na sigla em inglês) em 2003, a empresa estava se preparando para produzir seu primeiro desktop feito de alumínio, o Power Mac G5. O gabinete do computador tinha a largura e a altura de uma sacola de papel pardo de supermercado, com laterais de alumínio escovado emolduradas por painéis frontal e traseiro com minúsculos orifícios que lembravam um ralador culinário.

Ive queria ver as primeiras unidades saindo da linha de montagem e foi para Hong Kong, acompanhado de alguns membros da equipe de operações, em um dos primeiros voos pós-SARS. De lá, eles foram para Shenzhen, onde Ive passou os 40 dias seguintes dormindo no dormitório da fábrica e percorrendo o chão desta. Ele podia ser intenso ao examinar uma linha de montagem. Durante o processo de montagem, agarrava os colegas e apontava para um operário que estava manuseando peças sem muito cuidado.

"Eu não quero aquele cara perto dos nossos produtos", dizia ele. "Olhe o jeito como ele está pegando a lateral!"

Durante a produção do Power Mac, Ive interrompeu a linha de montagem porque decidiu que uma ventoinha parecia ter sido pintada com spray. Para ele, a tinta era uma forma grosseira de encobrir peças malfeitas e devia ser usada muito raramente. Embora a ventoinha ficasse na parte traseira do gabinete, ele trabalhou com a fábrica a fim de desenvolver um processo de metalização para dar à peça um acabamento niquelado. Foi um processo caro e demorado, mas ele se recusou a fazer concessões.

Um dia, Ive abordou Forlenza e lhe entregou uma folha de papel, contendo um esboço em caneta preta de um suporte em forma de L com uma dobradiça conectada a uma tela de computador. "Você acha que dá para fazer isso?", perguntou. Forlenza olhou incrédulo para o esboço. Ele estava dedicando toda a sua atenção à conclusão do desktop na frente deles enquanto Ive já estava vislumbrando um novo produto. Eles falaram sobre a dificuldade de dobrar uma peça de alumínio como ilustrado no esboço e concordaram em investigar as possibilidades.

Dias depois, voltando aos Estados Unidos, Ive e Forlenza foram ao aeroporto de Hong Kong, que ainda estava quase vazio por causa da epidemia. Eles se sentaram em um café do aeroporto. Enquanto tomava um cappuccino, Ive olhou para o balcão de aço inoxidável do café e disse baixinho: "Dá para ver todas as emendas deste balcão".

Forlenza seguiu o olhar de Ive no balcão. Ele não viu nada além de 10 metros de metal prateado liso. Achou que Ive, com uma expressão taciturna no rosto, devia ter visão de raio X.

"Deve ser horrível ser você", ele comentou.

No ano seguinte, Forlenza e sua equipe foram para Chicago e trabalharam com uma empresa de autopeças, a fim de projetar um processo mecânico para fazer o suporte do monitor em forma de L, como pretendido por Ive. O design criava dois desafios de fabricação: uma peça de alumínio dessa espessura teria linhas escuras e dobrá-la poderia deixar seu exterior enrugado como uma casca de laranja. Ive queria minimizar as duas imperfeições. A equipe de Forlenza, com a ajuda do fornecedor, atendeu em parte às expectativas dele, analisando o refinador de grãos do alumínio e constatando que traços de boro contribuíam para as linhas escuras, as quais poderiam ser reduzidas ajustando-se o grão. Quando Forlenza contou a Ive o que eles descobriram ao se aprofundar na cadeia de suprimentos, Ive sorriu. "A gente nunca teve esse tipo de controle antes", disse ele. "Agora que sabemos como é feito, podemos controlar sua aparência."

Ive incorporou o controle à sua natureza. Ele começou a estender sua influência para além dos esboços e modelos, de modo a incluir também os materiais. Recrutou Forlenza, transformando o executivo de operações em uma extensão do estúdio de design. Ive não gostava do nome da equipe de operações de Forlenza: "Gabinetes de Máquinas". Um dia, no estúdio com Forlenza, Ive foi a um quadro branco com uma caneta vermelha na mão e rabiscou umas dez alternativas, até que finalmente sublinhou o nome "Design de Fabricação", combinando-o com o nome das equipes com as quais trabalhava mais de perto: design industrial e design de produto. O resultado foi um triângulo de design que passaria anos definindo os produtos da Apple. Os designers industriais definiam a aparência do produto; os designers de produto determinavam como os componentes funcionavam; e os designers de fabricação supervisionavam a montagem de tudo. Embora o design do produto reportasse à divisão de hardware e o design de fabricação reportasse à divisão de operações, os líderes dos dois grupos acolheram a oportunidade de trabalhar em estreita colaboração com o estúdio. Eles passavam grande parte do tempo com Ive, que transformava discretamente a empresa para colocar o estúdio de design no centro das operações. Com o tempo, ele ensinaria os integrantes do grupo a se verem como artesãos, uma extensão dele.

Trabalhando em conjunto, o trio de equipes de design melhoraria a qualidade dos produtos, reduziria o número de defeitos e aumentaria a produção. Todos na Apple saíram ganhando, especialmente porque a demanda por produtos explodiu.

DEPOIS DE VOLTAR À APPLE, Jobs pressionou para criar um tocador de música portátil. O nascente mercado de MP3 despertou o sonho de criar um walkman da próxima geração. O projeto decolou depois que Jon Rubinstein, presidente de engenharia de hardware, descobriu que a divisão de semicondutores da Toshiba havia criado uma unidade de disco miniaturizada capaz de comportar mil músicas. Ele decidiu que queria comprar os direitos de cada disco que a Toshiba produzisse. Para executar o projeto, Jobs contratou Tony Fadell, um engenheiro de hardware que trabalhara no assistente digital pessoal da General Magic. Rubinstein e Fadell montaram os componentes, enquanto o vice-presidente de marketing da Apple, Phil Schiller, contribuiu com a ideia de criar uma roda para dispor os botões usados para navegar pelas músicas, um conceito inspirado em um inovador modelo de telefone da Bang & Olufsen.[46] Eles entregaram os ingredientes para Ive criar o produto.[47]

Ive teve a ideia do conceito de design durante seu percurso diário entre São Francisco e Cupertino.[48] Enquanto refletia sobre como dar um apelo estético à série de componentes, ele imaginou um MP3 player puramente branco com uma parte traseira de aço polido. O corpo de metal seria robusto, fornecendo um peso que transmitiria todo o trabalho que os artistas colocaram nas milhares de músicas que o dispositivo podia levar, enquanto o tocador e os fones de ouvido brancos dariam ao dispositivo um aspecto ao mesmo tempo ousado e discreto, posicionando-o entre o walkman preto original da Sony e seus chamativos sucessores amarelos.

O design enfrentou resistência na Apple. Alguns colegas questionaram o corpo moldado de aço inoxidável e contestaram a visão de Ive de gravar o logotipo da Apple na parte traseira e não na frente. Eles também se opuseram à ideia dos fones de ouvido brancos, em vez dos pretos, mais comuns. Apesar de toda essa oposição interna, Jobs apoiou as propostas de Ive e da equipe de design.

Desde o formato até a cor, o dispositivo era uma extensão sutil do aparelho auditivo inspirado no walkman que Ive havia vislumbrado na

Politécnica de Newcastle. A Apple já vinha trabalhando com o branco em seus computadores. O estúdio favorecia essa cor porque os designers acreditavam que usar outras cores poderia desagradar as pessoas, especialmente na produção em massa.[49] O branco era atual, leve e aceitável, permitindo que eles fizessem um único modelo, dispensando assim a necessidade de fabricar um arco-íris de cores para agradar a todos. Para o iPod, Ive queria um novo branco. Satzger, que liderava a equipe de cores de materiais, trabalhou com os colegas para criar um branco saturado que eles batizaram de Moon Gray.

Depois que a Apple lançou o iPod, em outubro de 2001, sua agência de publicidade, a TBWA\Media Arts Lab, considerou o corpo branco sua característica mais marcante em um mercado saturado que incluía cerca de 50 outros MP3 players portáteis.[50] James Vincent, um britânico da agência, propôs mostrar silhuetas pretas de pessoas usando fones de ouvido brancos enquanto dançavam contra fundos coloridos. Os anúncios, lançados em 2003, foram exibidos ao som de músicas como "Are You Gonna Be My Girl?". A combinação dos anúncios e do lançamento do iTunes, uma loja digital que oferecia músicas por US$ 0,99, ajudou o iPod a explodir em popularidade. A Apple passou da venda de 1 milhão de unidades em 2003 a 25,5 milhões em 2005. Sua receita anual decolou 68%, para US$ 14 bilhões, enquanto o iPod transformava a empresa de computadores em dificuldades em uma gigante dos eletrônicos de consumo.

Apesar do triunfo, Ive ficou decepcionado.[51] Sua equipe de design não fora tão importante no desenvolvimento do produto quanto para o iMac. Ele queria ter mais voz na conceituação do que a Apple fazia. Na época, ele reportava a Rubinstein com uma linha pontilhada de subordinação a Jobs. Sua fixação por características específicas de design provocava confrontos sobre detalhes que iam desde o polimento que ele queria em um computador até os parafusos especialmente projetados que insistia em usar. Rubinstein, que reunia todos os aspectos de um produto, incluindo chips, firmware e design, rejeitava algumas das ideias de Ive por serem caras demais. Ive não estava nada contente com a situação. Como odiava conflitos e desdenhava a ideia de fazer concessões no design, ele passava por cima de Rubinstein e ia falar direto com Jobs. Colegas os comparavam com duas crianças brigando pela atenção de Jobs. Assessores de Jobs insistiram para que ele parasse de dar corda a Ive. Rubinstein acabou saindo da Apple e, mais tarde, tornou-se CEO de uma fabricante de dispositivos rival, a Palm. Jobs simplificou a estrutura hierárquica da Apple para Ive reportar diretamente a ele, garantindo que o designer fosse a segunda pessoa mais poderosa da empresa depois do CEO.

"Ninguém aqui na empresa pode dizer a ele o que ele tem de fazer nem mandá-lo para o olho da rua", Jobs disse a Isaacson. "Eu reestruturei a empresa para ser assim."[52]

Os desentendimentos de Ive com Rubinstein demonstraram a disposição de Ive de entrar no jogo da política interna. Alguns colegas o consideravam o membro mais politicamente diplomático da equipe de liderança da Apple. Ele ficou conhecido no *campus* por ser um gentleman britânico, muitas vezes abrindo e segurando portas para colegas mesmo anos depois de se tornar um dos principais executivos da empresa. Era generoso e se tornou querido pelos colegas por providenciar a entrega de flores ou de champanhe no quarto de hotel quando eles saíam de férias com a família. Um subproduto dessa gentileza e generosidade foi uma maior lealdade em uma empresa que se empenhava para dar vida a seus designs.

Contudo, ele também podia ser duro. Se não gostasse de alguma interação com um colega, podia pressionar para que a pessoa fosse afastada da Apple, e os recursos humanos chegavam a esconder funcionários dele. Na equipe de design, exigia respeito mútuo e colaboração. Tinha pouca tolerância a batalhas de egos e queria que todos fossem ouvidos, incluindo os menos extrovertidos. Alguns designers dizem que Thomas Meyerhoffer, designer sueco cujo laptop translúcido influenciou o iMac, caiu em desgraça aos olhos de Ive depois de tentar monopolizar reuniões e menosprezar o trabalho dos colegas.[53] Meyerhoffer acabou saindo da Apple para abrir a própria agência. Sabendo de seu talento, alguns membros da equipe tentaram convencê-lo a ficar, mas Ive e o grupo notaram que a colaboração ficou mais harmoniosa sem ele.

Depois que Ive contratou um novo especialista em cores, Satzger, que tinha um papel de destaque na equipe, também se viu excluído do grupo. Todos os cerca de 15 membros da equipe entrevistavam os candidatos e discutiam entre si antes de fazer uma oferta de emprego. Durante um desses processos, Satzger estava se preparando para entrevistar um candidato quando foi informado de que a agenda havia sido mudada.[54] Ive reuniu o grupo para falar sobre as entrevistas e fez a primeira pergunta para Satzger.

"O que você achou?", Ive perguntou sobre o candidato.

"Eu não o entrevistei", Satzger respondeu.

"Por que não?", Ive perguntou.

Confuso, Satzger explicou que a agenda tinha sido mudada, o que ele achava que Ive já sabia. Satzger saiu da Apple logo depois. Ive disse às pessoas que demitiu Satzger. Anos depois, Satzger disse que era possível que Ive houvesse mandado mudar a agenda de propósito e feito a primeira pergunta para ele com o intuito de reduzir sua credibilidade perante os colegas.

"Pode ser útil cultivar essa persona de gentleman britânico", disse Parsey, um britânico que Ive substituíra como o número dois da equipe de design. "Essa estratégia tem o poder de abrir muitas portas. Mas a pessoa não precisa realmente ser um gentleman para isso. É uma estratégia. Basta dar uma olhada em todos os clássicos britânicos para ver como eles conquistam tudo pelo charme. Esses caras não são mais do que piratas que passam pelo mundo saqueando tudo."[55]

A NOVA INFLUÊNCIA DE IVE transformou a Apple. Na maioria das empresas de produtos, quem definia um produto era a engenharia, como a Apple fez com o iPod, e o design criava sua aparência externa. Quando

É melhor ficar com ele **105**

Jobs elevou Ive a número dois da empresa, o estúdio passou a liderar o desenvolvimento dos produtos e os engenheiros se encarregavam de atender às demandas dos designers. Os designers não só definiam a aparência dos produtos como tinham grande poder na definição de suas funcionalidades. Os funcionários passaram a resumir o poder dos designers em uma única frase: "Tudo para não decepcionar os deuses".

Ive consolidou a posição do estúdio mantendo sob meticuloso controle o ambiente de trabalho da equipe e escolhendo a dedo quem tinha acesso ao estúdio. Ele queria um ambiente silencioso durante as reuniões e um grupo focado em maximizar a pureza estética e funcional dos produtos. Se alguém da engenharia ou das operações não abordasse as discussões com reverência, se falasse alto demais, ou, pior ainda, se levantasse a questão dos custos, a pessoa chegaria um dia para trabalhar e descobriria que seu crachá não dava mais acesso ao estúdio.

As críticas veladas levaram a uma regra na empresa: só fale com o Jony se ele falar com você.

Ive contava com os colegas para manter a ordem. Quando alguém das operações levantava as dificuldades de fabricar um design proposto, Ive chamava seu gerente de lado e dizia que os comentários do funcionário estavam atrapalhando o processo de design. Ele esperava que o pessoal do estúdio entendesse o que os designers queriam e encontrassem maneiras de concretizar seus desejos, e não que erguessem barreiras na forma de custos ou limitações de produção. "Não vou deixar alguém dirigir um ônibus só porque tem pernas compridas e consegue alcançar o freio", ele dizia.

Sua atenção aos detalhes permeou todo o desenvolvimento de produtos. Se um fornecedor interessado em reduzir custos optasse por usar plástico reciclado e barato, Ive conseguia saber, só de olhar, que eles haviam violado a exigência da Apple de usar apenas material virgem. O plástico mais caro era indispensável para a Apple garantir seus altos padrões de qualidade em todas as unidades produzidas. Esse olho para os detalhes estimulou a equipe de operações a garantir que os fornecedores atendessem às exigências de Ive, sabendo que ele seria capaz de identificar qualquer erro. Em uma referência ao filme *O sexto sentido*, a equipe brincava sobre Ive: "Ele vê pessoas mortas".

Os designers desfrutavam de mais vantagens que os outros funcionários. Faziam retiros em resorts cinco estrelas na região vinícola da Califórnia, ficavam em hotéis de luxo na Ásia, enquanto os colegas das operações e da engenharia ficavam em hotéis de três ou quatro estrelas. Em Hong Kong, Ive escolheu o Peninsula, um hotel cinco estrelas localizado em um prédio colonial que servia chá da tarde ao som de um quarteto de cordas. A Apple enchia seus designers de mordomias.

Em uma empresa de engenheiros *nerds*, os designers eram os artistas descolados. Eles iam ao trabalho com roupas casuais – camiseta, moletom com capuz e jeans de grife. Tinham carros caros, incluindo o Aston Martin DB9 de Ive, que custou cerca de US$ 250 mil. E eram obcecados por seus hobbies: De Iuliis vivia em uma busca eterna pelo melhor café do mundo; Julian Hönig, um surfista fanático, fazia as próprias pranchas; e Eugene Whang abriu uma gravadora, a Public Release, e tocava em clubes sob o nome artístico DJ Eug.[56]

Eles viviam como estrelas do rock. Depois dos eventos de lançamento dos produtos, enchiam limusines com garrafas de champanhe Bollinger e saíam para jantar e beber tarde da noite. Tornaram-se frequentadores regulares do Redwood Room, um bar histórico no centro de São Francisco que servia coquetéis artesanais, e às vezes viajavam para Los Angeles para cair na balada com o pessoal da agência de publicidade da Apple. Drogas como metaqualona e cocaína, que alguns designers levavam consigo em pinos em forma de bala, rolavam soltas. Tudo isso fazia parte de uma cultura de muito trabalho e muita curtição de um grupo de renascentistas contemporâneos dedicados à arte e à invenção.

O PODER DA EQUIPE DE DESIGN fez da divisão um porto seguro para engenheiros que queriam explorar novas ideias.[57] Quando um engenheiro chamado Brian Huppi quis desenvolver maneiras de controlar

É melhor ficar com ele   **107**

um computador sem usar um mouse, foi falar com o designer Duncan Kerr para investigar as possibilidades. Ive adorou a ideia. Com sua bênção, Kerr e uma equipe de engenheiros de software, incluindo Bas Ording, Imran Chaudhri e Greg Christie, iniciaram um projeto de pesquisa e desenvolvimento para encontrar uma maneira de controlar um dispositivo com o toque de um dedo. Eles descobriram que uma empresa sediada em Delaware estava fabricando um touch pad para controlar um computador. A equipe comprou um dos pads e o adaptou, projetando a imagem de um Mac em uma mesa para ver como seria navegar pela tela com o dedo. Eles escreveram um código para ampliar mapas, arrastar arquivos e girar imagens. Quando Kerr apresentou a tecnologia à equipe de design, o grupo ficou boquiaberto.

Em uma demonstração privada, Jobs não se empolgou tanto. Ele descartou a ideia. O dispositivo parecia desajeitado e – como ainda tinha o tamanho de uma mesa grande – era impraticável. No entanto, Ive insistiu, dando um leve empurrãozinho, como o que dera anos antes para Jobs aprovar o design do iMac. "Imagine a parte de trás de uma câmera digital", ele propôs. "Por que a tela precisa ser tão pequena com todos aqueles botões? Por que não ter só uma tela?"[58]

Jobs se abriu para a ideia, e o multitoque, como eles chamaram a tecnologia, tornou-se a base do iPhone. O interesse em fazer um celular vinha fermentando havia vários anos na Apple. Os líderes da empresa achavam que os celulares existentes eram pesados e desajeitados. Temiam também que um rival pudesse tornar o iPod redundante ao combinar em um único dispositivo um MP3 player e um celular. Para evitar esse destino, Jobs deu início ao que ficou conhecido como o Projeto Purple.

Entre 2005 e 2007, aproximadamente, engenheiros e designers trabalharam duro para criar o novo dispositivo. Ive vislumbrava a tela do celular sensível ao toque como uma piscina infinita, uma janela reluzente que transportaria as pessoas para um mundo mais amplo de música, mapas e internet. A equipe de design criou vários conceitos antes de escolher um estilo inspirado no minimalismo dos produtos da Sony. Uma face em preto fosco e uma moldura de alumínio escovado continham uma tela expansiva. A equipe de hardware de Fadell deu vida ao dispositivo com os componentes e Scott Forstall, um dos principais executivos de software, liderou a criação de seu software revolucionário.

No dia 19 de dezembro de 2006, Ive e Forlenza chegaram exaustos a Shenzhen depois de dois anos trabalhando feito loucos. Eles entraram na sala de reuniões mal iluminada de uma fábrica, onde uma centena dos primeiros iPhones estava sobre uma mesa. Eles deveriam escolher 30 dos modelos mais bem-feitos para apresentar em um evento de lançamento do produto. Um grupo de 40 operários observava em silêncio enquanto Ive e Forlenza examinavam seu trabalho.

"Não diga nada", Ive se inclinou e sussurrou para Forlenza. "Daria para escolher qualquer um destes." Ive estava acostumado em encontrar apenas uma fração dos primeiros modelos sem defeitos, mas os produtos diante dele pareciam tão refinados quanto qualquer câmera feita pela Canon, o padrão-ouro dos eletrônicos produzidos em massa. A fabricante deu a Ive a confiança de que a Apple poderia fabricar milhões de celulares com o nível de precisão artesanal de uma peça exibida em um museu. Ive agarrou o ombro de Forlenza e sussurrou: "Agora podemos fazer qualquer coisa".

Um mês depois, Jobs apresentou o iPhone no Moscone Center, em São Francisco, anunciando-o como um iPod, celular e computador conectado à internet em um dispositivo só.[59] A primeira ligação que ele fez foi para seu colaborador mais próximo.

"Se eu quiser ligar para o Jony, só preciso clicar no número do telefone dele", disse Jobs, pressionando o número de Ive no iPhone em sua mão.

"Oi, Steve", Ive atendeu em um celular flip na plateia.

"E aí, Jony? Tudo bom com você?", Jobs perguntou, radiante.

"Tudo beleza. E você?"

"Foram dois anos e meio de desenvolvimento e estou empolgadíssimo por fazer a primeira ligação em público com o iPhone", disse Jobs.

O telefonema gerou comparações com Alexander Graham Bell falando ao telefone com Thomas Watson mais de 100 anos antes. A Apple vendeu 11 milhões de iPhones no primeiro ano completo no mercado, dez vezes mais do que o número de iPods vendidos após a estreia do tocador de música.

Jobs e Ive se orgulhavam mais de ver como o iPhone se tornou uma sensação cultural do que de suas vendas unitárias. Ao longo dos anos, eles tinham conversado sobre como medir o sucesso e concordavam que o êxito da Apple não seria ditado pelo preço das ações nem pelo volume de vendas.[60] De acordo com essas métricas, a rival Microsoft teve sucesso, mas acabou estagnada. Eles preferiam se orientar por sua opinião subjetiva: estavam orgulhosos do produto que projetaram e construíram?

O iPhone parecia ser o auge do que eles poderiam alcançar. Entretanto, quando as vendas decolaram, Ive cogitou deixar a Apple. Seus filhos gêmeos nasceram em 2004. O homem de 40 anos também estava esgotado depois de passar 15 anos trabalhando 80 horas por semana. Ele comprou por US$ 3 milhões uma casa de dez quartos e um lago perto de seus pais, em Somerset, e convenceu seu pai a supervisionar a reforma da casa na expectativa de passar mais tempo perto deles.[61] Disse a seu amigo de longa data Clive Grinyer que estava cansado e pensando em se aposentar e fazer produtos de luxo com um amigo, o designer Marc Newson.[62] Mas a popularidade do iPhone e a doença de Jobs mudaram tudo.

EM MAIO DE 2009, Jony Ive chegou ao aeroporto de San Jose para receber Steve Jobs.[63] O CEO, que estava com câncer, voltava de Memphis depois de um transplante de fígado. Ive e o chief operations officer Tim Cook o cumprimentaram, e a esposa de Jobs, Laurene Powell Jobs, abriu uma garrafa de cidra de maçã para comemorar. Mas nem tudo estava bem.

Borbulhando sob a celebração, estava a irritação de Ive. Naquela época, ele não estava satisfeito com a maneira como o crescimento da Apple havia comprimido o ciclo de desenvolvimento de produtos da empresa, especialmente para os 54 milhões de iPods vendidos anualmente. Ele queria revolucionar a tela de um dos modelos, mas não conseguira apresentar sua ideia antes do prazo de produção. Reclamou com os colegas que teria de esperar mais um ano porque tinha tido sua epifania criativa com duas semanas de atraso. Então, quando Jobs adoeceu, a imprensa começou a questionar o futuro da Apple. Observadores do setor argumentaram que seu cofundador havia criado a empresa e depois a ressuscitara. Sem ele, a empresa tinha definhado. Se o passado era o prólogo do futuro, sugeriram, a Apple estava condenada.

Jobs confiava no trabalho da equipe que havia montado na Apple, mas não hesitava em assumir grande parte dos créditos. Não gostava de quando os funcionários davam entrevistas e desencorajava que eles falassem sobre o processo criativo da Apple. A estratégia preservava o sigilo sobre os novos produtos e reduzia as chances de os melhores talentos serem roubados pelos rivais. Também induzia as pessoas a achar que todos os produtos resultavam de um gênio individual, não de um trabalho em equipe. Apesar de o primeiro telefonema em público feito por Jobs com o iPhone ter sido para Ive, aquele gesto sutil ficou longe de transmitir a plenitude das contribuições de Ive para a criação do novo celular. No caminho do aeroporto para a casa de Jobs, o designer desabafou.

"Estou muito chateado", disse, segundo o biógrafo de Jobs, Isaacson. (Por meio de um porta-voz, ele contestou esse relato.) Ive reclamou que todo mundo achava que Jobs era o único responsável pelas inovações da Apple. A verdade era que Ive e muitos outros foram fundamentais para o sucesso dos produtos da empresa.

Jobs e Ive juntaram forças para criar mais um produto importante. Em muitos aspectos, o iPad foi o produto menos oneroso e mais gratificante que eles fizeram. Eles já vinham cogitando a ideia de criar um tablet antes de lançar o iPhone, e Jobs ressuscitou o projeto antes de fazer o transplante de fígado. O design do tablet seria baseado no iPhone e usaria o mesmo software. A maior questão era: qual deveria ser o tamanho?

Ive começou fazendo 20 modelos de vários tamanhos com cantos arredondados.[64] Ele convidou Jobs para o estúdio, onde os apresentou. Eles passaram de um modelo a outro, avaliando a aparência e a sensação de cada um nas mãos. Decidiram-se por um retângulo de 9 por 7 polegadas que ficava plano sobre a mesa, como um bloco de notas. Enquanto trabalhavam no design, Jobs decidiu que o tablet estava ficando austero demais. Ive concordou. O dispositivo não tinha o tipo de bordas arredondadas que tornavam convidativos outros produtos da Apple, como o iMac. Ele arredondou um pouco as bordas para que o usuário pudesse deslizar um dedo por baixo e levantá-lo de uma superfície lisa.

Em janeiro de 2010, Jobs apresentou o iPad no Yerba Buena Center for the Arts, em São Francisco. Ele se reclinou em uma poltrona para demonstrar como era simples navegar na internet e ler um livro digital. O produto se tornou um sucesso instantâneo, e a Apple vendeu 25 milhões de iPads em pouco mais de um ano.

A saúde de Jobs piorou após o lançamento do iPad. Quando ele ficou doente demais para ir ao trabalho, em 2011, Ive começou a visitá-lo regularmente em casa. Os dois falavam sobre o trabalho em andamento no iPhone, os planos para a construção de um novo *campus* da Apple e o iate que Jobs estava construindo para viajar com a família.

Depois que Jobs faleceu, em 5 de outubro de 2011, os colegas se preocuparam com o que aconteceria com Ive sem Jobs. Ao longo dos anos, eles observaram como o feedback de Jobs no estúdio melhorara o trabalho de Ive – assim como um bom editor melhora a narrativa de um escritor talentoso. Ive assegurou às pessoas que ficaria bem. Ele garantiu que se bancava sozinho. Contudo, o clima no estúdio ficou apático e sem direção na ausência de seu patrono de longa data. "De repente, todo mundo ficou se sentindo à beira do fracasso", disse um designer.

Ive contratou um fotógrafo famoso chamado Andrew Zuckerman e mergulhou no projeto para publicar um livro intitulado *Designed by Apple in California* (em tradução livre, "Design criado pela Apple na Califórnia"), repleto de close-ups sofisticados dos produtos de sucesso da Apple contra fundos brancos. Ele usou a oportunidade para reexaminar sua carreira, mergulhando em lembranças de uma vida inteira de trabalho com o parceiro criativo que havia perdido.

Dois meses depois do funeral de Jobs, Ive foi condecorado com o título de cavaleiro na Inglaterra por seu trabalho em design. Ele foi indicado pelo Design Council, uma organização sem fins lucrativos dedicada a apoiar o design industrial. A honra elevou Ive a Cavaleiro Comandante da Mais Excelente Ordem do Império Britânico, o posto mais alto do Império Britânico, e lhe concedeu o título de Sir Jonathan Ive.

Em Londres, em um dia ensolarado no fim de maio, Ive colocou uma gravata azul e vestiu um fraque preto para a cerimônia no Palácio de Buckingham. A formalidade da ocasião teria divertido Jobs, que gostava de brincar com Ive sobre o conservadorismo dos britânicos, mas tinha uma tremenda importância para o designer britânico, filho de dois professores. O reconhecimento validava o trabalho de sua vida e, numa Inglaterra baseada em classes, a condecoração lhe dava um título formal. Embora o mesmo reconhecimento tenha sido conferido a americanos famosos como Steven Spielberg e Bill Gates, Ive via a distinção com o orgulho de um filho nativo.

Acompanhado por Heather e seus filhos gêmeos, Ive entrou no salão de bailes do palácio e sentou-se em frente a um pequeno palco com dois tronos de madeira dourada.[65] Um oficial real o convocou para receber a honraria. Ao som do "Concerto para dois violinos em ré menor" de Bach, Ive, com a cabeça baixa, caminhou em passos medidos em direção aos tronos. Ele se curvou com um sorriso diante da princesa Anne, filha da rainha, e se ajoelhou enquanto ela batia delicadamente em seus ombros com uma espada que pertencera ao avô da princesa, o rei George VI.

Mais tarde naquele dia, Ive tirou o fraque e a gravata e foi a uma recepção no Ivy, um restaurante exclusivo no coração do West End, em Londres.[66] O Design Council reservara uma sala privada com vitrais e reunira uma lista de amigos de Ive, incluindo o ator Stephen Fry, o vocalista do Duran Duran, Simon Le Bon, e os influentes designers Paul Smith e Terence Conran. A irmã de Ive, Alison, e seus pais também estavam presentes.

Enquanto os convidados bebericavam champanhe e beliscavam aperitivos, Ive passava para cumprimentá-los, sorridente. A sala ficou em silêncio quando o ex-primeiro-ministro Gordon Brown, que havia apoiado a concessão do título de cavaleiro a Ive, propôs um brinde. Ive, que ansiava por atenção, mas não ficava à vontade sob os holofotes, colocou a mão esquerda no ombro do filho e sorriu timidamente enquanto Brown contava sobre uma visita que fizera ao estúdio de design em Cupertino, na qual tivera a chance de ver a equipe trabalhando.

O pai de Ive, Mike, olhava com um sorriso. Ao longo dos anos, ele tinha feito várias coisas. Ele construíra *hovercrafts* e armários, restaurara carros antigos e fizera alianças de casamento, ajudara na definição de currículos escolares e forjara bules, mas naquele dia o que estava em exibição era o produto que ele mais admirava. Ele disse a amigos que considerava Ive sua melhor criação.[67]

5

DETERMINAÇÃO FERRENHA

O Honda Accord podia ser visto antes do amanhecer, zunindo no vazio escuro da rodovia 101, passando pelas sombras mal iluminadas de pequenos prédios de escritório e galerias comerciais. Apesar de a Apple pagar a Tim Cook um salário de US$ 400 mil anuais, além de um bônus de contratação de US$ 500 mil, ele não ligava muito para carros. Para ele, um carro não passava de um meio de transporte para ir à academia, ao escritório e voltar a seu apartamento em Palo Alto no fim do dia.

Ao se mudar do Texas para a Califórnia, em 1998, Cook alugara um apartamento de 50 metros quadrados em Palo Alto, mais adequado para um estudante universitário do que para um executivo.[1] O tamanho e a localização de seu novo lar refletiam a realidade de que ele passaria a maior parte do tempo no trabalho. Ele morava a apenas 20 minutos de carro do *campus* Infinite Loop da Apple. O apático e elegante subúrbio de Palo Alto não tinha a vibração de São Francisco, 50 quilômetros ao norte. O bairro abrigava a Universidade Stanford e uma série de startups que agrupavam suas operações em torno de uma rua principal arborizada, a University Avenue, onde restaurantes e cafés fervilhavam com conversas sobre a mais recente empresa pontocom e o mais novo investimento de capital de risco. As pessoas iam a pé ou de bicicleta para os lugares, o que era perfeito para Cook, que adorava pedalar pela cidade, como costumava fazer em Robertsdale.

Pouco tempo depois de entrar na Apple, Cook convocou uma reunião de operações.[2] Ele queria saber todos os detalhes sobre a terrível cadeia de suprimentos da empresa. A Apple havia passado o ano anterior tentando escapar das garras de um atoleiro de fluxo de caixa. Antes do retorno de Jobs em 1997, computadores não vendidos se acumulavam por toda parte. A empresa administrava suas próprias fábricas na Califórnia, na Irlanda e em Cingapura. Tinha um excedente de componentes de computador e 19 dias de estoque. Fred Anderson, o chief financial officer, tentou resolver os problemas do balanço patrimonial com um programa chamado pela empresa de "Cruzando o Abismo", que visava reduzir o estoque. O retorno de Jobs provocara uma debandada da equipe de operações, que, agora muito menor, detalhou o progresso feito enquanto Cook a enchia de perguntas: "Por quê? Como assim?".

"Vi homens adultos chorando", disse Joe O'Sullivan, que atuava como o chief operations officer interino quando Cook entrou na empresa. "Ele entrava num nível fenomenal de detalhes."[3]

A reunião deu à equipe uma ideia do estilo de liderança de Cook. Ele instigou o time durante o interrogatório com tanta precisão que transformou o local de trabalho. Intenso, detalhista e exaustivo, Cook deixava pouca margem para erros. Ele parecia absorver e reter todas as informações que seus subordinados lhe passavam e se inteirou do negócio mais rápido do que qualquer pessoa da equipe esperava. Jobs havia pedido para O'Sullivan passar quatro meses com Cook para lhe ensinar as operações da Apple, mas Cook as dominou em quatro ou cinco dias. Ele investigava os problemas com uma pergunta após a outra. Em seguida, ficava em silêncio. Seu estilo socrático criou um clima de tensão que deixou a equipe nervosa.

"Joe, quantas unidades nós produzimos hoje?", Cook perguntaria.

"Dez mil", O'Sullivan responderia.

"Qual foi o rendimento?", ele perguntava, referindo-se à porcentagem de unidades que passaram pelo controle de qualidade antes da expedição.

"Noventa e oito por cento."

Sem se impressionar com a eficiência, Cook investigaria mais a fundo. "Qual foi o problema dos dois por cento?"

O'Sullivan simplesmente olhava para Cook, pensando: "Que droga, eu não sei".

A equipe de operações aprendeu a esquadrinhar todos os aspectos da produção e preparar respostas para qualquer pergunta que Cook pudesse imaginar. Eles detalharam o desempenho de componentes específicos e os resultados de produção de cada linha de montagem. O apetite de seu chefe por detalhes levou todos a se tornarem "quase clones do Cook", disse O'Sullivan.

COOK DIZIA QUE O ESTOQUE era "fundamentalmente nocivo".[4] Computadores e componentes parados nas prateleiras eram como frutas e verduras em um supermercado; se ficassem tempo demais, estragavam e precisariam ser descartados. A equipe de operações da Apple havia reduzido em dois terços o número de dias de estoque desde o retorno de Jobs.[5] Cook queria mais. Em 1998, ele foi ao escritório da empresa em Cingapura para ver como eles poderiam fazer mais melhorias. A equipe local de operações se preparou para sua chegada. Importaram o refrigerante Mountain Dew, sua bebida preferida, abasteceram a sala de reuniões com bananas e barras de cereais para ele se alimentar nas 14 horas por dia que passaria trabalhando e providenciaram ingredientes para fazer legumes no vapor e cozinhar frango, porque ele costumava comer essa combinação no almoço e no jantar. Sentado à cabeceira de uma mesa de reuniões, Cook se balançava para a frente e para trás na cadeira enquanto ouvia o pessoal da fábrica descrever a situação dos negócios. Quando isso acontecia, a equipe sabia que ele estava satisfeito. No processo de ajustar-se ao chefe inexpressivo e comedido, eles descobriram que, quando ele balançava na cadeira, era sinal de que estava gostando do material apresentado. Quando o movimento parava, era sinal de que ele havia encontrado um problema e planejava lançar uma pergunta que exporia uma falha.

Naquele dia, o grupo fazia uma apresentação sobre o giro de estoque, uma medida da frequência na qual a empresa usava e substituía o estoque. Quanto maior era o giro do estoque, menos a empresa gastava em componentes que eventualmente teriam de ser descartados. A equipe de operações detalhou como havia aumentado sua taxa de giro de 8 para mais de 25 vezes por ano, colocando a Apple em segundo lugar no setor nesse critério, perdendo apenas para a Dell.

Quando eles concluíram a apresentação, Cook parou de balançar. Ele os encarou em silêncio.

"Como vocês chegariam a 100 giros?", perguntou.

"Eu sabia que você perguntaria isso", disse O'Sullivan, que havia começado a se adiantar ao apetite insaciável de Cook pela excelência. "Estamos quase lá."

O'Sullivan detalhou um plano para fazer ainda mais melhorias. Quando terminou de responder, ele achou que sua resposta tinha sido mais do que satisfatória, mas Cook o encarou sem demonstrar qualquer apreço pelo esforço extra.

"E como vocês chegariam a mil?", Cook perguntou.

Alguns membros da equipe riram do que consideraram um pedido impossível, mas Cook lhes lançou um olhar frio. Ele estava falando sério.

"Mil giros?", O'Sullivan perguntou, sem acreditar. "Seria algo como três vezes por dia."

A sala ficou em silêncio. Cook passou os olhos pela equipe de operações, incrédula. A meta que ele definiu naquele dia tornou-se o novo objetivo deles.

Em poucos anos, a Apple passou a fabricar computadores sob encomenda praticamente sem manter qualquer estoque. Uma das inovações que a equipe de operações adotou para atingir essa meta foi pintar uma linha amarela no meio do chão da fábrica.[6] Os componentes de um lado da linha amarela pertenciam ao fornecedor até a Apple levá-los ao outro lado da linha para serem montados em um novo computador. Isso reduziu os custos da Apple porque, de acordo com os princípios contábeis geralmente aceitos, o estoque não pertencia à empresa, apesar de estar fisicamente em seu armazém, enquanto as partes não eram levadas à linha de montagem. O conceito, que foi inovador na época, tornou-se um padrão do setor.

A Apple estava nos estágios iniciais de sua revitalização quando Cook entrou na empresa. O iMac colorido foi lançado cinco meses depois de sua contratação. Durante a produção, a Apple atrasou o cronograma e precisou providenciar mais máquinas para recuperar o atraso. Um executivo de operações recomendou adicionar sete ferramentas de produção ao custo de cerca de US$ 1 milhão cada, mas, como a empresa ainda tinha pouco caixa, O'Sullivan achou que conseguiria correr atrás do atraso adicionando apenas três ferramentas, o suficiente para elevar a produção de 7 mil unidades por dia para 10 mil. Cook se opôs.[7] "Vamos despachar o máximo que pudermos, o mais rápido que pudermos", ele disse. As 14 ferramentas autorizadas por Cook duplicaram a capacidade da Apple, permitindo que a empresa atendesse ao aumento da demanda que se seguiu ao lançamento do iMac. Ao mesmo tempo que podia ser econômico, Cook provou que se dispunha a apostar e gastar dinheiro quando necessário.

Cerca de seis meses depois de Cook entrar na empresa, Jobs abordou O'Sullivan no *campus*, empolgado com o desempenho de Cook.

"O que você acha?", ele perguntou.

"Não sei", disse O'Sullivan.

"Como assim, não sabe?", Jobs indagou.

"Ninguém vai chegar aqui e fazer milagre."

Em uma empresa que havia reencontrado seu sucesso à luz do carisma de Jobs, Cook rapidamente provou ser o oposto do CEO. Ele era impassível e reservado, raramente demonstrando emoções. Focava-se nos números e pensava em termos de planilhas. Ia à academia antes do amanhecer, ia ao trabalho e ficava trabalhando até a noite. Ele incitava sua equipe com a citação de Lance Armstrong: "Não é que eu não goste de perder. Eu desprezo"[8]. Sua abordagem disciplinada entregava resultados. Em seu primeiro ano na Apple, a empresa reduziu o estoque de um mês de produtos para seis dias. Um ano depois, cortou ainda mais para apenas dois dias e o dinheiro poupado foi todo para os resultados financeiros da Apple.[9]

"Ele é como um meio de campo implacável", disse O'Sullivan, descrevendo seu novo chefe com a analogia do futebol. Ele comparou Cook a Roy Keane, um lendário meio-campista defensivo que havia ancorado a defesa do Manchester United em uma série de temporadas campeãs.

"Ele não é um centroavante, que faz gols e é fotografado nas boates", O'Sullivan explicou. "Ele é o cara discreto que faz toda a diferença em campo e vai para casa levar uma vida tranquila."

À medida que a Apple controlava seu estoque, Cook se voltou a melhorar as operações de fabricação. Em 2000, começou a fechar as fábricas da empresa e terceirizar a produção. A Apple já usava fabricantes terceirizados, mas Cook empurrou a prática ao limite. Quando trabalhou na Compaq, ele conheceu Terry Gou, o fundador do Foxconn Technology Group.[10] O empresário taiwanês construíra uma das montadoras de eletrônicos mais confiáveis do mundo. Em 1974, com US$ 2.500 emprestados de sua mãe, ele montou uma fábrica em Taipei para fazer botões de plástico para trocar canais em televisores antes de expandir para PCs na década de 1980.[11] Ele transformou a indústria de fabricação de computadores instalando fábricas na China, onde a terra e a mão de obra eram baratas. Contratos de produção com a Dell, Compaq e outras aumentaram a força de trabalho da empresa para 30 mil e suas vendas para US$ 3 bilhões. Famoso por trabalhar 16 horas por dia, ele exigia que os produtos fossem produzidos no prazo e de acordo com as especificações dos clientes. Intervinha pessoalmente para resolver problemas de produção. Seu estilo exigente e prático agradava Cook, que levou a mesma abordagem à Apple.

Em 2002, Cook contratou Gou para fabricar o próximo grande lançamento de computadores da Apple. A empresa planejava substituir seus iMacs, que remetiam a balas Soft, por uma versão de tela plana. A pedido da Apple, a Foxconn construiu uma cadeia de suprimentos para fabricar 1.500 unidades por dia, mas Jobs decidiu mudar o mercado-alvo do computador de sofisticados clientes profissionais para consumidores em geral.[12] Cook precisava que a Foxconn expandisse dez vezes sua capacidade e que isso fosse feito rapidamente. Os resultados trimestrais da Apple dependeriam do sucesso do novo computador. Cook foi à China acompanhado de alguns dos principais engenheiros da Apple para supervisionar a expansão. Ele passou um tempo lá, incluindo o feriado de Dia de Ação de Graças e o Natal, trabalhando no chão de fábrica para identificar problemas nos computadores que saíam da linha de montagem e, quando necessário, levando os problemas diretamente a Gou. Era um ambiente estressante, mas Cook manteve a compostura o tempo todo, irradiando a mesma tranquilidade que havia demonstrado ao enfrentar desafios na IBM e na Intelligent Electronics. Ele tinha um estilo de liderança situacional capaz de se adaptar às situações sem perder o controle emocional e resolvendo os problemas à medida que surgiam. Quando dezembro chegou ao fim, a Apple transportou os computadores para fora da China, permitindo que a empresa registrasse as novas unidades como vendas para o período de setembro a dezembro e atendesse às expectativas de vendas trimestrais do mercado financeiro.

Com o tempo, Cook estendeu essa abordagem aos fornecedores dos componentes de seus computadores. O pessoal de compras encarregado da aquisição dos componentes havia aderido à máxima de que os dois lados precisavam ganhar para manter um bom relacionamento. Cook defendia uma abordagem diferente: ser implacável e intransigente. Nas negociações, adotava uma posição abertamente a favor da Apple em questões como preço e prazos de entrega, entre outras. Não cedia um milímetro sequer. Pelo contrário, identificava e concedia coisas que o fornecedor queria e que não eram prioridades para a Apple. Tinha o hábito de ficar em silêncio durante as conversas para deixar os fornecedores nervosos. Chegava a passar um bom tempo sem falar nada até que se inclinava para a frente. "O que eu quero fazer é o seguinte…", começava. Todos os presentes ouviam com muita atenção ao que ele dizia, porque não raro era a primeira vez que falava na reunião. Os fornecedores comparavam as táticas de Cook com técnicas de psicologia militar. Depois de quase fechar os termos de um acordo com um fornecedor de chips em meados dos anos 2000, Cook ligou para o fornecedor e disse que havia reconsiderado. "Acho que vocês não estão sendo honestos com a gente e acho que não quero mais trabalhar com vocês", informou. Em seguida, passou dias em silêncio, deixando o fornecedor temendo ter perdido o negócio. "Ele fazia isso para forçar os fornecedores a voltar com uma oferta irrecusável aos 45 minutos do segundo tempo", lembrou o fornecedor, que acabou fechando o negócio. "Quem fechava os olhos e mergulhava de cabeça conseguia trabalhar com a Apple. Ele tinha esse estilo de negociação à moda antiga."

A frugalidade de Cook se estendia à sua vida pessoal. Embora sua remuneração chegasse a US$ 400 mil anuais mais ações, ele passou vários anos morando no pequeno apartamento que alugara em Palo Alto quando entrara na empresa.[13] Colegas brincavam que o apartamento dele só tinha um garfo, uma faca, um prato, uma tigela e uma caneca. Segundo rumores, o local era infestado de cupins. Jobs e Jon Rubinstein, o vice-presidente de engenharia de hardware da Apple, foram ao apartamento de Cook para fazer uma intervenção.

"Cara, você precisa comprar uma casa", disse Rubinstein.

Quase uma década depois de se mudar para Palo Alto, um dos mercados imobiliários mais caros do país, Cook finalmente comprou uma casa relativamente modesta, gastando US$ 1,97 milhão por uma área de 210 metros quadrados. Jobs morava a 1,5 quilômetro de distância, em uma mansão com o dobro do tamanho.

EM UMA EMPRESA REPLETA de drama, a equipe de operações se destacava pela ausência de drama. Cook não tolerava disputas de poder e esperava que todos colaborassem. Ao fim de cada trimestre, fazia uma reunião para analisar as operações que ficaram aquém das metas. Seus braços direitos anotavam o que achavam que tinha dado errado em *post-its* e os colavam em um quadro branco. Um problema podia ser tão simples quanto ter previsto as vendas de 100 mil iMacs, mas ter ficado 3 mil unidades abaixo da previsão. Os *post-its* eram agrupados, organizados em ordem de importância e discutidos.[14] As reuniões promoveram uma cultura de responsabilização pelos resultados. Ninguém acusava os colegas para tentar se safar. "Era como um confessionário", lembrou O'Sullivan.

O processo ajudou Cook a identificar os maiores talentos. Jeff Williams, que ele havia trazido da IBM, tornou-se seu número dois. Williams, que cresceu em Raleigh, na Carolina do Norte, e era tão estoico quanto seu chefe, formou-se em engenharia mecânica pela Universidade Estadual da Carolina do Norte e tinha um MBA pela Universidade Duke. Outro talento da equipe era Deirdre O'Brien, que se formou em administração de operações pela Universidade Estadual do Michigan e tinha um MBA pela Universidade Estadual de San Jose. Ela foi encarregada da supervisão da projeção de demanda. O círculo de confiança de Cook também incluía Sabih Khan, formado em economia e engenharia mecânica pela Universidade Tufts, que se destacou no processo de resolver um grande problema de fabricação. "Isso é terrível", disse Cook. "Alguém precisa ir à China." Em seguida, ele olhou para Khan e perguntou: "O que você ainda está fazendo aqui?".[15] Khan levantou-se, foi de carro ao Aeroporto Internacional de São Francisco e pegou um voo para a China sem levar roupa alguma além da que estava no corpo.

O estoicismo exigente de Cook provocava medo. Os gestores de nível médio selecionavam muito bem a equipe antes de permitir que os membros fizessem qualquer apresentação a Cook, para garantir que eles conhecessem a fundo os problemas em questão. Eles temiam desperdiçar o tempo de Cook. Se ele sentisse que faltava preparação a alguém, podia perder a paciência e resmungar "Próximo" enquanto virava a página da pauta da reunião. Algumas pessoas saíam chorando dos encontros.

O resultado foi uma equipe em grande parte moldada à imagem de Cook: engenheiros e MBAs que trabalhavam à exaustão. Mesmo assim, Cook buscava incluir uma diversidade de perspectivas de outras áreas da empresa. Quando precisou preencher uma vaga nos recursos humanos, a mulher que ocupava provisoriamente o cargo o aconselhou a entrevistar outras pessoas. Ela se achava emotiva demais para trabalhar com alguém tão rigoroso e analítico quanto Cook. Ele insistiu que ela se candidatasse à vaga.

"Quero trabalhar com alguém que pense de um jeito diferente", explicou ele.

A DEVOÇÃO DE COOK AO TRABALHO incomodava seu chefe. Com base em sua experiência enriquecedora constituindo sua própria família, Jobs insistia que Cook tentasse ter vida social. Volta e meia, Cook recebia um convite para jantar na casa de Jobs e, quando chegava lá, era surpreendido por Jobs, sua esposa, Laurene, e outros convidados que Jobs queria que ele conhecesse.[16] Cook chegou a receber uma ligação de sua mãe, Geraldine, depois que Jobs ligou para ela para falar sobre Cook. "A família era muito importante na vida dele e ele queria o mesmo para mim", lembrou Cook.[17]

Embora Cook tivesse uma forte ligação com Jobs por meio do trabalho, com Jony Ive o relacionamento era distante. A tensão natural entre operações e design às vezes colocava os dois em desacordo. O trabalho de Cook era controlar os custos fabricando o maior número possível de produtos com o menor número possível de descartes devidos a defeitos. Enquanto isso, a equipe de Ive examinava meticulosamente os produtos que saíam da linha de montagem para ter certeza de que todos refletiam seus esboços e modelos. Quando Ive identificava uma imperfeição, isso poderia atrapalhar a produção. Consumia tempo e aumentava os custos.

Entretanto, a cadeia de suprimentos da Apple começou a ser transformada pela combinação da demanda de Cook por excelência operacional, a insistência de Ive em um design superior e a disposição de Jobs em gastar o que fosse necessário para fazer produtos espetaculares.

O iPod marcou um ponto decisivo dessa combinação de sucesso. Entre 2002 e 2005, o número de iPods vendidos pela empresa explodiu de meio milhão para 22,5 milhões por ano. Durante o desenvolvimento do iPod Nano, que se tornaria o produto mais vendido da empresa, Ive pressionou para melhorar a ferramenta usada na fabricação do corpo de alumínio colorido do MP3 player, pedindo que os operários polissem a ferramenta. A etapa de produção proposta ia além da prática mais comum de polir o corpo de um produto depois de forjado, uma etapa que Ive acreditava reduzir a qualidade do produto. A Foxconn trabalhou com a equipe de operações da Apple para atender ao pedido de Ive. Depois de aprender a fazer isso, a Foxconn poderia vender sua nova expertise a outras empresas de produtos de consumo.

Os fornecedores chineses faziam fila para trabalhar com a Apple porque suas demandas de produção e o número de produtos vendidos poderiam ajudar os fabricantes a expandir seus negócios. A equipe de operações de Cook usava a oferta de fornecedores para aumentar a vantagem da Apple, pressionando os fornecedores a fechar acordos a preços mais baixos do que ofereciam a qualquer outro cliente no mercado. Os fornecedores muitas vezes concordavam com os termos, pois sabiam que poderiam aprender técnicas de fabricação de ponta com os engenheiros da Apple e depois vender essa expertise a outras empresas de eletrônicos de consumo ansiosas para alcançar a Apple no design de produtos. A dinâmica aprofundou a dependência da Apple em relação à China e a dependência da China em relação à Apple.

Cook não chamava a atenção do público na época. O que ele fazia era chato. O apelo da empresa estava em sua criatividade: a parte traseira curvilínea do iPod Nano, os anúncios marcantes com silhuetas escuras dançando com fones de ouvido brancos, as mesas de carvalho dos Genius Bars – utilizadas no atendimento aos clientes nas lojas. O número crescente de fãs da Apple não se importava muito com a maneira como os iPods eram montados, encaixotados e enviados às lojas. Eles não se importavam com quem estava contabilizando as vendas ou por trás da loja online da empresa. No entanto, as empresas do Vale do Silício haviam notado o trabalho de Cook nessas áreas do negócio.

Quando a Hewlett-Packard começou a procurar um novo CEO em 2005, o nome de Cook estava no topo da lista dos recrutadores. Sua capacidade de reverter o caos na Apple lhe rendeu uma reputação entre os concorrentes como um dos melhores executivos de operações do setor. Os assessores de Jobs temiam que a empresa perdesse Cook. Eles insistiram com Jobs para que o promovesse a chief operations officer e reduzisse as restrições aos executivos que atuavam como membros do conselho de outras empresas. Não era pouca coisa: ninguém fora das finanças da Apple tinha o título de chief além de Jobs, e ninguém além de Jobs, que também presidia o conselho da Pixar, atuava no conselho de outra empresa. Jobs relutava em empoderar seus braços direitos. No passado, quando ele dera a alguém da Apple o título de chief, nomeando John Sculley CEO em 1983, Sculley se voltara contra ele e o expulsara da própria empresa. Em 2005, Cook já estava havia cinco anos supervisionando a fabricação e as vendas e tinha substituído Jobs quando este tirara uma licença em 2004, em razão do câncer no pâncreas. Os assessores imploraram a Jobs: "Você não pode se dar ao luxo de perdê-lo. Ninguém consegue fazer o que ele fez. Ele simplesmente reinventou a cadeia de suprimentos". A pressão surtiu resultados. Em um voo para o Japão no outono de 2005, Jobs virou-se para Cook e disse: "Decidi promover você a chief operations officer".[18]

A promoção consolidou o controle de Cook sobre as operações da Apple e permitiu que ele entrasse no conselho de administração da Nike. Sua competência no controle da fabricação, das vendas e da logística liberou Jobs para se concentrar no tripé criativo da empresa: design, engenharia e marketing. Um par yin e yang se formou, com as divisões voláteis de Jobs desenvolvendo o próximo produto revolucionário da Apple, o iPhone, e a equipe de operações de Cook dando vida ao complexo produto no chão de fábrica da Foxconn. Um grupo criava a demanda enquanto o outro a atendia. Um grupo prosperava em magia e invenção enquanto o outro dominava por meio de métodos e processos.

A PROMOÇÃO DE COOK coincidiu com um golpe de mestre.

O componente mais importante do iPod era sua memória flash. Jobs esperava que o próximo modelo do iPod, o Nano, com seu case de alumínio leve e colorido, levasse a um aumento da demanda.[19] Para atender a essa demanda, ele pediu à equipe de Cook que negociasse com os principais fornecedores de memória flash para garantir o suprimento de componentes. Eles acabaram fechando um acordo de vários anos com a Intel, a Samsung e outros fornecedores por uma entrada de US$ 1,25 bilhão. O braço direito de Cook, Jeff Williams, liderou as negociações. A empresa conquistou o mercado, deixou os concorrentes comendo poeira e foi capaz de atender à demanda quando ela disparou, como Jobs previra.

A equipe conseguiu realizar uma façanha semelhante quando o time de design de Ive pensou em uma nova maneira de fabricar laptops. O design exigiria que a carcaça do laptop fosse feita com uma máquina que esculpiria um pedaço sólido de alumínio. A técnica, que era usada por fabricantes de carros de luxo e relojoeiros, era inédita na computação, mas a empresa esperava reduzir a espessura do laptop em até 30%.[20] O processo complexo exigiria 13 etapas de usinagem exclusivas, além de perfuração a laser. Era ambicioso e caro.

Na maioria das empresas, o custo impediria um empreendimento tão elaborado, mas Jobs ignorou essa consideração prática. Ele viu o potencial de fazer um laptop mais elegante e leve. Coube a Cook realizar o sonho de Jobs e Ive.

Para garantir que a Apple conseguisse fabricar laptops suficientes a um preço razoável, a equipe de operações fechou um acordo com um fabricante japonês para comprar todas as máquinas que eles conseguissem produzir nos próximos três anos. As máquinas controladas por computador, conhecidas como máquinas CNC, custam até US$ 1 milhão cada. A compra de 10 mil delas pela Apple agitou a indústria manufatureira, que não estava acostumada a um pedido tão grande de um único cliente.

A inovação de design e fabricação preparou o terreno para o MacBook Air, um laptop de um quilo e meio tão fino que Jobs o revelou tirando-o de um envelope pardo, e foi incluída no processo de fabricação preferencial para o iPhone. E, como se tudo isso não bastasse, transformou as indústrias de computadores e eletrônicos. Não demorou muito para que outras empresas começassem a imitar a Apple e fabricar laptops igualmente minimalistas.

O iPhone colocou ainda mais à prova a destreza operacional de Cook. O modelo inicial que Jobs apresentou ao público em janeiro de 2007 tinha uma tela de plástico. Jobs descobriu que, quando o colocava no bolso, suas chaves arranhavam a superfície. Ele decidiu, seis meses antes do lançamento, que a Apple precisaria substituir a tela de plástico por vidro. Cook e outros temiam que a tela de vidro não fosse resistente o suficiente para sobreviver a um usuário que deixasse o telefone cair. Eles temiam que as lojas da Apple fossem invadidas por pessoas com telas quebradas exigindo uma substituição. O braço direito de Cook, Williams, chegou a dizer a Jobs que a tecnologia para fazer vidros mais resistentes só ficaria disponível em três ou quatro anos.[21]

"Nada disso", Jobs afirmou. "Quando for lançado em junho, precisa ser de vidro."

"Mas testamos todos os vidros existentes e eles quebram se o iPhone cai no chão", explicou Williams.

"Não sei o jeito que vocês vão dar, mas, quando o iPhone for lançado em junho, a tela vai ser de vidro", disse Jobs.

Depois, Jobs ligou para o CEO da fabricante de vidro Corning e disse que o vidro deles era uma porcaria. O CEO, Wendell Weeks, foi a Cupertino para uma conversa com Jobs e falou sobre um produto ainda em desenvolvimento, chamado "gorilla glass", que tinha uma camada protetora de compressão.[22] Cook e Williams trabalharam com a Corning a fim de adaptar uma fábrica de Kentucky para produzir vidro suficiente em seis meses para atender à demanda pelo produto mais vendido da história.

Sempre que Cook fazia o impossível, a fortuna da empresa aumentava. Seu trabalho invisível tornou-se a arma secreta da Apple.

QUANDO O CÂNCER DE JOBS voltou, em 2009, ele tirou outra licença e deixou Cook no comando. Como já havia feito antes, Cook manteve a Apple em excelente funcionamento, mas dessa vez enfrentou mais questionamentos de Wall Street e da imprensa do que cinco anos antes, porque a saúde de Jobs havia deteriorado visivelmente. Em uma teleconferência com analistas do mercado financeiro logo depois que Jobs saiu de licença, Cook tentou refutar os críticos com sua versão do credo da Apple.[23] "Acreditamos que estamos neste planeta para fazer produtos espetaculares, e isso não vai mudar", disse ele. "Nosso foco é sempre a inovação. Acreditamos no simples, não no complexo. Acreditamos que precisamos comprar e controlar as principais tecnologias por trás dos produtos que fabricamos e só entrar em mercados nos quais podemos fazer uma importante contribuição. Acreditamos em dizer não a milhares de projetos para podermos nos focar nos poucos que são realmente importantes e significativos para nós. Acreditamos na profunda colaboração e na polinização cruzada de nossos grupos, o que nos permite inovar de uma maneira que os outros não conseguem. E não nos contentamos com nada menos do que a excelência."

Apelidada de a "Doutrina de Cook", a declaração demonstrou a mesma clareza e capacidade de unir a equipe a qual definia a comunicação de Jobs.[24] Também mostrou que a década de Cook na Apple o imbuíra de um profundo entendimento da cultura singular da empresa. Isso consolidou sua posição como o mais provável sucessor de Jobs. Nenhum outro candidato chegava à altura. Três dos engenheiros mais talentosos da Apple, o desenvolvedor de software Avie Tevanian e os executivos de hardware Jon Rubinstein e Tony Fadell, já haviam deixado a empresa. Scott Forstall, a estrela em ascensão do software, era considerado jovem demais; o líder de hardware, Bob Mansfield, era visto como alguém com foco muito restrito; e o responsável pelo marketing de produtos, Phil Schiller, não se mostrava capaz de unir a equipe. Jony Ive era mais eficaz gerenciando uma equipe pequena do que se preocupando com a expansão dos negócios da Apple. O vice-presidente de varejo, Ron Johnson, tinha as habilidades operacionais e de marketing necessárias, mas não havia sido exposto a muitas outras áreas de negócios da Apple. "Ele não teve escolha", disse um dos ex-assessores de Jobs. "Ninguém mais poderia assumir o cargo. Pelo menos 50% do valor da Apple estava na cadeia de suprimentos."

No dia 11 de agosto de 2011, Jobs chamou Cook à sua casa.[25] Ele disse que planejava se tornar presidente do conselho e promover Cook a chief executive officer. Eles conversaram sobre as implicações da mudança.

"Você toma todas as decisões", disse Jobs.

"Espere aí. Só uma pergunta", disse Cook, tentando pensar em algo provocativo. "Se eu gostar de um anúncio, posso lançá-lo sem a sua autorização?"

"Bom, espero que você pelo menos me pergunte!", Jobs respondeu, rindo.

Jobs contou que estudou o que aconteceu na Walt Disney Company, que ficou paralisada após a morte de Walt Disney, seu cofundador.[26] Todos ali ficavam se perguntando: o que o Walt faria? Qual decisão ele tomaria?

"Nunca faça isso", Jobs instruiu. "Apenas faça o que é certo."

A escolha surpreendeu alguns observadores, porque, como Jobs contou ao seu biógrafo, Walter Isaacson, Cook não era um "cara de produto".[27] Mas todos na Apple entenderam a escolha. Cook gerenciava uma divisão livre de dramas e focada na colaboração. A Apple precisava de um novo estilo operacional depois de perder um líder insubstituível.

Os pais de Cook ficaram empolgados com sua ascensão. Quando ele estava se preparando para substituir Jobs em 2009, o pai de Cook foi ao jornal local, o *Independent*, e se ofereceu para dar uma entrevista. A repórter Donna Riley-Lein foi conversar com os pais de Cook na casa deles, onde se sentaram em poltronas reclináveis e se gabaram do fato de Cook ligar para casa todos os domingos, de qualquer lugar do mundo. "Ele sempre foi muito inteligente", disse sua mãe, Geraldine. "Quando ele saiu de casa, eu quase fui com ele."[28]

Sabendo que Cook era solteiro, Riley-Lein perguntou se ele tinha uma mulher em sua vida, "para as mulheres de Robertsdale não nutrirem falsas esperanças e poderem passar para a próxima".[29] Os pais de Cook ficaram em silêncio. Riley-Lein percebeu que havia entrado em um assunto delicado e pensou: "É melhor não insistir. Eles vão me expulsar daqui".

O artigo estava destinado à primeira página do *Independent*, mas a equipe de relações com a mídia da Apple ligou implorando ao editor do jornal que não o publicasse. O editor chegou a um meio-termo, comprometendo-se a publicá-lo, mas não na primeira página. O incidente destacou o que viria a se tornar um longo esforço para polir a imagem de Cook e proteger sua privacidade. A criação de Cook no Sul, uma região que concentrava fãs de corridas de *stock car* da Nascar, não combinava com a imagem descolada da Apple na Califórnia que Jobs havia promovido em todo o mundo. Cook também mantinha sua vida, em grande parte, privada.

Cook ficou muito abalado com a morte de Jobs. Em uma de suas primeiras aparições em público depois de assumir o cargo de CEO, Cook subiu ao palco ao lado de Kara Swisher e Walt Mossberg, do *Wall Street Journal*, para uma entrevista na conferência "2012 D: All Things Digital". Os três se sentaram em cadeiras de couro vermelho em uma sala de conferências de um hotel no sul da Califórnia.

Cook estava confiante e chegou a fazer graça, observando com indiferença que a empresa, cujas vendas reportadas aumentaram 65% no ano anterior, para US$ 108 bilhões, vinha numa série de "alguns trimestres bem razoáveis".[30] Ele contou que o iPad havia decolado em virtude de sua popularidade entre usuários, educadores e empresas.

"Foi incrível", disse. "Foi um verdadeiro nocaute e acho que só estamos no primeiro round."

Mossberg foi conduzindo a conversa para a transição da Apple ao novo CEO. O analista de tecnologia conhecia bem Jobs e chegou a ser convidado a seu funeral privado. Ele sabia mais do que ninguém como Cook era diferente do antecessor.

"A Apple passou por uma mudança enorme, uma grande perda, com a morte de Steve Jobs", disse Mossberg. "O que você aprendeu com o Steve como CEO e como você está mudando as coisas?"

"Aprendi muito com o Steve", respondeu Cook. Então ele balançou a cabeça e fechou os olhos. Engoliu em seco. Vários segundos se passaram. Com os olhos ainda fechados, ele continuou: "Foi absolutamente o dia mais triste da minha vida quando ele morreu." A sala ficou em silêncio, ele olhou para a plateia diante dele, perdido em pensamentos.

"Talvez até demais", disse. Ele parou novamente. "Acho que não foi surpresa para ninguém. Mas para mim foi. No fim do ano passado, alguém meio que me sacudiu e disse: 'Você precisa seguir em frente'.

Então dei um jeito de substituir essa tristeza por uma determinação ferrenha de continuar a jornada."

Não demorou muito para Cook estender a atitude da Apple para causas sociais. Menos de um mês após a morte de Jobs, ele lançou um programa corporativo de equiparação de doações de caridade – se você fizer uma doação, a Apple faz uma doação de igual valor –, abrindo caminho para contribuições diretas da empresa para a Liga Antidifamação, entre outras. A medida contrastava com a oposição de longa data de Jobs a programas de equiparação e sua preferência por pagar dividendos aos acionistas, que poderiam doar como bem entendessem. Mas se alinhava com o histórico de trabalho voluntário de Cook, servindo refeições em um refeitório para pobres e financiando bolsas de estudo na instituição onde se formou, a Universidade de Auburn.[31] A mudança foi vista com bons olhos pelos funcionários, e os e-mails de Cook para a empresa toda, que começavam com "Prezada equipe", prenunciavam um estilo mais inclusivo e comunicativo que o de seu antecessor.[32]

Nem todos se tranquilizaram.[33] Líderes do Vale do Silício previram que a Apple teria dificuldades. Clientes fiéis se preocupavam com as futuras inovações. E o mercado financeiro ficou inquieto com o futuro da empresa.

Cook ignorou o ruído e seguiu o conselho de Jobs: "Não pergunte o que eu faria. Apenas faça o que é certo". Continuou acordando todos os dias antes das 4 da manhã e analisando os dados de vendas. Investigava os menores detalhes, fazendo perguntas e descobrindo que um modelo de iPhone estava vendendo mais que outro em uma pequena cidade da Geórgia porque as lojas da AT&T faziam promoções diferentes das que eram realizadas no resto do estado. Começou a fazer reuniões semanais às sextas-feiras com a equipe de operações e finanças, que os membros chamavam de "noite romântica com o Tim", porque a reunião se estendia até a noite, quando Cook parecia não ter outro lugar para ir. Em grande parte, ele se concentrava nos negócios e nas operações e evitava interferir nas áreas criativas do negócio que Jobs costumava liderar, como design e marketing. Recusava convites para participar de reuniões com a equipe de design de software e raramente passava pelo local onde Jobs podia ser encontrado diariamente, o estúdio de design da Apple.

"Eu sabia que o que precisava fazer era não tentar imitar o Jobs", disse Cook mais tarde sobre aquele período.[34] "Eu seria um enorme fracasso e acho que esse é o caso de muitas pessoas que pegam o bastão de alguém com uma personalidade tão forte. Você precisa traçar seu próprio curso. Precisa ser a melhor versão de si mesmo."

Muitas pessoas da Apple duvidavam dessa abordagem. Pouco depois de se tornar o CEO, Cook planejou anunciar que os funcionários que completassem dez anos na Apple receberiam um presente comemorativo: um cubo de cristal gravado com o logotipo da Apple. O cubo havia sido criado pela equipe de design de Ive e, assim como todos os outros produtos da Apple, vinha em uma caixa personalizada e uma embalagem exclusiva. Normalmente, os membros da equipe de design assistiam ansiosos enquanto Jobs, que valorizava todos os aspectos do que eles faziam, abria sua última criação como se fosse um presente de aniversário. Esse toque teatral de Jobs dava uma dose extra de magia ao que eles faziam. Eles esperavam que Cook fizesse o mesmo.

Quando todos os funcionários lotaram o Town Hall, Cook anunciou o prêmio. Em seguida, levantou o cubo de cristal como se fosse um objeto qualquer. Foi menos como um show de mágica e mais como uma apresentação de um aluno da escola fundamental. Os designers olharam para seu novo líder com horror e se perguntaram: "Será que ele entendeu a ideia?".[35]

Foi quando souberam que as coisas seriam diferentes.

6

IDEIAS FRÁGEIS

Jony Ive chegou ao Infinite Loop cheio de energia. Era janeiro de 2012 e, pela primeira vez desde a morte de Jobs, ele tinha um propósito.

Havia passado meses tentando encontrar uma maneira de honrar seu chefe, parceiro criativo e amigo enquanto provava a um mundo cético que a Apple seria capaz de seguir em frente sem seu visionário líder. Queria desenvolver o que chamava de uma nova plataforma, um produto que poderia ser uma tela em branco nos próximos anos, capaz de incluir novos recursos e funcionalidades que transformariam a maneira como as pessoas viviam, da mesma forma que o iPhone revolucionara os celulares.

Nos últimos anos, engenheiros e designers de toda a Apple vinham discutindo a questão: e agora? Eles exploraram uma série de possibilidades, e uma que vinha à tona seguidamente era a saúde. Em 2010, exausto após um ano de exames de sangue que o faziam se sentir como uma almofada de alfinetes humana, Jobs arquitetara a aquisição de uma startup chamada Rare Light, que afirmava ter a capacidade de usar lasers para detectar níveis de glicose no sangue, uma inovação que tinha o potencial de transformar a vida dos diabéticos. A tecnologia ainda não estava pronta, mas sua existência tornou-se a semente de discussões sobre como criar um dispositivo de saúde.

Ao passar pelo pátio onde havia feito o discurso fúnebre em homenagem a Jobs, Ive estava animado com uma possível resposta. Ele vinha pensando muito sobre como tornar vestível a tecnologia. Era uma ideia que estava se espalhando pelo Vale do Silício, cortesia de uma fabricante de gadgets chamada FitBit, que inventara um pedômetro de cintura para contar os passos. Ive queria aprimorar o conceito da tecnologia vestível.

Ele reuniu no estúdio alguns membros da equipe de design para uma sessão de brainstorming. Levaram seus cadernos de anotações e se prepararam para trocar ideias sobre futuros produtos. Quando se sentaram, Ive foi até um quadro branco com um marcador na mão. Começou a escrever uma série de letras minúsculas apertadas. Em seguida, virou-se para encarar os designers.[1] No quadro branco atrás dele, havia uma única palavra: *smartwatch*.

O MUNDO FORA DO INFINITE LOOP estava de olho na Apple. Nos meses que se seguiram à morte de Jobs, investidores e clientes impacientes exigiam saber qual seria o próximo produto. A prática de Jobs de se apresentar como o único criador do iPod, iPhone e iPad suscitava dúvidas sobre o que a Apple seria capaz de fazer sem ele. O fundador da Oracle, Larry Ellison, um dos amigos íntimos de Jobs, previu que a empresa estava destinada à mediocridade e ao mesmo longo declínio que ocorreu depois que Jobs foi expulso da empresa na década de 1980.[2] "Ele é insubstituível", Ellison disse a Charlie Rose em uma entrevista à CBS. "Sem ele, a empresa vai ficar bem longe de atingir o mesmo sucesso."

Como um colaborador de longa data de Jobs, Ive queria silenciar os céticos. A ideia de um smartwatch aliviava um pouco desse estresse, mas, quando ele a levantou com a equipe de liderança da Apple, foi recebido com ceticismo.

O vice-presidente de software Scott Forstall, outro favorito de Jobs, levantou preocupações. O engenheiro por trás do sistema operacional do iPhone temia que prender um computador miniaturizado ao pulso das pessoas pudesse distraí-las da vida cotidiana. Ele temia que isso intensificasse uma consequência não intencional do iPhone, um dispositivo tão cativante que consumia atenção, atrapalhava conversas no mundo real e colocava motoristas em perigo. Ele se preocupava que, ao mover as notificações dos bolsos e bolsas das pessoas para seus pulsos, um relógio interrompesse com muita frequência o dia a dia delas. Não descartava a ideia de fazer um relógio, mas disse que o novo dispositivo deveria ter recursos além dos que já vinham disponíveis no iPhone. E recomendou cautela.

O ceticismo de Forstall irritou Ive. O designer acreditava que as ideias eram frágeis, coisas voláteis que chegavam em momentos inesperados, vindas de lugares desconhecidos.[3] Etéreas e imateriais, elas parecem óbvias e reluzentes no começo, mas podem rapidamente ser consideradas impossíveis, esmagadas pelo reconhecimento de algum obstáculo intransponível que as impeça de se tornarem realidade. Ele e Jobs acreditavam que as ideias devem ser cultivadas, não esmagadas. Agora, uma das mais importantes ideias que tivera em meses estava sendo rechaçada pelas dúvidas de um colega.

Em vez de apoiar sem restrições o smartwatch, Forstall defendia um projeto que Jobs havia considerado muito promissor: reinventar a TV.

Antes de sua morte, Jobs dissera a seu biógrafo, Walter Isaacson, que sonhava com uma maneira de reinventar a televisão com uma solução que acabaria com a necessidade de percorrer um monte de canais para encontrar o que as pessoas queriam. "Vai ter a interface de usuário mais simples que você pode imaginar", ele dissera. "Eu finalmente encontrei a solução."[4] Mas, qualquer que fosse a ideia, Jobs não a revelou em sua totalidade.

Depois que ele morreu, a equipe executiva da Apple pediu a alguns de seus principais engenheiros que fizessem uma apresentação sobre o que a empresa poderia fazer para revolucionar a TV. Sem a orientação de Jobs, as equipes de software e hardware se sentiam como estudiosos da antiguidade encarregados de decodificar um papiro antigo. Eles apresentaram uma ampla gama de ideias, incluindo reconstruir o dispositivo de streaming de vídeo da empresa, a Apple TV, com um novo controle remoto, tela inicial e sistema de busca. O que Jobs havia vislumbrado e não revelado aos colegas não passava de uma série de conjecturas.

Ideias frágeis   137

Forstall, cuja equipe esteve envolvida na apresentação, defendeu a ideia de criar um sistema que reunisse os canais de TV em um único local, para que as pessoas pudessem procurar programas usando comandos de voz. O sistema também exibiria em destaque os programas que as pessoas assistiam regularmente e ofereceria outros relacionados, dos quais elas poderiam gostar. Contudo, para que funcionasse, a Apple precisava da adesão das redes de televisão, um processo demorado que a empresa não teria como controlar.[5]

Sob uma pressão externa cada vez maior, coube a Tim Cook decidir qual seria o próximo passo da Apple: o relógio de Ive ou a nova TV de Forstall. A escolha aprofundaria a rivalidade velada e de longa data entre dois dos gênios de Jobs: um que ele considerava seu parceiro criativo e outro que ele havia instigado ao dizer que o hardware era o corpo do software, que ele encarava como a verdadeira alma de um produto.

SE JONY IVE ERA O PRODÍGIO do design industrial de Jobs, Scott Forstall era seu prodígio do design de software.

Nascido em 1969, Forstall cresceu com dois irmãos no estado de Washington, em Kitsap County, na região de Seattle. Sua mãe era enfermeira e seu pai, engenheiro mecânico. Na escola, ele se destacou em matemática e foi escolhido para entrar em uma turma de alunos talentosos com acesso a uma sala de aula cheia de computadores Apple II.[6] Tinha um talento natural para a programação e gostava de escrever códigos que faziam uma máquina executar tarefas. Ganhou fama entre os colegas por ser um gênio da computação. No ensino médio, trabalhou na Estação de Engenharia de Guerra Submarina Naval, onde escrevia códigos para submarinos nucleares nos computadores mais poderosos do mundo.

Aluno fora de série, Forstall jogava futebol e participava das peças de teatro da escola. O teatro se tornou sua atividade extracurricular favorita, porque todos trabalhavam juntos para atingir um único objetivo e o público apoiava o resultado do trabalho. Ele atuou no papel principal em uma produção de *Sweeney Todd: o barbeiro demoníaco de Fleet Street*, entrando tão a fundo no personagem que hiperventilou nos bastidores para parecer fora de si durante uma cena de assassinato. Ele se formou como primeiro da turma no ensino médio, compartilhando a conquista com a namorada e futura esposa, Molly Brown, que também ficou em primeiro lugar. Os dois estudaram na Universidade Stanford, onde Forstall se formou em sistemas simbólicos, uma combinação de filosofia, psicologia, linguística e ciência da computação.[7] Seus estudos o colocaram no que Jobs chamou de interseção entre a tecnologia e as ciências humanas.

Depois de se formar, Forstall foi chamado para uma entrevista na NeXT, a empresa de computadores que Jobs fundou depois de ser expulso da Apple. Seu sistema operacional inovador, chamado NeXTSTEP, fora desenvolvido para um computador preto e elegante destinado a pesquisadores de universidades. Como as vendas dos computadores não foram tão bem quanto o esperado, Jobs orientou o foco da empresa exclusivamente para software e procurou mais programadores.[8] O processo de contratação foi mais como uma seleção para entrar em um clube do que em uma empresa.[9] Os engenheiros de software entrevistaram todos os candidatos, dando peso igual a suas habilidades técnicas e a seus hobbies pessoais. Em seguida, o grupo votava em cada candidato. A ênfase em atividades extracurriculares, prática que mais tarde foi adotada pela Apple, criou uma empresa de programadores experientes que também eram esquiadores ávidos, surfistas obstinados e músicos de meio período. O amor de Forstall pelo teatro – ele acabaria se tornando um produtor da Broadway – satisfez a equipe de contratação, que queria engenheiros com outros interesses, pois isso fazia do escritório um lugar mais interessante para trabalhar e resultava em produtos feitos com mais ponderação.

Dez minutos depois do início da entrevista de Forstall, Jobs irrompeu na sala, pediu para o engenheiro da NeXT sair e assumiu a avaliação.[10] Disparou uma série de perguntas para Forstall e ficou em silêncio. "Não me interessa o que os outros vão achar de você, estou fazendo uma oferta e você vai aceitar", declarou. "Mas continue fingindo estar preocupado nas outras entrevistas."

Forstall trabalhou nas ferramentas de software para aplicativos da NeXT e tentou permanecer no radar de Jobs.[11] A cada trimestre, o cofundador da Apple fazia uma reunião geral com os 400 funcionários da empresa. Forstall passava horas na noite anterior anotando perguntas na esperança de impressionar o CEO.[12] No dia seguinte, lançava sua pergunta mais instigante e imaginativa para Jobs. Seus colegas viam cada interação calculada como uma prova de sua ambição.

O vínculo entre Jobs e Forstall se aprofundou após a aquisição da NeXT pela Apple, em 1997. Forstall assumiu um cargo de gestão liderando lançamentos futuros do sistema operacional baseado no NeXT, o MacOS, e conquistou o apoio de Jobs entregando produtos no prazo e promovendo um ambiente imbuído de criatividade. Ele deixava a equipe tirar um mês depois do lançamento de um software para trabalhar em qualquer projeto de sua escolha. A política ajudou a criar novos produtos para a Apple, incluindo o design de software que se tornou a base para um dispositivo de streaming de vídeo, o Apple TV.

Em 2004, Forstall teve uma virose grave, perdeu mais de 30 quilos e acabou no hospital da Universidade Stanford incapaz de comer sem vomitar.[13] Jobs, que ligava diariamente, disse a Forstall que estava mandando seu acupunturista pessoal para o hospital. "Eles não vão gostar da ideia de eu mandar alguém de fora, então, se tentarem me impedir, vou financiar uma ala do hospital", disse Jobs, cuja fama de ser grosseiro e rude às vezes ofuscava sua generosidade para com amigos e colegas. O acupunturista espetou agulhas nas costas, nos braços e na cabeça de Forstall. Depois da sessão, ele conseguiu comer. E começou a dizer que Jobs havia salvado sua vida, reforçando a reputação messiânica do CEO.

De volta à Apple, Jobs nomeou Forstall para liderar o novo esforço de telefonia da empresa, que recebeu o codinome de Projeto Purple. Forstall montou uma equipe de designers e engenheiros de software, muitos com experiência na NeXT, que trabalharam para comprimir em um telefone, muito menor, o poderoso sistema operacional do Mac e projetar os recursos que permitiriam aos usuários navegar pela tela com o movimento de um dedo. Jobs se reunia semanalmente com Forstall e seus principais designers de software para avaliar tudo, desde a aparência da tela inicial até o movimento dos dedos que os usuários poderiam fazer para dar zoom nas fotos.

Quando o iPhone foi lançado, em 2007, seu software iOS transformou a interação das pessoas com os computadores e deu início à revolução do smartphone. O sucesso do iPhone estreitou ainda mais o relacionamento entre Forstall e Jobs. Eles almoçavam com frequência no refeitório da Apple, onde os funcionários passavam o crachá no caixa e o valor da refeição era descontado do salário.[14] Jobs insistia em passar seu crachá para pagar o almoço. "Eu adoro isso", disse Jobs, que não recebia um salário. "Eu só ganho um dólar por ano. Sei lá quem está pagando."

O primeiro iPhone não permitia downloads de aplicativos porque Jobs não queria que o software de algum desenvolvedor infectasse os celulares com vírus. Ele preferia criar e vender somente aplicativos feitos pela Apple. Forstall defendia abrir o iPhone para desenvolvedores de aplicativos e orientou sua equipe a começar a criar proteções para o software, de forma que a Apple pudesse permitir downloads de apps com segurança. Posteriormente, em parte devido à pressão do conselho de administração da Apple, Jobs concordou em criar a App Store. Em um evento para exibir a nova criação, passou a palavra a Forstall apresentar as ferramentas que os desenvolvedores usariam para construir a economia multibilionária de apps que daria ao mundo aplicativos como Uber, Spotify e Instagram.

Quanto mais Forstall subia na Apple, mais ele imitava o estilo de Jobs. A *BusinessWeek* o chamou de "aprendiz de feiticeiro". Como seu mentor, ele gostava de usar camisetas pretas e jeans e exigia excelência da equipe. Ficava obcecado com os mínimos detalhes, como acelerar a taxa de atualização da tela do iPhone. Na época, algumas imagens na tela só eram atualizadas a uma taxa de 30 vezes por segundo. Ele queria atualizações mais rápidas para que a rolagem de uma lista de contatos até o fim, por exemplo, fosse perfeita e correspondesse à velocidade de um dedo deslizando pela tela. "Se perdemos um único quadro, quebramos a ilusão do dispositivo. As pessoas só vão vê-lo como um computador", ele explicou à sua equipe de software. Os engenheiros disseram que era impossível atualizar a tela com tanta frequência porque os chips de processamento gráfico eram muito lentos, mas Forstall insistiu. Eles acabaram encontrando uma maneira de atualizar a tela a 60 quadros por segundo, um salto de software que dificultou que os rivais copiassem o desempenho do iPhone.

A ascensão de Forstall teve um custo. Para criar o iPhone, Jobs colocou a equipe de software de Forstall contra uma equipe de hardware liderada por Tony Fadell, um padrinho do iPod.[15] Forstall e Fadell competiram entre si por talentos e entraram em conflito em razão do rigoroso sigilo que Forstall insistia em manter em torno do trabalho da equipe de software.[16] Com o sucesso das ideias de design de Forstall, a animosidade entre as equipes se intensificou, porque os engenheiros de hardware acreditavam que Forstall havia impedido novos recursos, como uma câmera melhor, desencorajando seus engenheiros de software a priorizá-los. Forstall também se indispôs com o vice-presidente de serviços Eddy Cue ao insistir que o sistema iTunes para o iPhone fosse desenvolvido pela equipe de software e não pela equipe de Cue, que tinha passado anos encarregada do serviço de música em computadores.[17] "Scott era muito controlador com o iPhone", disse Henri Lamiraux, um dos principais braços direitos de Jobs.[18] "Era o mundo dele, e ele não queria deixar mais ninguém entrar. Ele achava que, se as pessoas pegassem pedaços do software do iPhone, o dispositivo entraria em colapso."

O confronto mais problemático foi com Ive. Em 2010, a Apple estava nos estágios finais da produção do iPhone 4. No protótipo usado por Forstall, as ligações caíam com frequência. Ele temia que o problema tivesse a ver com o software e convocou sua equipe para descobrir o que estava errado. Como a equipe não encontrou falhas de codificação, Forstall descobriu que o problema se devia ao design do celular. Ive queria um iPhone mais fino e leve, o que foi obtido envolvendo sua antena de metal nas bordas do dispositivo.[19] Forstall ficou furioso. Em conversas com Jobs, criticou veementemente o design problemático e reclamou que o problema devia ter sido revelado à sua equipe de software. Ive se irritou com as críticas. Depois que o celular foi lançado, as reclamações dos clientes se multiplicaram, desencadeando uma crise apelidada de *Antennagate*. Jobs deu uma entrevista coletiva para tratar do problema e recusou-se a pedir desculpas.[20] Pelo contrário, disse em tom desafiador que as pessoas estavam fazendo tempestade em copo d'água. Admitiu que as ligações poderiam cair se as pessoas tocassem no canto inferior esquerdo do telefone. "Não tem nada dessa coisa de *Antennagate*", disse, zombando das críticas da imprensa. E ofereceu aos usuários a troca gratuita da carcaça, o que, segundo ele, resolveria o problema.

O conflito do *Antennagate* reforçou uma das outras frustrações de Ive em relação a Forstall. Trabalhando com Jobs, Forstall havia projetado um sistema de software que considerava incompatível com o design industrial do aparelho. A equipe de design de Ive estava obcecada com os cantos arredondados do celular e se tornou defensora das curvas de Bézier, um conceito de modelagem computacional usado para eliminar as quebras de transição entre superfícies retas e curvas.[21] A geometria de Bézier deu ao iPhone cantos arredondados que se arqueavam como uma escultura. Um canto arredondado padrão consiste em um arco de raio único ou um quarto de círculo, enquanto as curvas criadas pela equipe de design da Apple eram mapeadas em uma dúzia de pontos, criando uma transição mais gradativa e natural. Enquanto isso, Forstall usou uma curva padrão de três pontos nos cantos dos aplicativos do iPhone. Sempre que Ive abria seu iPhone, podia ver a diferença entre os cantos meticulosamente elaborados do dispositivo e os cantos desengonçados do software. Ele não tinha como mudar essa característica porque Jobs o excluiu das reuniões de design de software. Tudo o que ele podia fazer era olhar para a incongruência e se enfurecer.

O CONTROLE OBSESSIVO de Forstall sobre o iOS e sua ambição voraz irritavam os colegas. Ele se orgulhava de ter mais patentes que qualquer outra pessoa da empresa, um total que acabou chegando a 288, e podia ser agressivo na tentativa de aumentar a contagem. Em 2012, o engenheiro de software do Mac, Terry Blanchard, desenvolveu um sistema para atribuir um status de VIP a contatos selecionados, cujos e-mails cairiam em uma caixa de entrada especial para mensagens importantes. Ele apresentou o conceito a seu chefe, Craig Federighi, e a Forstall. A primeira reação de Forstall foi questionar a ideia, perguntando por que as pessoas teriam de escolher os VIPs manualmente, em vez de a Apple fazer isso por elas por meio de um algoritmo. Depois que o projeto foi aprovado, Forstall marcou uma reunião com o advogado de patentes da Apple e se apresentou como o principal inventor. Um colega contou a Blanchard, que correu para conversar com o advogado e proteger sua parte da patente, que ele acabou tendo de dividir com Forstall.

Esse tipo de comportamento fez de Forstall uma figura desagregadora na empresa. Ele tinha a lealdade dos engenheiros do iOS que liderava, mas atraiu o desdém dos funcionários das divisões com as quais entrou em conflito.

Depois do falecimento de Jobs, em 2011, os colegas de Forstall na equipe executiva supunham que ele considerasse que deveria ser o CEO em vez de Cook e esperavam que seu ego e seu histórico de conflitos estariam entre os maiores desafios que Cook enfrentaria com os executivos. Os próprios braços direitos de Forstall temiam que seu histórico de confrontos políticos na empresa pudesse causar problemas. Até seus assessores mais leais sabiam que a situação poderia ser espinhosa. O vice-presidente de design de software, Greg Christie, disse a

Henri Lamiraux, vice-presidente de software do iPhone, que Forstall não duraria muito sem Jobs para protegê-lo.

"Você ficou maluco?", Lamiraux exclamou. "Scott e o iPhone são uma coisa só."

"Ele não vai sobreviver", disse Christie. "Ninguém gosta dele."

O PROJETO MAIS URGENTE de Forstall era o desenvolvimento do primeiro sistema de mapeamento da empresa. A liderança da Apple no mercado de smartphones dependia disso.

Desde seu lançamento, em 2007, o iPhone usava o mapa e os serviços de busca do Google para navegar nos mundos real e digital. No entanto, quando o Google lançou seu próprio sistema operacional, o Android, a empresa passou de parceira amigável a rival. Para ajudar o Android a ganhar participação de mercado, o Google planejava fornecer recursos sofisticados de mapeamento, como navegação passo a passo, antes de disponibilizar esses recursos no iPhone. Era uma vantagem que tinha o potencial de acelerar a tentativa do Google de destronar a Apple na liderança dos smartphones.[22]

A equipe de software de Forstall propôs revidar com um plano simples, batizado de "Maps 2012". Apesar do nome modesto, o escopo era ambicioso. A Apple precisaria criar um sistema de mapeamento global e dinâmico para que os usuários pudessem dar o zoom nas imagens em tempo real e obter orientações passo a passo para chegar a um destino.[23] A missão deixou alguns engenheiros nervosos. Implicava adquirir um banco de dados com todas as informações do mundo: todas as ruas, todos os endereços, todas as empresas. Também implicava que imagens de todos os lugares do planeta precisariam ser exibidas em alta resolução no celular de todos os usuários. Em apenas alguns anos, a Apple queria não só alcançar o que o Google havia passado uma década fazendo, como superar o rival.

A Apple não poupou despesas na busca por criar sua própria versão do Maps. O braço direito de Forstall, Richard Williamson, que liderou o projeto, chegou a receber aprovação para gastar até US$ 5 milhões sem ter de pedir autorização para cada compra. A grande quantia lhe permitiu assinar cheques para construir data centers e contratar pessoal. A Apple adquiriu várias empresas menores com experiência em mapeamento e criou funcionalidades que o Google não oferecia, incluindo uma visão aérea que exibiria imagens tridimensionais de arranha-céus de cidades ao redor do mundo. Para coletar as imagens, eles contrataram aviões Cessna equipados com câmeras para sobrevoar sistematicamente cidades como Cincinnati. Porém, a empresa foi avarenta em suas negociações para a aquisição de dados de mapeamento digital.

A equipe de marketing da Apple, liderada por Phil Schiller, conduziu as negociações com o principal fornecedor de informações de mapeamento do mercado, uma empresa holandesa chamada TomTom. Essa empresa fornecia os sistemas de GPS para a maioria dos carros e, em geral, cobrava uma taxa de cerca de US$ 5 para cada veículo que usava seus dados. A TomTom queria uma taxa de licenciamento comparável para cada iPhone vendido pela Apple, uma proposta que Schiller considerou inaceitável porque o sistema de GPS de um carro custa milhares de dólares a mais que um iPhone. Ele queria termos diferenciados e pressionou a liderança da TomTom a reduzir o preço. A TomTom resistiu. As conversas ficaram acaloradas, até que os dois lados chegaram a um acordo para que a Apple pagasse menos por um pacote de dados menor, que excluía informações como alguns dados de rodovias. O resultado decepcionou membros da equipe de software, que queriam um pacote de dados mais robusto e temiam que a tensão nas negociações tivesse criado um relacionamento conflituoso com um fornecedor crucial.

Os dados fornecidos pela TomTom eram rudimentares e não estavam de acordo com as aspirações de Forstall por uma cartografia de alta qualidade. Ele passava horas em reuniões com designers de software pedindo obsessivamente por fontes, cores e imagens. Eles contrataram um artista japonês para definir a aparência das ruas e rodovias, e dedicaram sessões inteiras para discutir o tom de azul a ser usado para o oceano e qual fonte deveriam usar para sinais de trânsito. Vislumbraram estradas com curvas realistas, mas as informações de mapeamento da TomTom não incluíam detalhes sobre a largura das estradas. Criou-se um abismo entre o que os designers de software queriam e o que os engenheiros de software podiam entregar. Quase todos concordavam que a culpa era dos dados.

Williamson foi conversar com Forstall e Schiller para lhes dizer que o projeto não ficaria pronto a tempo.[24] O prazo era apertado, as metas eram ambiciosas e a equipe estava tendo dificuldades com os dados. Ele temia que os clientes estivessem tão dependentes dos mapas que uma única falha pudesse reduzir sua fidelidade ao iPhone. Propôs manter o Google Maps no iPhone e oferecer um pré-lançamento do Apple Maps, na forma de uma versão beta, para que os usuários soubessem quais melhorias ainda seriam feitas.

"Nós não lançamos betas", Schiller declarou.

Em abril de 2012, ônibus fretados entraram no estacionamento do Infinite Loop para transportar os líderes da Apple a um encontro corporativo anual no Carmel Valley Ranch, um resort ao sul de Monterey, na Califórnia.[25] O evento, conhecido como Top 100, era um encontro exclusivo dos principais tomadores de decisão da empresa e dos funcionários mais talentosos. Jobs passou anos escolhendo pessoalmente a lista de participantes e exigia que todos fossem de ônibus para o encontro – tradição que Cook manteve.

Quando a equipe chegou ao resort de 200 acres, Williamson passou os olhos pela paisagem deslumbrante. As montanhas de Santa Lucia emolduravam colinas verdejantes que continham um campo de golfe e um vinhedo. Perus selvagens andavam soltos pela propriedade, onde as atividades para os hóspedes incluíam apicultura e falcoaria. Era um resort para poucos, mas Williamson sabia que não teria muito tempo para curtir. Ele estava lá para fazer uma apresentação sobre o Apple Maps.

Os 100 principais líderes da empresa se reuniram em uma grande sala de conferências com janelas do chão ao teto e sombreada por carvalhos milenares. Williamson olhou para a plateia e começou a explicar o trabalho de sua equipe. Em uma tela, simulou como um trajeto seria feito no aplicativo. Mostrou um carro se movendo pelas ruas de São Francisco e demonstrou o trabalho de sua equipe para permitir que os usuários dessem um zoom nas ruas sem a imagem ter de pausar para ser atualizada. Abriu uma visão tridimensional da Market Street de São Francisco e traçou um trajeto em direção ao Distrito Financeiro. Algumas pessoas começaram a aplaudir. Williamson viu que Forstall e Schiller estavam empolgados. E soube que sua ideia de adiar o lançamento do Apple Maps seria rejeitada.

A EQUIPE DE SOFTWARE se concentrou na Califórnia para testar seu novo sistema de mapeamento. Forstall usou o Apple Maps dirigindo na região da Baía de São Francisco e constatou que o aplicativo funcionava perfeitamente. Outros membros da equipe o testaram por toda a Califórnia. O resto do mundo, 81 países, foi testado por cerca de oito funcionários de garantia de qualidade.[26] Feito isso, eles afirmaram que o app estava pronto para ser lançado.

Em junho, Forstall subiu ao palco na conferência anual Worldwide Developers da Apple no Moscone Center, no centro de São Francisco, ansioso para exibir o trabalho de sua equipe.[27] A plateia de 5 mil programadores aplaudiu entusiasticamente quando ele entrou diante de uma enorme tela preta. Nos cinco anos desde o lançamento do iPhone, ele se tornara a estrela do evento e o rosto da divisão de software. Forstall sorriu para a plateia e apresentou uma série de atualizações do software. Então, fez uma pausa antes de apresentar a última funcionalidade.

"E agora", anunciou, "temos o Maps".

A tela mostrou uma imagem do Lago Tahoe, com seu contorno em forma de pé representado em azul-celeste e emoldurado por cordilheiras verde-esmeralda. Forstall clicou para mostrar como as empresas eram exibidas no mapa e demonstrou a renderização em três dimensões dos edifícios. Em seguida, tocou em um botão chamado "Flyover", que fez o mapa se expandir e revelar uma imagem em vídeo do arranha-céu Transamerica Pyramid de São Francisco, que rotacionava como se fosse vista através da janela de um helicóptero. Algumas pessoas na plateia ficaram sem fôlego.

"Lindo", disse ele. "Simplesmente lindo."

Ele estava confiante de que a Apple havia superado o Google.

O APPLE MAPS TEVE problemas imediatamente. Poucas horas depois de seu lançamento, clientes da Apple estavam relatando que seus mapas mostravam que Londres havia caído no Oceano Atlântico e que a Estação Paddington havia desaparecido.[28] Em Dublin, usuários encontraram um aeroporto que não existia, levando uma associação local de pilotos a emitir um alerta para não tentar um pouso de emergência lá.[29] A funcionalidade de vista aérea também tinha falhas. Em Nova York, a ponte do Brooklyn derretia na tela como se tivesse sido aniquilada por um terremoto.[30]

O fiasco foi a primeira grande crise que Cook teve de resolver.

Com a repercussão negativa se acumulando na mídia, ele convocou uma reunião com alguns membros da equipe executiva da Apple, além de Williamson. Forstall ligou de Nova York, onde tinha ido passar um fim de semana prolongado com a esposa. O clima era de tensão. Pouco mais de um ano depois de suceder a Jobs, Cook se preocupava muito com a maneira como a empresa era retratada na mídia. Para os clientes, a repercussão negativa na imprensa poderia transformar a Apple de extraordinária em ordinária da noite para o dia.

"Precisamos emitir um pedido de desculpas", disse ele a Forstall. "E quero que seja assinado por você."

A orientação pegou Forstall de surpresa. Apesar de todas as críticas ao Maps, ele nunca imaginou que Cook iria querer pedir desculpas. Era uma palavra que Jobs sempre se negou a pronunciar em público, mesmo durante o *Antennagate*.

"Para que pedir desculpas?", Forstall perguntou. "Qual é o objetivo?"

Em Cupertino, Cook se remexeu na cadeira e olhou fixamente para o viva-voz no centro da mesa. Os executivos na sala interpretaram a pergunta como um desafio à liderança do novo CEO. Alguns se inclinaram para a frente. A sala ficou em silêncio.

Do outro lado do continente, Forstall tentou imaginar o que seu chefe diria. Em vez de pedir desculpas, Forstall sugeriu que a Apple divulgasse que muitos usuários continuaram usando o Maps apesar dos problemas e se comprometesse a melhorar o aplicativo. Ele explicou por que achava que a empresa não deveria emitir um pedido de desculpas. Uma de suas preocupações era que, se a Apple pedisse desculpas pelas falhas do Maps, isso desencorajaria a equipe de assumir projetos difíceis. Por que alguém desenvolveria um produto difícil para passar vergonha em público por conta das falhas?

Cook não se convenceu. Ficou claro para todos os presentes que ele já tinha tomado sua decisão: a Apple emitiria um pedido de desculpas.

Trabalhando com a equipe de comunicação da Apple, Cook redigiu uma carta dizendo que o Maps deixou de cumprir a promessa de criar "produtos espetaculares".[31] Ele tentou evitar a desconfortável realidade de que a empresa havia forçado mais de 100 milhões de clientes do iPhone a baixar o aplicativo disfuncional em uma recente atualização de software. Enquanto a Apple trabalhava para melhorar o Maps, Cook sugeriu que as pessoas baixassem os aplicativos rivais do Google e da Microsoft. Foi uma das primeiras vezes que o CEO da empresa orientou os clientes a usar os produtos dos concorrentes, uma concessão dolorosa que ressaltou o tamanho do fracasso que Cook atribuía a Forstall e à equipe de software.

"Tudo o que fazemos na Apple tem como objetivo fazer dos nossos produtos os melhores do mundo", escreveu Cook. "Sabemos que vocês esperam isso de nós e continuaremos trabalhando sem parar até o Maps atingir o mesmo padrão incrivelmente alto."

QUASE UM MÊS DEPOIS, Cook chamou Forstall à sua casa em Palo Alto. Era um domingo. Forstall já estivera na casa de Cook para reuniões de trabalho, mas aquelas reuniões costumavam ser planejadas com antecedência. Ele não esperava o convite.

Os problemas do Maps assombravam Forstall enquanto ele dirigia pelas ruas arborizadas a caminho da casa de quatro quartos de Cook. Nas últimas semanas, Cook nomeara Jeff Williams, seu principal braço direito, para ajudar Forstall a reverter o fracasso do Maps. Por mais que Forstall pressionasse sua equipe, estava claro que os problemas não poderiam ser resolvidos rapidamente.[32] A TomTom costumava atualizar seus dados e enviá-los às montadoras trimestralmente. A empresa de mapeamento não estava preparada para fazer melhorias da noite para o dia.

Para Cook, estava claro que Forstall havia feito uma grande bobagem. O Maps jamais deveria ter sido lançado naquelas condições, mas o maior problema era a resistência de Forstall em reconhecer o erro.

Cook recebeu Forstall à porta e o convidou para entrar. O piso de sua sala de estar tinha sido retirado e o concreto fora polido em um cinza-ferro lustroso. Era o mesmo piso estéril encontrado em muitos escritórios.

Cook apresentou um pacote de desligamento para Forstall assinar. Enquanto Forstall lia, Cook falou que a Apple informaria a equipe de Forstall que ele seria afastado naquele mesmo dia e emitiria um simples comunicado à imprensa no dia seguinte sobre seu afastamento. Forstall ficou arrasado. Ele perdera Jobs, seu mentor, apenas um ano antes e agora estava perdendo o emprego na empresa que seu mentor havia construído.

Ideias frágeis **151**

"É por causa do Maps?", Forstall perguntou.

"Não", Cook respondeu.

"Então por quê?"

Cook se negou a responder.

Ao ELABORAR O COMUNICADO à imprensa anunciando a demissão de Forstall, Cook quis retratar a decisão como sendo uma adição por subtração. Colegas acreditavam que o episódio expôs um dos maiores temores de Cook na nova posição de CEO: que a equipe de elite que Jobs havia reunido o abandonasse. Eles entendiam que ele se preocupasse com a possibilidade de os investidores interpretarem um êxodo de executivos como um sinal de que Cook não era o líder certo para a empresa. Em parte, foi por isso que, depois do falecimento de Jobs, o conselho de administração decidira incentivar a equipe executiva a permanecer na empresa com lucrativos pacotes de ações. E, por esse motivo, Cook quis que o comunicado à imprensa enfatizasse quem ficaria na Apple, apesar de saber que as manchetes se concentrariam na saída de Forstall.

Cook sugeriu que o comunicado destacasse os novos papéis e responsabilidades que Ive, Bob Mansfield, Eddy Cue e Craig Federighi estariam assumindo. Ele também queria garantir aos investidores que lideraria uma busca para encontrar um novo vice-presidente de varejo para substituir John Browett, que também sairia. O comunicado, emitido no dia 29 de outubro, foi intitulado "Apple anuncia mudanças para aumentar a colaboração em hardware, software e serviços" e mencionava a colaboração duas vezes e o Maps apenas uma vez.

A equipe da Apple interpretou o anúncio como um prenúncio de uma nova era na gestão da empresa. Jobs tinha o hábito de estimular rivalidades entre executivos, instigando a vaidade das pessoas para que elas apresentassem ideias que ele pudesse escolher para fazer produtos espetaculares. Ele conseguia manter sob controle o conflito entre as estrelas de sua equipe. Cook poderia muito bem ter humilhado Forstall e demitido um subordinado diretamente responsável pelo Maps, mas usou o fiasco para eliminar a desarmonia em sua equipe de liderança e comunicar à empresa seu desejo de que todos colaborassem mais do que no passado. Sem Jobs para fazer a ponte entre todas as diferentes áreas, eles teriam de fazer essas conexões por conta própria.

No processo, Cook eliminou um dos únicos antagonistas diretos à sua liderança. Também recompensou o executivo mais importante da Apple, Ive, com uma responsabilidade que o designer havia muito desejava: ter voz para influenciar a aparência do software da Apple.

Cook tomou uma atitude que lhe renderia lealdade, mas o medo de ser abandonado por seus principais braços direitos era algo que ele teria de enfrentar repetidas vezes.

7

POSSIBILIDADES

Jony Ive ficou de olho no desenvolvimento de sua mais recente criação. De seu escritório, ele acompanhava de perto o progresso de sua equipe através de uma parede de vidro de 3,5 por 3,5 metros que dava para as mesas do estúdio, na altura da cintura. Em uma delas, ficavam os primeiros modelos do relógio da Apple.[1]

Seu escritório era um exemplo perfeito de decoração minimalista, com uma mesa retangular de madeira projetada pelo designer Marc Newson e dezenas de cadernos de capa dura dispostos nas prateleiras. Os cadernos tinham lombadas amarelas que formavam linhas longas e puras de cor, testemunhas de uma vida inteira dedicada ao controle da simplicidade e da beleza.[2] Na parede atrás da mesa, havia uma gravura emoldurada da *Monkey Queen*, de Banksy, mostrando o icônico busto da rainha Elizabeth II usando uma coroa e um colar de joias brilhantes, mas com o rosto de um chimpanzé. Era uma imagem particularmente ousada para um homem que, no início daquele ano, havia sido condecorado com o título de cavaleiro pela família real. Havia apenas 150 cópias assinadas da imagem, avaliadas em quase US$ 100 mil, todas feitas por um artista de rua pseudônimo que os fãs acreditavam ser Robert Del Naja, da banda Massive Attack, um amigo de Ive.[3]

Ao lado da gravura, havia um pôster da empresa Good Fucking Design Advice, que dizia:[4]

Acredite na sua capacidade. Fique a noite toda acordado. Saia da sua zona de conforto. Saiba quando se posicionar. Nunca deixe de colaborar. Evite procrastinar. O mundo não gira ao seu redor. Nunca pare de aprender. A forma segue a função. Um computador só faz salientar ideias ruins. Encontre inspiração por toda parte. Não deixe de fazer networking. Instrua os seus clientes. Confie nos seus instintos. Peça ajuda. Faça produtos sustentáveis. Questione tudo. Tenha um conceito. Aprenda a aceitar críticas. Faça a diferença. Nunca deixe de verificar a ortografia e a gramática. Faça a lição de casa. Esboce mais ideias. O problema sempre contém a solução. Pense em todas as possibilidades.

No dia 2 de novembro de 2012, Ive chegou ao estúdio mais cedo. A saída de Scott Forstall havia sido anunciada apenas quatro dias antes. A notícia deixara alguns de seus engenheiros em estado de choque, enquanto funcionários de diferentes divisões comemoraram com champanhe. Ive, que se destacava em técnicas de combate corporativo, preparou-se para assumir as responsabilidades do antigo inimigo.

Depois de demitir Forstall, Tim Cook decidiu reorganizar a divisão de software e dividir suas responsabilidades. Ele entregou a Ive a supervisão do design de software, que a Apple chamou de "interface humana", e deu a Craig Federighi o gerenciamento da engenharia de software. A decisão aperfeiçoou a estrutura da Apple. Quando Jobs retornara à Apple em 1997, colocou a empresa toda sob uma única demonstração de lucros e perdas e criou uma organização cujos vice-presidentes seniores administravam as várias áreas do negócio.[5] A principal implicação dessa chamada "estrutura funcional" era que os líderes de hardware, software, marketing, operações, finanças e da área jurídica reportavam diretamente a ele. Feito isso, ele criou equipes especiais de projeto para desenvolver o iPod e o iPhone. Com o sucesso desses produtos, a estrutura da empresa foi se adaptando a Jobs. O desenvolvimento de software foi dividido por produto, com Forstall liderando o iOS e Federighi liderando o MacOS. Cook, por sua vez, queria aderir com mais rigor ao conceito da estrutura funcional, na esperança de que isso ajudasse a empresa durante um período de crescimento sem precedentes. A empresa havia contratado 12 mil funcionários no ano anterior e aumentado em 20% sua força de trabalho, para 73 mil. Dar a Federighi a responsabilidade pela engenharia de software significava que ele supervisionaria a concretização dos designs de Ive e uma equipe de designers de software. O processo espelharia o que a Apple havia passado anos fazendo na área de hardware. No entanto, alguns líderes de recursos humanos temiam que a ordem que Cook pretendia impor causasse o caos na empresa. Afinal, Jobs havia limitado a responsabilidade de Ive a supervisionar seu pelotão de designers, acreditando que ele seria mais eficaz criando do que lidando com a burocracia que a gestão envolve.

Ive recebeu de braços abertos as novas responsabilidades. Ele estava mais do que pronto para acabar com suas frustrações em relação aos gráficos do sistema operacional do iPhone, o iOS. Steve Jobs defendia um estilo conhecido como esqueumorfismo,[6] princípio do design que simula em interfaces digitais a aparência de objetos analógicos. Ive acreditava que esse princípio de design fazia o software parecer tão antiquado e deselegante quanto a palavra esquisita usada para descrevê-lo. As origens do conceito remontam ao início da era dos PCs, quando os engenheiros de software começaram a criar ícones de computador que se assemelhavam a objetos do mundo real, como lixeiras e pastas de arquivamento. Jobs era a favor do estilo porque o considerava intuitivo, mas Ive o detestava. Depois de três décadas de era digital, ele achava que as pessoas já estavam familiarizadas com o conceito de pastas de computador e não precisavam mais que os botões de uma calculadora digital fossem sombreados para dar a ilusão de profundidade. Ele vislumbrava um design de software mais elegante que fosse tão clean e minimalista quanto o próprio iPhone. Se Jobs estava certo ao dizer que o hardware era o corpo e o software, a alma do dispositivo, tinha chegado a hora de Ive redefinir a alma do produto mais vendido da Apple.

Naquele dia, Ive deu as boas-vindas em seu estúdio de design aos principais executivos de marketing de produtos da Apple, Phil Schiller e

Greg Joswiak, e ao líder de interação de software, Greg Christie. O local voltara a fervilhar de atividade no ano que se passou desde a morte de Jobs. Os designers passavam a maior parte dos dias analisando novos modelos ou desenhando esboços em cadernos de capa dura. O aroma de café moído em uma máquina de expresso flutuava no ar. Ive e o grupo se reuniam em torno de uma mesa organizada.

Antes disso, as discussões sobre a aparência do software do iPhone só ocorriam em uma seção da divisão de software fechada a sete chaves. Forstall atuava no papel de criador de tendências, orientando os designs desenvolvidos pela pequena equipe liderada por Christie. Jobs se reunia semanalmente com eles para aprovar ou rejeitar o trabalho. O CEO editava cada iteração até ter um software absolutamente inovador. O local da reunião de novembro deixava claro que o papel de Jobs havia sido assumido por Ive. O designer queria que a equipe pensasse grande. O iPhone já existia havia mais de quatro anos. Com a criação progressiva de aplicativos, o celular estava ficando cada vez mais apinhado de ícones, desde o Maps até o iTunes, disputando espaço ao lado do Facebook e do Angry Birds. A primeira pergunta que o grupo tentou responder foi: como deve ser a tela inicial? Ou, como diria Ive, um homem de gostos refinados, mas de linguagem não tão refinada: quais são as malditas possibilidades?

O TEMPO ACELEROU PARA IVE depois da saída de Forstall. No final de 2012, ele convocou o alto escalão da Apple para uma reunião no hotel St. Regis em São Francisco. Os líderes de operações, software, hardware e marketing da Apple marcharam pelo saguão e passaram pelo mural *War*, do artista canadense Andrew Morrow.[7] A pintura mostrava um guerreiro a cavalo empunhando uma espada e perseguindo um corredor. Era uma alusão simbólica à corrida da humanidade contra o tempo, parecendo, de alguma forma, apropriada para um grupo que buscava ser mais rápido que os céticos e críticos que estavam questionando sua capacidade de criar outro produto espetacular sem Jobs. A equipe de segurança da Apple preparou-se para a chegada deles reservando um andar inteiro do hotel de 260 quartos em frente ao Museu de Arte Moderna de São Francisco, vasculhando o local para detectar eventuais dispositivos de gravação e fechando as cortinas das janelas. Reuniões fora do escritório eram uma prática de longa data da Apple. Elas ajudavam a evitar especulações entre os funcionários, que poderiam ver os altos executivos reunidos e começar a se perguntar o que eles estavam tramando. A cultura da Apple fomentada por Jobs era de preservar o sigilo, evitar vazamentos e encorajar o mistério com a política de só divulgar informações a quem precisasse delas para seu trabalho.

A reunião daquele dia foi importantíssima para responder à pergunta que assombrava a Apple desde a morte de Steve Jobs: e agora? Sob a orientação de Ive, uma equipe de engenheiros passara cerca de seis meses explorando o que a Apple poderia fazer se desenvolvesse um smartwatch. Eles trabalharam com sensores para monitorar a frequência cardíaca do usuário, exploraram como receber notificações no dispositivo usando a tecnologia Bluetooth e pesquisaram outros recursos, incluindo medir as emoções das pessoas. Todas as possibilidades foram exploradas e Ive queria que os engenheiros apresentassem inovações tão empolgantes que seus colegas seriam convencidos a fazer do relógio a próxima grande aposta da Apple.

Enquanto os engenheiros se preparavam para a apresentação, eles observaram os mandachuvas da empresa se acomodarem em cadeiras atrás de mesas dispostas em forma de ferradura. O encontro contou com a presença de um punhado de executivos, incluindo três dos designers de Ive, Richard Howarth, Rico Zorkendorfer e Julian Hönig.

Só uma figura importante estava ausente da reunião: Tim Cook.

Depois de mais de uma década tendo o desenvolvimento de produtos liderado por seu CEO, a Apple embarcava em uma nova missão sem a participação de seu líder mais importante. Cook dava a entender que não ousaria tentar ser como seu antecessor. O sucessor que Jobs dissera não ser um especialista em produtos não planejava se tornar um. Ele preferia ficar fora do caminho dos especialistas.

Possibilidades   **159**

Ive atuou como o mestre de cerimônias da apresentação. Sentou-se perto do centro da mesa, não muito longe de sua equipe de designers. Diante dele, havia um jarro de suco verde, que era tudo o que ele planejava consumir naquele dia. Ele estava no meio de um detox, o último em uma série de ajustes na dieta depois de todo o estresse e pesar com a morte de Jobs. O suco alarmou os engenheiros, que haviam passado semanas criando uma apresentação com mais de 150 slides repleta de renderizações de design industrial, detalhes sobre o tamanho do dispositivo, análises de possíveis materiais para fazer a tela e insights sobre como o dispositivo poderia alertar os usuários com notificações a um simples toque no relógio. Eles contavam que a apresentação durasse mais de seis horas e presumiam que o grupo faria uma enxurrada de perguntas que poderiam fazer a reunião levar o dia todo. Se a reunião era um espetáculo para empolgar Ive, como supunham, a última coisa que queriam era que seu detox o deixasse faminto e irritado.

Ive passou grande parte da apresentação em silêncio enquanto digeria as propostas dos engenheiros. Sua relativa quietude era característica de seu estilo de liderança. Ele raramente falava em reuniões e, quando o fazia, muitas vezes juntava várias das ideias discutidas e levantava uma possibilidade que ninguém mais havia imaginado. Em um ponto da apresentação, alguns engenheiros elétricos abriram uma maleta preta rígida que a Apple usava para ocultar e transportar com segurança dispositivos inéditos. A tampa da maleta se ergueu para revelar uma série de iPod Nanos quadrados com pulseiras pretas. Os engenheiros retiraram os iPods da maleta e colocaram no pulso dos executivos. Ive estendeu a mão esquerda e observou um engenheiro prendendo o iPod firmemente ao redor de seu pulso. Ele balançou a cabeça. "Gosto de usar o relógio mais solto no pulso", disse ele, antes de afrouxar a pulseira para criar alguns milímetros de espaço.

Enquanto Ive admirava o relógio improvisado, os engenheiros se entreolharam temerosos. Para medir a frequência cardíaca, os sensores instalados nos iPod Nanos precisavam ficar em contato com a pele. Eles esperavam que a decisão de Ive de afrouxar a pulseira não arruinasse a demonstração. O iPod combinava o sensor traseiro com outro na lateral para monitorar a atividade elétrica do coração, um eletrocardiograma rudimentar. Ive escutou a explicação de um engenheiro sobre como testar o eletrocardiograma e, em seguida, viu a tela de seu iPod ser cruzada por uma linha vermelha que subia e descia exatamente como as linhas irregulares do monitor cardíaco de pacientes em um hospital. Ele aprovou com um gesto de cabeça. Em apenas seis meses, a equipe de engenharia transformara um dos iPods da Apple em um produto de monitoramento de saúde.

Concluída a apresentação, Ive comprovou que seus colegas tinham entendido as possibilidades de saúde que ele vislumbrara colocar no pulso das pessoas. Os desafios adiante seriam imensos. O iPod Nano era grande demais; precisaria ser miniaturizado, ser resistente à água e equipado com uma tela curva. Mas todos saíram da reunião empolgados para colocar o relógio no centro do futuro da Apple.

DEPOIS DE VOLTAR A CUPERTINO, Ive direcionou sua atenção para o futuro do iOS. Ele vinha insistindo para que os designers e engenheiros de software refizessem completamente a aparência do sistema operacional.

Ive queria incluir o olhar de um artista experiente no projeto e contratou Alan Dye, formado pela Faculdade de Artes Visuais e Performáticas da Universidade de Syracuse.[8] Assim como Ive, ele era filho de dois professores e cresceu aprendendo com o pai, um marceneiro, a fazer móveis e brinquedos caseiros. Começou a desenhar letras e palavras na infância e desenvolveu pela tipografia uma obsessão que o levou a uma carreira criando rótulos e anúncios impressos para empresas como a cervejaria Molson e a casa de moda de luxo Kate Spade. Ele era considerado uma estrela em ascensão quando a Apple o contratou, em 2006, para trabalhar em seu site, na publicidade e nas embalagens de seus produtos. Ive simpatizava com a obsessão gráfica de

Dye e o colocou na liderança de uma equipe que chegaria às centenas de integrantes.

Trabalhando com Dye, Ive começou a refazer os ícones para harmonizar os gráficos digitais do celular com a forma física deste. Eles não demoraram para resolver o detalhe que sempre irritou Ive, fazendo com que a curva dos ícones dos aplicativos da Apple combinasse com a curva do iPhone. Os cantos do iOS 7 foram redesenhados usando os princípios de Bézier, criando curvas mais suaves e naturais, usadas nos cantos de todos os apps.[9] Ive ficou tão orgulhoso com a mudança que, em trabalhos futuros com arquitetos e designers, passou a usá-las como exemplo de como criar a curva perfeita, mostrando-lhes como o número de pontos nos cantos de um aplicativo havia aumentado do iOS 6 para o iOS 7. Também começou a procurar uma tipografia mais fina e sem serifa para cada app e a explorar maneiras de dar vida à tela inicial com cores mais vibrantes. As mudanças sutis sinalizaram um grande afastamento do passado.

Poucos meses depois de assumir o cargo, Ive fez uma reunião em uma grande sala de conferências para informar a alguns engenheiros da Apple o novo direcionamento.[10] Expôs ao grupo que o objetivo era remover toda a iconografia datada que a Apple vinha usando em aplicativos como o Fotos e substituí-la por representações mais modernas. Para dar um exemplo, mostrou uma imagem do aplicativo Gravador, da Apple. Sob o comando de Forstall, o ícone escolhido fora um microfone antigo, como o que as emissoras de rádio usavam na década de 1950. "Não entendo a metáfora", disse ele. "O que é isso?" Era um anacronismo que ele não conseguia imaginar se os usuários entenderiam. Ele planejava substituir o ícone obsoleto pela representação gráfica de uma voz renderizada em um software de gravação de áudio. Mostrou alterações semelhantes para o aplicativo Calendário e o navegador Safari. Os ícones ficaram mais realçados, mais dinâmicos e mais vibrantes.

O foco de Ive no estilo visual irritou a equipe de design de software. Embora fossem obcecados por cores e formas, eles priorizavam a interação dos usuários com o celular e, muitas vezes, criavam demonstrações do software que planejavam lançar para testar se a utilização seria intuitiva e fazer ajustes conforme necessário. Muitos deles acreditavam que o mais importante do design era a maneira como o software se comportava e achavam que Ive tinha um foco míope na aparência. As tensões entre as filosofias conflitantes se agravaram quando Ive insistiu em eliminar as bordas escuras ao redor dos botões dos aplicativos. Alguns membros da equipe achavam que essas linhas ajudavam os usuários a identificar com rapidez o botão a ser pressionado enquanto mexiam na tela. Eles achavam que, na ausência das linhas, os botões não teriam um bom contraste com o fundo, forçando os usuários a procurarem o botão que queriam. Seguindo instruções de Ive, eles abandonaram a prática de demonstrar o funcionamento dos aplicativos e começaram a fazer impressões em papel para mostrar sua aparência. Assim, tornaram-se mais designers gráficos do que mestres do software.

Uma das grandes ideias de Ive foi deixar o software com um aspecto translúcido, de modo que uma camada de texto e ícones pudesse existir no topo da página inicial na forma de uma janela fosca. O conceito foi usado como base para o desenvolvimento de um recurso chamado "Central de Controle", possibilitando que as pessoas deslizassem o dedo para cima a partir da parte inferior da tela para puxar uma página translúcida e acessar com um único clique o Wi--Fi, o Bluetooth e muito mais. Quando Ive insistiu para que a camada funcionasse até por cima de um vídeo, a resposta dos engenheiros foi quase unânime: é impossível. O processador gráfico do iPhone não era rápido o suficiente, disseram eles. Mas Ive persistiu e os engenheiros acabaram criando um sistema para contornar as limitações do hardware e entregar o impossível.

As mudanças foram fundamentais para uma transformação completa de todo o sistema operacional que Ive exigiu que fosse concluída em poucos meses. Os engenheiros apelidaram a iniciativa de "a marcha da morte".

O FATOR INDISPENSÁVEL PARA o sucesso de um produto é seu propósito. O iPod dominou a música porque colocou mil músicas no bolso das pessoas. O iPhone teve sucesso porque combinou um tocador de música, um telefone e um computador em um único dispositivo. Nem todos os gadgets nascem com um senso de propósito tão revolucionário em mente, mas todos os que têm sucesso são frutos de profunda reflexão e ponderação.

Durante o desenvolvimento do relógio, Ive refletiu muito sobre o que o dispositivo deveria fazer. Uma das primeiras coisas que ele quis avaliar foi o mercado existente. A indústria de relógios inteligentes era incipiente, com apenas cerca de meia dúzia de empresas fabricando dispositivos que, segundo elas, funcionavam como o rádio de pulso bidirecional dos quadrinhos de Dick Tracy. Ive queria conhecer todos os gadgets dos concorrentes.

Um dia, ele recebeu no estúdio uma equipe de engenharia que havia coletado informações sobre as ofertas dos concorrentes e resumos impressos de 30 por 25 centímetros contendo detalhes sobre suas características e dimensões. Ele reuniu o grupo ao redor de uma das mesas do estúdio e folheou os relatórios que detalhavam cada relógio. Viu imagens de um smartwatch quadrado da Sony com a largura da manga de uma camisa e um dispositivo italiano da espessura de um isqueiro Zippo. Enquanto examinava as páginas, fez uma careta. "Esses produtos não têm alma", resmungou.

Ive olhou com repulsa para os dispositivos volumosos enquanto algumas pessoas do grupo ao seu redor concordavam com a cabeça. Os dispositivos só tinham uma coisa em comum com os relógios tradicionais: marcavam as horas. A equipe de Ive ainda não tinha finalizado o design do smartwatch, mas ele sabia que o relógio da Apple seria muito diferente de qualquer outra coisa no mercado. Ele precisaria se basear no passado para ter sucesso no futuro. O fato de que as pessoas o usariam no pulso fazia com que a aparência fosse mais importante que a de um dispositivo que os usuários levam no bolso, guardam na bolsa ou deixam na mesa. Seria um objeto íntimo, encostado na pele o tempo todo e perpetuamente visível, uma extensão das pessoas, alimentada por uma bateria e um processador. Um computador que deveria se parecer com uma joia. Um produto com alma.

Essa visão levou a equipe de design em uma viagem no tempo. Eles voltaram aos primórdios do relógio e avançaram para explorar de que forma os relógios modernos eram feitos. Aprenderam como os britânicos haviam miniaturizado imponentes relógios de pêndulo para impulsionar a ascensão do império disponibilizando cronômetros que permitiam aos marinheiros mapear sua localização no mar.[11] Estudaram como os relógios de bolso se transformaram em relógios de pulso para ajudar exércitos a cronometrar o avanço dos soldados durante a guerra. Ouviram de horologistas que esses relógios de pulso se tornaram acessórios da moda no início do século XX, quando Louis Cartier desenvolveu o icônico relógio Tank, com sua caixa retangular e algarismos romanos. E exploraram como os relojoeiros suíços inventaram complexas engrenagens para marcar os minutos, uma arte que sofreu uma reviravolta na década de 1970, com o advento dos cristais de quartzo e uma revolução movida a bateria.

Eles sincronizaram as aulas de história com a compra de alguns dos melhores relógios do mundo. Os pedidos foram feitos usando uma empresa-fantasma chamada Avolonte Health, uma startup que a Apple havia criado em um prédio de consultórios médicos nas proximidades, onde seus engenheiros trabalhavam em sigilo na tecnologia não invasiva da Rare Light para monitorar a glicose no sangue. Empresas secretas como essa foram espalhadas pela região, permitindo que a Apple trabalhasse na pesquisa e no desenvolvimento do dispositivo sem chamar a atenção dos rivais. A equipe da Avolonte levava as encomendas para o Infinite Loop, onde os designers as abriam para revelar os relógios de pulso mais caros do mundo, como Patek Philippe, Jaeger-LeCoultre e outros.

Durante as exaustivas pesquisas, o grupo abriu em sua agenda lotada momentos para discutir o que o relógio deveria fazer. Eles concordaram que o dispositivo precisaria marcar as horas com mais precisão que qualquer relógio no mercado. Outras ideias se seguiram. Poderia ser um cronômetro e um temporizador, um despertador e um relógio mundial. Poderia incluir recursos de saúde que os engenheiros estavam trabalhando para criar, como monitoramento da frequência cardíaca e da glicose. Eles discutiram a possibilidade de monitorar as emoções das pessoas e registrar seus níveis de condicionamento físico. Mas, acima de tudo, falaram sobre como o dispositivo libertaria as pessoas da tirania de seus celulares, pois entregaria mensagens de texto no pulso dos usuários e permitiria que eles fizessem ligações ou ouvissem música enquanto andavam – um avanço, eles concordaram, que exigiria fones de ouvido sem fio. E foi assim que o relógio deu origem a outro produto vestível.

A rapidez do desenvolvimento de ideias deixou claro que eles tinham uma plataforma com grande potencial de crescimento. Lembrava a maneira como o iPhone evoluíra de telefone, tocador de música e computador de bolso para incorporar uma câmera de alta qualidade, uma lanterna, um GPS, um console de games e uma TV. As funcionalidades que a Apple incluía a cada ano fizeram do iPhone uma parte indispensável da vida das pessoas. O relógio tinha um potencial parecido, uma aposta para o longo prazo, um corpo para recursos que poderiam levar a Apple a um futuro melhor.

Com a passagem do tempo, Ive começou a ficar frustrado. Rico Zorkendorfer e Julian Hönig, dois dos principais designers que foram com ele à reunião no hotel St. Regis, tinham sido escolhidos para liderar o desenvolvimento do produto. Em colaboração com o resto da equipe, eles se decidiram por um design que lembrava uma pulseira de identificação. Seu formato retangular tinha algumas semelhanças com o famoso relógio Tank, da marca Cartier, mas sem o mesmo requinte. Ive queria algo mais elegante.

Os sensores cardíacos complicavam o design. As leituras de frequência cardíaca são mais precisas quando feitas no lado interno do pulso, onde os enfermeiros medem a pulsação das pessoas.[12] Mas o design criaria uma pulseira volumosa que colocaria à prova as noções tradicionais das pessoas sobre como um relógio deve ser. A equipe de design concordou que os sensores precisariam ficar na parte de trás da caixa do relógio.

A pressão para encontrar uma solução aumentava a cada dia. O estúdio de design ocupava o centro do processo do produto, e suas decisões sobre a aparência ditariam o software e o hardware, bem como os componentes e as ferramentas de fabricação que a equipe de operações precisaria garantir. Mas Ive estava tão paralisado no processo de design quanto um autor com bloqueio criativo.

No final de março de 2013, Marc Newson, amigo de Ive, fez uma visita ao estúdio. Ele era um dos designers mais talentosos e versáteis do mundo, uma estrela autodidata que cresceu desmontando relógios na Austrália antes de abrir seu próprio estúdio. Ele havia criado o design de tudo, desde interiores de aviões da Qantas a tênis da Nike, malas Louis Vuitton e vibradores de silicone.[13] Era casado com uma estilista britânica, Charlotte Stockdale, tinha uma garagem cheia de carros antigos e fora aclamado com uma exposição individual na galeria Gagosian, de Nova York. Mas, talvez o mais importante, tinha duas décadas de experiência criando o design de relógios de pulso.

Ive levou Newson à mesa onde estavam dispostos cerca de cinco exemplos do trabalho inicial da equipe e quis saber o que ele achava. Os olhos de Newson percorreram um conceito circular, um retilíneo e outro angular. A qualidade do trabalho era impressionante, mas tinha alguma coisa errada em todos eles. Ele começou a conversar com Ive sobre o que estava faltando e acabava sempre voltando para a pulseira. Ela precisava de uma harmonização mais artística com o mostrador do relógio.

Enquanto conversavam, eles abriram seus cadernos de desenho e começaram a esboçar rapidamente com suas canetas-tinteiro. Suas mãos corriam pelas páginas, as de Ive em traços precisos e as de Newson em rabiscos, para criar um relógio de formato quadrado que parecia um iPhone em miniatura com cantos arredondados.[14] Outras ideias fluíram. Eles traçaram um recuo curvado na parte traseira da caixa do relógio e pensaram em uma maneira de conectar uma alça separada a ela. Os designers pensaram em alças capazes de deslizar para abrir e fechar até que encontraram um design para concretizar a ideia. A equipe de design, fazia meses, vinha trabalhando na tentativa de que seus modelos parecessem menos com um computador de pulso com uma coroa – o pequeno botão que os relojoeiros introduziram em 1820 para dar corda e ajustar as horas –, de modo que os esboços de Ive e Newson também incluíram uma coroa na lateral do relógio.[15]

Ive se animou com uma epifania.[16] Com base na exaustiva pesquisa da equipe sobre a história dos relógios, surgiu uma ideia que deu sentido ao relógio que eles haviam acabado de esboçar. Ele e a equipe perceberam que a coroa poderia ser uma ferramenta para navegar pelo dispositivo, um botão para aumentar ou diminuir o volume, uma roda para girar aplicativos em miniatura, uma tecla para voltar à tela inicial. Ele se deu conta de que um componente crucial do relógio de ontem poderia ser a ferramenta característica do relógio de amanhã.

Em sua explosão de energia criativa, Ive e Newson eram como compositores explorando o inconsciente coletivo, revelando um conceito que sempre existiu, mas que precisava ser esboçado e transformado em realidade.

Quando terminaram, correram para a sala de design assistido por computador (CAD) com seus esboços e pediram a um dos técnicos da equipe para convertê-los em um modelo tridimensional. Eles ficaram observando o técnico enquanto ele criava uma imagem na tela. Com isso, poderiam ver se seria possível transformar o conceito em um objeto físico. Grande parte da ideia parecia viável: o formato, a espessura, o mecanismo para fechar a pulseira. A ideia era viva e tinha alma.

Agora vinha o complicador: a dificuldade de fabricar relógios.

8

A LUTA PELA INOVAÇÃO

Tim Cook teve de se ajustar a uma vida sob os holofotes, inclusive no meio da noite.

No início de seu mandato como CEO da empresa mais valiosa do mundo, ele foi acordado por alguém gritando e batendo à porta de sua casa em Palo Alto.[1] A casa não ficava muito longe da rua e era cercada por vizinhos, e Cook, o reservado sulista, preferia não chamar a atenção com uma equipe de segurança 24 horas. Ao ver que a algazarra não cessaria, ele pegou um taco de beisebol.

Quando se aproximou da porta, ouviu um homem do lado de fora esbravejando sobre o preço das ações da Apple. O crescimento das vendas de iPhones havia desacelerado, levando a uma queda no preço das ações da empresa. Os investidores estavam nervosos. Eles haviam se acostumado a um aumento constante e quase ininterrupto no valor de suas ações. A reversão foi suficiente para motivar o homem a ir bater na casa do CEO. Cook o ignorou. O homem acabou se cansando e Cook voltou para a cama.

Semanas depois, antes de uma reunião para discutir protocolos de segurança pessoal, Cook mencionou casualmente o incidente com sua equipe de segurança. Ele aceitou que seguissem em frente com os planos de instalar câmeras em sua casa. No entanto, foi outro incidente que abriu os olhos de Cook para a importância de uma equipe de segurança. Mesmo depois de se tornar o CEO, ele continuou viajando em voos comerciais e estava usando um boné de beisebol no Aeroporto Internacional de São Francisco na esperança de passar despercebido.

Foi reconhecido por uma pessoa que pediu para tirar uma foto com ele. Em pouco tempo, um círculo se formou ao redor e todos começaram a pedir fotos. Cook sentiu uma mão em seu ombro e um puxão. Seguiu-se uma dor aguda. Ele tinha machucado o ombro na academia e o puxão por trás agravou a lesão.

A pequena multidão que se formou no aeroporto, o puxão e a dor deixaram claro que ele não era mais um executivo desconhecido do Alabama e que agora era o CEO mais famoso do mundo.

UM ANO DEPOIS DA MORTE de Jobs, a Apple fazia o possível para mostrar que a magia ainda estava viva.

No final de 2012, a empresa lançou um novo iPhone que foi anunciado com alarde como sendo uma "verdadeira joia", com um corpo de vidro e alumínio 18% mais fino que o de seu antecessor. Cook deu uma força para o lançamento com aparições na grandiosa inauguração da nova Apple Store de Palo Alto, feita de vidro do piso ao teto.[2] Ele passou por compradores entusiasmados e socializou com a equipe de varejo que trabalhava duro para vender o novo dispositivo. Ficou satisfeito com a recepção do novo celular: no primeiro fim de semana do lançamento do novo iPhone, a Apple vendeu 5 milhões de unidades, um novo recorde e um total que superou a produção inicial da empresa.[3] Mas o mercado de ações diariamente o lembrava de que os acionistas não estavam impressionados.

O novo modelo apresentou o menor aumento anual nas vendas dos cinco anos de história do iPhone, levando o preço das ações da Apple a uma baixa de seis meses e destruindo US$ 160 bilhões de valor de mercado, quase o equivalente ao valor total da Coca-Cola naquele ano.[4] Estava claro para os investidores que a Apple enfrentava seu primeiro adversário temível.

EM UM DOS RESTAURANTES do chef Wolfgang Puck em Los Angeles, Todd Pendleton reuniu os executivos de marketing mais beligerantes da Samsung para planejar um ataque ao rei dos smartphones. Era outono, a temporada de lançamento do iPhone, e o chief marketing officer da Samsung nos Estados Unidos teve uma ideia para uma campanha publicitária disruptiva que transformaria as exuberantes descrições que a Apple fazia de seu mais recente dispositivo em uma tiração de sarro irreverente.

Sem a aura visionária de Jobs, a Apple estava vulnerável. A ausência do cofundador mítico estava levantando dúvidas sobre a capacidade da empresa inovar sem ele e alimentando temores até entre os fãs mais fervorosos de que a Apple poderia se tornar menos criativa.

O *timing* não poderia ter sido pior. As diferenças entre o iPhone e os smartphones rivais estavam diminuindo.[5] A participação de mercado da Apple estava caindo à medida que os concorrentes melhoravam seu hardware e software em uma corrida para conquistar uma fatia maior do que havia se tornado o produto de consumo mais importante em gerações.

Pendleton e seus colegas viram uma oportunidade no momento de fraqueza da Apple para despertar o mundo para a promessa do Samsung Galaxy.[6] O smartphone premium tinha uma tela maior, recursos alternativos e câmeras sofisticadas que estavam conquistando clientes em todo o mundo.

Nos últimos anos, a batalha entre a Apple e a Samsung havia se tornado pessoal. Em 2011, a Apple processou a Samsung no Tribunal Distrital do Norte da Califórnia, acusando a empresa sul-coreana de copiar a aparência, o design e a interface do iPhone. A equipe da Apple havia passado fins de semana trabalhando, registrado patentes e criado uma revolução. A Samsung simplesmente chegou roubando tudo, alegou a Apple em um processo que ganhou merecidamente.[7] Até o Google, parceiro da Samsung, alertou os sul-coreanos de que o design de software deles era uma cópia do iPhone da Apple. A Samsung encarregou Pendleton de liderar um contra-ataque comercial.

Ex-executivo da Nike, Pendleton era um mestre do marketing de emboscada. Por exemplo, a empresa de tênis aumentou suas vendas recusando-se a patrocinar as Olimpíadas de Atlanta e enchendo outdoors da cidade com seu logo característico. O ato de rebeldia ganhou uma cobertura jornalística gratuita e conquistou clientes. Pendleton viu uma oportunidade semelhante com o lançamento do iPhone, o equivalente tecnológico das Olimpíadas.

Em Los Angeles, ele circulou pelo restaurante transformado em praça de guerra onde os marqueteiros da Samsung assistiam ao evento de lançamento do produto da Apple. Não muito longe dali, redatores da agência de publicidade da empresa, a 72andSunny, rabiscavam em um quadro branco ideias para um comercial. Eles se concentraram em zombar dos jargões incompreensíveis do marketing da Apple, sua tendência de fazer alarde de um recurso trivial, como uma câmera, dizendo que oferecia "redução de ruído espacial", e seu hábito de chamar seus celulares de "joias".

Pendleton os orientou a encontrar maneiras de ridicularizar o absurdo de pessoas passando horas em frente às Apple Stores antes do lançamento de um produto. Ele queria contrastar o complicado processo de comprar um iPhone com a facilidade de comprar um Samsung Galaxy. Pendleton acreditava que a diferença geraria um comercial instigante que inspiraria as pessoas a se dar conta da máquina de badalação da Apple e a comprar um celular melhor. Ele pressionou a equipe no restaurante a ser criativa enquanto eles pensavam em um roteiro satírico.

"E se a gente colocasse alguém esperando pela mãe?", alguém propôs.[8]

"Não é legal", retrucou outro.

Perto dali, uma equipe de filmagem esperava em frente a uma Apple Store fictícia para filmar o comercial de TV assim que os redatores finalizassem o texto. Pendleton correu para o set e observou dezenas de atores decorando suas falas. As câmeras registraram cenas de atores interpretando clientes que perambulavam na frente da loja fictícia, esperando para comprar um iPhone e tagarelando com entusiasmo sobre os recursos mais recentes divulgados pela Apple.

"A entrada do fone de ouvido agora vai ser *embaixo*!", um ator exclamou.

"Ouvi dizer que o conector é todo digital", disse outro ator. "O que será que isso quer dizer?"

Enquanto isso, pessoas passavam por perto levando Samsung Galaxys com telas maiores e recursos exclusivos, como a capacidade de trocar playlists com um amigo tocando um celular no outro. As pessoas na fila da falsa Apple Store ficavam de queixo caído ao saber que os celulares da Samsung tinham recursos mais sofisticados.

O comercial tornou-se parte da campanha "A próxima grande revolução já chegou", da Samsung, uma sátira que retratava o Samsung Galaxy como o celular preferido de pessoas descoladas e de vanguarda, enquanto o iPhone era mostrado como o dispositivo preferido de ingênuos e *nerds*. A Samsung complementou a campanha instalando perto das Apple Stores outdoors anunciando o Galaxy III. Eles também mandaram entregar pizza para os clientes da Apple que esperavam na fila, uma manobra clássica de marketing de emboscada.

O ataque de marketing irritou o pessoal da Apple. Eles ficaram ainda mais aborrecidos ao ver as claras semelhanças entre o que a Samsung estava fazendo e um dos truques de marketing da própria Apple. A empresa havia popularizado a ideia de descolado × *nerd* com a campanha "Compre um Mac", que colocou o comediante John Hodgman vestindo terno e gravata, interpretando um PC, ao lado do ator Justin Long, de jeans e camiseta para fora da calça, interpretando um Mac. Enquanto Hodgman se gabava de fazer planilhas, Long falava sobre fazer filmes digitais. Os comerciais forçaram os espectadores a se perguntar: eu quero ter um computador desatualizado que só os *nerds* usam ou um desktop funcional que os descolados preferem?

Agora a Samsung estava instigando as pessoas a se fazerem perguntas parecidas sobre os smartphones: eu prefiro passar horas na fila na frente de uma Apple Store ao lado de um bando de fanáticos desesperados ou relaxar e curtir a vida com um dispositivo cheio de recursos sofisticados que é, ao mesmo tempo, prático e descolado?

Com o lançamento do anúncio da Samsung, Cook embarcou em uma rara ofensiva na mídia, indo a Nova York para aparecer no programa de notícias *Rock Center*, da NBC, com o âncora Brian Williams. Eles cruzaram a Grand Central Station e subiram as escadas até a Apple Store, que fica empoleirada acima do saguão abobadado da estação de trem. Quando se sentaram para falar sobre a empresa, Williams mencionou a rivalidade da Apple com a Samsung.

A rival sul-coreana estava prestes a ultrapassar a Apple e se tornar a rainha mundial dos smartphones. O anúncio chamara a atenção de Williams, que o descreveu como "um ataque frontal a uma gigante, o qual teria sido impensável não muito tempo atrás".[9]

"Eles estão tentando retratar o produto deles como descolado e o de vocês como *nerd*", Williams comentou. "Estamos falando de uma guerra nuclear?"

Cook apertou a boca. "Será que é uma guerra nuclear?", perguntou. "A Apple adora uma boa competição. Achamos que isso nos melhora. Mas queremos que cada um faça as próprias invenções." Ele bateu na mesa para dar ênfase.

Enquanto Williams falava, Cook balançava na cadeira, seus olhos focados no jornalista. Williams pressionou Cook sobre a crueldade do ciclo de produto: "Se a sua empresa conseguir se manter atualizada sem data de validade, será a primeira a resistir a essa tendência".

Cook parou de balançar. Seus olhos se estreitaram e ele se inclinou para frente. "Não aposte contra a Apple, Brian", disse. "Não aposte contra a Apple."

A ASCENSÃO DA SAMSUNG deixou Cook exasperado. Ele via os celulares da concorrente como nada mais que falsificações; seus anúncios, arrogantes e desrespeitosos; seu império, uma bagunça de máquinas de lavar e micro-ondas. A Samsung não havia dedicado dias e noites a sonhar com soluções simples para problemas complexos. Não havia selecionado meticulosamente sua linha de produtos. Contudo, estava conseguindo tomar o lugar da Apple como a queridinha da mídia.

Os sul-coreanos criaram um problema de marketing, e coube à equipe de marketing da Apple resolvê-lo.

Sob o comando de Jobs, o grupo que desenvolvia comerciais, anúncios e embalagens fora um dos pontos fortes da empresa. A Marcom, abreviatura de "Marketing e Comunicações", era um grupo seleto de executivos da Apple e líderes de sua agência de publicidade sediada em Los Angeles, a TBWA\Media Arts Lab. Eles se reuniam todas as quartas-feiras por três horas para avaliar e refinar ideias até chegarem a uma peça publicitária genial, como a campanha da silhueta do iPod, o comercial "Compre um Mac" ou o "Envelope", que mostrava um esguio MacBook Air saindo de um envelope pardo ao som da música pop "New Soul". Jobs, que havia atuado como chief marketing officer, conseguiu criar esses anúncios tão memoráveis colocando dois dos membros mais obstinados da Marcom um contra o outro. Ele pressionava Phil Schiller, presidente de marketing de produtos, para criar maneiras de alardear uma nova tecnologia, e James Vincent, CEO do Media Arts Lab, para ter ideias criativas que chamariam a atenção dos clientes. O resultado foram alguns dos melhores anúncios publicitários do mundo.

Após a morte de Jobs, em 2011, Schiller assumiu a liderança da Marcom, levantando dúvidas dentro e fora da empresa. Nativo da região da Nova Inglaterra, de rosto arredondado e uma predileção por camisas verde-sálvia, ele era famoso por ser literal e pouco original. Descartava as ideias dos outros com tanta frequência que ganhou o apelido de "Doutor Não".[10] Foi difícil para Vincent engolir a promoção de Schiller. Antes de sua morte, Jobs havia conversado com o britânico de cabelos desgrenhados, descrito pelos colegas como "o mais criativo dos criativos", sobre a possibilidade de colocá-lo para liderar o grupo. Só que, no fim, Vincent acabou tendo de reportar a seu rival, que se tornou o árbitro da marca da empresa.

Sob o comando de Schiller, a Marcom parecia avançar em terreno instável. Um anúncio sobre a Siri com John Malkovich foi processado por dourar demais a pílula das possibilidades da assistente de voz. (Os processos judiciais foram arquivados.) Analistas de tecnologia criticaram uma campanha subsequente chamada "Gênio", que mostrava um ator representando um atendente de suporte técnico do Genius Bar resolvendo problemas dos clientes, um conceito incompatível com os anos que a Apple passou alardeando seus produtos com o slogan "Funciona e ponto final".[11] Em uma manobra rara para a empresa, a Apple descontinuou a campanha. Era o tipo de anúncio que algumas pessoas da Marcom diziam que Jobs teria abortado antes de ser lançado simplesmente dizendo: "Não é bom o suficiente". À medida que as críticas da imprensa à sua publicidade se acumulavam, a Apple começou a montar sua própria equipe de redatores e pessoal criativo para apresentar outras ideias além das propostas pela Media Arts Lab. Os problemas e as tensões do grupo eram um microcosmo daqueles que importunavam a empresa que Jobs havia criado em seu processo de se ajustar à ausência do maestro.

No final de janeiro de 2013, Schiller ficou alarmado ao ler um artigo na primeira página da seção de negócios do *Wall Street Journal*.[12] A manchete – "A Apple perdeu a compostura para a Samsung?" – o irritou, mas uma anedota contada no artigo foi mais preocupante. Descrevia um cliente de 34 anos da Apple que havia trocado seu iPhone por um Galaxy S III, em parte inspirado pela campanha publicitária da Samsung. "Você vê esses anúncios e começa a matutar", disse Will Hernandez, acrescentando que gostou da tela maior de seu novo celular. Schiller encaminhou o artigo por e-mail para Vincent, escrevendo: "Temos muito trabalho a fazer para reverter isso".[13]

Vincent leu a mensagem consternado. Ele achava que os problemas da Apple iam muito além da campanha da Samsung. A cobertura da mídia sobre a Apple havia mudado o foco dos produtos espetaculares produzidos pela empresa para questionamentos sobre a inovação, reportagens sobre suicídios em fábricas de iPhones na China e processos judiciais da empresa contra a Samsung. Nada disso tinha a ver com o que distinguia a marca Apple como a empresa descolada e rebelde que as pessoas amavam. Parecia uma empresa que havia se transformado em uma grande corporação multinacional. Ele elaborou uma longa resposta dirigida a Schiller:

> também estamos reparando nisso e achamos bem triste. sabemos que estamos em um momento crucial. esta tempestade perfeita de fatores está gerando uma narrativa assustadoramente negativa sobre a apple.
>
> nos últimos dias começamos a desenvolver algumas ideias de mais peso para a apple e achamos que a publicidade sem dúvida poderá ajudar a mudar essa narrativa para uma mais positiva.

Vincent levantou os problemas enfrentados pela empresa – "trabalhadores chineses contra americanos", "empresa rica demais", "mapas", "marca da Apple perdendo a relevância" – e propôs uma reunião de emergência semelhante à que a Apple fizera depois do *Antennagate*. Ele queria que a Apple considerasse uma campanha para reforçar a marca, a primeira desde o lançamento do "Pense diferente", 16 anos antes.

> ao nosso ver, este momento é bem parecido com o que passamos em 1997 em termos da necessidade da publicidade para ajudar na recuperação da apple.

A luta pela inovação **177**

Quando Schiller leu o e-mail, ficou estarrecido. A mensagem de Vincent estava praticamente dizendo: "Quem está causando o problema são vocês, não nós". Schiller lembrou sua última reunião com Vincent, quando assistiram ao lançamento do iPhone 5 e ouviram uma apresentação do marketing de produto sobre a concorrência na indústria de smartphones. A reunião havia deixado claro que o iPhone 5 era um produto melhor que o Galaxy. O problema da Apple era puro marketing. Schiller expressou sua frustração em uma resposta:

> Sugerir que a Apple precisa mudar drasticamente a maneira como administramos a empresa é uma resposta no mínimo chocante... Não estamos em 1997. A nossa situação agora não tem nada a ver com aquela época. Em 1997, a Apple não tinha produtos para anunciar. O faturamento da empresa era tão baixo que estávamos a seis meses da falência. A Apple estava moribunda e afundada até o pescoço num atoleiro de dificuldades, precisando desesperadamente apertar o botão restart... Não era a empresa de tecnologia de maior sucesso do mundo que fabrica os melhores produtos do mundo.

O e-mail encheu Vincent de remorso. Quando releu o que havia escrito, entendeu por que Schiller respondeu com tanto desdém. Ele sabia que sua mensagem poderia custar caro à empresa. A Apple era a cliente mais importante da Media Arts Lab. Tentou reduzir os danos.

> por favor, aceite minhas desculpas. não era a minha intenção. relendo meu e-mail, dá para entender a sua posição... me desculpe.

Depois de refletir um pouco, Schiller decidiu informar Cook do que estava acontecendo. Mandou um e-mail ao CEO expondo suas preocupações em relação à agência de publicidade. A Media Arts Lab revivera a marca da Apple em 1997 e, com a ajuda de Jobs, criara uma série de anúncios lendários, mas Schiller disse a Cook que a agência não estava conseguindo direcionar a percepção do público sobre o iPhone 5. Ele digitou uma mensagem e clicou em "Enviar":[14]

> Talvez seja preciso procurar uma nova agência. Tentei de tudo para evitar a situação, mas não estamos recebendo o que precisamos e isso já faz um tempo... Eles não parecem admitir que precisam fazer um trabalho melhor para nós este ano.

Cook ponderou sobre a mensagem de Schiller. Ele sempre mandava e-mails lacônicos, só para mostrar que os lera, e curtos e diretos o suficiente para instigar a ação. Escreveu:

> Se precisamos fazer isso, vamos seguir em frente.

COOK ENFRENTAVA OUTRO PROBLEMA mais urgente que não tinha como delegar. No início de 2013, investigadores do Congresso dos Estados Unidos convocaram especialistas tributários da Apple para uma reunião em Washington. O senador Carl Levin, presidente do Subcomitê Permanente de Investigações, estava no meio de uma investigação de vários anos sobre sonegação de impostos corporativos e as empresas de fachada no exterior que as corporações usavam para evitar o pagamento de impostos nos Estados Unidos. Sua equipe havia enviado a um grupo de empresas um questionário sobre entidades offshore. Em sua resposta, a Apple havia deixado uma seção em branco e os investigadores queriam saber por quê.[15]

Quando os representantes da Apple chegaram, foram conduzidos a uma sala de reuniões com uma mesa comprida e imponente, rodeada de cadeiras umas diferentes das outras. Um sofá de couro vermelho estava encostado na parede, dando um toque de brechó à sala.

A luta pela inovação **179**

O cenário estava muito longe das mesas brancas e elegantes das salas de conferências do Infinite Loop. A equipe tributária se sentou e observou o experiente investigador do Congresso, Bob Roach, um advogado, começar a analisar as respostas da Apple ao questionário.

"Por que vocês deixaram isso em branco?", perguntou Roach, direcionando a atenção para o espaço em branco no meio do questionário que pedia para indicar a jurisdição de uma entidade chamada Apple Europe.

A equipe tributária da Apple olhou para a pergunta e depois para os investigadores. A sala ficou em silêncio. O olhar da equipe da Apple levou os investigadores a se perguntarem se a omissão não tinha sido apenas um descuido acidental.

"Na verdade, não somos residentes fiscais em país algum", disse um membro da equipe tributária da Apple.

Roach resistiu ao desejo de se inclinar para frente e manteve o rosto inexpressivo. "Como assim?", perguntou.

A equipe tributária da Apple explicou que, embora nos Estados Unidos a residência corporativa seja determinada pelo local da incorporação, na Irlanda, onde a Apple Europe era sediada, a residência era determinada pelo local onde a empresa era administrada e controlada. Como a subsidiária irlandesa da Apple não tinha funcionários e não era administrada nem controlada na Irlanda, a empresa não era considerada uma residente fiscal da Irlanda.

Depois da conversa, Roach percebeu que a Apple não estava pagando impostos nos Estados Unidos sobre os lucros que ganhava na Europa porque o dinheiro fluía para uma subsidiária na Irlanda, e não estava pagando impostos na Irlanda sobre os lucros que ganhava na Europa porque sua subsidiária irlandesa era administrada nos Estados Unidos. Um truque de lógica circular, porém inteligente, que estava poupando à Apple bilhões de dólares em impostos.

Roach saiu da reunião e ligou para alguns especialistas tributários para avaliar as práticas da Apple. Todos reagiram com surpresa. Ele e os outros investigadores perceberam que haviam feito uma descoberta sem igual. Eles voltaram a procurar Apple e seu contador para obter mais informações e fazer outras entrevistas. Não demoraram a descobrir que a Apple tinha três subsidiárias irlandesas sem residência fiscal em país algum, que haviam arrecadado US$ 74 bilhões em lucros no período de quatro anos. Um acordo favorável com o governo irlandês permitia que a empresa pagasse menos de 2% de imposto sobre esses ganhos.[16] E, ainda mais importante, os investigadores encontraram, enterrada no meio da montanha de documentos, a assinatura de Tim Cook.

Roach levou suas descobertas a Levin. O democrata de Michigan percebeu imediatamente sua importância: a maior e mais bem-sucedida empresa dos Estados Unidos estava evitando pagar impostos não apenas nos Estados Unidos, mas também na Europa. Levin chamou a manobra de o Santo Graal da sonegação de impostos.

Várias semanas depois, Cook foi para Washington falar diretamente com a equipe de investigação. Entrou na sala e sentou-se à grande mesa de madeira. Usando terno e gravata em vez de seu traje casual do dia a dia, ouviu os investigadores apresentarem suas preocupações sobre as práticas fiscais da Apple. Explicou educadamente por que a Apple abriu subsidiárias na Irlanda. Em geral, disse, acreditava que as leis tributárias dos Estados Unidos eram injustas porque exigiam que as empresas pagassem a mesma alíquota de 35% sobre os ganhos no exterior que pagavam em território americano. Ele considerava a taxa excessiva e preferia manter o dinheiro da Apple na Irlanda a trazê-lo aos Estados Unidos.[17]

No final da reunião de uma hora, um dos investigadores pegou seu iPhone.

"Tenho mais uma pergunta para você", disse o investigador. "Não consigo abrir este aplicativo."

Cook sorriu. "Também não sei como fazer isso", respondeu.

A luta pela inovação **181**

QUANDO O AVIÃO COMEÇOU A DESCER perto de Cupertino, a equipe da Media Arts Lab sentiu uma onda de ansiedade. Fazia algumas semanas que Vincent tinha enviado seu e-mail irritado a Schiller, e as relações entre a agência de publicidade e a Apple nunca foram tão tensas. A equipe percebeu que o futuro de seu relacionamento de 16 anos com a empresa mais valiosa do mundo dependia deste último trabalho: uma campanha para reforçar a marca.

O grupo entrou em uma sala de conferências da Apple levando storyboards com seus conceitos criativos e começou a preparar uma apresentação para o triunvirato de formadores de opinião de marketing da Apple: Schiller, o vice-presidente de marketing Hiroki Asai e a vice-presidente de comunicações Katie Cotton. Apesar de algum ceticismo inicial, o trio aprovou a ideia de Vincent para uma campanha de branding. A única outra campanha de branding da Apple – o "Pense diferente", com sua homenagem aos "pinos redondos nos buracos quadrados" – fora considerada um dos melhores comerciais de todos os tempos. Cabia à equipe da Media Arts Lab entregar um sucessor à altura.

O diretor de criação da agência, Duncan Milner, liderou a apresentação. Formado em uma faculdade de artes de Toronto, era um sujeito tranquilo e tinha tino para comerciais criativos que expressavam o que as marcas queriam. O primeiro anúncio, disse ele, fora idealizado por um redator premiado chamado Michael Russoff. A agência o intitulou "A caminhada".

Milner pediu ao grupo que imaginasse uma caminhada matinal, um momento para absorver a magia da vida antes de a loucura do dia a dia começar. "O Steve sempre gostou de conversar enquanto caminhava", ele disse, referindo-se a Jobs. "Nós gostaríamos de levar todos os funcionários e usuários da Apple para uma caminhada."

Na tela, um vídeo mostrava as colinas do norte da Califórnia. Era de manhã cedo. O sol ainda estava nascendo e a brisa soprava pela grama. A câmera se movia em um ritmo de caminhada, enquanto Milner narrava o comercial.

"É triste quando um fundador morre", disse ele. "Você fica se perguntando se vai conseguir seguir em frente sem ele. Será que você deve fingir que está tudo bem ou ser sincero com o mundo? Você não sabe a resposta a essa pergunta. Nas reuniões, ainda que ninguém diga em voz alta, algumas pessoas pensam: 'O que ele faria? O que ele diria?'. Você se pergunta se conseguiu absorver a magia dele a tempo. A magia está em você? Ou ele a levou consigo quando partiu? Você passa um tempo em dúvida. Então, um dia, você está discutindo uma questão de importância crucial. Uma encruzilhada. Uma questão gigante. E percebe que sabe exatamente o que fazer. Simplesmente sabe, sem ter de se perguntar o que ele teria feito. Você percebe que tudo aquilo em que ele acreditava ainda vive.

O Steve sabia que seu maior produto não era algo que as pessoas podem pegar ou usar. Não era o iPhone nem o Mac. Era algo muito mais ousado. Uma empresa destemida. Um país sem fronteiras. A própria Apple. Ele não apenas pensava diferente. Ele fazia todos ao seu redor quererem pensar diferente. E agora nós simplesmente não conseguimos parar."

A imagem desapareceu para mostrar o logotipo da Apple com as palavras "Pense diferente".

Quando terminou a apresentação, Milner viu a vice-presidente de comunicações da Apple, Katie Cotton, chorando. Ela enxugou as lágrimas dos olhos. Ele nunca tinha visto um cliente chorar em uma reunião e congelou.

"Não podemos veicular isso", disse Cotton, tentando se recompor.

"Ah, Katie", disse Milner. "Sinto muito."

Schiller e Asai ficaram atordoados. Eles não concebiam a ideia de se referir ao finado CEO da empresa em um comercial. Lembraram à equipe da Media Arts Lab que Jobs nunca quis aparecer em um anúncio. Além disso, ele se opusera à narração do comercial "Pense diferente" antes de seu lançamento em 1997. E, ainda mais importante, disse Schiller, não era verdade. Nos últimos dois anos da vida de Jobs, ele esteve praticamente ausente do *campus*. As pessoas aprenderam a trabalhar sem ele.

"Não podemos fazer isso", disse Schiller. "Precisamos mostrar ao mundo que estamos seguindo em frente, sem olhar para trás, e que somos mais do que Steve."

Milner assentiu. Outras propostas apresentadas naquele dia também não impressionaram Schiller, Asai e Cotton, que enviaram a equipe da Media Arts Lab de volta a Los Angeles para criar algo melhor.

O ESCRITÓRIO DA APPLE EM WASHINGTON era intencionalmente pequeno para os padrões corporativos. Jobs desdenhava da política e achava que fazer lobby era um desperdício de dinheiro. A investigação tributária do Senado pressionou a equipe de 12 pessoas de uma maneira que a empresa nunca havia previsto.

No fim do inverno, o senador Levin marcou uma audiência com a Apple e convocou Cook para explicar sob juramento suas práticas tributárias. Cook orientou sua equipe em Washington a fazer reuniões individuais com os senadores antes da audiência, em uma tentativa de lhes contar diretamente a história da Apple em particular, antes que ele o fizesse em público. Ele nunca havia testemunhado perante o Congresso e fez ligações pessoais para o ex-presidente Bill Clinton e para o CEO da Goldman Sachs, Lloyd Blankfein. Cook queria saber o que esperar.

Blankfein, cuja audiência após a crise financeira de 2008 durou dez horas, disse a Cook para não deixar seus advogados ditarem o que dizer. Explicou que os advogados iriam querer protegê-lo de riscos legais, mas que isso poderia restringir a sua capacidade de proteger a empresa das críticas do público. Também providenciou que as equipes de comunicação da Goldman e da Apple se manifestassem, abrindo caminho para uma coletiva de imprensa antes da audiência.

Um dia, naquela primavera, Cook entrou na sala de conferências do escritório da Apple em Washington e sentou-se à cabeceira da mesa para uma sessão preliminar que tinha como objetivo adiantar-se às questões cruciais que seriam levantadas. Lobistas, advogados, consultores tributários e membros da equipe de comunicação lotavam a sala. Eles passaram o dia fingindo ser senadores, interrogando Cook em uma simulação da audiência. O objetivo era aterrorizá-lo.

Convencido de que a Apple estava sendo injustamente difamada, Cook pretendia apresentar um argumento mais amplo durante a audiência: se vocês têm um problema com as leis tributárias dos Estados Unidos, deveriam consertar as leis, não culpar a Apple. Mas, quando os advogados e lobistas da Apple começaram a fazer perguntas sobre as subsidiárias irlandesas da empresa, ele respondeu fazendo suas próprias perguntas sobre a legislação tributária. Ele queria saber exatamente o que dizer se lhe perguntassem sobre alguma delas. A audiência improvisada se transformou em uma discussão técnica de leis obscuras. Em seguida, Cook se afastou das minúcias com uma pergunta ampla: "Qual é a história que queremos contar aqui?".

As transições que iam dos detalhes ao quadro geral e de volta aos detalhes intensificaram a apreensão na sala. Alguns lobistas começaram a se preocupar com o fato de Cook estar focado demais nas minúcias e temeram que ele entrasse em uma discussão detalhada da legislação tributária durante a audiência, um desvio que poderia fazer com que os senadores o vissem como um arrogante metido a sabe-tudo. Cook também se irritou com algumas perguntas dos lobistas, refletindo a crença da empresa de que a Apple existe para beneficiar o mundo e que não deveria ser repreendida como se fosse uma corporação gananciosa. Alguns ficaram nervosos, achando que o testemunho poderia ser um desastre.

Dias depois, Cook, diante de um painel de senadores, jurou que seu testemunho seria verdadeiro. Sentou-se e ouviu sem emoção enquanto Levin fazia uma longa introdução, dando um sermão sobre as "empresas-fantasmas [...] que estavam explorando um buraco absurdo" nas leis.[18] Cook passou mais de uma hora sendo repreendido por Levin;

grande parte das críticas eram direcionadas ao dinheiro que a Apple preferia guardar no exterior para evitar pagar impostos nos Estados Unidos.

"Eu só queria fazer uma pergunta ao senhor", disse Levin. "É verdade que o senhor disse à nossa equipe que só traria os US$ 100 bilhões para os Estados Unidos se reduzíssemos nossas alíquotas tributárias? Isso é verdade?"

"Não me lembro de ter dito isso."

"É verdade?", Levin insistiu.

"Eu disse que não me lembro de ter dito isso", Cook repetiu, sem emoção.

"O que estou perguntando é: é verdade que o senhor não trará os US$ 100 bilhões para os Estados Unidos enquanto não reduzirmos nossas alíquotas tributárias?", pressionou Levin.

"Não tenho planos no momento de trazer esse dinheiro aos Estados Unidos com a alíquota tributária atual", admitiu Cook.

Parecia que Levin tinha conseguido a confissão que queria, mas Cook ainda não tinha terminado. Depois de uma longa pausa, ele acrescentou: "O comentário do senhor dá a entender que é para sempre, mas posso mudar o que pretendo fazer porque não tenho ideia de como o mundo pode mudar". Os participantes da sessão da falsa audiência não estavam acreditando. Cook conseguira evitar as tentativas de Levin de encurralá-lo. Ele foi tranquilo, atencioso e respeitoso, mas firme e inabalável em sua defesa das práticas fiscais da Apple. E, em vez de falar sobre leis tributárias específicas, ateve--se à história que a equipe concordara em contar: a Apple é a maior contribuinte dos Estados Unidos, pagando US$ 6 bilhões em impostos anualmente, e o escritório que a empresa abriu na Irlanda, onde mantinha seus lucros no exterior, tinha raízes nas décadas de fabricação de computadores lá. Naquele momento, eles viram Cook, um sucessor de Jobs por falta de candidato melhor, transformar-se no CEO do qual a Apple precisava.

Em Los Angeles, a corrida para criar um comercial continuava alucinada. A Media Arts Lab trabalhava furiosamente para finalizar as ideias a serem apresentadas a Tim Cook e Jony Ive. Eles queriam concluir a campanha a tempo de veiculá-la com um lançamento no verão, para influenciar as percepções do público sobre a Apple, a Samsung e o futuro dos smartphones.

No início daquela primavera, Cook entrou na sala de reuniões da Marcom para ajudar a analisar o trabalho. Ele adorou ver que Lee Clow, o presidente da TBWA\Worldwide, estava presente. Clow já tinha revitalizado a marca da Apple duas vezes antes: primeiro com o anúncio *1984*, que Cook estudara na Duke, e depois com o "Pense diferente". Cook gostou de saber que Clow atuaria pessoalmente na nova campanha.

O júri de tomadores de decisão – Cook, Ive e a equipe da Marcom – sentou-se à mesa e uma tela ganhou vida. Contra um fundo branco, uma animação gráfica mostrou uma semente plantada no chão que brotava e se transformava de uma muda em uma macieira gigante. À medida que crescia, um narrador dizia:

> Deixe o mundo melhor do que o encontrou. Uma ideia maluca. Faça algo bom. As coisas vão ficando menos simples [...]. O mundo aplaude. Você cresce ainda mais. E espera-se que a sua relação com o mundo mude. Mas não precisa mudar se você se for fiel à sua ideia [...]. Deixar um mundo melhor do que o encontrou e fazer coisas que inspirem as pessoas a fazerem o mesmo.

A animação se desvaneceu para revelar o logotipo da Apple. Quando o comercial terminou, a equipe da Apple acenou com a cabeça em aprovação. Cook gostou da mensagem. Com a expansão da Apple, as responsabilidades da empresa mudaram. O azarão que antes se posicionava como uma alternativa à Microsoft tornara-se um gigante da tecnologia e, no processo, acabou sendo alvo de todos, desde o *New York Times*, que ganhou um Prêmio Pulitzer por escrever sobre a terceirização da Apple, até o Greenpeace, que atacou a empresa pela utilização de produtos químicos perigosos. Cook queria reverter essa imagem.

"Adorei", disse Cook.

A agência mostrou outro comercial. Uma música suave ao piano encheu a sala enquanto um vídeo animado mostrava quatro pontos pretos se movendo em uma tela branca como traços de lápis, desenhando quadrados, octógonos e círculos. A música se intensificou conforme palavras apareciam e desapareciam da tela, linha por linha:[19]

> se todo mundo está ocupado fazendo tudo. como alguém pode aperfeiçoar alguma coisa? começamos a confundir praticidade com alegria. abundância com escolha. criar algo requer... foco. a primeira coisa que perguntamos é... o que queremos que as pessoas sintam? empolgação. surpresa. amor. conexão. então trabalhamos em torno dessa intenção. leva tempo. cada sim é precedido de mil nãos. nós simplificamos. aperfeiçoamos. recomeçamos. até que tudo o que tocamos... melhora cada vida que toca. só então assinamos nosso trabalho. Design criado pela Apple na Califórnia.

Ive, que não costumava se impressionar, foi o primeiro a falar: "Adorei. É a nossa cara".

Cook concordou: "Também adorei".

Para Vincent e a equipe da Media Arts Lab, os comentários foram um alívio sem tamanho. O comercial, intitulado "Intenção", refletia o esforço deles de representar a filosofia de Ive, que permeava a Apple, em um conceito de marketing que incluiria anúncios impressos, comerciais na TV, entre outros. Eles esperavam que a campanha lembrasse o mundo da essência da empresa e restaurasse a confiança das pessoas de que, mesmo depois da morte de Jobs, a Apple permaneceria fiel à sua identidade.

Na conversa sobre as possíveis campanhas, Cook deixou claro que estava satisfeito com as excelentes opções apresentadas pela Media Arts Lab. Contudo, as terceirizações da empresa e sua pegada ambiental estavam gerando tanta publicidade negativa que a Apple temia que o compromisso de "Deixar o mundo melhor do que o encontrou" exporia a empresa a acusações de hipocrisia. Concentrar-se no design e nos dispositivos, como propunha a campanha "Intenção", evitaria esse risco e honraria a crença de Jobs de que o marketing da Apple devia ser sobre seus produtos.

"Vou usar o 'Deixar o mundo melhor do que o encontrou' internamente", anunciou Cook. Ele gostou tanto do nome do anúncio que passou a usá-lo para inspirar a equipe de seu império cada vez maior.

As luzes do Moscone Center de São Francisco se apagaram e um silêncio caiu sobre o auditório lotado. Era a manhã de uma segunda-feira de junho, e uma plateia de 5 mil desenvolvedores enchia o salão de convenções da conferência anual global de desenvolvedores da Apple, a Worldwide Developers Conference. Fora do palco, Cook assistiu à exibição do anúncio "Intenção", da Media Arts Lab, em uma tela enorme. A música do piano e as formas que enchiam a tela deram lugar a uma série de palavras inspiradoras: *fascínio. surpresa. amor. conexão.*

Aplausos, assobios e gritos de ovação irromperam na plateia de fãs. Usando a camisa para fora da calça, com os grisalhos cabelos curtos perfeitamente repartidos, Cook subiu no palco com energia, ostentando um sorriso. "Obrigado", disse ele. Esperou enquanto a plateia aplaudia mais alto. "Que bom que vocês gostaram!", declarou.[20] "Essas palavras significam muito para nós e vocês verão isso ao longo de toda a conferência."

Sua presença de palco tinha melhorado nos 20 meses desde a morte de Jobs. Ele falava com vigor, dizendo com orgulho que mais de 60 países estavam representados na plateia e que dois terços dos participantes estavam lá pela primeira vez. Manteve a atenção dos presentes por 18 minutos, argumentando que a Apple estava muito melhor que seus críticos e a Samsung insistiam em sugerir. A empresa tinha aberto uma nova loja em Berlim, as vendas do Mac estavam em alta e a Apple tinha novos recursos de software e hardware para anunciar.

Pela primeira vez, Cook apresentou um vídeo sobre o mais novo sistema operacional para iPhone da empresa, o iOS 7, narrado por Ive. O designer britânico, que estava sentado na primeira fila, havia assumido um papel mais proeminente na liderança do design de software da Apple, mas ainda desdenhava da tradição da empresa de fazer discursos de marketing. Ele deixou gravado um vídeo de sete minutos mostrando o centro de controle translúcido que os engenheiros haviam desenvolvido, a tipografia refinada, os ícones redesenhados e sua nova e ousada paleta de cores. O vídeo começava com um tom filosófico.

"Para nós, o design vai muito além da aparência", dizia Ive. "Trata-se da coisa toda, de seu funcionamento em muitos níveis [...]. Trata-se de dar ordem à complexidade."

O trabalho de Ive no software logo deu lugar a seu trabalho no hardware. Depois do anúncio da Samsung, Cook, Schiller e outros líderes se cansaram de ser questionados sobre sua capacidade de inovar sem Jobs. Eles buscaram refutar as críticas quebrando o protocolo do evento e revelando um novo produto antes que estivesse pronto para ser lançado, algo que Jobs sempre evitara fazer.

"Não costumamos fazer isso, mas vocês são um público importante", disse Schiller depois de subir ao palco. "Gostaríamos de dar uma prévia de algo que estamos desenvolvendo."

As palavras *Mac Pro* apareceram na tela atrás dele. O computador seria revolucionário e radical, falou Schiller. Um vídeo foi exibido mostrando uma luz branca refletida em uma esfera escura. Um ressoar se intensificou, dando lugar a improvisos pesados de guitarra e a baterias potentes enquanto a câmera girava ao redor de um computador preto de formato cilíndrico. Schiller acenou com a cabeça em aprovação e mordeu o lábio enquanto a plateia rugia.

"A gente não consegue mais inovar? Que tal isso então?", murmurou como um boxeador provocando o adversário. A plateia caiu na risada depois de sua fala improvisada, enquanto ele desfilava pelo palco, olhando para uma imagem do novo computador na tela gigante.

QUANDO O COMPUTADOR FOI LANÇADO, meses depois, os clientes não se interessaram tanto quanto a Apple esperava. Depois das vendas iniciais de cerca de 20 mil unidades, os pedidos despencaram e a empresa acabou reduzindo drasticamente a produção. O computador ficou conhecido na empresa como "a lata de lixo fracassada".

As avaliações do iOS 7 foram mistas. David Pogue, do *New York Times*, elogiou o design por "descomplicar" o iPhone, e o analista do TechCrunch achou que ficou "mais fácil e agradável" de usar.[21]

No entanto, as reclamações dos clientes começaram a se acumular quando os usuários do iPhone descobriram que algumas das novas tipografias pareciam desalinhadas e as cores mais vibrantes usavam muita bateria.

A campanha da marca, intitulada "Design criado pela Apple na Califórnia", também não se saiu muito melhor.[22] Em vez da campanha "Intenção", mais abstrata, a Apple lançou um comercial mostrando close-ups de seus dispositivos, o tipo de imagem que Schiller, que encabeçava o marketing da empresa, adorava. As imagens incluíam uma sala de aula com estudantes asiáticos fazendo trabalhos escolares em iPads e um casal tirando uma selfie com um iPhone. "É isso que importa", um narrador dizia. "A experiência de um produto. Como ele faz uma pessoa se sentir. Ele vai melhorar a vida de alguém? Ele merece existir? Dedicamos muito tempo em alguns poucos produtos excelentes até que todas as ideias que tocamos melhorem cada vida que elas tocam. Você pode não olhar muito para ela, mas sempre a sentirá. Esta é a nossa assinatura e significa tudo."

Os espectadores avaliaram o anúncio como abaixo da média de todas as empresas e muito abaixo das notas altas normalmente atribuídas à Apple. A revista *Slate* caiu matando.[23] Em um artigo intitulado "Design criado por idiotas incompetentes na Califórnia", um crítico dizia que o comercial deixava transparecer uma "enorme arrogância" que mostrava que a empresa se levava "a sério demais".

As críticas doeram, mas alguns membros da equipe da Marcom concordaram. O comercial seria ótimo para outras empresas; mas, para a Apple, era, no máximo, mediano.

A INSPEÇÃO MINUCIOSA DO SENADO sobre a crescente reserva de caixa da Apple atraiu os tubarões do mercado financeiro. O preço das ações da Apple estava definhando enquanto a Samsung roubava participação no mercado de smartphones. Os investidores queriam que a empresa pagasse dividendos. Em agosto de 2013, Carl Icahn anunciou no Twitter que havia comprado uma grande participação da Apple e conversado com Cook por telefone. Icahn deixou claro que a Apple precisava devolver capital para aumentar o baixo preço de suas ações.

Um dos primeiros predadores corporativos, Icahn ficou famoso na década de 1980 por acumular participações de empresas mal administradas, como a TWA, e forçá-las a cortar custos e vender ativos.[24] Ele rejeitava as análises e seguia seus instintos, recorrendo à imprensa para apresentar seus argumentos caso a administração das empresas não lhe desse ouvidos. Usando de inteligência e arrogância, acumulou uma fortuna de US$ 18 bilhões.

A pressão do ativista colocou Cook em uma encruzilhada. Jobs não acreditava em devolver dinheiro aos acionistas. Traumatizado pela quase falência da Apple em 1996, preferia acumular caixa para garantir a sobrevivência da empresa em uma crise e dar-lhe poder de fogo para reinvestir no negócio quando necessário.

Cook era menos dogmático, mas vivia à sombra de seu antecessor. Em seu primeiro ano como CEO, comprometeu-se com US$ 10 bilhões em recompras de ações. Em 2013, a Apple aumentou esse valor para US$ 60 bilhões. Icahn, que havia comprado cerca de US$ 2 bilhões em ações, exigiu que a Apple quase triplicasse o compromisso para US$ 150 bilhões.

Não era a abordagem que Icahn costumava seguir com outras empresas. Ele acreditava que a Apple era bem administrada, mas subvalorizada por Wall Street. A recompra de ações aumentaria o lucro por ação da empresa e elevaria em um terço o preço das ações, segundo as estimativas de Icahn.

Mas suas exigências enervaram Cook, que não soube como reagir. Ele recorreu a Warren Buffett em busca de orientação e contratou a Goldman Sachs para ajudar a lidar com as tensões.

Icahn convidou Cook para jantar em seu luxuoso apartamento em Nova York, na Quinta Avenida, com vista para o Central Park. Cook aceitou o convite, surpreendendo seus assessores, que, pelo menos em sua maioria, acreditavam que Jobs jamais cogitaria fazer o mesmo. Entretanto, Cook não era um fundador. Ele era um administrador com MBA e sabia que a proposta de Icahn fazia sentido.

Cook chegou ao apartamento de Icahn na noite de 30 de setembro acompanhado do chief financial officer da Apple, Peter Oppenheimer. Icahn os conduziu até o terraço de seu imponente apartamento, no 53º andar. As luzes do Upper West Side brilhavam do outro lado da escuridão do parque. Eles passaram um tempo batendo papo até que Icahn os convidou para um jantar de três horas que culminou com uma sobremesa de biscoitos de açúcar cortados no formato do logotipo corporativo da Apple. Enquanto comiam, Icahn apresentou seus argumentos.

"Tim, o lance é que vocês estão com esse dinheiro todo parado", disse ele. "Faz muito mais sentido recomprar ações. As ações da empresa estão baratas demais."

Icahn sabia que a Apple tinha mais de US$ 100 bilhões no exterior para evitar pagar impostos nos Estados Unidos. Sugeriu que a empresa usasse esse caixa como garantia para fazer um empréstimo e usasse o empréstimo para devolver dinheiro aos investidores. Então, quando as leis tributárias dos Estados Unidos mudassem, a empresa poderia trazer o dinheiro do exterior para os Estados Unidos e pagar o empréstimo.

Cook não falou muito, mas deu a Icahn a impressão de que estava aberto à ideia, dando ao predador corporativo bastante espaço para conduzir a conversa. Ele ouvia Icahn atentamente e anuía com a cabeça, deixando Icahn com a sensação de que estava concordando com o plano.

Depois do jantar, Icahn emitiu uma carta pedindo à Apple que fizesse um empréstimo para financiar as recompras. A empresa acabou aumentando seu plano de recompra de ações de US$ 60 bilhões para US$ 90 bilhões. Icahn queria mais. Enquanto isso, a Goldman trabalhava em nome da Apple para garantir bilhões de dólares em títulos que a empresa poderia usar para recomprar suas ações.

As recompras de capital elevaram o preço das ações da Apple e tranquilizaram Icahn, que acabou vendendo suas ações com um lucro de US$ 1,83 bilhão. Cook seguiu astutamente o conselho de Icahn e elevou o preço das ações da empresa fazendo algo que seu antecessor jamais teria considerado.

QUANDO O VERÃO ACABOU e o outono começou, Cook pisou no acelerador para incluir um colaborador à sua equipe executiva. O cargo de vice-presidente de varejo da empresa estava vago fazia um ano e, com Ive avançando no desenvolvimento de um smartwatch, Cook queria encontrar logo alguém capaz de ajudar a lançar o novo produto. O vice-presidente de varejo anterior tinha sido um desastre.

John Browett, demitido junto com Forstall, durara apenas alguns meses no cargo. Com o apoio de Cook, o ex-CEO da rede de eletrônicos britânica Dixons embarcou em uma missão de corte de custos que irritou o pessoal do varejo e causou uma pequena rebelião nas lojas da Apple. Embora a iniciativa tenha nascido do antigo desejo de Cook de aumentar a eficiência das lojas, o CEO demitiu Browett, um executivo de alta visibilidade, alegando que ele não se encaixava bem na cultura da empresa.

Com Ive pressionando a Apple para produzir um relógio, Cook precisava encontrar alguém que fosse menos do mundo dos eletroeletrônicos e mais do mundo da moda e do luxo. Não muito tempo atrás, a Apple havia colaborado com a CEO da marca de moda britânica Burberry, Angela Ahrendts, fornecendo iPhones antes do lançamento para o ensaio fotográfico de outono da marca. Era o tipo de ideia criativa que combinava moda e tecnologia e poderia beneficiar o lançamento do relógio da Apple.

Ahrendts havia triplicado as vendas da Burberry, tinha fama de ser boa gestora e era sócia do amigo de longa data de Ive e designer-chefe da Burberry, Christopher Bailey.[25] Depois de rejeitar executivos da indústria das comunicações sem fio, Cook convidou Ahrendts para o Infinite Loop.

Ele precisou suar a camisa para convencer Ahrendts de que ela era a pessoa certa para o trabalho. Ela não tinha nenhum interesse especial em tecnologia e se sentia mais à vontade ao lado de um costureiro do que de um engenheiro. Cook garantiu que isso não seria um problema.

"Temos milhares de técnicos", disse a ela. "Mas não é isso que eu quero para essa vaga."[26]

Quando Cook anunciou a contratação em outubro, Ahrendts foi aclamada como uma adição talentosa a uma equipe executiva composta exclusivamente por homens. Ela era vista como uma mulher carismática e extrovertida, a pessoa perfeita para motivar os 40 mil funcionários de varejo espalhados pelo mundo.[27] Tinha belos olhos azuis, cabelos loiros cor de areia e um closet repleto de roupas chiques.

Sua reputação e suas roupas da moda criavam uma verdadeira miragem. Na verdade, ela era introvertida e tímida.

Em um de seus primeiros dias no novo emprego, a equipe de varejo da sede da Apple formou duas filas logo na entrada do escritório de Cupertino. Eles começaram a aplaudir quando ela se aproximou da porta. Era um costume tomado de empréstimo dos funcionários das lojas, que às vezes recebiam os clientes com aplausos entusiasmados. Quando Ahrendts viu a cena, ela congelou.

Em vez percorrer o corredor formado por sua nova e entusiasmada equipe, ela entrou por outra porta e desapareceu por um corredor.

9

A COROA

Os projetos estavam se acumulando. Em 2013, a atenção do maior criador de tendências da Apple podia estar voltada a uma de muitas direções, incluindo o design do relógio, o design de software e o livro de fotos *Designed by Apple in California*. Com a empresa construindo sua nova sede, Ive também estava assumindo cada vez mais responsabilidades pela supervisão de projetos arquitetônicos, materiais e planos de construção. Qualquer uma dessas empreitadas já seria um fardo por si só, especialmente para um perfeccionista, mas assumir todas essas responsabilidades de uma só vez e sozinho, sem a ajuda de Jobs, seu parceiro criativo, provou ser demais para ele.

O tempo começou a voar.

Ive era o membro mais confiável e previsível da equipe de design, caracterizada por seu estilo prático e mão na massa. Ele costumava chegar ao estúdio no mesmo horário todo dia de manhã e sair tarde, só depois de achar que seu trabalho estava concluído. Organizava e liderava três reuniões de projeto por semana, às segundas, quartas e sextas, puxando o trabalho do grupo aos poucos, como a Lua puxa a maré. No entanto, com o acúmulo de responsabilidades pelo software e pela construção da nova sede, sua agenda ficou menos sistemática e sua presença, menos previsível.

O paradoxo era inevitável: no exato momento em que Ive liderava uma iniciativa para criar o relógio mais preciso do mundo, sua relação pessoal com o tempo estava saindo de controle.

DEPOIS QUE IVE E NEWSON desenvolveram um design para o relógio, voltaram sua atenção para um leilão beneficente ao qual foram convidados pelo músico Bono a participarem como curadores. O vocalista do U2, que comparou os designers a Donatello e Michelangelo, reuniu a dupla para arrecadar fundos para a (RED), instituição de caridade dedicada à luta contra o HIV e a aids na África. Como acontece na maioria das novas atribuições, Ive e Newson chegaram ao projeto despreparados, sem fazer ideia do que queriam ou de como fazer o que precisava ser feito.[1] Aos poucos, selecionaram uma coleção de produtos criados com primor que, no fim, incluiu uma edição especial do piano de cauda Steinway Parlor Grand Model A, batizada de "Red Pops for (RED)"; um champanhe Magnum Dom Pérignon de 1966 em um cooler vermelho projetado por Ive e Newsom; um trailer Airstream 16 Sport Travel customizado; entre muitos outros itens. Eles complementaram a variedade de objetos que mais apreciavam com um original único: uma câmera Leica feita sob medida.

Ive tinha razões práticas para criar o design da câmera. Um produto único criado por dois dos maiores designers do mundo – um que mudou a sociedade com seus produtos tecnológicos e outro que transformou o design industrial em arte da mais alta qualidade – arrecadaria mais fundos para a caridade do que qualquer objeto produzido em massa.[2] Mas o maior apelo para Ive foi o caráter único do projeto. Havia um quê de divertido na incongruência de um homem acostumado a desenvolver dispositivos para multidões dedicando a mesma energia para algo a apenas uma pessoa. A Leica havia se distinguido por criar algumas das primeiras câmeras compactas do mundo. Sua linha mais famosa, a Digital Rangefinder, apresentava um case preto de metal. Ive obteve o apoio de Tim Cook para um projeto voltado a fazer uma nova câmera que tirava o exterior preto tradicional da Leica e o substituía por um case tão elegante e simples quanto um MacBook Air prata.[3] Ele abordou a iniciativa exatamente como se fosse um projeto da Apple. Alocou dois designers para liderar o projeto,

Miklu Silvanto e Bart Andre, e atribuiu um engenheiro de produto, Jason Keats, para trabalhar nos componentes e na montagem. Eles reservaram uma mesa no estúdio de design para a câmera, colocando o objeto em pé de igualdade com as mesas dedicadas a iPads, iPhones e Macs, que venderam milhões de unidades.

Ive e Newson desenvolveram um design que exigia que o case da câmera fosse feito com um bloco único de alumínio. Eles propuseram usar uma máquina controlada por computador para gravar a laser um padrão hexagonal no exterior do case, dando-lhe uma textura sutil que lembrava o couro preto perfurado dos cases das primeiras câmeras da Leica.

O projeto deveria levar apenas algumas semanas, mas eles logo depararam com um problema: a câmera original da Leica se abria como uma concha e tinha um sanduíche de componentes digitais dentro. Como planejavam criar um case de peça única, eles precisariam reconstruir as partes internas da câmera, desde a placa de circuito até as chaves de controle, para que pudessem ser incorporadas juntas ao novo case.

Quando o primeiro protótipo foi concluído, Ive saiu de seu escritório de vidro e caminhou até a mesa para avaliá-lo. Girou a cintilante câmera prateada nas mãos e passou os dedos por um botão na parte traseira da unidade que parecia um controle da Nintendo. O botão estava lá para permitir que os usuários percorressem as fotos digitais na tela da câmera. Mas ele não gostou dos botões. Eles eram salientes demais. Disse à equipe que queria os botões tão nivelados e lisos quanto o case de alumínio.

"Quero que a sensação seja perfeita", declarou Ive.

Não era uma tarefa fácil. Keats passou dias adicionando folhas de filme plástico, chamadas Mylar, de 100 milímetros em cada lado do botão traseiro, tentando levantar os botões o mínimo necessário para torná-los discerníveis, mantendo-os praticamente alinhados com o exterior do case.

A coroa   199

O design da câmera levou mais de nove meses e 561 modelos diferentes antes de Ive ficar satisfeito.[4] A Apple estimou que 55 engenheiros gastaram um total de 2.100 horas no projeto. A empresa reutilizou algumas técnicas de fabricação em futuros produtos da Apple, incluindo o processo de gravação a laser para os alto-falantes do MacBook. Keats fez a montagem final à mão e foi para a Alemanha confirmar com os engenheiros da Leica que a câmera funcionaria.

Quando o produto ficou pronto, Ive convidou Cook para vê-lo. A distância entre os centros de poder da Apple – o estúdio de design e a ala executiva – tinha aumentado depois da morte de Jobs. Ao contrário de seu antecessor, que visitava o estúdio todos os dias, Cook raramente saía da capital comercial da empresa, apelidada de Valhalla, para se aventurar em seu núcleo criativo, o *sanctus santorium*.

Ive conduziu Cook até a mesa e levantou a câmera de alumínio polido. Empolgado, explicou a tecnologia de gravação a laser que fazia covinhas no exterior do case para criar a aparência de um ralador culinário. Apontou que a única cor que se destacava na unidade era o vermelho de um logotipo da Leica na frente e em alguns pequenos detalhes, como no *A* de "Auto" no mostrador de exposição, alusões ao leilão da (RED) – "vermelho", em inglês.

Cook assentiu sem expressão enquanto olhava por cima do ombro de Ive. Para quem via a cena do outro lado do estúdio, Cook parecia um pai desinteressado examinando a construção de Lego do filho. Alguns chegaram a brincar depois que viram os olhos de Cook sondando as mesas próximas com os iPhones, iPads e Macs que realmente rendiam dinheiro à empresa.

Ive ainda estava absorto com a câmera quando Cook se virou para sair. O CEO passou só cinco minutos no estúdio de design.

Quando Ive terminou seu trabalho de caridade, sua equipe voltou o foco à relojoaria. O design criado por Ive e Newson forneceu a direção da qual a empresa precisava para seguir em frente, e Ive recompensou

Newson por seu trabalho incentivando a liderança da Apple a incluir formalmente o australiano na equipe. A responsabilidade de contratar Newson recaiu sobre a equipe de fusões e aquisições da Apple, que estruturou um acordo milionário remunerando o designer independente mais como uma empresa do que como um funcionário.

A solução que eles criaram para a pulseira possibilitou à equipe realizar o desejo de Ive de tornar o relógio mais pessoal que qualquer outro produto da Apple. Com isso, a Apple poderia produzir em massa mostradores de relógio idênticos e criar uma série de pulseiras que permitiriam às pessoas personalizar o dispositivo com diferentes cores e materiais. Nas reuniões semanais, os designers resolveram fazer as pulseiras de silicone, couro e metal.[5] Ive alocou um designer-chefe para cada material e encarregou recrutadores de contratar especialistas de materiais.

Para a pulseira de couro, uma nova equipe de engenharia têxtil trabalhou para identificar curtumes ao redor do mundo que pudessem fornecer o material ideal. Eles importavam amostras de couro da Itália, França, Inglaterra, Dinamarca e Holanda e as examinavam meticulosamente para encontrar partes sem estrias nem fissuras. Retiravam esses pedaços perfeitos das amostras como um açougueiro cortando o filé mignon de um novilho. Em seguida, abriam as amostras perfeitas na mesa de carvalho do estúdio de design para Ive avaliar.

Ive pegava cada pedaço de couro marrom com a delicadeza de quem levanta uma pena. "Lindo!", murmurava, com entusiasmo. Em seguida, passava o dedo indicador pela superfície para avaliar sua uniformidade. Dobrava a amostra para avaliar a flexibilidade e examinar se a dobra formava pregas. Depois, colocava a amostra sob um microscópio de joalheiro e examinava a superfície em busca de manchas ou imperfeições. Por fim, recolocava cuidadosamente o couro no local de onde o havia retirado antes de passar para a próxima amostra e repetir a rotina.

Ive participou de dezenas de reuniões como essa ao longo do ano, avaliando uma série de amostras com superfícies ásperas e outras com a aparência crua de um processo de curtimento vegetal. Por fim, escolheu um couro liso com granulação superior em marrom castanho-amarelado de um curtume francês estabelecido em 1803, um couro perolado com textura áspera de um curtume italiano e um couro preto com granulação sutil de um curtume holandês.[6] Ele insistiu que as amostras de couro fossem finas e delicadas e que os engenheiros adicionassem um laminado entre algumas amostras para garantir maior durabilidade.

A equipe de design seguiu um processo semelhante para criar o que seria chamado de "estilo milanês", uma pulseira de aço inoxidável suave e flexível com a qual Ive ficou obcecado até que a equipe encontrou uma maneira de tecer o metal para criar uma trama tão delicada quanto a de um tecido.[7] A mesma atenção foi dada à seleção de cores das pulseiras de silicone, cujo design lembrava o trabalho que Newson havia feito com a marca de relógios Ikepod, criando uma pulseira que poderia ser ajustada a diferentes tamanhos prendendo-se um botão de metal em um buraco.[8]

Eram pulseiras sem igual, ponderadas com todo o cuidado e avaliadas com tanta obsessão quanto o relógio como um todo.

NÃO SATISFEITO, IVE forçou sua equipe a pensar em nível molecular.

Ele tinha passado anos refinando o conhecimento da equipe de design sobre os materiais utilizados. O processo começou a ganhar força em 2004, com sua insistência em controlar as sutis listras pretas nos suportes de alumínio do iMac, e se expandiu nos anos seguintes, quando procurou criar botões de volume tão refinados quanto joias no iPhone. Ive era obcecado pelo alumínio e levou a Apple a mergulhar na cadeia de suprimentos até descobrir que seria possível minimizar as listras ditando as porcentagens de magnésio, ferro e outros elementos incluídos nas ligas. A paixão pelo refinamento levou Ive à feira de relógios Hong Kong Watch & Clock Fair de 2010 para avaliar os expositores de equipamentos utilizados para fazer os botões de metal polido em miniatura que se encaixam perfeitamente nas bordas dos relógios. Com o tempo, a equipe de design passou a recorrer cada vez mais a especialistas em materiais, como Masashige Tatebe, que desenhava em um quadro branco as moléculas de plásticos e metais enquanto os designers faziam perguntas sobre como as propriedades dos materiais afetavam a cor e refletiam a luz.

Ive queria aplicar todos esses anos de aprendizado na criação de caixas de relógios em diferentes materiais, aumentando as opções para pessoas que quisessem personalizar seu dispositivo. A fim de ampliar o uso de materiais, a Apple adquiriu parte de uma empresa da região de Chicago, a QuesTek Innovations, pioneira no uso de computadores para criar ligas personalizadas.[9] A empresa havia patenteado o aço utilizado em carros de corrida e foguetes, e Ive queria ajuda para desenvolver a própria linha de ouro da Apple.

Praticamente desde o início, Ive insistiu que a Apple deveria fazer um relógio de ouro, que ele imaginava como uma auréola cravejada de joias, para ser o ápice de toda a linha de produtos. Ele propôs fazer relógios em ouro-rosado e em dourado tradicional. O conceito assustou os engenheiros de design de produtos da Apple, que eram os responsáveis por combinar os materiais e componentes de hardware e software para chegar a um produto fabricável. Eles sabiam que o ouro é um metal denso, porém macio, que risca com facilidade, uma perspectiva que encheu a imaginação da equipe com clientes pedindo reembolsos de relógios de US$ 10 mil ligeiramente esfolados. Para eliminar esse risco, eles embarcaram em uma jornada para criar um ouro mais resistente e durável.

O trabalho coube à equipe da QuesTek, que usou computadores para conceituar um metal mais resistente.[10] O ouro padrão de 18 quilates é composto de 75% de ouro e 25% de outros metais, como zinco e níquel. A proporção desses outros metais determina a força do ouro. Os engenheiros da Apple criaram combinações para o ouro-rosado e ligas tradicionais que incluíam cobre, prata e paládio. O luxuoso metal poderia ser fundido em blocos de ouro e esculpido para produzir uma caixa de relógio de peça única. Contudo, o que encantou Ive foi a garantia dos engenheiros de que seria duas vezes mais forte que o ouro tradicional e, ao mesmo tempo, luxuoso e durável.

As pretensões de Ive para o relógio colocaram em xeque um dos princípios de Jobs. Ao retornar à Apple em 1997, Jobs eliminara 70% dos produtos fabricados pela empresa e, em um quadro branco, esboçara quatro quadrados. Ele escreveu "Consumidor", "Pro", "Desktop" e "Portátil" nos quadrados e disse que a empresa precisava fazer um produto espetacular para cada quadrante: quatro produtos ao todo. Sua filosofia era: decidir o que não fazer é tão importante quanto decidir o que fazer.[11] Com o relógio, Ive estava colocando esses limites à prova, insistindo no lançamento de três caixas em dois tamanhos diferentes, disponíveis em várias cores, além de uma variedade de pulseiras complexas.[12] Essa insistência na personalização terminaria com 54 configurações diferentes. Em vez de um foco estreito, suas exigências levaram a uma ampla empreitada que implicava mais decisões e mais burocracia.

Enquanto alguns executivos gostavam do empoderamento resultante de aumentar o número de funcionários sob seu comando, Ive via o inchaço corporativo como uma possibilidade de criar obstáculos para suas ideias criativas. Um número cada vez maior de engenheiros e pessoal de operações ganhou acesso ao estúdio para gerenciar todos os elementos do relógio e uma iniciativa do marketing de produtos da Apple para diversificar o iPhone com um modelo mais acessível em cinco cores. Os recém-chegados levaram consigo para o estúdio sacrossanto as preocupações administrativas de Cook relativas às operações e aos custos. As regras tácitas de Ive começaram a ser quebradas.

Durante uma reunião sobre a caixa do relógio em 2013, os designers principais, Julian Hönig e Rico Zorkendorfer, viram-se cercados pela equipe de operações, cujo trabalho era entregar o produto dentro do prazo e abaixo do orçamento. Eles estavam sentados ao redor de uma mesa de carvalho, perto da cozinha do estúdio de design industrial, repassando uma pilha de slides de PowerPoint impressos. Ao folhear os papéis, Hönig e Zorkendorfer se surpreenderam ao encontrar uma proposta detalhada para reduzir custos usando uma técnica de fabricação mais barata para a coroa do relógio. A equipe de design queria cortar cada coroa com uma máquina controlada por computador, um torno de controle numérico computadorizado (CNC), que teria uma precisão incomparável, resultando em uma coroa mais bonita e realista. Mas a equipe de operações estava propondo um processo de corte a laser de baixo custo que pouparia milhões de dólares.

"Isso não tem nada a ver com a Apple", disse Zorkendorfer.

"Tem mais a cara da Samsung", acrescentou Hönig.

Os designers de produto, que também estavam à mesa, tentaram esconder o espanto. Eles sabiam que Ive teria desprezado a proposta. Em sua ausência, ficou claro que o pessoal do dinheiro havia se intrometido no templo do design.

O PERCURSO DE 3 QUILÔMETROS do Infinite Loop até o antigo *campus* da Hewlett-Packard levava menos de dez minutos. A Apple comprara o parque de escritórios de 100 acres em 2010 por US$ 300 milhões. Na época, era uma faixa extensa de prédios baixos cercados por um fosso de estacionamentos. O plano era substituí-lo por colinas ondulantes, imponentes carvalhos e uma sede-vitrine construída pela empresa de arquitetura mais prestigiada do mundo, a Foster + Partners.

No final de 2013, Ive chegou ao antigo *campus* da HP para fazer a avaliação de um produto. Ele ia lá regularmente desde o início das obras, um ano antes. A paisagem ao redor era um terreno baldio de terra e asfalto aos pedaços. Não muito longe dos escombros, ficava o protótipo de um andar de uma seção do que seria a futura sede da Apple: um círculo de vidro curvo de 280 mil metros quadrados com o aspecto futurista de um disco voador. O protótipo de aço e cimento, na forma de uma fatia de torta, tornou-se um centro de atividades, um lugar onde Ive avaliava e aprovava cada elemento do *campus* com o mesmo cuidado e a mesma atenção que dedicava aos futuros produtos da Apple.

Ive se sentia especialmente responsável pelo projeto. Em 2004, ele e Jobs fizeram uma caminhada pelo Hyde Park de Londres; os dois sonhavam em construir um novo *campus* para a Apple que fosse tão aberto e comunal quanto o pátio de uma universidade.[13] Jobs havia aprovado o projeto final, escolhendo um círculo de quatro andares com um pátio interno com o comprimento e a largura de três campos de futebol. Coube a Ive garantir que o projeto correspondesse às preferências exigentes de seu finado chefe.

A equipe de varejo da Apple havia passado meses procurando amostras de vidro ao redor do mundo para Ive analisar. Obter vidro transparente para um prédio de escritórios pode não parecer uma tarefa muito complexa; construtoras de prédios comerciais não se preocupam muito com o vidro, desde que seja transparente. Ive, porém, insistiu em inspecionar cada amostra em busca da transparência perfeita.

A Apple enviava amostras de vidro da Europa e da Ásia para Cupertino, e Ive as inspecionava. Ele queria encontrar um pedaço de vidro tão transparente que enchesse os escritórios da empresa de luz natural, o que, em sua visão, aumentaria a felicidade dos funcionários e, em consequência, sua produtividade. Por fim, escolheu um vidro incrivelmente transparente e relativamente fino, duas camadas de vidro de 12 milímetros de espessura com a capacidade de minimizar o ruído e controlar a temperatura interna do prédio.

Agora ele estava visitando as obras para rever as opções de um dossel de vidro colorido que se projetaria de cada andar do prédio como a aba de um chapéu, protegendo o interior do sol californiano. Havia solicitado incontáveis amostras até receber uma folha de vidro que continha menos ferro que qualquer outro vidro fabricado no mundo. Ao examiná-la, incomodou-se com seu tom de verde. Preferia cores mais frias às mais quentes e perguntou se seria possível fazer o dossel branco como um iPod.

O pedido deu início a uma corrida para encontrar uma maneira de pegar um pedaço de vidro transparente e dar-lhe a ilusão de cor. Arquitetos e engenheiros chegaram a uma solução que envolvia a aplicação de um acabamento de silicone no dossel de vidro para mascarar seu tom naturalmente verde. O resultado foi um edifício cercado por barbatanas foscas que faziam a estrutura parecer tão pura quanto um bolo de casamento.

DE VOLTA AO INFINITE LOOP, Ive se reunia quase diariamente com um grupo de cerca de dez designers de software que ele havia reunido para pensar no funcionamento do relógio. Da mesma forma que não poderia ser lançado sem que seu design físico fosse finalizado, o produto não poderia ir ao mercado antes de a equipe decidir como as pessoas interagiriam com ele.

Simbolizando a responsabilidade de Ive pelo projeto do relógio, a equipe de dez pessoas foi alojada no estúdio de design, a uma curta caminhada de seu escritório. Eles ocuparam um espaço de 3 por 3 metros, onde construíram quadros de cortiça para exibir esboços e ilustrações de como o software poderia ser.

Ive passava por lá com frequência para avaliar o progresso e fazer sugestões. O objetivo era criar um iPhone miniaturizado que seria usado no pulso. O dispositivo precisava ser familiar, mas também original; uma extensão da tecnologia multitoque criada pelo iPhone, mas adaptada à tela menor de 1,5 polegada. Ele queria uma tela inicial que pudesse ser controlada pela coroa do relógio.

Uma das primeiras versões desse conceito foi criada por Imran Chaudhri. Um gênio da interface humana nascido na Grã-Bretanha, que raspava a cabeça e tinha uma queda por camiseta preta e jeans, ele deixara sua marca na Apple como um dos principais inovadores por trás da tecnologia multitoque que fez do iPhone um enorme sucesso.

Chaudhri esboçou a ideia de uma tela inicial que poderia ser composta por dezenas de minúsculos ícones de aplicativos dispostos em um círculo, uma homenagem ao formato redondo dos mostradores tradicionais dos relógios. Os ícones poderiam aumentar ou diminuir de tamanho com um giro da coroa do relógio.

Ive preferia organizar os ícones na forma de um hexágono, o que facilitaria manter o equilíbrio do formato à medida que os usuários adicionassem e subtraíssem aplicativos. A equipe gostou da aparência, mas alguns designers de software que foram incluídos posteriormente para trabalhar no relógio acharam que os ícones poderiam ficar pequenos demais para as pessoas usarem.

Com os protótipos do relógio ainda em desenvolvimento, o grupo fazia a maior parte do trabalho no papel e testava as interações em um iPhone equipado com uma pulseira de velcro.[14] No iPhone, criaram uma tela que seria do tamanho do relógio e o equiparam com uma coroa digital para avaliar como ela expandiria e contrairia os ícones dos aplicativos. Como a tela em miniatura era pequena demais para escrever mensagens, eles desenvolveram um sistema chamado "Quickboard", que sugeria respostas básicas que podiam ser enviadas com um único toque.

Para alertar as pessoas sobre uma mensagem recebida, trabalharam com a equipe de design de produto para desenvolver o que chamaram de *taptic engine*, um motor que vibraria sutilmente no pulso do usuário. O conceito criou um desafio de engenharia. O motor vibratório era composto por um atuador ressonante linear, basicamente uma mola com um peso na extremidade que saltava em resposta a um comando. Em um celular, ele chamava a atenção do usuário vibrando na mesma frequência do zumbido de um mosquito, um som que os humanos são evolutivamente predispostos a ouvir. Mas, como ninguém queria mosquitos zumbindo no pulso, os engenheiros trabalharam para praticamente eliminar o som da vibração até deixar apenas a sensação de um toque suave no pulso.

Sem Jobs para conduzir o desenvolvimento de novos produtos, Cook encarregou o principal executivo de operações da empresa, Jeff Williams, de orquestrar as equipes de design, software e hardware responsáveis por dar vida ao relógio. Williams se responsabilizou por liderar um comitê com representantes de cada divisão que se reuniam regularmente para planejar o desenvolvimento do projeto. Ive fornecia ao grupo a direção criativa e Williams, a supervisão.

A função colocou o executivo de operações em território desconhecido e deixou a supervisão da visão de Ive nas mãos de alguém que tinha sensibilidades definitivamente diferentes de Jobs. Assim como seu chefe, a expertise de Williams estava em fabricar produtos em larga escala, não em inventá-los. Dentro da Apple, ele era conhecido como "o Tim Cook do Tim Cook". As semelhanças iam do currículo ao tipo físico dos dois. Ambos eram sulistas com diplomas de engenharia e MBA; ambos eram altos e esguios, com cabelos curtos e olhos estreitos; ambos eram estoicos que mais ouviam do que falavam; e ambos eram considerados frugais. Os colegas achavam que Cook era pão-duro porque havia passado uma década se recusando a comprar uma casa. Williams ganhou o título porque continuava dirigindo um humilde Toyota Camry mesmo depois que sua remuneração total subiu para US$ 69 milhões em 2012.[15]

Um dos primeiros desafios que Williams enfrentou veio da engenharia de hardware. À medida que o projeto avançava rápida e ruidosamente na frente de batalha do design industrial, os engenheiros de hardware lutavam para finalizar os recursos do relógio. Eles exploraram diversos recursos, incluindo um sistema de eletrocardiograma para verificar as condições cardíacas do usuário e uma ferramenta de medição elétrica para glândulas sudoríparas, chamada resposta galvânica da pele, que informaria se o usuário estava calmo ou estressado. A indecisão da equipe sobre quais recursos incluir a impedia de definir os chips e componentes necessários para usar no dispositivo. As mesas dos engenheiros lembravam mais um laboratório de ciências do que uma instalação de desenvolvimento de produtos, desmotivando alguns membros da equipe, incluindo um engenheiro sênior chamado Eugene Kim, que desertou temporariamente para o Google.

Alarmado, o líder do hardware, Bob Mansfield, substituiu o gestor do grupo por um de seus homens de confiança, Jeff Dauber. A seleção criou uma dinâmica estranha com Williams. Dauber era carismático, teimoso e abertamente gay. Raspava a cabeça a ponto de ficar reluzente e ostentava um bigode com as pontas curvadas para cima. Uma manga de tatuagem cobria seu braço esquerdo. Ele, que entrara na Apple em 1999, personificava o espírito rebelde de uma empresa que Jobs reunira em torno do slogan "É melhor ser pirata do que marinheiro".

Uma das primeiras coisas que Dauber queria fazer era trazer Kim de volta do Google. Na maioria das empresas, recontratar um ex-funcionário era comum, mas na Apple a ideia era subversiva. Jobs exigia a mais completa lealdade dos funcionários e tinha uma regra tácita de que as portas da Apple ficariam lacradas para qualquer um que deixasse a empresa para trabalhar em um concorrente. Quando Dauber propôs para Williams trazer Kim de volta, a reação inicial do executivo de operações foi de hesitação. Williams não sabia se a regra de Jobs deveria ser mantida ou abandonada agora que a empresa estava emergindo da sombra de seu líder de longa data. No fim, acabou concordando.

Quase imediatamente, Dauber e Kim procuraram colocar ordem no caos da engenharia de hardware. Descartaram recursos que consideravam suspeitos ou impossíveis de entregar no prazo. As vítimas incluíram o eletrocardiograma e a resposta galvânica da pele. O eletrocardiograma exigiria a aprovação da Food and Drug Administration,* um processo demorado e burocrático que levaria anos. O conceito de resposta galvânica da pele parecia desnecessário. Por que um usuário precisaria de um dispositivo para lhe dizer que ele estava estressado? Ele não saberia disso?

---

* O equivalente, no Brasil, à Agência Nacional de Vigilância Sanitária (Anvisa) (N. T.).

A eliminação desses e de outros recursos reduziu as funcionalidades de monitoramento de saúde do relógio e levantou questões sobre o propósito do dispositivo. Entrar no setor de saúde de US$ 7 trilhões fora parte da justificativa para fazer um smartwatch. Com o iPhone elevando as vendas anuais da Apple acima dos US$ 150 bilhões, a empresa precisava desenvolver produtos em setores enormes, como a saúde, onde poderia gerar novas vendas. Incluir recursos de saúde também dava ao relógio um foco altruísta, que se encaixava na promessa de Cook de que a Apple faria produtos para enriquecer a vida das pessoas. Mas nenhum dos conceitos de saúde explorados pela Apple decolou. Até o sistema não invasivo de monitoramento de glicose que a Apple adquirira da Rare Light acabou sendo uma grande decepção. Os engenheiros da Apple na Avolonte Health descobriram que a tecnologia da Rare Light não funcionava como esperado e começaram a criar do zero seu próprio sistema de monitoramento de glicose. Eles passariam quase uma década trabalhando para desenvolver um sistema de teste de glicose do tamanho de uma geladeira em miniatura – muito longe de ser miniaturizado em um relógio de pulso. Outras ideias também levaram a uma onda de empolgação seguida de decepção.

Durante uma reunião dos principais executivos do projeto, incluindo Ive e Williams, alguém mencionou uma startup que afirmava ter um microchip capaz de detectar câncer. Ive se empolgou com a possibilidade de poder ajudar as pessoas a detectarem uma doença tão letal e buscarem tratamento precoce. Outras pessoas na sala compartilharam seu entusiasmo. A doença não só havia tirado a vida de Jobs como também havia causado a morte, no início de 2013, do principal tecnólogo da empresa, Mike Culbert, um dos heróis desconhecidos da Apple. No entanto, o entusiasmo deles minguou quando consideraram os riscos legais de fornecer aos clientes falsos positivos ou negativos e os possíveis danos à marca caso a Apple se tornasse uma mensageira da desgraça, vibrando no pulso das pessoas para entregar uma notificação desoladora: você está com câncer e pode morrer.

Diante desses contratempos, Dauber direcionou o foco da equipe de engenharia para os sensores de frequência cardíaca na traseira da caixa do relógio. Com base no conhecimento de que o sangue é vermelho porque reflete a luz vermelha e absorve a luz verde, eles desenvolveram um sistema para monitorar a quantidade de sangue que flui nas artérias de um pulso, piscando LEDs verdes centenas de vezes por segundo.[16] Cada batimento cardíaco aumenta o fluxo sanguíneo através das artérias. Quando o sangue está fluindo, ele absorve mais luz verde. Entre os batimentos cardíacos, a absorção da luz verde diminui. Essas diferenças poderiam ser calculadas em tempo real pelos sensores e algoritmos para determinar o número de batimentos cardíacos por minuto. A equipe desenvolveu um sensor infravermelho separado que iluminava o pulso a cada dez minutos para obter uma leitura da frequência cardíaca. Seguindo a orientação dos designers da Apple, eles colocaram as luzes no interior de quatro círculos idênticos em uma caixa de cerâmica lisa. O resultado combinou uma engenharia complexa a um estilo sofisticado.

Para fazer o sistema funcionar, eles projetaram a menor placa de circuito que a empresa já havia feito. Ela conectava o relógio a um iPhone, que transmitiria mensagens de texto e e-mails para o pulso por meio de uma antena. Os componentes de radiofrequência que forneciam essa conexão precisariam, normalmente, ser colocados dentro de pequenos escudos para evitar que os sinais interferissem uns nos outros, mas o relógio era tão pequeno que não havia espaço para os escudos usados no interior de um iPhone. Os engenheiros acabaram criando um revestimento especial que poderia ser pulverizado na placa de circuito para proteger a integridade dos sinais. A solução abriu o caminho para uma placa de 2,5 por 2,5 centímetros com mais de 30 componentes e 30 peças de silício. Ela se tornou o cérebro do relógio.

À medida que os engenheiros de hardware avançavam, a carga de trabalho aumentava para os designers de produto responsáveis por construir e testar os primeiros protótipos. O processo pode ser demorado porque cada protótipo requer testar cada componente para garantir que tudo funcione harmoniosamente, quase como checar cada lâmpada de um cordão de luzes de Natal que não funciona, a fim de encontrar a lâmpada queimada.

Na esperança de agilizar o processo, Williams pediu aos engenheiros para acelerar o desenvolvimento dos protótipos. Os engenheiros acharam que a pressão estava vindo dos anúncios de Cook de que a Apple lançaria o relógio no outono de 2014, para que a empresa pudesse mostrar aos investidores que poderia fazer mais do que iPhones. A equipe de operações de Williams era capaz de cumprir prazos ambiciosos e reduzir dias da data de envio de um produto resolvendo problemas no chão de fábrica. Ele queria que os designers de produto fizessem o mesmo. Alguns engenheiros tentaram explicar que a natureza de tentativa e erro do trabalho deles dificultava acelerar o processo. Ante a insistência de Williams, eles criaram um calendário falso para ele e foram para a China semanas antes de as peças começarem a ser produzidas. Um calendário mais realista que eles mantinham apenas entre a equipe revelava a verdade: era impossível parar o tempo.

QUANDO OS 100 PRINCIPAIS líderes da Apple se reuniram em um de seus encontros anuais no sul de Cupertino, o clima era de otimismo. A Samsung estava crescendo e continuava provocando a Apple com seus anúncios, mas o relógio acenava com a promessa de que a Apple provaria que seus críticos estavam errados em não acreditar no potencial da empresa.[17] As apresentações encheram de entusiasmo e confiança a sala de reuniões do resort de luxo.

O relógio uniu a força de trabalho da Apple e deu um propósito aos funcionários. Ajudou a liderança a sair do luto e a desafiou, de fato, a liderar a empresa. Eles redescobriram o espírito do trabalho em equipe e de criatividade que permitira à empresa criar o iPod, o iPhone e o iPad. E também tinham outros produtos a caminho, incluindo um sistema de pagamento móvel e novos iPhones. O grupo tinha muitas razões para estar animado.

Mas Ive estava taciturno.

Um dia, ele convidou seu colega de operações mais confiável, Nick Forlenza, para um café da manhã. Naquela manhã, Ive chegou ao pátio externo sombreado usando óculos escuros que ocultavam seus olhos, mas não sua ansiedade.

Um dos engenheiros de operações que trabalhava no relógio planejava fugir para um concorrente. Ive estava preocupado com a possibilidade de a deserção dar ao rival a chance de roubar os designs e conceitos de engenharia que a Apple passara anos desenvolvendo. Ele temia que seu bebê estivesse em perigo.

"Você tem ideia do desastre que isso seria?", perguntou.

Forlenza ouviu com atenção enquanto Ive procurava uma solução. Ive perguntou se eles não poderiam oferecer nada para o engenheiro ficar na empresa. Ele não se importava com o custo; queria que a propriedade intelectual da Apple fosse protegida. Agitado, olhou para o vazio procurando uma solução.

"Não sei se você tem noção da gravidade da situação", comentou.

Explicou que a coroa do relógio seria o recurso mais importante do novo dispositivo da Apple. Seria a ponte que conectaria os relógios mecânicos do passado com o relógio computadorizado do futuro. Era central para a experiência do usuário, pois permitia que as pessoas percorressem as telas e os aplicativos em seu pulso. Ele temia que o engenheiro desertor compartilhasse a ideia da coroa e que a rival da Apple conseguisse lançar uma imitação barata do conceito, contaminando o mercado antes do lançamento do relógio de Ive. "O concorrente não estaria colocando as mãos em um simples aspecto do produto", ele explicou. "É a essência dele."

Forlenza disse que tentaria recuperar o gerente de operações. No fim, a Apple não conseguiu recontratar o desertor, mas a garantia de Forlenza ajudou a tranquilizar Ive e restaurar sua confiança.

Depois do retiro, já de volta a Cupertino, Ive se viu diante de novas pressões e responsabilidades.

Ive nunca opinara muito sobre o marketing da Apple. Seu envolvimento costumava se limitar à embalagem do produto, definindo as caixas brancas minimalistas características da empresa. Jobs liderava todos os outros aspectos do marketing, desde os anúncios até os eventos. Entretanto, na ausência de Jobs, Cook havia implementado uma abordagem colaborativa ao marketing que exigia mais opiniões de Ive sobre a maneira como a Apple apresentava seus produtos ao mundo. Ive tinha uma visão tão distinta para o relógio que aceitou a responsabilidade.

À medida que o relógio se tornava realidade, sua convicção sobre o propósito do novo dispositivo se aprofundava. Ele vivia caracterizando o relógio como o dispositivo mais pessoal da Apple e discursava que o sucesso do produto dependeria da disposição das pessoas em usá-lo. Vender o relógio exigiria o endosso de formadores de opinião culturais, especialmente do mundo da moda, uma indústria que tinha uma influência invisível sobre o que as pessoas vestem.

Em uma reunião de marketing, ele disse aos colegas que a reação de formadores de opinião como a editora da *Vogue*, Anna Wintour, e o estilista Karl Lagerfeld teria mais influência no sucesso do relógio do que os analistas de tecnologia que avaliaram os Macs mais recentes.

"Nosso futuro não está nas mãos de pessoas como Walt Mossberg", disse Ive à equipe de marketing da Apple, referindo-se ao analista de produtos de longa data do *Wall Street Journal*. Ele respeitava Mossberg, mas acreditava que o relógio precisaria transcender os analistas de tecnologia para conquistar a aceitação do público.

Alguns colegas acharam que o foco na moda não se encaixava com o foco histórico da Apple em divulgar recursos de tecnologia. Phil Schiller, do marketing de produtos, queria apresentar o relógio como um acessório do iPhone ou um dispositivo fitness, enfatizando sua capacidade de levar mensagens ao pulso dos usuários ou monitorar seus treinos. Alguns integrantes da Marcom achavam que Ive podia estar tentando usar o relógio para empurrar a empresa em uma direção que o interessava pessoalmente. Eles consideravam que seu foco na moda era uma demonstração de sua vaidade e egocentrismo.

Ive se irritou com a resistência deles. Ele continuava convencido de que ninguém usaria o relógio se fosse apresentado ao público como um computador. Pessoas próximas a ele viam seu interesse pela moda como uma extensão do legado de Jobs de casar tecnologia com cultura. Aos olhos dos dois, não fora o iPod sozinho que ressuscitara a Apple, mas a fusão do dispositivo com a música. Para o relógio se tornar um sucesso, a Apple precisaria forjar relacionamentos no mundo criativo e conquistar formadores de opinião no mundo da moda da mesma forma como conquistara gravadoras e músicos.

Jobs teria acabado imediatamente com essas tensões internas emitindo uma decisão autocrática com base em sua preferência pessoal. As decisões inflexíveis de Jobs poupavam Ive, que era avesso a conflitos, das chateações das disputas internas do dia a dia. No entanto, Cook não se envolvia muito no desenvolvimento dos produtos e alimentava as disputas corporativas tentando dar a cada lado um pouco do que eles queriam.

Para dar suporte à visão de Ive, Cook endossou a contratação de Paul Deneve, da Yves Saint Laurent, casa de moda sediada em Paris. Deneve foi escolhido para desenvolver a estratégia de entrada no mercado para o relógio, devendo reportar a Cook. A função lhe deu responsabilidade pelas vendas, pela distribuição, pelas relações públicas e pela gama de produtos. Ele ia todos os dias ao estúdio e ajudava Ive com decisões de design relacionadas à moda, como a decisão de incluir uma pulseira de couro com uma fivela clássica de relógio tomada na última hora. Eles tiveram ideias inovadoras para exibir o relógio nas Apple Stores, brincando com um conceito para converter as famosas mesas de carvalho das lojas em expositores de joalheria em miniatura, expondo os relógios sob um tampo de vidro.[18] A empresa nunca gostou de usar consultores externos, mas Ive contratou consultores em comunicação com experiência em moda, inflamando as tensões entre o pessoal de marketing de longa data, acostumado a fazer as coisas ao estilo da Apple, e os outsiders e suas ideias próprias.

No verão de 2014, Ive chegou à ala executiva do quarto andar da empresa para uma reunião na sala do conselho. Ele e Cook se reuniram com membros das equipes de marketing e comunicação para discutir os planos para o lançamento do relógio. A empresa estava tendo muita dificuldade de definir suas apresentações de outono. Os eventos de marketing apresentariam a nova linha de produtos antes da temporada de compras de Natal. Milhões de pessoas assistiam aos shows e a imprensa documentava cada novo produto, dando à empresa centenas de milhões de dólares em publicidade gratuita. Como o relógio seria a primeira nova categoria de produto da Apple após a morte de Jobs, sua apresentação precisava ser perfeita.

Cook preparou-se para mediar as diferentes visões representadas por Schiller e Ive. A equipe de marketing, liderada por Schiller, preferia revelar o relógio em setembro no Flint Center for the Arts, do De Anza College, o mesmo auditório de Cupertino onde Jobs apresentara o primeiro Mac e iMac. Já Ive e sua equipe de outsiders se preocupavam com o local onde os relógios seriam expostos à imprensa e aos convidados especiais depois da apresentação. Ele propôs erguer uma tenda toda branca, sua cor preferida, para os convidados poderem ver os relógios. Para isso, a Apple teria que remover as árvores do lado de fora do prédio, erguer a tenda e depois replantar as árvores. Não ficaria barato.

"Quanto?", Cook perguntou.

"Eles estão pedindo US$ 25 milhões", alguém respondeu.

Cook estava diante de um dilema. Ele gostava da proposta do marketing de voltar às raízes da Apple e sediar o evento no De Anza. E também entendia a preocupação de Ive com os riscos de receber a imprensa do setor da moda em uma faculdade técnica de Cupertino. Ele balançava na cadeira enquanto o grupo discutia sobre a tenda. Algumas pessoas achavam que a tenda lembraria demais uma tenda de casamento. Outras questionavam a logística de arrancar e replantar as árvores. Algumas simplesmente tentavam processar a ideia de uma empresa que chegara à beira da falência e adotara a mentalidade de uma avó da época da Depressão estar considerando gastar tanto dinheiro em uma barraca. Quando ouviu o suficiente, Cook parou de se balançar.

"Vamos em frente", anunciou.

QUANDO AS PRIMEIRAS VERSÕES do Apple Watch foram concluídas, Ive insistiu que a editora-chefe da *Vogue*, Anna Wintour, visse o dispositivo antes do público. O pedido era incomum em uma empresa que mantinha seu trabalho envolto em mistério para poder revelar novos produtos em um espetáculo de magia. Às vezes, antes de lançamentos importantes, a empresa revelava algumas informações a jornalistas que conhecia bem. Com o relógio, Ive queria ir além e passar informações para uma das personalidades mais influentes do mundo.

Não foi fácil conciliar as agendas para reunir Ive e Wintour. Ele passava uma parte do verão no Reino Unido e ela passava o verão em uma propriedade de 42 acres nos Hamptons, em Nova York. Eles acabaram marcando uma reunião no elegante Carlyle Hotel, no Upper East Side de Nova York. Era um dos hotéis favoritos de Ive, conhecido por toques luxuosos, como fronhas com monogramas das iniciais dos convidados bordados em ouro.

Em agosto, uma equipe de segurança de produtos transportou em um jato vários modelos do Apple Watch para Nova York. Eles levaram os relógios em maletas pretas para uma suíte com vista para o Central Park, onde Ive e Wintour se encontrariam.

Ive nunca tinha falado pessoalmente com a notória editora da *Vogue*. Conhecida como Rainha de Gelo, ela era a figura mais poderosa da moda, admirada por seu tino sagaz para os negócios e temida por sua natureza exigente. Ela tinha a capacidade de, com pouco mais de um olhar, determinar o sucesso ou o fracasso de um designer. Sua aprovação poderia colocar uma coleção nas páginas de sua revista, validando-a para os leitores mais influentes e elitistas da moda.

Os dois se encontraram sozinhos na suíte. Assim que Wintour se acomodou, Ive abriu delicadamente as peças de couro que envolviam os relógios como se estivesse desembrulhando um presente. Seu processo para exibir o relógio normalmente incluía uma lição sobre a história da marcação de tempo, explicando o paralelo entre o relógio da praça de uma cidade sendo miniaturizado em um relógio de pulso e computadores mainframe sendo miniaturizados em smartphones. O Apple Watch representava a conversão desses dois campos.

Enquanto Ive pegava cada relógio, ele ia explicando o design, as ligas metálicas e as pulseiras. Explicou como cada item fora feito e mostrou como a coroa era uma ferramenta para navegar no computador em miniatura.

Wintour ficou absolutamente fascinada.[19] Ela tinha visto incontáveis designers exibirem seus trabalhos ao longo de sua carreira na moda e sabia diferenciar entre os que tinham um profundo envolvimento com seus produtos e os que usavam uma equipe para dar vida às suas ideias. Ficou claro para ela que Ive conhecia cada milímetro do relógio e havia pensado em cada detalhe. Ela sentiu que ele seria capaz de construir o relógio sozinho.

Ive mostrou cada detalhe com muito amor. Ela ficou impressionada ao ver que o design era quase uma obra de arte e, ao mesmo tempo, sustentava um produto funcional. O detalhamento da apresentação a lembrou de seus muitos encontros com Karl Lagerfeld, o designer de longa data da Chanel e uma das figuras mais influentes da moda.

O encontro entre o artista e a Rainha de Gelo estava programado para durar apenas 15 minutos. Eles ficaram uma hora juntos.

DE VOLTA À CALIFÓRNIA, mais ou menos na mesma época, Jeff Dauber estava cada vez mais preocupado com o relógio. Os engenheiros haviam feito de tudo para que a bateria durasse o máximo possível, mas os LEDs verdes exigiam uma potência enorme, frustrando seus esforços e forçando concessões. As soluções incluíram limitar o tempo de funcionamento dos sensores cardíacos e prolongar a vida útil da bateria, fazendo com que o relógio exibisse informações apenas quando o usuário inclinasse o pulso em direção ao rosto. O resultado foi um relógio que, na maior parte do tempo, não passava de uma tela morta que nem chegava a mostrar a hora.

Os engenheiros também notaram que as velocidades de processamento do relógio podiam ser baixas. Podia levar um tempo para transmitir mensagens do celular para o relógio. Outros recursos também ficaram abaixo do esperado. Esses e outros problemas deixaram alguns engenheiros diante de uma questão importante na etapa final do processo de desenvolvimento: o que o relógio realmente faz?

Em agosto, um mês antes de o relógio ser apresentado ao mundo, Dauber foi ao escritório de Williams no prédio de operações perto do Infinite Loop. Na época, havia uma enorme pressão da liderança sênior da Apple, incluindo Cook, para lançar o relógio o mais rápido possível, esforço interpretado por muitos que trabalhavam nele como uma tentativa de silenciar os críticos e tranquilizar os investidores. Contudo, Dauber não estava conseguindo se livrar de suas dúvidas.

"Jeff, se você esquecesse o celular em casa e chegasse ao escritório sem ele, você voltaria para pegá-lo?", ele perguntou.

"Claro que sim", respondeu Williams.

"Se esquecesse o relógio em casa, você voltaria para pegá-lo?", Dauber perguntou.

Williams parou para pensar. "Não", disse ele. "Eu pegaria quando voltasse para casa."

"É por isso que não podemos lançar isso", disse Dauber. "Ele ainda não está pronto. Não é espetacular."

10

ACORDOS

O jumbo da United Airlines sobrevoava o Oceano Pacífico, levando Tim Cook e outros exploradores corporativos ansiosos por fazer negócios em Pequim.

Em 2014, a China já havia consolidado seu lugar como o mercado em crescimento mais importante do mundo. Agricultores do país todo deixaram suas lavouras e migraram para megacidades que explodiam com empregos mais bem pagos e um frenesi de prédios e fábricas sendo construídos. Pelo menos cinco dessas cidades eram tão grandes ou maiores que Nova York. Consumidores chineses seletivos com as marcas que compravam estavam gastando mais em fraldas Huggies e Cabernet Sauvignons da Penfolds do que os americanos.[1] Todos os dias, aviões levavam executivos da Califórnia e de outros lugares do mundo para o limiar da Praça Tiananmen, onde eles percorriam avidamente os corredores do poder para extrair um pouco da bonança comercial do país.

Cook já tinha feito a viagem muitas vezes. Desde o lançamento do iPhone em 2007, ele defendia que a empresa concentrasse sua expansão geográfica no país mais populoso do mundo. O iPod havia dado à marca Apple uma grande visibilidade junto aos consumidores chineses, que ansiavam pelos novos celulares da empresa. Todavia, para distribuir o popular dispositivo, Cook precisava da aprovação do governo chinês. O esforço exigia navegar por uma burocracia tão bizantina que a equipe da Apple recorreu à ajuda do Departamento de Estado dos Estados Unidos em 2008 para garantir o primeiro acordo de distribuição.[2] A cada ano a empresa aumentava a distribuição, mas o foco de Cook raramente se desviava do verdadeiro prêmio: um acordo com a China Mobile, a maior operadora de telefonia do país.

A busca de Cook por essa oportunidade o transformou no diplomata-chefe da Apple, viajando à China para se reunir com autoridades do Ministério da Indústria e Tecnologia da Informação. Ele encantou os ministros com sua concentração e determinação e, uma raridade para alguém tão reservado, personalizou o apelo revelando que sua cunhada, esposa de seu irmão caçula, era chinesa. Ele era muito próximo do filho deles, Andrew, um talentoso estudante de matemática que compartilhava o amor do tio pelo time de futebol americano da Universidade de Auburn.[3] Cook contou que os vínculos de sua cunhada com a China aprofundaram seu interesse pelo país.

Entretanto, aquela viagem não era uma exploração cultural. O objetivo era fechar um acordo que já tinha seis anos de negociações. Quando o avião aterrissou, Cook não via a hora de abrir mais esse território para a Apple.

EM CUPERTINO, A LIDERANÇA da Apple se via cada vez mais à beira do abismo. O iPhone, que havia transformado o mundo e eletrizado os negócios da Apple, dava sinais de cansaço. No início de 2014, a empresa registrou seus menores ganhos de vendas na temporada de Natal, disparando alarmes dentro e fora da empresa.[4] A equipe de marketing da Apple projetou um futuro no qual esse crescimento lastimável se tornaria a norma à medida que o mundo ficasse saturado de smartphones, deixando cada vez menos compradores potenciais de primeira viagem. A projeção alimentou o medo de que o ativo mais valioso da empresa tivesse se transformado em um perigoso passivo.

A notícia que se espalhou pela empresa foi: Cook queria que seu próximo grande dispositivo entregasse pelo menos US$ 10 bilhões em vendas, um benchmark artificial para garantir que qualquer novo projeto da Apple fosse mais que um erro de arredondamento para uma empresa que reportava US$ 170 bilhões em receita anual. A meta financeira refletia a lei dos grandes números, uma teoria de negócios que afirma que, conforme as vendas de um produto de grande sucesso se expandem, fica cada vez mais difícil atingir a taxa de crescimento que os investidores esperam. Em público, Cook chamava a teoria de um "dogma [...] meramente inventado" para incitar o medo.[5] Ele assegurava aos investidores que Jobs havia criado uma cultura na qual os números não restringiam as ideias. Pelo contrário, dizia, o foco da Apple estava em criar produtos que gerariam os números. No Infinite Loop, porém, os números começaram a orientar o desenvolvimento de produtos e a estratégia de negócios. Cook acreditava na visão de Ive para o Apple Watch e no potencial do produto para gerar o número de vendas de que a Apple precisava para aumentar a receita, mesmo com o amadurecimento do iPhone. Contudo, o eterno planejador de backups e mitigador de riscos previa que poderia ser necessário mais do que um novo negócio para satisfazer as expectativas dos investidores e foi atrás de criar as próprias oportunidades.

Enquanto o chofer dirigia do hotel Park Hyatt, em Pequim, para a sede da China Mobile, Cook olhava empolgado pela janela. O CEO, normalmente reservado e resoluto, estava de bom humor naquele dia de janeiro de 2014. A cidade fervilhava de energia enquanto pessoas em casacos de inverno se apressavam para atravessar a rua, algumas falando ao celular. Algumas dessas pessoas estavam entre os 760 milhões de assinantes do serviço de telefonia celular da China Mobile. Em questão de dias, essas mesmas pessoas teriam a chance de comprar e usar iPhones pela primeira vez.

O carro chegou a um arranha-céu de aço e vidro atrás de uma parede de concreto monótona estampada com o nome da China Mobile. Cook entrou a passos largos para cumprimentar o presidente do conselho, Xi Guohua, seu novo parceiro de negócios. Os dois haviam se encontrado algumas vezes nas tentativas de finalizar os complexos termos comerciais que determinavam o valor que a China Mobile subsidiaria para cada iPhone vendido. Esses subsídios eram cruciais em todos os acordos com operadoras de telefonia celular que a Apple havia fechado ao redor do mundo, permitindo reduzir o preço de um iPhone para clientes que assinavam contratos de vários anos com as operadoras. Na China, os subsídios tendiam a ser menos generosos. Cook e Xi levaram um tempo para chegar a um acordo sobre o quanto a China Mobile pagaria para oferecer os iPhones com desconto a seus clientes, mas, tendo encontrado um meio-termo, eles estavam prontos para revelar ao mundo sua empolgação com a nova parceria.

Uma equipe de TV da CNBC se preparava em uma sala corporativa sem personalidade para entrevistar os dois executivos diante do pôster de um iPhone que ia do chão ao teto. Cook esperava que a notícia enviasse uma mensagem aos investidores da Apple de que a empresa havia encontrado uma maneira de estender o sucesso do iPhone fechando um acordo para alcançar centenas de milhões de novos clientes.

Enquanto Cook se preparava para a entrevista, a vice-presidente de comunicações da Apple, Katie Cotton, garantia que cada aspecto da imagem que seria televisionada nos Estados Unidos fosse impecável. Ela se preocupou quando Xi recusou a maquiagem antes da entrevista na TV. Sabia que, sem o pó compacto, as luzes da câmera poderiam refletir na testa de Xi, causando uma distração para os espectadores. Essa possibilidade era inaceitável para ela. Pouco antes de Xi se sentar, ela tirou seu estojo de pó compacto da Chanel, abriu-o e pegou a esponja. Ele congelou enquanto ela se colocou diante dele e começou a passar pó em seu rosto.

Quando as câmeras começaram a rodar, a crise da testa brilhante havia sido evitada. O foco se voltou à entrevista.

"Este é um divisor de águas para a Apple", começou Cook. "É uma grande honra para mim ter a oportunidade de fechar esse acordo com o presidente do conselho, Xi, e a China Mobile."

Cook relaxou em sua cadeira, descontraído e à vontade.

"Senhor Xi, agora o senhor vai usar um iPhone?", o repórter da CNBC perguntou.[6]

"Boa pergunta", Xi respondeu em mandarim. "Antes da união da China Mobile com a Apple, eu usava um celular de outra marca. Agora decidi mudar para um iPhone. Sou muito grato a Tim Cook. Hoje de manhã, ele me deu um dos primeiros iPhones feitos para a China Mobile, um iPhone dourado."

Cook sorriu. A cor que ele escolheu para o presente simbolizava o futuro da Apple no país mais populoso do mundo.

"Nós pensamos em longo prazo", disse Cook durante a entrevista, levantando a mão como se estivesse mapeando o desempenho das ações da empresa. "Para mim, este anúncio de hoje representa as grandes coisas que faremos a longo prazo para nossos clientes, acionistas e funcionários."

Depois da entrevista, Cook e Xi dirigiram-se a uma das 3 mil lojas da China Mobile.[7] Entraram a passos largos, sorrindo, enquanto uma multidão de clientes se reunia atrás dos dois. Enquanto Xi falava sobre o acordo de sua empresa com a Apple, Cook ergueu as mãos acima da cabeça com os punhos cerrados como um maratonista olímpico cruzando a linha de chegada. Ele havia passado seis anos trabalhando para fechar o acordo e sabia que o negócio tinha o potencial de gerar mais vendas do iPhone, a marca registrada da Apple, permitindo-lhe superar a lei dos grandes números. Pegou um microfone e olhou para a multidão. "Passamos muito tempo desejando e esperando a chegada deste dia", disse, com a voz inebriada de entusiasmo. "Hoje estamos trazendo o melhor smartphone para a maior e mais rápida rede de telefonia do mundo."

Diante dele, havia uma pilha com cinco iPhones comemorativos. Cada caixa apresentava a assinatura rabiscada de Cook em um canto e os caracteres nitidamente desenhados do nome de Xi no outro, os mesmos caracteres que Xi usaria para assinar o importante contrato.

As lembranças autografadas logo dariam lugar às compras de milhões de iPhones por consumidores chineses.

DEPOIS DE VOLTAR AOS ESTADOS UNIDOS, a busca de Cook por crescimento o levou ao sul da Califórnia. O inverno dava lugar à primavera em 2014 quando ele entrou em um luxuoso centro de escritórios de Santa Monica. Estava acompanhado por Eddy Cue, que havia sido promovido à equipe executiva após a morte de Jobs e encarregado de liderar um pacote de serviços fornecidos pela Apple, incluindo o iCloud, o iTunes e seu problemático Maps. Eles estavam lá para avaliar uma oportunidade de aumentar artificialmente a receita por meio da aquisição de um novo negócio.

Os cofres da Apple estavam cheios de dinheiro e, mesmo com a desaceleração do negócio de iPhones, continuavam produzindo lucros enormes. A empresa havia acumulado um baú de tesouro de US$ 150 bilhões. Vendo a riqueza da Apple crescer, Wall Street começou a clamar por um acordo. A pressão também vinha de dentro da empresa. Um ano antes, o ex-vice-presidente dos Estados Unidos, Al Gore, membro do conselho da Apple, havia encorajado Cook a considerar a aquisição da Nest Labs, a empresa de termostatos digitais de Tony Fadell. Gore, investidor da Nest, ajudou a reunir os dois homens para um encontro, durante o qual Fadell descreveu como a Nest estava trabalhando em uma linha de dispositivos conectados à internet que criariam uma casa inteligente com a possibilidade de reduzir e aumentar a iluminação usando um assistente de voz. No fim, o Google entrou na jogada e comprou a Nest por US$ 3,2 bilhões. O resultado irritou Gore, que encorajou Cook a encontrar outro alvo de aquisição. Com ventos contrários atingindo o iPhone e com o Apple Watch ainda em desenvolvimento, a compra de uma marca ou produto estabelecido permitiria à Apple adicionar as vendas de outra empresa ao seu balanço e aliviar a pressão por crescimento.

Cook e Cue entraram nos escritórios da Beats Electronics e foram recebidos por seu cofundador Jimmy Iovine. Filho de um estivador do Brooklyn, ele era um empreendedor em série com uma sensibilidade incomparável para a cultura pop. Começara a carreira como engenheiro de gravação, trabalhando com John Lennon e Bruce Springsteen antes de trabalhar com Tom Petty, Stevie Nicks e U2. Em 1989, abriu uma gravadora, a Interscope Records, e fechou acordos com um mix eclético de artistas que incluíam Andre Young, também conhecido como Dr. Dre, e Nine Inch Nails, de Trent Reznor. Ajudou Dre a popularizar o gangster rap, transformando a indústria da música e forjando uma amizade para a vida toda. Em 2006, Dre disse a Iovine que havia sido abordado por uma empresa de tênis sobre uma oportunidade de patrocínio.

"À merda com os tênis", disse Iovine. "Você devia vender alto-falantes."

Inspirado, o hipercinético Iovine fundou uma empresa que chamou de Beats e criou uma coleção dos melhores fones de ouvido disponíveis na época. Ele e Dre os avaliavam ouvindo as músicas que produziram: "Refugee", de Tom Petty, no caso de Iovine, e "In Da Club", de 50 Cent, no caso de Dre. Eles procuraram Robert Brunner, ex-vice-presidente de design da Apple, para desenvolver o produto e ajudar no branding. Lançados em 2008, os fones de ouvido Beats by Dre se tornaram uma sensação cultural. Atletas os usavam nas Olimpíadas, artistas os usavam em videoclipes. As vendas saltaram de 27 mil unidades para 1 milhão de unidades em um ano. A Apple vendeu em suas lojas milhares de fones de ouvido que custavam US$ 350. Enquanto o negócio decolava, o produtor musical transformado em empresário, e amigo de Steve Jobs, vivia pedindo ao CEO da Apple que comprasse a Beats. Iovine gostava de dizer que Jobs recusara a oferta 25 vezes, mas que sempre dizia: "Fique tranquilo que um dia a Apple vai te procurar".

Naquele dia, Iovine se reuniu com Cook e Cue em uma sala ensolarada que dava para as ruas de Santa Monica. Ao redor da mesa de reuniões, Cook e Cue sondaram Iovine sobre a situação dos negócios da Beats, particularmente sua recente expansão de hardware para software com a introdução do serviço de streaming de música Beats Music. Iovine mostrou alguns dos próximos produtos da Beats, incluindo uma caixa de som Bluetooth portátil com um grande *b* vermelho na frente. Ele temia que a Apple estivesse perdendo espaço na indústria da música e queria ajudar.

"O coração e as raízes de vocês estão na música", ele disse. "Como é que vocês podem abrir mão disso?"

Iovine estava em modo de vendas e, para seduzir o sisudo Cook, descrevia energicamente o futuro brilhante do negócio da Beats. Nas semanas que precederam o lançamento do Beats Music, ele dera acesso antecipado ao serviço a amigos como Tom Hanks e Sean "Puff Daddy" Combs. Ele encorajou Cook a experimentar o serviço. Seguindo os passos do Spotify, a Beats Music fornecia acesso ilimitado a um catálogo de músicas por uma taxa de US$ 10 mensais. A diferença entre seu serviço e os concorrentes, disse Iovine, é que a Beats Music fora criada com a ajuda de artistas, principalmente Reznor. O foco estava na curadoria de músicas e em ajudar os assinantes a descobrir músicas que eles jamais conheceriam, quase como uma versão digital dos gerentes de lojas de discos dos anos 1960 e 1970. Ele gostava de dizer que a Beats Music tinha o espírito da Apple.[8] E estava confiante de que Cook se convenceria.

ENQUANTO PONDERAVA SEU PRÓXIMO PASSO, Cook fez outro ajuste nas posições de liderança da Apple. Em março de 2014, a empresa divulgou um comunicado à imprensa informando que seu chief financial officer, Peter Oppenheimer, se aposentaria no fim do ano fiscal. Ele seria substituído por Luca Maestri, o controlador da empresa.

Fora do Infinite Loop, o anúncio chamou pouca atenção, mas, nos corredores da Apple, funcionários de longa data se preocupavam com a mudança.

Jobs acreditava que contadores e advogados deveriam ser mantidos, em grande parte, fora do processo decisório da empresa, tratados mais como executores do que influenciadores. Na década em que passou liderando as finanças, Oppenheimer incorporou essa filosofia. Ele levantava questões sobre os gastos quando era o caso, mas, em geral, adotava a visão de Jobs de que às vezes uma empresa precisava gastar dinheiro para ganhar dinheiro.

Desde 2011, Cook vinha introduzindo uma doutrina de finanças diferente. Sempre que possível, o engenheiro industrial com MBA procurava encontrar eficiências e reduzir custos. Essa nova abordagem se refletiu na breve tentativa de John Browett, vice-presidente de varejo, de cortar custos, e se evidenciou no esforço contínuo de Cook de negociar preços mais baixos para os componentes dos produtos da Apple.

Maestri, um italiano, compartilhava a propensão de Cook à disciplina financeira. Uma das primeiras coisas que ele fez foi uma revisão de todos os contratos da empresa com fornecedores terceirizados. A exigência pressionou os chefes de divisão, que ocasionalmente usavam consultores para ajudar na estratégia, no recrutamento e na exploração de futuras oportunidades. Aquele era apenas o começo de uma transição de poder que levaria as finanças do fim da linha na Apple para a vanguarda da tomada de decisões.

A TRÊS QUILÔMETROS DO INFINITE LOOP, as obras da nova sede da Apple avançavam rapidamente e as projeções do custo total eram impressionantes. Nenhum fabricante jamais havia produzido algo parecido com as folhas de vidro de 14 metros de altura ligeiramente curvadas que a Apple queria para o exterior do prédio. Criá-las exigiria o desenvolvimento de novos processos de fabricação e a construção de novas fábricas, uma proposta dispendiosa com custo estimado de até US$ 1 bilhão para atender um dos maiores pedidos de vidro da história.

Aflito com a ideia de custos tão extraordinários, Cook queria manter sob controle os gastos da construção.[9] Ele precisava de alguém capaz de reduzir custos, eliminar excessos e negociar com os fornecedores para poupar centenas de milhões de dólares à Apple. Precisava de um homem conhecido no Infinite Loop simplesmente como o "Blevinador".

Um negociador obstinado nascido na cidadezinha de Jefferson, na Carolina do Norte, Tony Blevins se recusava a comprar praticamente qualquer coisa pelo preço solicitado. Ele usava com orgulho um colar de concha barato que havia pechinchado de US\$ 5 por US\$ 2 para lembrar sua equipe de que nada valia o preço cheio. Gabava-se para os amigos de seus triunfos pessoais, incluindo a compra por US\$ 2.500 de um carro vintage que custava US\$ 8 mil. Quando os amigos comentavam que ele já era um milionário com suas ações da Apple e podia muito bem pagar o preço de tabela do carro, ele dava de ombros. "Mas eu não ia dar o que o dono do carro queria", explicava. Sua paixão inabalável por sair do lado vencedor nas negociações o colocara no topo da equipe de operações da Apple.

Depois de Ive escolher o tipo de vidro que achava que a Apple deveria usar, Blevins convidou fabricantes de vidro da Alemanha e da China para o Grand Hyatt em Hong Kong. Reservou uma série de salas de conferência adjacentes no hotel e colocou cada empresa de licitação em uma sala. Em seguida, foi de uma sala a outra, pressionando os licitantes a baixar seus preços. Afirmou aos alemães, que pediram mais de US\$ 500 por metro quadrado, que os chineses estavam pedindo uma fração desse valor. Disse-lhes que tinham dez minutos para baixar o preço. "Se vocês não concordarem com esse valor, os caras da sala ao lado disseram que concordariam", falou. Momentos depois de dar o ultimato, ele saíra da sala, deixando seus colegas atônitos para processar seus blefes. Pressionados para decidir rapidamente, os vários licitantes se apressavam para descobrir se poderiam reduzir seus preços e ainda obter lucro suficiente para fazer o projeto valer a pena.

Enquanto isso, Blevins ia de sala em sala, intensificando a pressão. "O projeto não está avançando", declarou ele. "Temos um problema de custo. Vocês têm 15 minutos para me fazer a melhor oferta possível."

A mistura de blefes e o turbilhão de exigências funcionou. Quando a oferta final foi aceita, Blevins havia reduzido o custo do vidro da nova sede da Apple em centenas de milhões de dólares.

A Seele, fabricante alemã que ganhou o contrato, criou um processo de fabricação totalmente novo com máquinas personalizadas capazes de dobrar o vidro em uma curva sutil.[10] Construiu uma gigantesca fábrica na Europa para fazer o trabalho. A instalação do vidro exigiu uma máquina completamente nova, de US$ 1 milhão, com ventosas projetadas exclusivamente para içar os enormes painéis de vidro no exterior do prédio. Os arquitetos que trabalharam no projeto se surpreenderam ao ver como as grandiosas exigências de uma empresa de tecnologia forçaram a indústria da construção a inovar. Nos anos que se seguiram, eles se maravilhariam com outros edifícios, como o Museu de Arte do Condado de Los Angeles, também feito com vidro curvo, o que talvez tivesse sido impossível sem o Apple Park.[11]

Depois de concluídos, alguns dos primeiros painéis de 14 metros de altura foram embarcados em um Boeing 747 fretado e levados a Cupertino. Em seguida, foram instalados no exterior do protótipo construído perto do antigo *campus* da Hewlett-Packard.

Um dia, Cook chegou com um pequeno grupo de executivos da Apple para inspecionar os painéis recém-instalados. Ele foi recebido no local por alguns dos principais arquitetos da Foster + Partners e escoltado por um amplo corredor de 4,5 metros de largura ladeado por uma das maiores janelas curvas de escritório do mundo. A luz do sol atravessava a parede transparente e pintava o piso branco diante dele com um brilho amarelado. Cook olhava por toda parte enquanto caminhava, examinando minuciosamente cada centímetro da versão em miniatura da futura sede. De repente, parou. Todo mundo congelou.

Cook deu um passo em direção a um dos painéis de vidro e se abaixou, apoiado em um joelho. Apesar de ser famoso por dominar os números, o tempo que passara na Apple lhe dera um olho amador para o design. A obsessão de Jobs e Ive pelos detalhes incutiu na empresa inteira algumas sensibilidades estéticas. Cook olhou fixamente para a base do vidro, que estava separada do piso por uma tira de silicone de pouco mais de 0,5 centímetro sob uma tira de aço inoxidável de 2,5 centímetros. As barreiras de aço e silicone forneciam um amortecedor para proteger e estabilizar o vidro, dando-lhe espaço para se mover no caso de um terremoto ou uma tempestade de vento. Mas algo no aço parecia estranho para Cook.

"Não dá para ser menor?", perguntou ele.[12]

OS ENGENHEIROS ESTAVAM FICANDO INQUIETOS. À medida que o projeto do relógio avançava, alguns começaram a pensar no que a Apple poderia fazer a seguir. Eles não tinham uma resposta satisfatória. Sentindo-se perdidos, um punhado de engenheiros seniores da empresa decidiu debandar.

A onda repentina de pedidos de demissão chegou aos ouvidos de Cook. Alguns dos engenheiros eram membros das equipes de arquitetura e sistemas operacionais principais. Eles haviam sido fundamentais para definir o destino da Apple, desenvolvendo os chips e os recursos internos que deram vida a seus produtos. Muitos deles eram funcionários de longa data, com enorme conhecimento institucional. Perder apenas um deles já seria ruim. Perder todos seria uma fuga de cérebros.

Cook se viu diante de um dilema. Para impedir o êxodo, orientou seus líderes de engenharia a fortalecer e inspirar os engenheiros amotinados, perguntando no que gostariam de trabalhar.

Um carro, responderam. Eles queriam que a Apple fizesse um carro.

Na época, a Tesla estava dobrando sua equipe e investindo no desenvolvimento de baterias mais sofisticadas para seus veículos elétricos.[13] A empresa de veículos elétricos estava recrutando dezenas de engenheiros da Apple, que diziam aos ex-colegas que o fundador da empresa, Elon Musk, seria o próximo Jobs. Nas proximidades de Mountain View, o Google trabalhava em seu próprio carro autônomo e tentava firmar parcerias com montadoras consolidadas para, em alguns anos, levar seus novos veículos às ruas de todo o país. A região toda fervilhava com a possibilidade de uma revolução nos transportes.

Um grupo de engenheiros se reuniu em uma sala de conferências para discutir o que fazer em seguida. Eles revisaram análises de marketing elaboradas pela consultoria McKinsey & Company. As análises mostravam que a Apple já respondia pela maior parte dos lucros da indústria de eletrônicos de consumo, uma indústria de US$ 500 bilhões, e precisava entrar em outras áreas para entregar aumentos de vendas para os acionistas. As maiores opções eram a indústria automobilística, de US$ 2 trilhões, e a da saúde, de US$ 7 trilhões.[14] Alguns engenheiros ficaram desanimados com a opção da empresa de recorrer a consultores para decidir o que fazer. Steve Jobs desdenhava os consultores; achava que eles faziam recomendações e passavam para o próximo projeto sem dar a mínima se suas ideias foram um sucesso ou um fracasso.[15] No entanto, a avidez de Cook por números e dados levou o grupo a recorrer a fontes tradicionais de informações de negócios para buscar e, por fim, conquistar o apoio do CEO para o projeto.

Eles começaram se concentrando no desenvolvimento de um veículo elétrico com o qual esperavam revolucionar a indústria automobilística da mesma forma como o iPhone havia revolucionado a indústria de comunicações. Não seria o primeiro, mas seria o melhor.

Chamaram a nova iniciativa de "Projeto Titan".

UMA NOITE, DEPOIS DE VOLTAR do trabalho, Cook estava ouvindo música enquanto fazia pesquisas de mercado.[16] O mundo dos serviços de streaming de música estava repleto de novos entrantes. O pioneiro, Spotify, agora tinha como concorrentes o Tidal, do artista de hip-hop Jay Z, e o Beats Music, de Jimmy Iovine. Cada novo serviço corroía um pouco mais o negócio de dez anos do iTunes de vender músicas por US$ 0,99.[17] Estava ficando claro para Cook que a indústria da música estava se direcionando a um futuro baseado em assinaturas.

A transição representava uma ameaça para os negócios do iTunes e para a forma como a Apple pensava sobre música. A indústria da música ocupava o centro da identidade da empresa e fora uma das maiores paixões de Jobs. Fã fervoroso do rock e da música folk dos anos 1960, ele se orgulhava da maneira como a Apple dera à indústria fonográfica um bote salva-vidas no início dos anos 2000, quando serviços gratuitos de compartilhamento de arquivos, como o Napster, estavam reduzindo suas vendas. O iTunes ajudara a indústria a sobreviver. À medida que o iTunes se tornava o principal mecanismo de vendas de música digital, Jobs sustentava sua crença de que as pessoas queriam ter as músicas, não alugá-las. Ele continuou pregando essa filosofia mesmo quando startups começaram a surgir oferecendo apps com acesso a catálogos inteiros de música por uma mensalidade. Até quando esses aplicativos começaram a mudar a indústria da música, a Apple permaneceu fiel ao pensamento de Jobs. Mas, enquanto ouvia música naquela noite, Cook começou a reavaliar a filosofia de seu antecessor.

Cook experimentou os vários serviços de streaming no mercado: Spotify, Tidal e Beats. Comparou sua aparência e como eles o faziam se sentir. Por trás da investigação estava a pergunta: se os serviços tivessem o mesmo catálogo de músicas, por que um deles seria melhor que os outros? Sempre que voltava ao Beats, sentia algo diferente. Mas por quê? Foi quando se deu conta: o serviço tinha curadores humanos.

Nos dias que se seguiram, o moderado CEO não parou de falar sobre sua descoberta. Passou de avaliar o Beats para querer adquiri-lo. Alguns colegas acharam que ele estava apaixonado pelo Beats e brincavam que Cook parecia um *nerd* que tinha sido convidado para uma festa por um dos garotos populares da escola. Como costuma acontecer com as brincadeiras, havia um pouco de verdade nela. Jobs, que havia namorado a cantora Joan Baez, tinha uma sensibilidade especial para a cultura pop que colocara a publicidade e os produtos da Apple na vanguarda da sociedade. Ele havia feito a ponte entre o que os engenheiros eram capazes de criar e o que ele previa que as pessoas iriam querer. Suas músicas favoritas eram dos Beatles e de Bob Dylan. Cook não era descolado como seu antecessor. Pelas suas costas, o pessoal de marketing e os designers da empresa zombavam de seus gostos musicais, que incluíam o OneRepublic, uma banda de Colorado Springs conhecida por suas músicas pop tradicionais. Eles achavam que Cook queria comprar a Beats como uma maneira de recuperar a essência descolada da Apple.

A Beats também oferecia a Cook uma solução para a empresa entrar no negócio de streaming de música. Reconhecendo que o mercado havia mudado, a equipe de serviços de Eddy Cue estava trabalhando para criar a própria oferta de streaming que permitiria às pessoas combinar suas compras do iTunes com um catálogo completo de músicas. No entanto, os primeiros designs do serviço foram desanimadores. Parecia mais uma lista do iTunes do que os aplicativos modernos e coloridos dos rivais. Influenciado pelo livro de Clayton Christensen, *O dilema da inovação: quando as novas tecnologias levam empresas ao fracasso*, Jobs preferia ser disruptivo a deixar sua empresa ser vítima da disrupção causada pelos rivais. Em uma manobra famosa, ele descontinuara o iPod Mini, o produto mais vendido da Apple, e o substituíra pelo iPod Nano, um dispositivo mais leve e fino que teve vendas ainda maiores. Enquanto Jobs poderia ter orientado o desenvolvimento de um aplicativo de música líder do setor para substituir o iTunes, Cook recorreu a uma ajuda externa. Ele acreditava que Iovine poderia fornecer as sensibilidades das quais a Apple precisava para criar um serviço de música de ponta. Iovine já havia mostrado com a Beats Music que era capaz de criar algo na linha do que a Apple faria. A combinação de software e curadores de música incorporava a filosofia de Jobs de que os melhores produtos viviam na interseção da tecnologia com as artes.

A proposta de aquisição de Cook foi recebida com resistência. Oppenheimer, que ainda não havia se aposentado, achava que a Beats não se encaixaria na cultura da Apple. Dre tinha um histórico de violência, incluindo o incidente de 1991, quando jogou um apresentador de TV contra uma parede e deu-lhe um soco na cabeça.[18] A Apple havia se livrado em grande parte de seu passado rebelde e se tornado uma corporação da Califórnia, com seu código de vestimenta descontraído disfarçando um local de trabalho intenso e detalhista cheio de pessoas em busca da perfeição.

Os líderes da Apple também se perguntavam: por que não criarmos nós mesmos um serviço de streaming próprio? Cook havia considerado essa opção e decidido que, embora a Apple pudesse criar seu próprio serviço, trazer a equipe da Beats incutiria na Apple as sensibilidades dos amantes da música e dos artistas. A combinação de Iovine e Dre daria credibilidade a qualquer coisa que a Apple apresentasse aos clientes.

Não foi fácil chegar a um consenso. Iovine havia criado dois negócios em um. Ele e Dre tinham grande parte de seu patrimônio vinculado ao negócio de fones de ouvido da Beats Electronics. O novo serviço de streaming, o Beats Music, concedera ações a muitos dos desenvolvedores de software que o construíram. Embora fosse mais barato para a Apple comprar o serviço de streaming e não o negócio de fones de ouvido, Iovine insistiu que a Apple comprasse os dois.

Na discussão que se seguiu, a equipe financeira da Apple acabou reconhecendo uma oportunidade. O negócio de fones de ouvido da Beats estava gerando cerca de US$ 1,3 bilhão em vendas por ano e pagava a seus fabricantes uma margem de produção de 15%. Em comparação, a Apple pagava entre 2% e 3% a seus fabricantes. Se a Apple pressionasse os fabricantes a reduzir suas margens, como Cook planejava fazer, os lucros gerados pela Beats aumentariam e a aquisição se pagaria em poucos anos.

Com o avanço das negociações, a Apple criou codinomes para as duas aquisições: Dylan e Beatles, uma homenagem aos artistas favoritos de Jobs. A empresa avançou com as aquisições com equipes de advogados trabalhando em um acordo para o Dylan, o serviço de streaming de música, e separadamente para o Beatles, a empresa de fones de ouvido.

Em maio, a Apple concordou em pagar US$ 3,5 bilhões. Era uma quantia que Iovine e Dre mal podiam imaginar. Enquanto os advogados trabalhavam nos últimos detalhes, Iovine convocou a equipe de liderança da Beats para sua casa, nas proximidades de Beverly Hills. Anunciou que eles estavam prestes a fechar um grande acordo. A única coisa que poderia dar errado seria a notícia do acordo vazar.

Iovine falou da Apple como se a empresa produtora de iPhones fosse a máfia. Disse que a Apple era muito sigilosa com tudo e esperava que seus parceiros de negócios tivessem a mesma atitude. Advertiu a equipe a manter a boca fechada e desligar os celulares: "Não importa o que aconteça, não deem um pio sobre isso".

Alguns dias depois, Iovine reiterou a ideia ao telefone durante uma ligação com Dre. "Lembra aquela cena de *Os bons companheiros*, quando o Jimmy diz aos caras: 'Não comprem casacos de pele. Não comprem nenhum carro. Não ostentem o dinheiro'?", perguntou ele.[19] "É isso aí. Fiquem quietinhos e não façam nada."

"Pode deixar. Eu entendi", disse Dre.

Às duas da manhã, Iovine recebeu uma ligação de Puff Daddy, dizendo aos gritos que Dre e Tyrese, um rapper, estavam falando sobre o acordo num vídeo no Facebook. Iovine abriu o vídeo e quase teve um ataque cardíaco ao ver Tyrese se gabando de estar bêbado em um estúdio de gravação. Enquanto Dre apontava o dedo para a câmera, Tyrese balançava a cabeça de um lado para o outro com arrogância. "O clube dos bilionários de verdade é aqui, mano", vangloriou-se. "A lista da *Forbes* precisa de uma atualização urgente. Essa merda acabou de mudar."

"Mudou total", falou Dre. "O primeiro bilionário do hip-hop vindo daqui, porra, da Costa Oeste!"

Iovine entrou em pânico. Seu parceiro de negócios tinha acabado de revelar um acordo multibilionário com a empresa mais sigilosa do mundo antes de o negócio ser oficializado. De repente, tudo podia ir por água abaixo.

Quando ficou sabendo do vídeo, Cook convocou Iovine e Dre a Cupertino. Ele os conduziu a uma sala de conferências para uma conversa privada. Iovine estava ansioso e temendo que Cook desistisse do negócio. Em vez da raiva e dos xingamentos que teriam saído da boca de Jobs em um momento como aquele, Cook era a visão da serenidade. Disse à dupla de músicos e empreendedores que estava desapontado e preferia que o descontrole de Dre nas mídias sociais não tivesse acontecido, mas afirmou que o vídeo não abalava sua convicção de que a compra da Beats era o melhor para a Apple.

Hábil negociador, Cook usou o fiasco nas redes sociais para exigir um ajuste nos termos do acordo. Nos dias que se seguiram, a Apple cortou cerca de US$ 200 milhões do preço de oferta. A redução levou a equipe da Beats a dizer que a Apple havia cortado a parte de Dre apenas para garantir que ele não se tornasse um bilionário do hip-hop.

Enquanto a empresa se preparava para anunciar o acordo na primavera, Cook reuniu sua liderança na sala de conferências do Infinite Loop para discutir os termos finais e como lidar com a imprensa. Com o acordo, dois ícones da música, Iovine e Dre, se tornariam funcionários da Apple. Receberiam crachás para entrar nos escritórios e passariam a participar de reuniões. Só que ninguém fazia ideia dos cargos que deveriam receber. Enquanto discutiam as opções, um dos executivos da Apple levantou uma possibilidade: por que não chamar Iovine de "diretor de criação"?

A sala ficou em silêncio enquanto todos ponderavam a ideia. Iovine havia passado a vida inteira como criador de música, trabalhando com alguns dos artistas mais reconhecidos do mundo. Depois disso, abrira um negócio, demonstrando um conhecimento de marketing que transformou uma empresa de fones de ouvido em uma das marcas mais badaladas do mundo.

Para alguns, a ideia fazia sentido, mas não para todos.

"E nós?", bufou Schiller. "Não somos criativos?"

Cook acabou decidindo não usar cargos formais. O acordo em si já respondia à pergunta de Schiller.

11

A CASA CAIU

Jony Ive ficava ansioso sempre que chegava a hora de lançar uma nova criação. Era impossível sentir a convicção de que um produto estivesse finalizado. A corrida contra os prazos artificiais do mercado sempre levava a concessões: avanços de engenharia que não podiam ser alcançados; materiais marcados por impurezas irritantes; e limites impostos pela física dos componentes que só podiam ser levados até certo ponto. Os sacrifícios feitos no caminho à perfeição o faziam viver em um mundo repleto de produtos da Apple a pensar: "Eu queria que fosse melhor".[1]

Quando chegou ao De Anza College em Cupertino na manhã de 9 de setembro de 2014, Ive parecia inquieto. Ele havia passado três anos consumido por um projeto que, esperava, honraria seu falecido parceiro criativo e silenciaria as dúvidas sobre a capacidade da Apple de continuar inovando. Passara noites em claro pensando no design do Apple Watch, trabalhara duro para definir sua interface e fizera de tudo para influenciar seu marketing. Agora era a hora do julgamento do mundo.

Nuvens dispersas flutuavam no céu azul iluminado pelo sol quando Ive passou pela tenda de US$ 25 milhões ao lado do centro de artes cênicas da faculdade técnica. A imponente estrutura era mais uma construção do que uma tenda temporária de casamento. Tinha dois andares, cantos rígidos de 90 graus e era tão branca quanto as nuvens no céu.[2] Fora projetada para se parecer com a fachada do auditório do Flint Center. No interior, funcionários moviam-se entre longas mesas brancas onde os relógios, recém-chegados da China, haviam sido dispostos em pedestais de metal, criando um arco-íris de pulseiras coloridas de silicone suspensas.

A cerca de 5 mil quilômetros dali, na cidade de Nova York, as pessoas começaram a fazer fila na frente da loja da Apple na Quinta Avenida, na expectativa de esses mesmos relógios estarem disponíveis para compra naquele dia.[3] Os anos que a empresa passara fabricando produtos de sucesso incutiram em seus fãs a confiança de que era apenas uma questão de tempo até a Apple lançar outro sucesso.

Ive chegou a um pátio onde amigos e convidados especiais estavam reunidos antes da apresentação dos novos produtos da empresa. O designer passou por uma pequena multidão que incluía o titã da mídia Rupert Murdoch e a estrela do basquete Kevin Durant. Um escritor da *New Yorker* que trabalhava em um artigo sobre Ive o acompanhava enquanto ele tomava café e conversava com velhos amigos, incluindo o cantor do Coldplay, Chris Martin, e o ator Stephen Fry.[4] O escritor da *New Yorker* fazia perguntas e Ive contorcia os dedos, nervoso. "É tudo tão estranho", explicou ele. "Você tem algo que quer proteger, que acha que é seu, e de repente deixa de ser seu e passa a ser do mundo inteiro", disse ele.

A reflexão filosófica disfarçava seu estresse. Depois de anos de desenvolvimento, ele poderia colocar o produto no pulso esquerdo, mesmo sabendo que o relógio ainda não estava pronto.

Em frente ao Flint Center, cerca de dois mil convidados começaram a formar uma fila, ansiosos para conseguir lugares para a apresentação. Eram escritores e editores de moda da Europa, repórteres de tecnologia de São Francisco, equipes de TV da ABC e da CNBC, todos lá para cobrir o espetáculo roteirizado e dar à Apple milhões de dólares em publicidade gratuita.

Ive entrou por uma porta separada da multidão frenética e sentou-se na primeira fila, entre Marc Newson e Chris Martin. Como em tantas apresentações anteriores, Ive não tinha a intenção de falar em público e deixava o espetáculo para os colegas. Viu as luzes diminuírem e Cook entrar no palco sob aplausos entusiasmados.

Aquele palco tinha sido uma parte importantíssima da história da Apple. Cerca de 30 anos antes, Steve Jobs estivera naquele mesmo lugar e revelara o Mac, a linha de produtos mais duradoura da empresa. O então CEO havia retornado quase 15 anos depois e desencadeado o renascimento da Apple ao revelar o iMac. Agora, Cook estava no mesmo lugar em um gesto simbólico que apontava para um novo futuro.

Ele costumava abrir os eventos com longos resumos de negócios, detalhando o número de lojas abertas ou de novos clientes do iPhone. Dessa vez, Cook dispensou os números e resumiu o desempenho da empresa em uma única frase: "Vai tudo às mil maravilhas".[5]

Ive sorriu enquanto o salão se enchia de risos, aplausos e alguns assobios agudos. Viu Cook conduzir uma apresentação de duas horas que começou com a introdução de dois iPhones de tela grande, o 6 e o 6 Plus, que eram 17% e 38% maiores que seus antecessores, respectivamente. Os novos celulares atendiam à demanda dos clientes de que a Apple entregasse dispositivos com telas maiores para vídeos, jogos e fotos. Também combatiam a pressão competitiva da Samsung, que vendia celulares maiores havia meses. Depois, Cook recebeu no palco Eddy Cue, para detalhar um sistema de pagamento sem contato, o Apple Pay, o qual permitiria às pessoas fazer pagamentos apenas segurando o celular acima do escâner no caixa de uma loja. O recurso, que lembrava o projeto Blue Sky de Ive na Politécnica de Newcastle, empurrou a Apple para o mundo das finanças, no qual a empresa poderia cobrar uma pequena taxa para cada uma das incontáveis transações que seriam feitas ao redor do mundo. Voltando ao palco, Cook disse que a inovação mudaria "para sempre a maneira como fazemos compras".

"Acho que já temos muitas novidades [...], mas ainda não terminamos", anunciou ele. E olhou para a multidão.

"Temos mais uma coisa."

Essas palavras eram carregadas de significado. Depois que Jobs retornara, na década de 1990, ele as transformou em uma arma especial em seu arsenal de carisma. Ele conduzia uma hora de lançamentos de produtos, cada um superando seu antecessor, enquanto a plateia se maravilhava. Então ele dizia, sem muito entusiasmo: "Ah, e temos mais uma coisa…" e revelava algo totalmente inesperado, como o minúsculo iPod Shuffle ou a primeira Apple TV. Essas três palavras, "mais uma coisa", incorporavam a mágica de marketing de Jobs e não eram usadas no palco desde sua morte.

Ao ouvir Cook pronunciá-las, as pessoas da plateia entraram em um frenesi incontrolável. Algumas chegaram a se levantar. Muitas bateram palmas com as mãos acima da cabeça, como espectadores de um show pedindo bis.

Quando a plateia se acalmou, a sala ficou escura. O ruído gutural de propulsores de foguetes saiu dos alto-falantes e sacudiu o assento de Ive enquanto a tela ganhava vida com uma câmera que se afastava no espaço para revelar a Terra ao amanhecer. Então, ao som de um estalar de dedos, o planeta na tela deu lugar a uma borda cromada, uma coroa circular e a imagem de um relógio chegando como uma nave espacial.

Seguiram-se close-ups do relógio. O vídeo mostrou a coroa aumentando e reduzindo o zoom em uma tela de aplicativos e tiras de couro se encaixando na caixa do relógio. Três anos de trabalho se revelando a um público de 90 milhões de espectadores.

Quando o vídeo terminou, Ive viu Cook voltar ao palco levantando o relógio em seu pulso acima de sua cabeça. Cook caminhou lentamente em direção a Ive com os braços estendidos em gratidão. Centenas de funcionários da Apple que estavam na plateia se levantaram para aplaudi-los de pé. Ive olhou Cook nos olhos enquanto o CEO erguia os braços acima da cabeça como um jogador de futebol que acabou de fazer um gol. A reação ruidosa refletia o alívio dos participantes tanto quanto seu entusiasmo. Depois de três anos sendo perseguida pelo ceticismo de que não seria capaz de inovar sem Jobs, a Apple provava que os céticos estavam errados. O júbilo da plateia os convenceu de que o mercado receberia de braços abertos a mais recente criação da Apple, assim como fizera com as anteriores. Mas Ive sabia que o sucesso comercial não estava garantido.

Cook precisaria vender o relógio para as massas. A apresentação começou como Ive havia vislumbrado.

O relógio era um mecanismo preciso e personalizado, uma ferramenta de comunicação e um dispositivo de saúde. O trio de recursos ecoava a maneira como Jobs havia vendido o iPhone como um celular, um tocador de música e um navegador de internet. O iPhone decolara porque as pessoas queriam substituir seus celulares desengonçados. O desafio do Apple Watch residia em que ninguém ansiava por um relógio melhor. Na verdade, muitas pessoas tinham desistido de usar relógio porque o celular já mostrava as horas. Elas precisavam ser convencidas a voltar a usar algo no pulso.

A ordem na qual Cook apresentou os recursos do relógio evidenciou as deficiências do dispositivo. Embora tenha sido inspirado pelo interesse de Jobs em fabricar um dispositivo de saúde, o smartwatch de primeira geração fazia pouco além de ler a frequência cardíaca do usuário. Não conseguia acompanhar uma caminhada ou corrida com um GPS. Não conseguia fornecer uma leitura de eletrocardiograma. Não podia ser vendido como um produto de saúde. Foi justamente esse problema que o engenheiro de hardware Jeff Dauber tentou levantar antes do evento: o relógio não tinha um propósito convincente. No entanto, sua preocupação e seu pedido de mais tempo para desenvolver outros recursos foram deixados de lado porque os funcionários acharam que Cook estava ansioso para lançar um novo produto que silenciasse os críticos e tranquilizasse os investidores. O CEO preferia a velocidade à substância.

Agora, sem esses recursos, Cook recorria a Ive para convencer as pessoas de que o relógio era um computador estiloso para usar no pulso. Ele cedeu o palco quando um vídeo de dez minutos pré-gravado com a voz de Ive encheu a sala.

"Isso sempre impulsionou a Apple, desde o início", dizia Ive. "Essa compulsão de pegar uma tecnologia incrivelmente poderosa e torná-la acessível, relevante e, no fim, pessoal."

Ive apresentou o que chamava de "coroa digital", que girava para ampliar os ícones dos aplicativos e levar os usuários de volta à tela inicial. Explicou que os sensores infravermelhos na parte traseira de cristal da caixa do relógio podiam monitorar a frequência cardíaca do usuário. E detalhou os diferentes metais disponíveis – alumínio, aço inoxidável e ouro – bem como as pulseiras em couro, metal e silicone que possibilitavam personalizar o relógio. "Este é um novo começo e estamos criando a tecnologia vestível", disse ele.

No vídeo, Ive não revelou nenhuma de suas dúvidas pessoais sobre o Apple Watch. Ele reservava essas preocupações para amigos que sabiam o quanto ele estava estressado com o lançamento prematuro do relógio. Os engenheiros da Apple nunca resolveram os problemas de duração da bateria e se contentaram com a concessão de que o relógio não mostrava as horas ininterruptamente. Seus amigos mais tarde brincaram com ele perguntando: "Quem vai querer um relógio que precisa passar três horas por dia carregando?".

Cook praticamente reconheceu que a Apple ainda tinha trabalho a fazer quando disse à plateia que o relógio só estaria à venda na primavera seguinte. Foi a primeira vez desde o iPhone que a Apple apresentou uma nova categoria de produto meses antes de colocá-lo à disposição dos compradores. Mas o espetáculo ainda não tinha acabado.

O U2 subiu ao palco para se apresentar. Bono, o vocalista, era próximo da empresa desde 2004, quando a Apple lançara uma edição especial do iPod com as assinaturas dos integrantes da banda. Ele se tornara um amigo próximo de Ive e tinha laços profundos com Jimmy Iovine, o mais recente executivo da Apple, que produziu o álbum *Rattle and Hum*, do U2. A banda tocou uma música chamada "The Miracle (of Joey Ramone)" e anunciou com Cook que seu novo álbum, *Songs of Innocence*, poderia ser baixado gratuitamente por todos os usuários do iPhone, meio bilhão de pessoas. Foi o maior lançamento de álbum de todos os tempos.

Antes do fim do evento, Cook pediu a todos os funcionários da Apple que tinham trabalhado nos produtos lançados naquele dia que se levantassem. Ele lhes agradeceu pelo trabalho enquanto seus colegas aplaudiam.

"Eu gostaria de dar meus agradecimentos especiais a Jony Ive por sua incrível contribuição no Apple Watch", disse Cook. Ele também agradeceu ao chief operations officer, Jeff Williams, e ao líder do Apple Pay, Eddy Cue. Os agradecimentos marcaram um afastamento do estilo de Jobs, que normalmente assumia os créditos por desenvolver os produtos sozinho com a ajuda de toda a equipe da Apple, em vez de destacar as contribuições de indivíduos. Ive, que havia reclamado com Jobs sobre essa prática, agora tinha a plateia inteira aplaudindo.

Quando o público se levantou para sair, alguns dos engenheiros e designers que trabalharam no relógio se viram invadidos por uma súbita e entorpecedora preocupação. Eles haviam feito o primeiro novo produto da Apple depois de Jobs, foram aplaudidos de pé e colocaram o U2 no palco para celebrar tudo com um grande espetáculo. Parecia o auge de toda uma carreira. Eles se perguntaram: "Como vamos conseguir superar isso?".

IVE SAIU DO LOCAL por uma porta separada e entrou na tenda branca. Fotógrafos e escritores comentavam animadamente ao redor da mesa branca com relógios suspensos em pedestais. Os relógios brilhavam sob uma luz fria e clara vinda de cima, projetada por um especialista italiano em iluminação de moda que normalmente fazia os desfiles da Prada.

Quando o frenesi cessou, Ive se juntou à sua equipe principal – as 21 pessoas mais importantes na criação do relógio – para uma fotografia sob um logotipo preto da Apple na parede branca interna da tenda.

Ive jogou o braço sobre o ombro de Newson e olhou para a câmera com um leve sorriso. Um relógio branco com uma pulseira esportiva de silicone pendia frouxamente de seu pulso antes nu.

Nos bastidores, Cook fervilhava de adrenalina. A equipe de comunicação da Apple organizara para ele uma entrevista exclusiva com David Muir, do *World News Tonight* da ABC, que os membros da equipe chamavam de "o canal do papai", porque era de propriedade da Walt Disney, cujo CEO, Bob Iger, participava do conselho de administração da Apple. Cook tentou explicar a Muir o significado daquele dia. "Mostramos que somos muito capazes de inovar", declarou.[6]

Ele conduziu Muir para a tenda de US$ 25 milhões para ver o relógio e falar com Ive. Quando chegaram, Ive apertou a mão de Muir com firmeza e deu um passo para trás, como se quisesse sair dos holofotes. Ele não exalava a energia nem o entusiasmo de Cook. Ainda estava nervoso sobre como o relógio seria recebido. Muir tentou deixar Ive à vontade dizendo que ficara sabendo que Ive tinha se focado em fazer um relógio que as pessoas gostariam de usar.

"Não é fácil fazer isso quando estamos falando de algo que as pessoas vão vestir e usar no pulso o dia todo, todos os dias", disse Ive. "Foi por isso que demos um duro danado para fazer um objeto que fosse desejável, mas que também fosse pessoal, porque cada um quer usar um relógio diferente."

Mais tarde, no pátio ensolarado do Infinite Loop, Ive juntou-se à equipe de design para almoçar sushi. Ouviu colegas contando o que a imprensa estava dizendo sobre o relógio, desde críticos da tecnologia a escritores de moda. Suzy Menkes, da *Vogue*, uma importante crítica de moda, descreveu maravilhada a variedade de mostradores de relógios digitais cujas imagens variavam de uma borboleta a flores.

"Ainda não sei se o mundo da moda vai abraçar este relógio inteligente ou se uma nova geração que se acostumou a usar o celular para ver as horas vai gostar das pulseiras", ela escreveu.[7] Uma crítica rigorosa, Menkes descreveu a estética do relógio como neutra, acrescentando: "Mas eu gosto da ideia de definir os aspectos visuais de acordo com meu humor. E talvez meu guarda-roupa. Um buquê de violetas para realçar minhas roupas roxas? Por que não olhar para o meu relógio... e sonhar?".

Os designers ficaram muito satisfeitos com as primeiras reações. A maioria dos repórteres havia passado apenas alguns minutos com o relógio, mas as primeiras impressões moldariam a visão do mundo sobre um produto ao qual poucas pessoas teriam acesso dentro do próximo semestre.

Naquela noite, os designers se reuniram no Slanted Door, no Ferry Building de São Francisco, um sofisticado restaurante vietnamita com imponentes janelas de vidro que davam para as luzes cintilantes da Bay Bridge. Os integrantes do U2 se juntaram a eles para um jantar especial em comemoração aos três anos de trabalho no relógio. A mesa estava cheia de rolinhos primavera e costelinhas de porco.

Ive sentou-se ao lado de seu amigo Bono, com a mão perto de uma taça de champanhe borbulhante. A ansiedade do lançamento do relógio se dissipara. Pela primeira vez em anos, ele se sentiu livre para comemorar.

ALGUNS DIAS DEPOIS, a Apple lançou o álbum do U2 junto de sua última atualização de software. Centenas de milhões de proprietários de iPhone em todo o mundo encontraram inesperadamente o álbum *Songs of Innocence* em sua pasta do iTunes. O download revoltou os clientes, alguns deles referindo-se ao álbum indesejado como o "vírus do U2". A generosidade saiu pela culatra, expondo, em vez disso, o poder que a Apple tinha de, sem permissão, colocar algo no celular das pessoas.

Na tentativa de minimizar a revolta dos clientes, Cook endossou o desenvolvimento de um software que permitiria aos clientes excluir o álbum com um único clique.[8] A Apple também criou uma página de suporte ao cliente para ajudar as pessoas a fazer a exclusão. A empresa parou de se desculpar, mas, à medida que a revolta se espalhava, Bono disse aos fãs que a banda estava arrependida.

"Eu tive essa ideia linda e nos deixamos levar", escreveu ele em um bate-papo no Facebook. "Esse tipo de coisa acontece com os artistas. Uma gota de megalomania, um toque de generosidade, uma pitada de autopromoção e um medo profundo de que essas músicas nas quais dedicamos os últimos anos da nossa vida não sejam ouvidas."

Ele esperava que as pessoas que não queriam o álbum pudessem desculpar a banda pelo "spam musical" recebido.

No FINAL DE SETEMBRO, Ive foi para a Paris Fashion Week, onde o relógio seria exibido ao público pela primeira vez.

Paul Deneve, responsável pela estratégia de vendas do produto, organizou um display pop-up na loja conceito mais famosa da moda, a Colette. O ex-CEO da Yves Saint Laurent conhecia o chefe da exclusiva butique parisiense de três andares, famosa pela curadoria de estilo e streetwear de marcas como Chanel e Nike. Expor o relógio lá seria o primeiro passo de uma estratégia para disponibilizá-lo nas lojas mais influentes do mundo, uma tentativa de infundir um produto para as massas com o tipo de exclusividade que era habitual para qualquer acessório de moda.

Ive e seu parceiro de design Marc Newson foram à Colette para mostrar o relógio a escritores de moda e influenciadores.[9] Chegaram antes de a Colette abrir ao público e encontraram a loja repleta de imagens do mais recente produto da Apple. A entrada apresentava pôsteres do tamanho de uma parede de Apple Watches suspensos contra um fundo branco. Pessoas na calçada espiavam pelas vitrines enquanto Ive e Newson circulavam as mesas da Apple Store com relógios expostos sob tampos de vidro.

Em pouco tempo, os ícones da moda Anna Wintour e Karl Lagerfeld chegaram e cumprimentaram os designers da Apple. Desde que

Ive lhe mostrara o relógio no Carlyle Hotel, Wintour se tornara uma grande defensora, levando a *Vogue* a expô-lo em destaque em uma das seções mais influentes da revista, o "Last Look", na página final de sua edição de outubro. Wintour encorajou Lagerfeld, que ela considerava um espírito semelhante a Ive, a acompanhá-la.

A chegada de Lagerfeld pegou Ive de surpresa. Embora Lagerfeld e Newson fossem amigos, o designer de moda raramente aparecia em eventos comerciais como o da Colette, mesmo quando recebia um convite. Contudo, ele era um fã de longa data dos produtos da Apple, muitas vezes comprando dezenas de iPods, enchendo-os de músicas e dando-os de presente aos amigos. Ive conduziu Lagerfeld ao redor da mesa de relógios, explicando o design e contando a história de suas origens.

Perto dali, Newson conversava com um repórter da *Women's Wear Daily* sobre as razões de a Apple estar na Colette.[10] "A moda faz parte da cultura popular", explicou ele. "A tecnologia também faz parte da cultura popular." Eles estavam lá porque a Apple havia fundido os dois, criando um objeto que "não era uma coisa grande, besta, de plástico e horrenda".

NAQUELA NOITE, IVE FOI de anfitrião a convidado.

Azzedine Alaïa, outra das figuras mais admiradas da moda, organizou um jantar repleto de estrelas para Ive e Newson. Um perfeccionista conhecido por vestidos feitos meticulosamente à mão, ele se transformara em uma Gertrude Stein moderna, oferecendo jantares para influenciadores culturais que poderiam incluir a estrela do hip-hop Kanye West e o artista plástico Julian Schnabel. Seu evento para Ive foi considerado um dos convites mais cobiçados da Paris Fashion Week. Estrelas do rock (como Lenny Kravitz e Mick Jagger), atores e atrizes (como Salma Hayek), modelos (como Cara Delevingne e Rosie Huntington-Whiteley) e formadores de opinião (como Maria Grazia Chiuri, a designer da Valentino) compareceram para celebrar o Apple

Watch em um evento que foi, para Ive, como um baile de debutantes no mundo da moda.

Ive e Newson, que consideravam Alaïa uma espécie de padrinho, não puderam deixar de ficar impressionados com a sala cheia de celebridades. Eles acharam graça da situação de passar a manhã com Lagerfeld e a noite com Alaïa, porque as duas lendas da moda não se davam bem: Lagerfeld desprezava Alaïa por fazer "sapatilhas de balé para vítimas da moda na menopausa", enquanto Alaïa dizia que Lagerfeld "jamais tocou em uma tesoura na vida".[11]

Enquanto todos jantavam ao redor de mesas circulares, a coreógrafa espanhola Blanca Li subiu ao palco para apresentar uma dança flamenca. Em seguida, os convidados experimentaram Apple Watches e comentaram qual deles comprariam.

Ive, sempre com uma taça de vinho branco na mão, ficou até tarde da noite no fundo da sala, assistindo ao espetáculo.[12] Newson, que ficava por perto, conversava com o crítico de moda do *New York Times* fazendo o possível para representar como o designer da Apple se sentia. Examinando a sala, ele disse: "Estamos bem longe de Cupertino, você sabe".

12

ORGULHO

Para Tim Cook, os números não faziam sentido.

Acordando na Califórnia por volta das 4 da manhã para revisar relatórios de vendas de todo o mundo, os números que ele examinava todos os dias o pegaram de surpresa.[1] O lançamento dos iPhones 6 e 6 Plus eletrificou a demanda pelo produto mais popular da Apple, levando a longas filas na frente das Apple Stores, enquanto os clientes esperavam horas para comprar os novos dispositivos. Os números diários de vendas da empresa acompanharam a venda de 74 milhões de iPhones na temporada de fim de ano, um aumento impressionante de 46% em relação ao ano anterior.[2] Em média, 500 iPhones eram vendidos a cada minuto, 24 horas por dia.[3] A Apple vendia iPhones de US$ 600 na mesma proporção que o McDonald's vendia Big Macs de US$ 5.

A China impulsionou o aumento, validando o trabalho de Cook para conseguir o suado acordo de distribuição com a China Mobile. Os clientes da China Mobile fizeram a Apple quase dobrar suas vendas no maior mercado de smartphones do mundo. Depois de ver o sucesso da rival Samsung na venda de celulares com telas maiores nos Estados Unidos e na China, Cook previu que o iPhone 6 se sairia bem, mas jamais sonhou com tamanho sucesso. Foi o suficiente para fazer o CEO normalmente estoico se vangloriar.

"A demanda pelos novos iPhones tem sido descomunal", disse ele aos analistas financeiros durante uma teleconferência em outubro.[4] "Estou nas nuvens." Com as dúvidas sobre o futuro da Apple pós-Jobs se dissipando, Cook ganhou a confiança da qual precisava para assumir um raro risco pessoal.

No outono de 2014, Cook preparou-se para voltar a seu estado natal, Alabama, a fim de ser admitido na Academia de Honra do estado.[5] O reconhecimento era reservado para 100 cidadãos ilustres do estado, incluindo figuras proeminentes como a estrela do futebol americano Bo Jackson, vencedor do Troféu Heisman da Universidade de Auburn, e a ex-secretária de Estado Condoleezza Rice. O evento deu a Cook a oportunidade de se dirigir a representantes estaduais que atuavam em Washington.

Enquanto decidia o que dizer, Cook tropeçou em um conflito familiar. Ele se orgulhava de sua herança do Alabama, mas estava decepcionado com o legado do estado no que dizia respeito a questões de raça e igualdade. Muitos nativos do Sul do país conheciam bem essa tensão, lutando para conciliar o amor ao local onde nasceram e aos valores da região com o horror de sua história de escravidão e discriminação racial. Mas, para Cook, uma frustração pessoal intensificava o conflito.

No ano anterior, as políticas antidiscriminação haviam assumido uma posição de vanguarda na política na esteira da consideração, pelo Senado, de um projeto de lei para estender proteções aos trabalhadores contra a intolerância com base na orientação sexual e identidade de gênero. Cook escreveu um editorial para o *Wall Street Journal* em 2013 apoiando a lei, dizendo: "As proteções para promover a igualdade e a diversidade não deveriam ser condicionadas à orientação sexual de uma pessoa.[6] Pessoas demais tiveram de passar tempo demais escondendo essa parte de sua identidade no trabalho". A lei acabou não saindo do Congresso, deixando uma colcha de retalhos de leis estaduais para proteger os trabalhadores. O Alabama não tinha uma lei como essa.

Cook queria chamar a atenção dos líderes do estado por não aprovarem uma lei que protegesse trabalhadores lésbicas, gays, bissexuais e transgêneros de serem demitidos com base em sua orientação sexual. Ele sabia que suas palavras teriam mais peso se os líderes do estado soubessem a verdade.

No fim de outubro, Cook convocou o líder de comunicações da Apple, Steve Dowling, para discutir como revelar ao mundo que ele era gay.

Cook vinha pensando havia algum tempo em revelar algo que sempre manteve em segredo do público. Dois anos antes, ele lera o anúncio de Anderson Cooper, um jornalista da CNN, de que era gay, em um e-mail para o escritor Andrew Sullivan.[7] Cook admirou a maneira sucinta e direta com que Cooper abordou algo tão pessoal. O comunicado lhe pareceu elegante. Ele e dois outros executivos da Apple marcaram um almoço com Cooper em Nova York, onde o CEO, normalmente reservado, teve uma conversa amigável e divertida com o jornalista, levando os colegas a brincar que deveriam ter saído da mesa e deixado os dois sozinhos. A admiração de Cook por Cooper o fez querer se assumir em público de uma maneira igualmente simples, direta e inspiradora.

Enquanto ponderava como fazê-lo, Cook procurou Cooper em busca de conselhos. Disse a Cooper que queria escrever algo que explicasse por que não revelara essa informação antes e por que estava fazendo isso agora.[8] Embora já tivesse decidido em grande parte como proceder, a conversa influenciou seus próximos passos.

Ao longo dos anos, Cook passou a confiar em um repórter acima de todos os outros: Josh Tyrangiel, da *Bloomberg Businessweek*. Ele tinha sido entrevistado duas vezes por Tyrangiel após se tornar o CEO da Apple e considerava o ex-jornalista da revista *Time* um homem inteligente e com elevados princípios morais. Ele e Dowling falaram sobre a possibilidade de entrar em contato com Tyrangiel e garantir um espaço na *Bloomberg Businessweek* para publicar um ensaio pessoal sobre sua sexualidade.

Cook ligou para Tyrangiel e o convidou para ir de Nova York à Califórnia para uma reunião.[9] Sob a rigorosa cláusula de sigilo da Apple, Tyrangiel não contou aos colegas da equipe de tecnologia da revista sobre o convite. Ficou claro que Cook queria conversar sozinho com ele.

Quando Tyrangiel chegou ao Infinite Loop, Cook confessou que algo o estava incomodando. Todos os dias, disse, ele entrava em seu escritório, onde mantinha uma foto de Martin Luther King Jr. na parede. Em alguns dias, era inspirador ver a foto, mas em outros dias era difícil. Ele vinha se sentindo cada vez mais dividido entre sua privacidade, que ele protegia a sete chaves, e o fato de ocupar uma posição influente e, assim, poder ser uma inspiração para os outros.

Cook disse que tinha chegado a hora de se manifestar e revelar que era gay. Levantou a possibilidade de fazer como Cooper e publicar um ensaio pessoal na revista. Não queria que fosse uma matéria de capa nem que fosse divulgado com alarde. Imaginava algo discreto, no meio dos outros artigos. Entregou a Tyrangiel um primeiro rascunho do ensaio.

Tyrangiel leu todo o ensaio pessoal, que começava modestamente até chegar à revelação da orientação sexual de Cook. O artigo começava assim:

> Ao longo da minha vida profissional, sempre tentei manter minha privacidade… Ao mesmo tempo, tenho profunda crença nas palavras de Martin Luther King, que disse: "A pergunta mais persistente e urgente da vida é: 'O que você está fazendo pelos outros?'". Tenho o hábito de me impor essa questão e percebi que meu desejo de manter minha privacidade tem me impedido de fazer algo mais importante. Foi o que me trouxe a estas palavras.
>
> Durante anos, fui aberto com muitas pessoas sobre a minha orientação sexual. Muitos colegas da Apple sabem que sou gay e isso não parece fazer diferença na maneira como eles me tratam.[10]

Quando terminou de ler, Tyrangiel assegurou a Cook que reservaria uma página para o ensaio em uma próxima edição da *Bloomberg Businessweek*.

A ACEITAÇÃO DE RELACIONAMENTOS homoafetivos nos Estados Unidos cresceu nos anos 2000. Pela primeira vez, a maioria dos americanos acreditava que relacionamentos entre pessoas do mesmo sexo deveriam ser legais.[11] Essa opinião já era comum no Vale do Silício, onde a reputação de tolerância e mente aberta de São Francisco fez da região um destino para gays depois da Segunda Guerra Mundial.[12]

Segundo estimativas, em 1980, um quinto da população de São Francisco era gay. Homens do bairro de Castro encorajavam uns aos outros a serem abertos sobre sua sexualidade. A comunidade solidária resultante fez da região um destino para americanos gays, lésbicas, bissexuais e transgêneros, e a chegada dessas pessoas coincidiu com um período de transformação econômica à medida que a era dos PCs se espalhava e se transformava no boom das pontocom.

Cook entrara na Apple em meio a esse período de crescimento econômico. A empresa estava havia um bom tempo entre as mais progressistas do país em termos de aceitação e apoio a trabalhadores LGBT. A Apple tinha alterado suas políticas de contratação em 1990 para proibir a discriminação com base na orientação sexual e, dois anos depois, estendeu benefícios aos parceiros dos funcionários.[13]

À medida que Cook subia na hierarquia da Apple, aumentavam as especulações sobre sua sexualidade. Um artigo de 2008 sobre ele na *Fortune* o descreveu como um "solteirão inveterado", termo que o site de fofocas Gawker interpretou como um código para o fato de Cook ser gay.[14] Em um post analisando o artigo da *Fortune*, Owen Thomas destrinchou a descrição de Cook como um "rato de academia" com uma vida "intensamente privada", que passa todo o tempo fora do trabalho "malhando, fazendo trilhas ou andando de bicicleta".

"O que é isso? Um artigo da *Fortune* ou um anúncio classificado de 'homem procura homem'?", Thomas ironizou. Ele acrescentou: "Seríamos negligentes em nosso dever como fofoqueiros se não nos perguntássemos se Cook é gay".

Até então, muitos colegas de Cook achavam que ele não tinha tempo para namorar porque trabalhava incansavelmente. Ele raramente mencionava hobbies fora do trabalho além do ciclismo, das caminhadas e dos jogos de futebol americano de Auburn. Alguns funcionários gays da Apple disseram ter visto Cook em bares, mas nunca falavam muito a respeito no *campus*. Steve Jobs, que tinha passado um tempo sem saber, tentara arranjar encontros com mulheres para Cook antes de descobrir a verdade.

O artigo no Gawker transformou algo de que os colegas de Cook suspeitavam em um fato velado. Em 2011, a revista *Out* o nomeou o homem gay mais poderoso do país, consolidando o fato de que todo mundo sabia que ele era gay apesar de ele não reconhecer isso em público.[15] Um artigo do Gawker depois que ele se tornou o CEO dizia que alguns líderes da Apple se preocupavam com a possibilidade de a marca sair prejudicada caso ele assumisse sua orientação sexual em público.[16] O artigo dizia que Cook "curte caras asiáticos" e especulou que ele faria um bom par com um executivo do Google chamado Ben Ling, que foi descrito em inúmeros artigos como namorado de Tim Cook, embora Ling tenha dito que eles nunca namoraram. Os artigos criaram uma situação na qual a sexualidade de Cook fervilhava em segundo plano, de conhecimento geral, porém não confirmada.

À medida que Cook se consolidava na liderança da empresa, foi tomando medidas para mudar isso aos poucos. Em 2014, aprovou pela primeira vez a participação da Apple na parada do orgulho LGBT de São Francisco e se juntou a 4 mil funcionários portando bandeiras de arco-íris em junho para marchar pela Market Street atrás de uma faixa branca com o logotipo da Apple acima da palavra "ORGULHO".

ALGUNS MESES DEPOIS, na manhã de 27 de outubro de 2014, Cook visitou a Igreja Batista da Dexter Avenue, em Montgomery, Alabama, onde Martin Luther King Jr. foi pastor no fim da década de 1940. Cook queria ver o local onde King organizou o boicote aos ônibus de Montgomery em 1955, que ajudou a inflamar o movimento pelos direitos civis. Diante do prédio simples de tijolos coroado por uma cúpula branca, Cook ficou comovido com a coragem demonstrada por King para defender a igualdade em um mundo que tolerava o ódio.

Horas depois, Cook foi até o púlpito no prédio do governo do estado. Colocou um iPad diante dele e olhou para as pessoas que o nomearam um dos 100 cidadãos vivos mais importantes do estado.[17] Em seguida, Cook se pôs a criticá-las.

"Todos nós conhecemos muito bem a luta histórica dos nossos irmãos e irmãs afro-americanos por direitos iguais", disse ele.[18] "Eu nunca consegui entender por que algumas pessoas do nosso estado e da nossa nação resistiram aos princípios básicos da dignidade humana que eram tão contrários aos valores que aprendi em Robertsdale, no Alabama… Meus pais trabalharam duro para nos dar uma vida melhor, para podermos ir à faculdade e ser o que quiséssemos. Eles se mudaram para o Alabama porque encontraram amigos e vizinhos que tinham os mesmos valores… Foi uma época de muitas lutas em todo o nosso estado e em nossa nação. E me afetou profundamente."

Cook contou aos políticos sobre sua ida à igreja de King naquela manhã e como a visita o lembrara da importância de se posicionar em público pela igualdade e pelos direitos humanos.

"Há muito tempo prometi a mim mesmo que nunca me calaria nas minhas crenças em relação a esses princípios", disse ele. "Acho que progredimos muito, mas também acho que o nosso estado e a nossa nação ainda têm um longo caminho a percorrer antes que o sonho de King seja uma realidade. O Alabama demorou demais para avançar em direção à igualdade. E, mesmo quando começamos, nosso progresso foi lento demais, lento demais para garantir a igualdade para os afro-americanos, lento demais para garantir o casamento inter-racial, que só foi legalizado 14 anos atrás, e ainda lento demais para garantir a igualdade para a comunidade LGBT. Cidadãos do Alabama ainda podem ser legalmente demitidos com base em sua orientação sexual. Não podemos mudar o passado, mas podemos aprender com ele e criar um futuro diferente."

A crítica de Cook e seu clamor por mais direitos e oportunidades para a comunidade LGBT saiu em todas as manchetes. E irritou algumas pessoas do Alabama. Um importante meio de comunicação conservador desdenhou da opção de Cook de dar um sermão nas autoridades do estado em vez de agradecer, caracterizando o discurso de "deselegante".[19]

DE VOLTA À CALIFÓRNIA, Cook fez reuniões com os principais líderes da Apple para discutir seu texto que seria publicado na *Bloomberg Businessweek*. Disse a alguns deles pela primeira vez que era gay e pediu ajuda para avaliar os riscos de revelar sua orientação sexual em mercados menos tolerantes à homossexualidade, como o Oriente Médio e a Rússia. Teve conversas semelhantes com o conselho de administração da Apple, que aprovou o anúncio. Nessas conversas, Cook admitiu que uma das razões pelas quais planejava assumir-se gay naquele momento era que a Apple ia muito bem com o lançamento do iPhone 6 e do Apple Watch. Fracassar como o primeiro CEO depois de Jobs teria sido uma derrota pessoal, mas fracassar como o primeiro CEO gay depois de Jobs teria deixado um legado com o potencial de restringir as oportunidades para outros executivos LGBT.

Aos olhos dos principais executivos da Apple, aquele era mais um exemplo da preocupação de Cook com suas responsabilidades mais amplas.

Cook deixou claro que queria assumir sua orientação sexual naquele momento para que pudesse ser um modelo no futuro para jovens que sofriam bullying ou temiam a desaprovação da família. Ele não seria o primeiro executivo de negócios a assumir-se publicamente gay, mas sua posição como o CEO da maior empresa do mundo teria uma influência enorme e serviria como um exemplo do enorme avanço da comunidade LGBT desde a renúncia de John Browne, sete anos antes, como CEO da BP, depois de perder uma batalha legal quando a imprensa o "desmascarara". Cook sabia que seu anúncio poderia mostrar aos jovens que uma barreira geracional havia sido rompida.

"Nunca revelei isso a muita gente, até que comecei a pensar: 'Acho que a essa altura é egoísmo da minha parte'", ele explicaria mais tarde.[20] "Preciso ser melhor do que isso, preciso fazer algo por eles e mostrar que é possível ser gay e avançar, ter um bom emprego, que existe um caminho já aberto.'"

NA *BLOOMBERG BUSINESSWEEK*, quase ninguém sabia do plano de Cook. Tyrangiel reservou uma página em branco na edição daquela semana e, para proteger o sigilo da revelação de Cook, só incluiu o texto pouco antes de enviar a revista para a gráfica.

A revista saiu três dias depois do discurso de Cook no Alabama. Com o título "Tim Cook revelado", a notícia ganhou destaque imediatamente nos canais de negócios CNBC e Bloomberg News, bem como notícias de primeira página no *Wall Street Journal* e no *New York Times*.[21] Todas citavam suas palavras:

> Apesar de eu nunca ter negado minha sexualidade, também nunca a reconheci em público, até agora. Então, quero deixar claro que tenho orgulho de ser gay e acredito que ser gay foi uma das maiores dádivas que recebi de Deus.
>
> Ser gay me ajudou a entender as implicações de pertencer a uma minoria e me deu uma janela para ver as dificuldades que pessoas de outros grupos minoritários enfrentam todos os dias. Me deu mais empatia e, em consequência, uma vida mais rica. Nem sempre é fácil e cômodo, mas me deu confiança para ser eu mesmo, seguir meu próprio caminho e superar as adversidades e a intolerância. Também me deu a pele de um rinoceronte, algo sempre bom de se ter quando se é o CEO da Apple.

Com o artigo, Cook se tornou o primeiro CEO de uma empresa da Fortune 500 a se declarar gay. Sua revelação teve mais peso por ele ser o CEO de uma empresa que vinha de mais de uma década na vanguarda da cultura. O foco de Cook na inclusão e na diversidade para além das comunidades de gays, lésbicas, bissexuais e transgêneros agradou outros grupos minoritários ansiosos por mais oportunidades no mundo dos negócios.

Pessoas da comunidade gay elogiaram o artigo de Cook por evitar uma armadilha na qual outras figuras públicas haviam caído.[22] O foco da revelação de Cook não foi se livrar de algum fardo pessoal, mas explicar por que ele acreditava que sua sexualidade era uma dádiva. Muitas pessoas se identificaram com sua mensagem de que sua vida fora enriquecida. Como um CEO de alta visibilidade, ele também dava esperanças de que o mundo dos negócios se tornaria mais aberto às pessoas que se assumissem para os colegas.

O artigo ajudou a impulsionar a luta pelos direitos dos homossexuais em um momento no qual a comunidade havia conquistado uma importante validação nos mais altos níveis do governo. A declaração de Cook foi feita um ano depois que a Suprema Corte dos Estados Unidos estabeleceu como inconstitucionais partes da chamada Lei de Defesa do Casamento, que negava o reconhecimento de casamentos entre pessoas do mesmo sexo pelo governo federal. No ano seguinte, a Suprema Corte decidiu que os casamentos entre pessoas do mesmo sexo deveriam ser reconhecidos por todos os estados norte-americanos. Essas conquistas ofuscaram a declaração de Cook, mas não reduziram seu impacto na América corporativa.

A mídia ficou em polvorosa querendo saber mais sobre a jornada de Cook, mas ele deixou o artigo falar por si só. Não fez uma turnê de *talk shows* nem deu entrevistas a respeito. Não queria que as pessoas o vissem apenas como o primeiro CEO gay, mas pela pessoa que era: um engenheiro, um tio, um amante da natureza, um rato de academia e um fanático por esportes. Deixou a conclusão de seu texto ser a última palavra.

"Pavimentamos juntos o caminho dourado em direção à justiça, pedra por pedra", escreveu. "Esta é a minha pedra."

13

FORA DE MODA

Jony Ive parecia ter atingido um novo auge. Apenas alguns meses antes, fora aplaudido de pé por milhares de pessoas que celebravam o Apple Watch e o trataram como uma celebridade. As estrelas da moda que Ive queria impressionar organizaram festas para ele em Paris e se maravilharam com sua última criação. Seu trabalho árduo fora recompensado e seu mais novo produto dera à empresa uma nova dose de confiança e orgulho.

No final de dezembro de 2014, ele reuniu a equipe de design de software em um espaço de reunião no Infinite Loop conhecido como "A Sala". Ive reformara o espaço depois da demissão de Scott Forstall, substituindo a tela e os bancos de cinema usados para demonstrações de software por uma mesa comprida de carvalho e bancos como os do estúdio de design.

Ive sentou-se à cabeceira da mesa enquanto a equipe de software se reunia na sala. Elogiou os presentes pelo trabalho no Apple Watch e no iPhone e agradeceu por tudo o que fizeram. Eles haviam superado todas as expectativas, disse. Em seguida, fez uma pausa e exalou o ar dos pulmões.

"Faz 20 anos que estou na Apple", falou, cansado. "Este foi um dos anos mais difíceis que já tive."

Os comentários e a linguagem corporal de Ive deixaram a equipe confusa, sem conseguir conciliar sua atitude pessimista com o recente entusiasmo que eles testemunharam pelo Apple Watch. Em vez de sentir-se encorajado e empolgado com a exuberância daquele dia, Ive estava diante deles pensativo e distante.

Ive sentia que seu espírito criativo estava perdendo o brilho. Nos bastidores, passara grande parte dos últimos três anos envolvido em conflitos corporativos. Havia se engajado em uma batalha para desenvolver o relógio com o ex-vice-presidente de software, Scott Forstall. Em seguida, teve de lutar com o vice-presidente de marketing, Phil Schiller, pelos recursos do relógio que seriam promovidos. Ao mesmo tempo, enfrentava questões relativas aos custos na seleção dos materiais de construção para o Apple Park. E ainda tinha assumido a responsabilidade adicional de gerenciar dezenas de designers de software. Como se tudo isso não bastasse, estava sendo forçado a navegar por tudo sem o apoio e a colaboração de Jobs, o parceiro criativo por quem ainda não tinha tido tempo de parar para viver o luto. Esse contexto o fazia sentir-se exausto e solitário.

Não muito tempo depois da reunião, o jato particular Gulfstream V de Ive decolou para a Ilha de Kauai, no Havaí, onde ele tinha uma casa perto da costa de Nā Pali.[1] Ive passou as três semanas seguintes de férias, sua ausência mais longa em anos, mas ainda estava exaurido na entrada do ano novo. Seu orgulho pelo Apple Watch foi ofuscado por sua frustração com a constante batalha que sentia que precisava travar para defender sua visão, especialmente com a equipe de marketing da Apple, ferozmente resistente à sua ideia de promover o relógio como um acessório de moda. Das profundezas de sua frustração, a ideia de sair da Apple que o dominara em 2008 começou a voltar à tona.

Em 2015, Ive estava a caminho do Infinite Loop no banco de trás de um Mulsanne da Bentley. O carro ultraluxuoso de US$ 300 mil com espaço extra para as pernas e interior em couro creme era conduzido por um chofer.[2] Os carros eram equipados com Wi-Fi, permitindo que os passageiros trabalhassem durante o percurso, e com malas de couro feitas à mão, projetadas especificamente para caber no porta-malas. Ele podia esticar as pernas sentado no banco de trás e olhar pela janela enquanto seu motorista navegava pelo trânsito da rodovia interestadual 280. Às vezes Ive ouvia o canal de negócios CNBC no rádio durante o trajeto, ciente de que a posição da Apple como a maior empresa do mundo a colocava em constante destaque nas discussões sobre o mercado financeiro.

Ele acompanhava o canal o suficiente para saber que Jim Cramer, o enérgico e volúvel apresentador de *Mad Money* e *Squawk on the Street*, adorava a Apple e não parava de elogiar o desempenho da empresa no mercado de ações. Cramer caíra nas graças do pessoal da Apple, inclusive de Ive, por ridicularizar os céticos que viviam dizendo que a empresa só sabia fazer o iPhone. "Ano após ano, eles dissuadiram vocês de comprar as melhores ações da melhor empresa do planeta", Cramer dizia sobre os céticos.[3]

Cramer elogiava Cook por "criar uma riqueza fantástica" para os acionistas, incluindo Ive.[4] Cook, o sucessor de Jobs inicialmente desacreditado, tornara-se um queridinho de Wall Street. Em menos de quatro anos, o valor de mercado da Apple dobrou para US$ 700 bilhões, e o pessoal da empresa passou de 60 mil funcionários para quase 100 mil. Os números deixavam Ive cada vez mais desconfortável. Ele e outras pessoas da Apple relembravam com carinho os dias quando uma pequena equipe de algumas centenas de pessoas desenvolveu o iPhone. Não era mais aquele tipo de lugar intimista onde seus designers podiam puxar o CEO de lado para falar sobre materiais a fim de criar uma linha de computadores coloridos. Agora a empresa fabricava uma infinidade de iPhones, iPads e Macs; fundos de pensão e *traders* de Wall Street monitoravam cada queda em suas ações; e dezenas de milhares de funcionários contavam com a empresa para sustentar a família. A influência de Ive sobre o futuro dos produtos da Apple afetava mais pessoas do que ele imaginava. O crescimento exponencial da empresa o incomodava, mesmo enquanto ele era levado de chofer em um carro dos sonhos pago com todos aqueles lucros.

O CONVITE PARA O PRÓXIMO EVENTO da Apple chegou ao e-mail das pessoas encabeçado por três palavras: "Vamos em frente". Enigmáticas e sugestivas, as inteligentes palavras no convite RSVP inspiraram uma onda de especulações na mídia de que a Apple finalmente anunciaria a data de lançamento dos novos relógios da empresa.

Seis meses depois do lançamento do relógio, o entusiasmo estava dando lugar ao ceticismo. Escritores de tecnologia e moda questionavam o propósito do relógio. Quando os representantes da imprensa chegaram ao Yerba Buena Center for the Arts de São Francisco no início de março, eles queriam saber: o que é que essa coisa faz?

A promoção do relógio pela empresa como um acessório de moda expôs Tim Cook a críticas inesperadas. Em um artigo intitulado "Este imperador precisa de roupas novas", a comentarista de moda do *New York Times*, Vanessa Friedman, perguntou: "Será que não é hora de Tim Cook começar a usar a camisa para dentro da calça?".[5] Ela observou que a Apple organizara um evento para o relógio na Paris Fashion Week e o apresentara no pulso da supermodelo Liu Wen em uma sessão de fotos para a edição de novembro da *Vogue* chinesa. "Não seria o caso de o líder de uma marca como essa vestir-se de acordo?", Friedman indagou. Ela criticou a preferência de Cook por camisas grandes, um pouco amassadas e para fora da calça, um estilo que ela chamou de "a moda dos sem moda".

O artigo horrorizou a equipe de comunicação da Apple, que condenou as críticas superficiais de Friedman. A equipe se aconselhou com colegas e contratou um *personal stylist* para Cook. No dia do evento, naquela primavera, a mudança na aparência de Cook ficou clara. Ele chegou de manhã usando um suéter azul-marinho justo com zíper sobre uma camisa de gola alta bem passada e jeans escuros. Em vez do criticado estilo "a moda dos sem moda", ele adotara o de um homem de meia-idade chique e estiloso.

Por sua vez, Ive chegou cerca de meia hora antes da apresentação usando um suéter preto enorme que escondia um pouco do peso que ele havia ganhado em meio ao estresse do ano anterior.[6] Ive entrou e encontrou seu lugar de sempre na primeira fila, ao lado de Laurene Powell Jobs. Ele se afundou em seu assento, protegido, por sua timidez, dos holofotes e do escrutínio do palco.

Quando o evento começou, Cook subiu ao palco com menos energia do que havia demonstrado meses antes. Falou sobre a contínua expansão da empresa na China, onde a Apple abrira seis lojas nas seis semanas anteriores. A empresa tinha 21 lojas na China e planejava aumentar esse número para 40 no próximo ano.

"Agora temos mais algumas razões para vocês irem visitar essas lojas", disse ele.[7]

Ao reapresentar o relógio, Cook enfatizou não apenas sua aparência, mas o que ele era capaz de fazer. Descreveu-o como um canivete suíço moderno, um único dispositivo capaz de mostrar as horas, monitorar atividades físicas, exibir mensagens, lembrar compromissos e pagar pelo café – e tudo isso com estilo. Para destacar seu potencial de fazer tudo, convidou a supermodelo Christy Turlington Burns ao palco. A imponente morena, garota-propaganda das maquiagens da Maybelline, usara recentemente o Apple Watch durante uma meia maratona na Tanzânia para promover sua instituição de caridade voltada a aumentar a segurança dos partos no mundo em desenvolvimento. Ela disse que usava uma pulseira de silicone para correr e uma pulseira de couro para ocasiões elegantes.

Para ela, o relógio combinava fitness com moda.

Quando Turlington deixou o palco, Cook detalhou os planos de precificação da Apple para o relógio. O Apple Watch Sport de alumínio custaria US$ 399; o Apple Watch de aço inoxidável custaria US$ 599; e o Apple Watch Edition de ouro 18 quilates custaria entre US$ 10 mil e US$ 17 mil.[8] Eles estariam disponíveis no dia 24 de abril.

Depois do evento, os analistas do mercado financeiro correram para projetar quantos relógios a Apple venderia. O novo produto anterior da empresa, o iPad, registrara 32 milhões de unidades em seu primeiro ano fiscal completo.[9] O analista da UBS, Steve Milunovich, esperava que o relógio superasse esse número, com 41 milhões de unidades vendidas. Na CNBC, âncoras perguntaram a Daniel Ernst, da Hudson Square Research, se as pessoas o comprariam.[10] "Sem dúvida alguma", foi a resposta. "O relógio é lindo. Parece uma joia. Não é uma engenhoca barata de plástico."

Foi como se os comentários tivessem saído da boca do próprio Ive. Ele queria que o mundo visse o relógio como uma extensão de todos os relógios que vieram antes dele. Só assim o Apple Watch seria bem recebido e usado sem constrangimento pelas massas.

O SUCESSO ESTAVA LONGE de garantido. Quando a Apple deu início à produção, encontrou problemas de fabricação quase imediatamente.

Do outro lado do Pacífico, na região de Xangai, a equipe de operações da Apple ficou desesperada ao descobrir que o fabricante contratado para montar o relógio não tinha operários suficientes. Não só não tinha operários suficientes como faltavam mais de 100 mil trabalhadores.

Era um número assombroso, que deixou muitos integrantes da equipe de operações horrorizados, especialmente porque seria preciso encontrar os trabalhadores em questão de dias. A busca por respostas revelou dois problemas. A Apple escolhera a Quanta Computer para montar o relógio, em vez de sua parceira de confiança, a Foxconn, porque queria diversificar sua cadeia de suprimentos e proteger o sigilo do projeto usando uma fábrica longe dos concorrentes em Shenzhen, o principal centro manufatureiro da China. Além disso, para que o produto fosse lançado na primavera conforme o planejado, o grosso da produção deveria ser feito logo depois do Ano Novo Chinês. Todos os anos, os operários das fábricas voltavam à região rural da China para passar o feriado e muitos não retornavam ao trabalho. Um déficit de força de trabalho dessas proporções seria inimaginável nos Estados Unidos, mas, na China, representava apenas uma pequena fração dos 3 milhões de operários dos fornecedores da Apple. Com a Quanta incapaz de cumprir os prazos, apenas uma empresa conseguiria resgatar os planos da Apple: a Foxconn, a mesma empresa de que a Apple desdenhara.

O chief operations officer, Jeff Williams, entrou em contato com o presidente do conselho da Foxconn, Terry Gou, e disse que a Apple precisava de ajuda. Apesar do descontentamento com o fato de a Apple ter preferido a Quanta à Foxconn para o projeto, Gou se colocou à disposição, entregando mais de 100 mil trabalhadores em curto prazo para as linhas de montagem. A velocidade refletia o profundo networking do empresário taiwanês na China e sua capacidade de fazer o impossível repetidas vezes. Ele entregou os operários com uma mensagem subentendida para Williams: vocês ficam me devendo essa.

Mesmo com o pessoal necessário, as linhas de montagem tiveram dificuldades com a complexidade de fabricar os três relógios diferentes. O relógio de ouro se mostrou particularmente difícil. Uma máquina cortava um bloco sólido de ouro, criando uma chuva cintilante de pó dourado que os engenheiros de fabricação da Apple viam cair nos cabelos de operários chineses que ganhavam cerca de US\$ 2 por hora.[11] Muitos dos trabalhadores ganhavam, em um mês, menos que o valor do pó de ouro em seus cabelos. A Apple instalou um sistema de vigilância para impedir as pessoas de roubar o pó de ouro. Os engenheiros ficaram perplexos com o absurdo da imprecisão financeira do design preciso de Ive.

Uma peça defeituosa representou um problema muito maior. Mais para o fim do processo de montagem, os engenheiros da Apple encontraram um defeito no motor vibratório produzido por um de seus dois fornecedores.[12] A ideia da peça era dar a sensação de um toque no pulso para alertar os usuários de uma notificação recebida. O motor vibratório de um fornecedor parava de funcionar depois de certo tempo. O componente defeituoso restringiu o número de relógios que poderiam ser produzidos, um erro com *timing* infeliz e que ameaçou o plano de alto risco da Apple de entregar milhões de relógios no prazo.

DIANTE DA LIMITAÇÃO DA OFERTA, a Apple adotou uma estratégia para restringir a distribuição do relógio.

Paul Deneve, ex-CEO da Yves Saint Laurent, criou um plano de vendas e distribuição inspirado em marcas de luxo como a Louis Vuitton e a Hermès, que promoviam uma percepção de escassez e exclusividade para garantir preços mais altos e mais prestígio para suas bolsas e roupas. Deneve concordou com Ive que o relógio só poderia resistir ao teste do tempo se fosse visto como um acessório pessoal e não como um computador de pulso. Para aumentar a desejabilidade do produto, Deneve procurou colocar o relógio em lojas sofisticadas, famosas por vender os produtos mais cobiçados do mundo. Fechou acordos de distribuição para levar o relógio para a Selfridges de Londres, a Isetan de Tóquio e a Galeries Lafayette de Paris. Nas semanas anteriores à disponibilização do relógio a todos, os modelos de aço inoxidável e de ouro foram exibidos nessas lojas ao lado de marcas como Cartier e Rolex, conferindo opulência à imagem cotidiana da Apple.

No fim de abril, Deneve planejava ampliar a distribuição para as Apple Stores, que seriam reformadas para vender tesouros, não apenas tecnologia. Ele queria estender o valor intangível do relógio fazendo com que vendedores individuais ajudassem os clientes a escolher o modelo e as pulseiras mais adequados. A ideia era dar um toque individual ao dispositivo mais pessoal da Apple. Ele levou o conceito um passo adiante, sugerindo que os clientes marcassem horário para comprar um relógio na Apple Store mais próxima. A vice-presidente sênior de varejo, Angela Ahrendts, apoiou a ideia, lançando um programa para converter os 46 mil funcionários de varejo da Apple em consultores de estilo.

CERCA DE TRÊS MESES ANTES do início das vendas, Jaron Neudorf, funcionário de longa data da Apple Store, chegou a uma das lojas da empresa em Calgary, no Canadá, para começar seu treinamento. O curso de vendas do novo relógio incluía instruções sobre como avaliar o nível de riqueza dos clientes estudando as roupas e a marca de relógio que eles usavam. Neudorf e seus colegas foram instruídos a sugerir aos clientes o relógio da faixa de preço mais alta que estes poderiam pagar. Por exemplo, os vendedores deveriam oferecer a uma mãe solo com três filhos o modelo mais barato de alumínio, enquanto um *trader* de terno deveria ser incentivado a comprar a versão mais cara de aço inoxidável. O conceito foi confuso para Neudorf e alguns colegas, que estavam acostumados a resolver problemas de Macs e consertar telas quebradas de iPhone. As lojas onde eles trabalhavam ficaram cheias de expositores de joias e passaram por uma reforma que criou uma área para os clientes provarem os relógios. A mudança foi tão radical que Neudorf se perguntou se o nome das lojas não mudaria para Apple Boutiques.

No Infinite Loop, a nova estratégia gerou controvérsia.[13] A Apple tinha passado décadas cultivando sua identidade como uma empresa de tecnologia e algumas pessoas da empresa acharam difícil vê-la se distanciar desse legado para adotar estratégias do mundo da moda. Seus executivos de vendas, que supervisionaram o lançamento de Macs, iPhones e iPads, temiam que a adoção de táticas de luxo prejudicaria um dos pontos fortes da Apple: sua identidade como marca premium acessível. Sob o comando de Jobs, a Apple garantia os preços mais altos do setor da tecnologia, combinando os designs elegantes de Ive com um software fácil de usar. A magia de Cook nas operações mantinha os preços acessíveis. Eles temiam que o relógio tornasse a marca menos democrática e mais exclusiva, afastando clientes fiéis.

UMA SEMANA ANTES DO INÍCIO oficial das vendas, a Apple levou à Itália sua estratégia de marketing de alto poder aquisitivo.

Tendo exibido o relógio em eventos de moda em Paris e Nova York, Jony Ive chegou a outra capital internacional da moda, Milão, em meados de abril de 2015, para mostrar aos grandes mestres italianos do artesanato o que sua combinação de designers da Califórnia e fabricantes chineses era capaz de fazer. Ele vestiu uma gravata preta de cetim no colarinho desabotoado de uma camisa branca e pôs um paletó escuro antes de um evento especial para influenciadores italianos que participavam da feira anual de design da cidade, o Salão do Móvel de Milão.[14]

A Apple alugou um *palazzo* na cidade para um jantar em comemoração ao Apple Watch. Convites foram enviados a designers e formadores de opinião, como o ex-capitão do time britânico de rúgbi Will Carling e a socialite Umberta Gnutti Beretta. Mais de 100 convidados circulavam pelo espaçoso interior do palácio segurando taças de vinho e admirando uma fileira de pulseiras de relógio coloridas que Ive havia feito exclusivamente para o evento. Em certo ponto, todos foram convidados a sentar-se para um jantar italiano com vários pratos acompanhados de vinho espumante. Ive deleitou-se com o quem-é-quem da sociedade e do design italianos, empolgado por ver seu trabalho em exibição durante um evento de uma semana que vinha influenciando o estilo havia décadas.[15]

Poucos dias depois do evento, ele foi a Florença para dar uma palestra com Newson na Conferência Internacional de Luxo da Condé Nast. Era uma situação desconfortável para Ive, que raramente aparecia no circuito de conferências. O lançamento do relógio estava provocando temores de que a Apple poderia querer competir com os fabricantes tradicionais de joias e artigos de couro. Décadas de disrupção faziam indústrias inteiras estremecerem a cada vez que uma empresa de tecnologia entrava em uma nova categoria. Apenas dois dias antes do início das vendas do Apple Watch, cerca de 500 convidados lotaram a câmara municipal de 700 anos de Florença para ouvir diretamente de Ive e Newson sobre a ameaça que a Apple representava.

Momentos depois que os designers tomaram seus lugares no palco, a editora da *Vogue International*, Suzy Menkes, lançou a pergunta cuja resposta muitas pessoas na plateia estavam lá para ouvir: "Entrando no que interessa, vocês estão competindo – não quero dizer pessoalmente –, os seus produtos estão competindo com as bolsas que estão expostas lá fora, com os itens que costumamos descrever como produtos de luxo? Vocês planejam entrar nesse jogo?".[16]

Ive se inclinou no braço esquerdo de sua cadeira e olhou para uma pintura renascentista de Giorgio Vasari que se erguia sobre o amplo salão. A pintura retratava uma colisão de homens e cavalos quando, em 1554, as tropas florentinas atacaram a República de Siena em uma tentativa de trazer a república separatista de volta ao controle de Florença. A representação da antiga batalha pareceu apropriada a Ive, cercado de executivos do mercado de luxo assustados com a entrada da Apple em seu território.

"Não pensamos sobre o que fazemos nesses termos", Ive respondeu, voltando seu olhar para Menkes. "Nosso foco é fazer o que pudermos para desenvolver um produto que seja útil para as pessoas. Quando começamos a trabalhar no iPhone, nossa motivação era o fato de que ninguém gostava dos celulares existentes no mercado e queríamos dar às pessoas um celular melhor. Quando trabalhamos no desenvolvimento do relógio, nossa motivação foi completamente diferente. Todo mundo já gosta de usar relógio... Então, a nossa ideia não foi criar o design de um relógio melhor... Nós só vimos que o pulso era um lugar fabuloso para a tecnologia."

Com essa resposta, Ive descreveu o delicado caminho que a Apple percorrera para criar o relógio. Os produtos anteriores da empresa tinham sido soluções para problemas. Jobs havia lançado o projeto para desenvolver o iPhone porque achava os celulares da época horríveis. Ele quis fazer o iPad porque queria algo para ler no banheiro.[17] Na ausência de Jobs, o projeto do relógio começou com um propósito não tão claro. A ideia do relógio era proporcionar várias vantagens: as mulheres não precisariam mais procurar o celular na bolsa para ver uma notificação; pessoas com diabetes poderiam monitorar sua glicose de uma maneira não invasiva; e todos se beneficiariam do monitoramento de atividades físicas inspirado no FitBit. A equipe havia entrelaçado essas vantagens díspares – notificações, saúde, fitness – em uma plataforma que não buscava desestabilizar a indústria de relógios, mas sim transferir a tecnologia do bolso e da bolsa para o pulso das pessoas. Percebendo essa disparidade de objetivos, Menkes pressionou Ive para unificar tudo em um único propósito.

"Como você acha que a maioria das pessoas vai usar o novo relógio?", perguntou Menkes. "Vai depender da pessoa", respondeu Ive. "Algumas pessoas vão se interessar mais nos recursos e nas orientações de saúde e condicionamento físico. Outras vão gostar de um jeito diferente de ter o celular por perto. E ainda outras vão gostar de algumas das formas mais intuitivas e pessoais de comunicação."

Seria a prova de fogo para o relógio. Como Jeff Dauber havia advertido Jeff Williams antes do lançamento do relógio, o produto não tinha uma única grande razão para convencer as pessoas a comprá-lo, como a Apple fizera com o iPod, o iPhone e o iPad; seu propósito multifacetado significava que o relógio estava sendo lançado no mundo para testes de mercado. Seriam os usuários que diriam à Apple a razão de ser do relógio, e não o contrário.

QUANDO O RELÓGIO FOI LANÇADO, alguns dias depois, sua disponibilidade foi extremamente limitada. Os problemas de fabricação e a estratégia de vendas reduziram o lançamento inicial a alguns poucos pontos de venda. As Apple Stores agendavam horários para as pessoas conhecerem o relógio, mas orientavam os clientes a fazer o pedido pela internet. As compras imediatas foram restritas a algumas poucas lojas sofisticadas nas principais cidades, como Paris, Londres, Berlim e Tóquio.

Nos Estados Unidos, a butique de moda Maxfield, na badalada West Hollywood, em Los Angeles, foi uma das únicas lojas do país de onde as pessoas puderam sair com um dos novos relógios no pulso.[18] Deneve abordara a butique para vender o relógio por ser uma das lojas mais influentes da moda. Ele esperava que isso criasse uma reverbera-ção de interesse que se transformaria em uma onda de demanda. Só que a fila na frente da loja refletiu um choque cultural: *nerds* fanáticos pela Apple usando pochetes se misturavam com fashionistas com bol-sas da Burberry.[19] A divisão entre os clientes na fila espelhava a divisão que se desenrolava dentro da Apple, em que o foco de Ive na moda co-lidia com o foco tradicional da empresa na tecnologia.

Em Londres, na Wonder Room da Selfridges – espaço exclusivo onde a rede vende joias e relógios de luxo –, um jornalista da *The Verge*, especializada em tecnologia, pediu para ver o Apple Watch Edition de US$ 17 mil. Um segurança chegou com uma caixa de couro que levava o logotipo entalhado da Apple. Ímãs seguravam a tampa da caixa sobre uma versão dourada do relógio aninhada em um interior de camurça. O jornalista colocou o relógio no pulso e o examinou com certa decepção. Ele provou um tamanho menor e teve a mesma rea-ção: "Nenhum deles me deu a sensação de um relógio de luxo. Eram apenas versões douradas do Apple Watch".[20]

Aquela foi uma das primeiras de uma série de avaliações nem sem-pre positivas do design de Ive.[21] Os analistas de tecnologia, em sua maioria homens, acharam o design bonito, não tão elegante quanto os de "players" consolidados como Rolex e Omega, mas estiloso, inova-dor e alinhado com o legado da Apple de fabricar produtos que tinham o poder de transformar categorias inteiras. Por sua vez, a imprensa da moda, na qual as mulheres predominam, achou que o relógio não pas-sava de um computador para usar no pulso e achou exagerada a va-riedade de opções de pulseiras. O relógio também era grande demais para o pulso de algumas mulheres. Os dois grupos concordaram que o produto era bom, mas não chegava a ser indispensável como o iPhone.

A opinião deles foi traduzida à perfeição na manchete da Bloomberg: "Avaliação do Apple Watch: você vai querer, mas não precisa ter um".[22]

As críticas ecoaram as discussões ocorridas no Infinite Loop nos me-ses que antecederam o lançamento do relógio. Poucos questionaram a beleza do design de Ive, mas muitos integrantes da equipe de marketing e muitos engenheiros achavam que o propósito do relógio não se sustentava.

Apesar das avaliações mornas, Cook impôs metas de vendas ambiciosas. Isso levou a equipe de projeção da Apple a estimar que a empresa precisaria fabricar 40 milhões de relógios no primeiro ano para atender à demanda sem precedentes da nova categoria de produtos. Era um número ambicioso e superava em muito o número de iPads que a Apple havia vendido no ano seguinte ao lançamento do tablet em 2010. Com o crescimento da base de clientes da Apple, a empresa estava confiante de que conseguiria atingir sua agressiva meta de vendas.

Os primeiros resultados de vendas não confirmaram os anseios. Todas as manhãs, em sua casa em Palo Alto, Cook analisava com certo desânimo os dados mais recentes sobre o desempenho do relógio. As vendas do modelo de alumínio, da versão em aço inoxidável e da luxuosa edição dourada estavam aquém do esperado. O fraco desempenho dos modelos provocou temores na Apple de que o relógio não seria um sucesso.

Com os números de vendas se arrastando, a equipe de operações da Apple reduziu a produção. O número de relógios que a empresa planejava fabricar foi cortado em 70% logo após o lançamento e foi reduzido em mais 30% algumas semanas depois. A apatia dos clientes levou Steve Milunovich, da UBS, a reduzir suas expectativas para o relógio em 25%, para 31 milhões.[23] Alguns primeiros compradores reclamaram na internet que a bateria durava muito pouco e as notificações chegavam com atraso. As queixas confirmaram as preocupações de Ive de que o relógio não estava pronto para ser lançado. Milunovich questionou se o relógio seria capaz de gerar o tipo de entusiasmo boca a boca que alimentara as vendas do iPhone. "O maior ponto forte do produto é ser um relógio, o que não tem um apelo enorme", escreveu ele.

Rancores começaram a ebulir no Infinite Loop. O lançamento cambaleante reforçou o ceticismo dos líderes de vendas da Apple sobre a estratégia de Deneve. A equipe de vendas exigiu expandir a distribuição para grandes redes de eletrônicos, como a Best Buy. Eles insistiram que Cook retomasse a abordagem mais tradicional da Apple e abandonasse a ideia de fazer do relógio um objeto de desejo para poucos. Advertiram que, se a empresa esperasse demais, o produto poderia se transformar no que eles chamaram de um "dispositivo zumbi".[24]

Diante das crescentes preocupações, Williams questionou Deneve sobre a estratégia de marketing e vendas do relógio. A pressão lembrou a maneira como Williams pressionara Forstall em reuniões para consertar o Maps. Embora Williams e Cook tivessem aprovado o lançamento do relógio focado na moda, tomaram essa decisão mais com base na confiança do que por se sentirem confortáveis com ela. O mundo da moda representava um território desconhecido tanto para Williams quanto para Cook, dois homens práticos que tinham carros baratos e usavam roupas básicas. Cook acatou a estratégia proposta por Ive e procurou equilibrá-la com as contribuições da equipe de marketing liderada por Schiller. Enquanto isso, Williams pressionava para expandir as vendas a varejistas tradicionais e populares.

Deneve resistiu à pressão para ampliar a distribuição. Como Ive, acreditava que novas categorias de produtos levavam tempo para ser desenvolvidas. As vendas do iPod e do iPhone começaram devagar antes de explodir. Ele pediu paciência.

Enquanto os problemas com o relógio fermentavam, Ive se manteve firme em seu posicionamento. Insistiu que, com o tempo, o relógio provaria que os céticos estavam errados, assim como a explosão de vendas silenciara os primeiros críticos do iPhone e do iPad.

Entre amigos, colegas e membros do conselho, ele às vezes contava uma história diferente. Reclamava que estava insatisfeito com o desenrolar do projeto e admitiu, em algumas conversas, a possibilidade de o relógio ter sido lançado antes da hora. A empresa jogou o relógio no mercado para reduzir sua dependência excessiva do iPhone e refutar os críticos que estavam questionando a capacidade da Apple de continuar inovando. As deficiências do produto refletiam essas pressões comerciais. Os problemas com as notificações atrasadas e a duração da bateria não surpreenderam ninguém, nem Ive, que se preocupava com eles desde o dia em que o relógio fora apresentado ao público.

Durante o desenvolvimento do produto, Ive desempenhara o papel de Jobs e dele próprio, supervisionando o design industrial e de software, além de dirigir o marketing. O trabalho o arrancara do estúdio de design e o jogara em uma série constante de reuniões. Era bem verdade que ele havia lutado para ter voz em todos os aspectos do desenvolvimento dos produtos, mas acabara tão sobrecarregado com as obrigações e o estresse que sua saúde estava começando a cobrar um preço. Ele se arrependia do tempo que deixara de passar com seus filhos de 11 anos. Ive adoeceu e pegou pneumonia.[25]

Para agravar sua frustração, ele ainda sentia que tinha assumido muitas dessas responsabilidades sozinho. Jobs visitava o estúdio quase diariamente e apoiava o trabalho dos designers, orientando-os e incentivando-os a seguir em frente. Cook, por outro lado, raramente aparecia e, quando o fazia, era só de passagem.

Em poucos anos, Ive deixara de ser o discípulo favorito de Jobs para ser mais um dos muitos líderes no mundo igualitário de Cook. Ele decidiu que não queria mais continuar na empresa.

Naquela primavera, Ive conversou com Cook sobre seus sentimentos na Apple. Disse ao CEO que estava cansado e queria se afastar da empresa. Sua energia criativa já não era mais a mesma e ele não estava mais desempenhando no nível que desejava, em um trabalho que exigia cada vez mais. Disse que estava frustrado com suas crescentes responsabilidades de gerenciamento do estúdio de design, cada vez maior, e de uma equipe de design de software que havia aumentado para centenas de funcionários. Estava exausto devido às batalhas com o marketing para decidir o direcionamento do relógio. Havia atingido o auge quando pôde se concentrar em liderar sua equipe de elite de 20 designers enquanto Jobs tirava toda a burocracia do caminho e tomava decisões importantes sem precisar consultar ninguém. Ive se sentia sitiado pelos colegas, em maior número, que contestavam suas ideias, desgastado depois de décadas de trabalho e ainda em luto pela morte do amigo. Queria um tempo para recarregar as baterias.

As queixas expuseram a decisão equivocada que Cook tomara três anos antes de mexer na estrutura funcional da empresa após demitir Forstall. Ive queria ter uma voz no design de software, mas não necessariamente se encarregar da supervisão de uma nova divisão. Como um bom soldado corporativo, ele assumira a responsabilidade que lhe fora atribuída, mas se arrependeu. Em vez de proteger Ive e lhe dar espaço para ser criativo, como Jobs fazia, Cook, que vivia para o trabalho, exigira o mesmo de Ive. Tentara extrair mais do artista do que o artista tinha para dar.

Ive queria sair.

A notícia abalou Cook, que não queria ficar para a história como o CEO que perdeu o maior designer industrial do mundo. Ele temia que a deserção de Ive também representasse um risco financeiro. Os investidores poderiam se desfazer das ações se Ive saísse, preocupados com o futuro da empresa sem o homem que Jobs chamara de "a pessoa mais importante da Apple". Alguns observadores especularam que a debandada de investidores poderia derrubar o preço das ações da Apple em até 10%, ou mais de US$ 50 bilhões em valor de mercado, mais que todo o valor da FedEx.[26] Sem entender direito as queixas de Ive, Cook pediu a opinião de alguns colegas.

Trabalhando com os principais executivos da Apple, Cook criou um plano para permitir que Ive trabalhasse em meio período. Eles chegaram a um acordo para Ive ficar na Apple, mas se afastar do trabalho administrativo diário e passar mais tempo trabalhando em projetos futuros, bem como no novo *campus* que estava sendo construído. Ele também trabalharia em reformas de Apple Stores em cidades ao redor do mundo, projeto que Jobs teria liderado. Manter esse legado seria sua maior prioridade.

Na ausência de Ive, dois de seus braços direitos – o designer industrial Richard Howarth e o designer de software Alan Dye – seriam promovidos a vice-presidentes e assumiriam as responsabilidades diárias sobre as equipes de design. Os dois executivos prestariam contas a Cook. Ive continuaria a avaliar os designs, mas não precisaria ir à Apple todos os dias. Para dar uma aura positiva a esse recuo aos olhos dos acionistas e do público, os líderes da Apple propuseram promover Ive a chief design officer, um novo cargo na empresa. A promoção poderia ser anunciada em um comunicado à imprensa e permitiria a Cook dourar a pílula aos olhos dos funcionários e dos investidores.

Poucas eram as pessoas que sabiam a verdade: Ive estava exausto.

Para se adiantar à mudança, Ive tomou providências para dar uma entrevista exclusiva a seu amigo Stephen Fry, do *Telegraph*.[27] O ator e escritor britânico, fã autoproclamado da Apple, escreveu um perfil entusiástico descrevendo o amigo Ive como um "talento brilhante" que Cook havia empoderado a fim de libertar o software da Apple de seu passado esqueumórfico em favor de um "conjunto mais claro e clean de imagens projetadas com o primor de um artista". "É mais do que claro que Cook adora o Jony", escreveu Fry, "não apenas como a galinha que continua botando seus ovos de ouro (ouro maciço, no caso do Apple Watch), mas como colega e ser humano. Todo mundo adora o Jony. É impossível não se encantar com o jeito sério e hesitante com que ele expressa sua paixão extremamente focada".

Na entrevista, Ive explicou sua promoção e quais seriam os novos papéis de Dye e Howarth: "O Alan e o Richard vão me livrar de alguns trabalhos administrativos e gerenciais que não são... que não são..."

"Que não são o que você veio a este planeta para fazer?", perguntou Fry.

"Exatamente", disse Ive.

Com a reestruturação concluída, Cook voltou seu foco para as dificuldades do relógio. No verão, convocou uma reunião com alguns dos principais executivos e líderes de marketing da Apple, incluindo Jimmy Iovine, que trabalhava em Los Angeles. Eles se reuniram na sala do conselho da empresa para resolver os problemas de um relógio que transformou um negócio próspero em uma bomba-relógio.

Depois de se sentarem, Cook admitiu que a recepção ao relógio havia sido decepcionante. Ele queria as melhores respostas do grupo para a seguinte pergunta: como reverter as vendas?

Na reunião, a discussão sempre voltava à ideia de transferir o marketing do relógio da moda para o fitness. As vendas do FitBit estavam explodindo com a ênfase em monitorar as atividades físicas das pessoas. Isso mostrava que viam um grande apelo em dispositivos para monitorar seu desempenho nos exercícios. A Apple precisava transferir a ênfase de seu relógio das passarelas para a corrida.

A nova estratégia foi se formando aos poucos. A equipe de marketing de produtos da empresa trabalharia com a Nike para desenvolver um relógio em co-branding que daria ao produto uma aura de fitness, e Iovine trabalharia para colocar o relógio no pulso de atletas como a estrela do tênis Serena Williams.

"Basta convencer a Serena a usar", disse Iovine. O grupo concordou que o fitness estava na moda e que o mundo da moda deveria ficar de fora.

Ive não estava presente para se opor.

14

O PROJETO FUSE

O moral estava alto quando os principais executivos da Apple se reuniram para o retiro anual da empresa. Apesar da decepção com o Apple Watch, o negócio do iPhone estava em ascensão no fim de 2014 e o acordo com a China Mobile, juntamente com a demanda sem precedentes no maior mercado de smartphones do mundo, colocara o produto a caminho de um aumento de 52% nas vendas em 2015.[1] Pela primeira vez desde a morte de Steve Jobs, a sala de conferências do resort de luxo Carmel Valley Ranch transbordava de confiança.

Enquanto os presentes se acomodavam, Tim Cook abriu o encontro com uma série de slides que apontavam para o futuro da empresa. A Apple estava desenvolvendo fones de ouvido sem fio, estendendo a disponibilidade do Apple Pay e introduzindo novos recursos no Apple Watch. Mas o comentário que chamou a atenção de todos foi o que abordava as notícias recentes de que a Apple estava trabalhando em um carro.[2]

"É isso aí", disse Cook enquanto clicava em um slide com a cobertura da imprensa. "Estamos fazendo um carro."

Ele disse que a equipe que vinha trabalhando no desenvolvimento do carro ainda não sabia qual seria o tamanho nem o formato, mas estava contratando agressivamente novos integrantes e avançando rapidamente com os planos de entrar em um dos maiores e mais competitivos mercados do mundo por volta de 2019. Com o codinome Projeto Titan, era o tipo de aposta ambiciosa e inspirada que energizava o pessoal da empresa, dando a todos o orgulho e a confiança de que eles seriam capazes de fazer o que os outros consideravam impossível.

Contudo, enquanto os sonhos de transformar o futuro reverberavam pela sala, Cook concentrou o foco de curto prazo em um projeto que ele acreditava ser capaz de transformar a situação atual da empresa. Estava empolgado com uma iniciativa voltada a expandir a presença da Apple na música. Além de fabricar dispositivos, a Apple passaria a desenvolver novos serviços de classe mundial. Tudo começaria com uma iniciativa que recebeu o codinome de Projeto Fuse.

A APPLE DAVA A CADA PROJETO um codinome, um nome especial que envolvia em mistério e sigilo o trabalho de seus funcionários. A tradição remontava ao fim da década de 1970, quando a empresa lançou um projeto para desenvolver um computador de preço acessível sob o codinome do tipo de maçã favorito de um dos engenheiros, o Projeto McIntosh.[3] Alguns nomes eram mais práticos do que imaginativos. O projeto musical foi batizado com base na ideia de que a empresa fundiria – verbo *to fuse*, em inglês – o recém-adquirido negócio da Beats com o negócio de música existente da Apple.

Logo depois de fechar o acordo com a Beats Music, a liderança da Apple reuniu mais de 200 integrantes da equipe da Beats no Infinite Loop para falar sobre a fusão. A primeira coisa que os engenheiros da Apple queriam que os novos colegas soubessem era que eles estavam quase nos estágios finais do desenvolvimento de seu próprio serviço de streaming de música. O serviço nunca havia sido lançado, em parte, porque a Apple ainda favorecia a venda e a propriedade de músicas em vez de alugá-las por uma taxa mensal de US$ 9,99. Ao saber da existência do serviço de streaming da Apple, o pessoal da Beats Music, que achava que sua empresa havia sido adquirida para criar o serviço, ficou se sentindo menos importante. Eles perceberam que, em vez de definir um novo negócio, combinariam dois conceitos separados.

Jeff Robbin, vice-presidente de aplicativos de consumo da Apple e engenheiro-chefe do iTunes, assumira a responsabilidade pelo desenvolvimento do serviço de streaming, enquanto o líder do Nine Inch Nails, Trent Reznor, que entrara na Apple por meio do acordo com a Beats, desempenhava um papel de liderança do lado da Beats, ajudando o pessoal das duas empresas a criar um serviço que oferecesse playlists criadas pela curadoria de críticos musicais e uma estação de rádio com entrevistas de artistas.[4]

À medida que designers e engenheiros apresentavam ideias para o serviço, Robbin muitas vezes resistia, por considerar os conceitos ambiciosos demais. Ele preferia um design despojado para o app de streaming de música, parecido com o que a Apple havia desenvolvido para seu serviço jamais lançado, que apresentava apenas a arte do álbum, cores suaves e uma lista de músicas ao estilo de uma planilha. Os recém-chegados da Beats e alguns designers da Apple não gostaram da ideia e desenvolveram, por debaixo dos panos, um app visualmente mais dinâmico, com capas de álbuns, fontes modernas e cores vibrantes. Eles mantiveram essa opção em segredo até alguns dias antes de uma avaliação programada do trabalho pelos líderes seniores. Quando revelaram seu design alternativo a Robbin, ele ficou furioso. "Não dá para usar nada disso", debochou.

Os designers resistiram, argumentando que seu conceito artístico estava mais alinhado com o que os clientes esperariam do que com o estilo de engenharia mais prático que ele preferia. Para resolver a desavença, os designers levaram as duas propostas para Eddy Cue, vice-presidente sênior de serviços da Apple. Apresentaram cartazes mostrando o estilo mais suave que Robbin preferia e o estilo vibrante que a equipe defendia. Cue passou os olhos pelas imagens e considerou suas opções. "O melhor é este aqui, sem dúvida alguma", disse, apontando para a opção desenvolvida pelos designers da Beats. "Vamos em frente com este."

A escolha de Cue validou o argumento de Cook para a aquisição da Beats. Sem Jobs como o maestro, a competição entre as equipes da

O projeto Fuse **283**

Apple e da Beats ajudou a impulsionar o desenvolvimento do serviço de streaming com um design mais imaginativo.

COOK NUNCA SE ENVOLVEU nos detalhes do desenvolvimento do produto musical, mas se interessava por seu plano de negócios.

À medida que o projeto ganhava ímpeto, ele compareceu, com Eddy Cue e Jimmy Iovine, a uma apresentação da antiga equipe de marketing da Beats sobre as metas para o novo serviço de assinatura. Como seria o primeiro serviço de assinatura da Apple além do iCloud, não havia nada para comparar. Ian Rogers, ex-CEO da Beats Music, e Bozoma Saint John, sua diretora de marketing, achavam que a nova versão do serviço da Apple poderia atrair cerca de 10 milhões de assinantes. O número era 100 vezes maior que os 100 mil assinantes que a Beats Music acumulara nos meses anteriores à compra da Apple.[5] Quando Saint John apresentou a meta, Cook ouviu com o rosto sem expressão.

"Legal", disse, indiferente. "Dá para melhorar?"

Cook tinha mais fé no poder de distribuição da Apple que os recém-chegados da Beats. A Apple vendia cerca de 200 milhões de iPhones por ano. A empresa poderia vender dispositivos já com o app de música instalado, colocando-o diretamente nas mãos de uma enorme rede de clientes potenciais. As projeções da equipe da Beats não levavam isso em conta. Cook achava que eles deveriam ser muito mais ambiciosos. Depois do desafio, o grupo lançou a ideia de dobrar a meta para 20 milhões.

A nova meta deixou Saint John muito nervosa, mas Cue, seu chefe, assegurou-lhe de que era viável. Com uma única pergunta, Cook conseguiu extrair mais ambição comercial da equipe do Apple Music do que ela ofereceu inicialmente.

Cook queria que o novo aplicativo estivesse na vanguarda de uma nova estratégia para aumentar a receita da empresa, extraindo mais vendas de seu enorme negócio de iPhones. Ele passou anos vendo a

Apple facilitar a distribuição de software de terceiros por meio da App Store do iPhone, que analisava e aprovava todos os aplicativos disponíveis para download nos iPhones. Esse papel da empresa era lucrativo: a Apple embolsava 30% do preço de venda de cada aplicativo que vendia e uma porcentagem semelhante a cada mês de apps por assinatura. Com isso, a App Store se transformara em um contribuinte de rápido crescimento para os resultados da Apple, fornecendo a maior parte de seus US$ 18 bilhões em vendas de serviços. Entretanto, Cook viu na crescente economia de aplicativos uma oportunidade de ganhar mais dinheiro, fazendo a transição da distribuição para a criação de apps.

O serviço de música seria um teste para a construção de um novo império baseado na invenção revolucionária de seu antecessor.

Nos primeiros dias do verão de 2015, os engenheiros e designers se estressaram com o serviço de música. O prazo para entregar um produto funcional era o início de junho e, com o passar dos dias, muitos recursos do app ainda não estavam funcionando.

Reznor queria um recurso chamado Connect, que permitiria aos artistas compartilhar músicas, fotos e vídeos diretamente com os fãs. Ele e seus colegas achavam que essa rede social interna diferenciaria o Apple Music do maior player de streaming, o Spotify. No entanto, a ideia causou desconforto na Apple porque sua rede social de 2010, o iTunes Ping, precisara ser cancelada por ter ficado infestada de contas fake e spams. Traumatizada com a experiência, a liderança da Apple não queria permitir interações da comunidade no Connect, uma decisão que fez alguns integrantes da equipe da Beats temerem que não haveria conteúdo suficiente para fazer o recurso valer a pena. As visões divergentes alimentaram preocupações de que o recurso seria um fracasso.

Enquanto isso, os engenheiros da Beats estavam se adaptando a uma linguagem de codificação patenteada que só a Apple usava. Eles tinham desenvolvido seu app anterior com uma linguagem de codificação popular, comum a milhares de desenvolvedores de aplicativos, mas a Apple queria usar seu código exclusivo, semelhante ao usado para desenvolver o iTunes. Os engenheiros da Beats achavam que os recursos demoravam mais para carregar do que no app nativo e estavam achando difícil encontrar uma maneira de contornar o problema.

Iovine também estava sob pressão. O executivo de longa data da gravadora era o responsável por garantir que a Apple finalizasse os acordos de licenciamento necessários com as gravadoras para fornecer um catálogo completo de músicas no lançamento. As negociações estavam sendo dificultadas pelo plano da Apple de oferecer um teste gratuito de três meses para o serviço, e a empresa também queria que as gravadoras abrissem mão de todas as taxas de licenciamento durante o período de teste.[6] O argumento era que, se elas renunciassem às suas taxas por três meses, a Apple traria milhões de novos assinantes que ouviriam mais músicas e compensariam o atraso para as gravadoras e artistas. Apesar de grandes gravadoras como a Sony e a Universal terem concordado com os termos, as gravadoras independentes estavam resistindo, deixando a Apple sem músicas de artistas populares como Adele e Radiohead. A ausência dessas gravadoras e artistas era uma ameaça ao lançamento, e as pessoas poderiam acabar falando mais sobre o que o Apple Music estava deixando de oferecer do que sobre o que de fato oferecia.

Dois dias antes do evento de lançamento, o app ainda não estava finalizado e os acordos ainda não tinham sido fechados. Todos estavam no limite, inquietos com a pergunta: será que vai dar certo?

EM UMA QUENTE E ENSOLARADA manhã no início de junho, mais de 5 mil desenvolvedores de software se dirigiram ao Moscone Center, em São Francisco, com laptops nas mochilas, bolsas a tiracolo e crachás pendurados no pescoço. Uma imagem branca de dois andares do logotipo da Apple no exterior do centro de convenções funcionava como farol, atraindo os desenvolvedores para uma apresentação de três horas.

Tim Cook conduziu os fiéis por uma litania de promessas que arrancou aplausos, assobios e gritos de aprovação e incentivo.[7] Com os fiéis fascinados pelo feitiço da Apple, cruzou o palco com agilidade e fez mais uma promessa. Era a segunda vez em um ano que Cook usava a frase mágica de Jobs. Desta vez, contudo, a usou para falar de um bebê de sua própria criação, algo que ele havia comprado e a Apple havia criado.

"Vocês sabem que a gente adora música", disse ele. "E a música é uma parte muito importante da nossa vida e da nossa cultura."

Suas palavras ocultavam o que a Apple havia perdido. Uma década antes, Steve Jobs tinha andado pelo mesmo palco e apresentado a iTunes Music Store, em que as pessoas podiam comprar músicas digitalmente.[8] O inovador serviço revolucionara a indústria da música e colocara a Apple na vanguarda da cultura. Bilhões de dólares em vendas e milhões de clientes se seguiram. O sucesso deixou a empresa descansando nos louros enquanto o Spotify liderava uma nova onda de disrupção, roubando clientes ao dar-lhes acesso a um catálogo quase infinito de músicas por uma taxa mensal. Cook e o público sabiam que a Apple havia perdido sua posição de liderança na indústria da música. A empresa precisava de um segundo ato.

Enquanto Jobs liderara com inovação, Cook imitava. Ele disse que a Apple estava lançando um serviço próprio de assinatura semelhante ao Spotify, chamado Apple Music. "Nosso novo serviço vai mudar para sempre a maneira como vocês ouvem música", declarou. Chamou Jimmy Iovine, alguém com mais pedigree musical do que ele, para explicar.

Iovine subiu ao palco usando uma camiseta com a imagem da Estátua da Liberdade, uma homenagem à namorada, a modelo inglesa Liberty Ross. O carisma do diminuto magnata da música como orador geralmente vinha de sua espontaneidade e energia inquieta, e que, com seu sotaque anasalado do Brooklyn, transportava os ouvintes para a Nova York dos anos 1970. Esperto e autodidata, ele se gabava de não se preparar para falar em público. Mas a Apple, obcecada pela imagem, colocou Iovine no palco com um roteiro e converteu seu estilo espontâneo em um monólogo memorizado. Falando do lançamento do iTunes por Jobs uma década antes, ele disse mecanicamente à plateia que sua primeira impressão do serviço fora: "Uau, o que eles dizem nos anúncios é verdade. Esses caras pensam diferente mesmo".

Para quem conhecia o Iovine espontâneo, o discurso decorado soava falso. Ele parecia inseguro e pouco à vontade enquanto olhava para os milhares de pessoas diante de si.

"Tecnologia e arte podem trabalhar juntas", declarou, lendo sua fala no teleprompter. "Pelo menos na Apple", acrescentou.

O Apple Music seria diferente porque as músicas das playlists seriam escolhidas por curadores humanos, não por algoritmos, ele explicou. "Imaginem só. Você está num momento especial, você está malhando na academia ou em algum outro momento especial." Ele fez uma pausa e olhou para seu parceiro de negócios de longa data, Dr. Dre, sentado perto do palco.

"É isso aí, Dre", disse com uma piscadela. Olhou de volta para a plateia. "Pensa num cara que sua a camisa", continuou, pausando apenas o suficiente para o público entender que ele estava se referindo à vida sexual ativa de Dre. Iovine sorriu quando a multidão começou a rir. "Seu coração está batendo forte", prosseguiu ele, sorrindo agora que todos tinham entendido a piada. "E, quando você está prestes a dar um gás, a próxima música começa."

"E entra uma balada romântica nada a ver!", falou, com um tom indignado. "Que saco!"

Iovine explicou que esses problemas de transição entre as músicas de uma playlist acontecem porque a maioria é programada por algoritmos. De maneira bem parecida com o Beats Music, ele disse, o Apple Music vai contar com curadores humanos para criar as playlists e todas as músicas terão o mesmo estilo. A multidão não se empolgou.

288   A Apple após Steve Jobs

A pop star Taylor Swift estava em turnê pela Europa em junho, enquanto a Apple avançava com seu novo serviço de música.[9] Ela recebeu uma mensagem de um amigo da indústria fonográfica com uma imagem de um contrato do Apple Music dizendo que os artistas receberiam 0% de remuneração. Irritada, ela escreveu uma carta no meio da noite, que postou em seu site na manhã seguinte:[10]

Para a Apple, com amor, Taylor...

Sei que vocês já devem estar sabendo que o Apple Music vai oferecer um período de três meses de avaliação grátis para quem se inscrever no serviço. Mas não sei se vocês sabem que o Apple Music não vai pagar aos compositores, produtores ou intérpretes por esses três meses. Para mim isso é chocante, decepcionante e não tem nada a ver com essa empresa historicamente progressista e generosa...

Digo à Apple, com todo o devido respeito, que não é tarde demais para mudar essa política e mudar a opinião das pessoas da indústria da música que serão profunda e gravemente afetadas por isso. Não pedimos iPhones grátis de vocês. Então, por favor, não nos peça para lhes dar a nossa música de graça.

Taylor

Naquela manhã do Dia dos Pais, Iovine acordou em sua casa no sul da Califórnia com uma mensagem contendo um link para o site de Swift.[11] Ele clicou no link e encontrou a carta criticando duramente o novo serviço de música da Apple, que planejava não pagar aos artistas durante o teste gratuito de três meses dos usuários. Na ocasião, a gravadora independente de Swift, Big Machine Label Group, liderada por Scott Borchetta, estava em processo de negociação com Iovine para garantir que seus artistas fossem pagos antes de licenciar músicas para o Apple Music.[12] Eles não tinham conseguido chegar a um acordo quando Swift desabafou em público.

Iovine não tinha como ignorar a queixa ressentida: ninguém está pedindo para vocês darem iPhones de graça; não nos peça para lhes dar a nossa música de graça.

Ele ligou imediatamente para Borchetta.

"O que é isso?", perguntou, sua voz subindo uma oitava. "Que carta é essa?"[13]

"Ela acabou de me mandar", replicou Borchetta. "Não tenho nada a ver com isso. Mas ela não deixa de ter razão."

Iovine fez uma pausa. "Espere um pouco, vou ligar para o Trent", disse. Ele desligou, ligou para Trent Reznor e contou sobre a carta de Swift. O líder do Nine Inch Nails simpatizou com a opinião de Swift. Logo Iovine estava ao telefone com Eddy Cue, que ficou pasmo quando soube que o grande novo produto da Apple estava sendo duramente criticado por um dos maiores nomes da música. Ele temia que a nova estratégia da empresa em torno dos serviços pudesse ter as asas cortadas antes mesmo de levantar voo.

"Que situação...", queixou-se Cue.[14]

Ele e Iovine ligaram para Cook para discutir maneiras de evitar a crise de relações públicas. Cook decidiu que o argumento de Swift era válido e que a Apple deveria pagar os artistas, e orientou os dois a rever os termos dos acordos. Cue e Iovine ligaram para Borchetta, que estava em uma comemoração de Dia dos Pais em Nashville, no Tennessee, e pressionaram o executivo da gravadora a propor uma solução. Eles ignoraram o som de pessoas rindo e se jogando na piscina e ouviram Borchetta argumentar que a Apple precisava fazer a coisa certa e pagar os artistas. Caso contrário, não faria sentido vender o Apple Music como um serviço amigável para a classe artística.

"Pensem no lado bom: vocês ainda não lançaram o serviço", falou Borchetta.[15] "Ainda dá tempo de consertar esse erro."

"Qual é a taxa certa?", perguntou Cue, referindo-se ao valor que os serviços de streaming costumavam pagar por música tocada.[16]

Borchetta respirou fundo ao perceber que tinha nas mãos o poder de definir a taxa para a indústria fonográfica inteira. Na ocasião, o Spotify pagava aos artistas cerca de US$ 0,006 por stream.[17]

"Vocês sabem o quanto o Spotify paga", Borchetta respondeu. "Vocês só precisam pagar mais."

O que parecia uma solução simples ameaçava tumultuar as finanças do Apple Music criando custos não contabilizados. A empresa precisaria abrir seus cofres – os US$ 200 bilhões que tinha em mãos – para cobrir os pagamentos não planejados aos artistas. Iovine e Cue conversaram com Cook e conseguiram sua aprovação para fechar um acordo. Se não abrissem mão de sua posição, correriam o risco de a carta de Swift encorajar outros artistas e levar a um boicote do serviço.

Mais tarde naquele mesmo dia, Iovine e Cue marcaram uma teleconferência com Borchetta e Swift. "Taylor", começou Cue.[18] "Quero que você saiba que levamos a sua carta muito a sério. Decidimos que vamos pagar desde a primeira música tocada."

Swift agradeceu a Cue por ter tido a consideração de conversar com ela diretamente e por respeitar sua opinião. Ela e Borchetta consideraram o gesto um grande avanço para a indústria.

Nos dias que se seguiram, a Apple assinou um acordo com uma série de gravadoras independentes que incluíam Adele e Radiohead. Depois, fechou um acordo com o Big Machine Label Group de Borchetta.[19] Os termos dos contratos nunca foram revelados, mas, em uma carta para as gravadoras anos depois, a Apple se gabava de pagar aos artistas mais que o Spotify.

Swift não saiu anunciando aos quatro ventos que conversara pessoalmente com Cue e Iovine. Meses depois, ela apareceu em um comercial do Apple Music, levando alguns repórteres a especular que a carta tinha sido um golpe publicitário orquestrado pela Apple. Mas

Borchetta, Iovine e vários funcionários do Apple Music afirmaram que não era o caso.

"As pessoas acham que é bom demais para ser verdade, mas dessa vez não é", disse Borchetta, anos depois.[20] "Ninguém queria se sujar com aquela merda no ventilador. Eles estavam prestes a lançar o novo serviço. Foi um pesadelo de relações públicas."

ENQUANTO A APPLE APARAVA as arestas de seu negócio de música, Cook se viu tendo de tomar uma série de decisões importantes sobre o tradicional negócio de hardware da empresa.

Depois de quatro anos no cargo, ele ainda relutava em se envolver no desenvolvimento de produtos. Continuava acreditando que fracassaria se tentasse imitar Jobs. Mas, com Jony Ive passando a trabalhar em meio período, foi criado um vácuo de liderança no dia a dia do desenvolvimento de produtos. Alguns dos principais braços direitos de Cook começaram a procurá-lo em busca de orientação.

Em uma série de conversas em 2015, o vice-presidente de engenharia de hardware, Dan Riccio, apresentou a Cook um plano para criar um alto-falante inteligente doméstico que usaria a assistente de voz Siri para responder a perguntas e tocar música. A Amazon havia popularizado a categoria, conhecida como smart speakers, com a introdução de seus dispositivos Echo controlados pela Alexa. Os engenheiros da Apple tinham passado anos explorando um conceito parecido e alguns se surpreenderam ao ver um dispositivo tão sofisticado sair de uma empresa que para eles não passava de um Walmart digital. Riccio propôs entrar na categoria e sua equipe desenvolveu alguns conceitos iniciais de um smart speaker que apresentaria a melhor qualidade de som do mercado. Ele levou o conceito para a aprovação de Cook.

Durante a apresentação, Cook testou Riccio com perguntas sobre o que o produto faria e como as pessoas o usariam. E encerrou pedindo mais informações. Sentindo que Cook não tinha se convencido da ideia de fazer um speaker, a equipe de Riccio desacelerou o projeto.

Então, meses depois, Cook enviou a Riccio um link de um artigo sobre o speaker Echo da Amazon e perguntou em que pé a Apple estava no desenvolvimento de seu speaker.

A equipe de Riccio correu para recuperar o atraso no projeto que havia sido abandonado.[21] O speaker da Amazon começou a ganhar terreno, vendendo cerca de três milhões de unidades. O Echo da Amazon partira na frente e estava deixando a Apple comendo poeira. O episódio dividiu a equipe. Alguns estavam otimistas com a nova paciência e ponderação da empresa; outros, menos otimistas, viam um lamaçal de burocracia que não existia no passado mais ágil da Apple. Enquanto Jobs tomava decisões seguindo a intuição, dando aos engenheiros um direcionamento firme e rápido, Cook preferia ouvir e coletar informações antes de prosseguir. Ele sofria do que alguns chamavam de "paralisia da análise".

Quando o iPhone se viu em uma encruzilhada de desenvolvimento naquele ano, Cook se mostrou mais decisivo. Na ocasião, o produto mais importante da Apple havia caído em uma cadência de lançamento conhecida como o "ciclo de tique-taque". A empresa renovava o design do iPhone em um ano "tique", levando a um aumento das vendas, e só fazia ajustes no design no ano "taque" subsequente, quando as vendas caíam. A estratégia ajudava a distribuir os custos de mão de obra e maquinário novo no intervalo de dois anos. Pela primeira vez, porém, o planejamento de produtos da empresa exigia que sua tática de tique-taque pulasse um tique.

Depois de reformular o design do iPhone com o iPhone 6 em 2014, a empresa planejava fazer apenas ajustes no celular em 2015 e 2016. A cadência tique-taque-taque resultante gerou uma pressão interna para fazer algo radical em 2017, um ano que marcaria o décimo aniversário do iPhone.

Cook queria ideias que revitalizassem o produto. Um grupo de engenheiros de uma empresa israelense de chips e tecnologia adquirida recentemente, chamada PrimeSense, apresentou a ideia de miniaturizar uma tecnologia para consoles de games. O sistema, desenvolvido por eles, usava câmeras e sensores para processar os gestos das mãos dos usuários.[22] Eles propuseram pegar o conceito de 23 por 8 centímetros e reduzi-lo dez vezes para as pessoas poderem desbloquear o celular com reconhecimento facial. A tecnologia de reconhecimento facial permitiria à Apple eliminar o botão Home e expandir a tela do celular, criando uma borda infinita.

Era um conceito ambicioso que exigiria grandes saltos de engenharia, mas Cook aprovou um plano que minimizaria os riscos. A tecnologia da PrimeSense seria incorporada a um iPhone premium que poderia ser vendido a um preço mais alto. O custo mais alto compensaria os componentes mais caros e, ainda por cima, represaria a demanda por um produto que muitos temiam ser difícil de fabricar nos números que um novo iPhone popular venderia, mais de 50 milhões de unidades em cerca de três meses.[23] Eles conseguiriam atender à demanda – e se protegeriam contra uma possível falha no reconhecimento facial –, complementando o modelo premium com outro pequeno ajuste no iPhone 6. O plano era um verdadeiro *master class* em gerenciamento de riscos.

MESMO DEPOIS QUE A DIVISÃO de música da empresa conseguiu superar o incidente com Taylor Swift, novos problemas surgiram. Clientes e analistas criticaram duramente o novo serviço.

Joanna Stern, analista de tecnologia do *Wall Street Journal*, foi direta: "Não posso dizer que adorei o Apple Music".[24] Ela disse que "falta refinamento e simplicidade" e comparou as listas e menus do aplicativo a bonecas russas. O *New York Times* disse que era algo que a Microsoft faria. E o site de tecnologia Verge disse que era "uma bagunça, arrastado para carregar, complicado de configurar". Até Walt Mossberg, antigo apoiador da Apple, embora tenha aprovado a maneira como o serviço integrava o iTunes, admitiu que a oferta estava aquém dos concorrentes.

Clientes reclamaram que um dos recursos do serviço de assinatura, o Connect, não funcionava. O app ficava mais pesado que o dos concorrentes, mas fornecia um valor limitado porque muitos artistas não usavam direito o recurso.[25] Com o tempo, sites de tecnologia começaram a postar tutoriais ensinando a remover o Connect. Na Apple, engenheiros discutiam a possibilidade de eliminar o recurso.

O Apple Music não atingiu os padrões dos quais a empresa mais se orgulhava: simplicidade e beleza. A Apple conquistara seu sucesso criando software e hardware intuitivos que deixavam as pessoas dizendo: "Simplesmente funciona". Contudo, três anos depois do desastre do Maps, a Apple lançava outro serviço com grande badalação, mas que não atingia os próprios padrões da empresa.

Cook não devia estar muito satisfeito com as críticas, porém tinha um alento nos números de assinantes do Apple Music. A cada dia que passava, mais e mais pessoas se inscreviam para o teste de três meses gratuitos do serviço e, quando o período chegava ao fim, muitas delas se tornavam assinantes pagantes.

O número de assinantes do Apple Music mostrava que os usuários não estavam dando ouvidos às críticas. Apesar dos problemas – as dificuldades de Iovine no palco, a indignação de Taylor Swift, as duras críticas da imprensa –, o Apple Music decolou. A antiga equipe de marketing da Beats, nervosa com as ambiciosas metas de Cook para o número de assinantes, testemunhava maravilhada a proliferação do app em meio bilhão de iPhones. A avaliação gratuita de três meses trouxe milhões de novos clientes, e muitos deles mantiveram o serviço. O Apple Music tinha 10 milhões de assinantes pagos em seis meses, um marco que seu rival Spotify levou seis anos para atingir.[26] Em um ano, esse número chegaria a 20 milhões.

Cook só podia sorrir. Ele sabia que a Apple havia construído uma máquina de distribuição.

15

CONTADORES

Livre de suas amarras, Jony Ive alçou voo. Seu jato particular Gulfstream V partiu de San Jose para o Havaí em maio, para a França em junho e para as Ilhas Virgens no fim do ano. Ele viajava a esses destinos exclusivos cercado de luxo.

Da pista de decolagem, subia alguns degraus para entrar em uma aeronave cujas paredes brancas e curvas emolduravam fileiras de assentos de couro macio da cor de café com leite. O interior elegante havia sido projetado por Jobs, uma das poucas pessoas com um senso de estilo tão refinado quanto o dele.

Ive comprara o jato da família de Steve Jobs após a morte de seu chefe. A família o usava desde cerca de 2000, quando o conselho da Apple dera a Jobs o jato particular como um presente de agradecimento por ter resgatado a empresa da falência.[1] Jobs passara mais de um ano personalizando seu interior, insistindo em pequenos detalhes, como a substituição dos botões de metal polido da cabine por outros feitos de metal escovado.[2] Para Ive, que havia ajudado no projeto de design do interior do jato, os toques exigentes eram lembretes de um homem cujos elevados padrões tinham mudado o mundo.[3]

Após o lançamento do Apple Watch, Ive quis fugir da exaustão de Cupertino. Seu contrato de meio período lhe possibilitava viajar para recarregar as baterias enquanto seus braços direitos gerenciavam as centenas de pessoas que trabalhavam nos projetos industriais e de software da Apple. Ive se mantinha atualizado sobre o trabalho em andamento, mas deixou de comparecer às reuniões semanais do estúdio que pontuaram duas décadas de sua vida. Enquanto seus designers industriais e designers de software discutiam sobre as curvas e as cores dos futuros produtos, ele se recuperava descansando em sua propriedade na ilha havaiana de Kauai e contemplando o mar azul da Riviera Francesa.

Quando voltou a São Francisco, supervisionou uma reforma de sua mansão no bairro de Pacific Heights. A equipe da Foster + Partners, os arquitetos do novo *campus* da Apple, criara planos para transformar a mansão de US$ 17 milhões, 4 quartos e 7 banheiros em um espaço mais personalizado para ele, Heather e seus dois filhos. Durante a reforma, Ive às vezes passava um tempo no Battery, clube social exclusivo no centro de São Francisco, onde a elite do Vale do Silício se reunia. Em vez de ir ao estúdio de design onde costumava apresentar protótipos do iPhone a Jobs, passou a convocar os designers para reuniões ocasionais no clube, que ficava a 70 quilômetros de Cupertino, para manter-se a par dos projetos em andamento da Apple.

Ive alternava entre engajado e desengajado, presente e ausente, no comando, mas não totalmente responsável. Voltou a ser dono do próprio tempo.

Quando Ive começou a se afastar, o trabalho no Projeto Titan, o carro da Apple, estava acelerando. A empresa contratara centenas de engenheiros e acadêmicos com experiência em baterias e câmeras, aprendizado de máquina e matemática. Eles foram atraídos com promessas de desenvolver o próximo grande produto da empresa, que revolucionaria a indústria automobilística e transformaria o mundo.

Os novos contratados foram alocados para trabalhar em galpões sem personalidade em Sunnyvale, na Califórnia, um novo posto avançado envolto em absoluto sigilo. Eles trabalharam no projeto mais complexo que a Apple já havia empreendido, uma empreitada considerada tão complexa quanto a jornada da Nasa para a lua. Para ter sucesso, precisariam desenvolver um sistema operacional capaz de processar informações de câmeras e sensores que forneceriam uma imagem multidimensional do mundo externo e determinariam fatores como a velocidade e a trajetória do carro. O veículo precisaria de células de bateria sofisticadas que lhe garantiriam uma autonomia de centenas de quilômetros. A equipe também precisaria definir a experiência do cliente: qual deveria ser a sensação de viajar em um carro desses?

Os novos entrantes no setor de carros autônomos adotaram uma abordagem fragmentada. O líder do setor, o Google, priorizava fazer um sistema operacional a construir um carro. A empresa investia tempo para melhorar aos poucos um sistema que permitiria que minivans navegassem roboticamente pelas ruas de Phoenix, no Arizona. A Tesla se concentrava em fazer veículos elétricos que ofereciam recursos limitados de direção autônoma. A liderança da Apple queria desenvolver um sistema autônomo e construir um carro elétrico ao mesmo tempo.

A equipe de design industrial assumiu um papel de liderança. Ive e membros de sua equipe começaram a ir a Los Angeles, onde vários influentes estúdios de design de automóveis desenvolviam conceitos para carros que podiam ou não chegar a ver a luz do sol. Eles falavam sobre o que gostavam e o que não gostavam nos veículos, esboçavam ideias e avaliavam maneiras de criar um formato mais dinâmico.

Mesmo não trabalhando mais em tempo integral, o papel de Ive como criador de tendências da Apple lhe dava uma voz descomunal no projeto. Ele tinha opiniões fortes sobre carros, pois passara anos estudando os veículos ao seu redor. Em sua juventude, trabalhara ao lado do pai restaurando um Austin-Healey Sprite.[4] Já adulto, acumulara uma coleção de carros, muitos deles de marcas britânicas, incluindo um Aston Martin DB4 e um Bentley Continental S3 vintage. Suas opiniões sobre carros eram tão fortes que, certa vez, se irritou com a ideia de entrar em um Sedã Classe S da Mercedes que fora enviado para buscá-lo em seu hotel porque não gostava da saliência da estrutura do carro ao redor de suas rodas traseiras. Em sua opinião, a linha não acompanhava a forma.

Ive queria que a Apple fizesse um carro totalmente autônomo, equipado com um assistente de voz e sem a necessidade de um motorista. Sua visão diferia da visão do vice-presidente de hardware Dan Riccio e seus designers de produto.[5] Eles eram a favor de criar um veículo elétrico semiautônomo capaz de alternar entre ser dirigido por um condutor e dirigir-se sozinho, como os carros da Tesla. Eles imaginavam a Apple fazendo com a Tesla e a indústria automobilística o que havia feito com a Nokia e os celulares: entrar tarde no mercado com uma tecnologia tão superior que logo se tornaria dominante.

Em meio aos debates, a equipe de design industrial trabalhava com conceitos de protótipos.[6] Eles imaginaram o interior de um carro sem volante. Se o carro não precisa de motorista, pensaram, qual seria a função de um volante? Então, transformaram a cabine do carro em uma sala de estar com quatro assentos voltados um para o outro, em vez de voltados para a frente. Discutiram materiais e consideraram um vidro fotocromático para o teto solar para reduzir o calor dos raios solares da Califórnia. Imaginaram portas mecânicas que se fechariam sem fazer barulho e insistiram em fazer janelas transparentes que poderiam funcionar como telas de realidade aumentada, sobrepondo ao vidro o nome de um restaurante ou da rua pela qual o carro estaria passando.

Eles viam com nostalgia a van minimalista da Toyota, que fora muito popular no Japão na década de 1980. A van tinha ângulos sutis que davam definição a seu formato quadrado e um para-brisa angular que era diferente de qualquer outro carro no mercado. Inspirados nesse design, criaram o protótipo de uma minivan da Apple com um minimalismo retangular suavizado pelos cantos Bézier característicos da empresa. Para os engenheiros, o carro lembrava um ovo, sem ângulos nem bordas, apenas uma cabine curva sobre rodas.

Como já era tradição na empresa, a equipe de design estabeleceu especificações mais rigorosas que a maioria dos carros no mercado.

Queriam um carro com sensores quase invisíveis, uma exigência que forçou os engenheiros da Apple a começar a desenvolver sua própria tecnologia, conhecida como LIDAR – sigla de *laser imaging, detection and ranging* –, porque muitos dos sensores disponíveis ficavam em cima do carro como uma torre de vigilância de prisão pouco atraente.

Um dia, no outono de 2015, Ive se reuniu com Tim Cook em Sunnyvale para explicar como vislumbrava o funcionamento do carro. Ele idealizava um veículo controlado por voz no qual os passageiros só entrariam e diriam à Siri para onde queriam ir. Os dois executivos entraram no protótipo de uma cabine parecida com um lounge e afundaram nos assentos. Do lado de fora, uma atriz fez o papel de Siri e leu um roteiro que havia sido escrito para a demonstração mirabolante.[7] Enquanto o carro imaginário acelerava, Ive fingiu olhar pela janela.

"Ei, Siri. Que restaurante é aquele pelo qual a gente acabou de passar?", perguntou.

A atriz do lado de fora respondeu. Os executivos conversaram um pouco mais.

Terminada a demonstração, Ive saiu do carro com uma expressão de satisfação no rosto, como quem sabia que o futuro seria ainda mais grandioso do que imaginava. Ele parecia alheio aos engenheiros presentes, alguns dos quais foram tomados de preocupação com a possibilidade de o projeto ser tão fictício quanto aquela demonstração, avançando rápido, mas ainda muito longe de seu destino final.

A CADA MÊS QUE PASSAVA, o futuro *campus* da Apple demandava mais a atenção de Ive. Ele saía de São Francisco e descia para Cupertino, onde um buraco no chão começava a tomar forma.

Jobs sonhara em ter um espaço para eventos na nova sede da Apple que pudesse ser uma espécie de arena para os espetáculos de tecnologia da empresa. Antes de sua morte, lançara ideias para conectá-lo ao prédio principal por um túnel subterrâneo, criando uma passagem oculta de seu escritório a um palco. Aos poucos, o plano foi mudando até se tornar um teatro refinado empoleirado no alto de uma colina a cerca de 400 metros do *campus* principal, com vista para uma paisagem ondulante pontilhada de árvores frutíferas e carvalhos. Coube a Ive dar vida ao conceito como Jobs pretendia.

O teatro seria um círculo de vidro de 6 metros de altura coberto por um telhado de fibra de carbono que lembrava um disco voador. Para preservar a ilusão de que o telhado flutuava, as paredes de vidro não podiam ter postes nem colunas e os arquitetos tiveram que pensar em maneiras de esconder os cabos de energia, o sistema de *sprinklers* e muitas outras coisas no espaço entre os painéis de vidro. O teto seria o equivalente aos cascos de 44 iates de fibra de carbono aparafusados em um círculo de prata de 3,5 mil quilos. A estrutura toda seria jateada para dar à superfície a aparência de um MacBook. Ficaria sobre um piso branco em um espaço iluminado pelo sol que daria a sensação de um gazebo ao ar livre. O auditório seria subterrâneo, acessível por duas escadarias curvas.

Ive fazia questão de que o interior do teatro fosse impecável em termos de design. Para os assentos, os arquitetos da Foster + Partners obtiveram dezenas de amostras de couro de curtumes de todo o mundo.[8] Ive examinou meticulosamente cada uma delas, assim como fizera com as pulseiras do relógio. Procurou a combinação certa de maleável, macio e liso antes de escolher o couro Poltrona Frau, usado em carros esportivos da Ferrari. Em seguida, avaliou uma série de opções de cores, hesitando quanto à escolha certa para os dois mil assentos internos antes de escolher um caramelo com tom avermelhado. Cada cadeira custaria US$ 14 mil, mas, como Jobs, Ive recusava-se a colocar uma etiqueta de preço no bom gosto.

Os assentos deveriam ficar sobre fileiras de piso de carvalho. Para a madeira, a Foster + Partners encomendou centenas de amostras de carvalho de todo o mundo em tábuas de 7,5 por 10 centímetros. Ive avaliou cada tábua, perguntando como a limpeza e manutenção afetariam a aparência com o tempo. Acabou escolhendo um carvalho da República Tcheca. Ele queria que a madeira tivesse uma ligeira curva para criar uma curvatura quase imperceptível em direção ao palco, um pedido que só poderia ser satisfeito com um processo personalizado. Os arquitetos criaram um protótipo do teatro de 3 por 6 metros com assentos de couro para Ive experimentar e aprovar.

Ive adorou trabalhar na construção. A maioria das decisões eram novas e inovadoras, longe da monotonia e da repetição de refinar curvas e selecionar materiais para mais uma atualização incremental do iPhone, iPad ou Mac. Ele gostou tanto do esforço criativo que também supervisionou a reforma e o desenvolvimento de Apple Stores em grandes cidades como Chicago e Paris. Ele e Angela Ahrendts trabalharam com arquitetos para transformar as lojas no que chamaram de "praças centrais da cidade", lugares onde as pessoas não apenas faziam compras, mas também se reuniam a fim de fazer cursos para aprender a usar produtos da Apple, ver filmes e passar um tempo juntas. Eles adotaram muitos dos conceitos do novo *campus* da Apple, como o da transparência. O resultado foi uma sensibilidade arquitetônica padronizada em todos os imóveis da Apple, a primeira grande atualização depois de Jobs.

Enquanto trabalhavam nas lojas, Ive ajudou Ahrendts em um projeto que ela havia vislumbrado para promover os negócios da Apple na China. Ela queria lançar uma frota de ônibus que seriam usados como Apple Stores sobre rodas, viajando pelo país mais populoso do mundo vendendo iPhones em cidades onde a empresa não tinha lojas. O plano previa que os ônibus retornassem toda noite a um depósito onde poderiam ser limpos antes de serem despachados novamente no dia seguinte.

Alguns integrantes da equipe de Ahrendts fizeram pouco caso do absurdo de contratar um dos maiores designers do mundo para trabalhar em ônibus de luxo para percorrer estradas de terra e passar por cidadezinhas no meio do nada.

Trabalhar no *campus* e no carro e aprovar atualizações do iPhone, iPad e Mac manteve Ive engajado, mas volta e meia ele era lembrado de que sua influência na empresa estava diminuindo.

Em outubro, Cook nomeou James Bell para o conselho de administração de oito pessoas da Apple. A nomeação abordava a falta de diversidade do conselho até então composto só de pessoas brancas, trazendo um executivo negro experiente que havia trabalhado como o chief financial officer da Boeing. O reverendo Jesse Jackson, um detentor de longa data de ações da Apple, vinha pressionando a empresa havia anos para nomear um conselheiro negro, chegando a comparecer à assembleia geral anual de acionistas da empresa para dizer a Tim Cook, originário do estado do Alabama, que havia uma "linha ininterrupta de Selma* ao Vale do Silício – tudo parte da longa jornada pela igualdade, pelos direitos humanos e pela justiça econômica".[9] Os ataques levaram Cook, um autoproclamado defensor da diversidade, a procurar um candidato negro, mas Ive não gostou nem um pouco da escolha.

Ive era a favor da diversificação do conselho, mas Bell ocuparia a vaga deixada por Mickey Drexler, um confidente de longa data de Ive e alguém que ele julgava entender e valorizar a orientação de marketing e o bom gosto que Jobs havia instilado na empresa. Assim como Jobs tinha comandado a Apple seguindo sua intuição, Drexler confiara em suas percepções na Gap e na J. Crew para identificar e apostar nas tendências da moda que transformaram as duas empresas em gigantes do varejo. Com sua saída, o conselho perdeu um conselheiro com mais de uma década de experiência, um talento natural para o marketing e alguém que dava ouvidos a pessoas criativas como Ive. Para ocupar seu lugar, Cook nomeou um conselheiro experiente em operações e finanças. Era a segunda vez em poucos anos que Cook escolhia

---

* Cidade de onde saiu a histórica marcha de Martin Luther King até Montgomery, no Alabama (N. T.).

uma pessoa de operações em vez de um talento de marketing. Depois que o presidente do conselho de longa data da Apple e confidente de Jobs, Bill Campbell, deixara o cargo em 2014, Cook o substituiu por Susan Wagner, chief operations officer da BlackRock. Wagner e Bell mudariam o equilíbrio do conselho, dando mais peso às operações do que aos aspectos criativos do negócio.

Ive ficou aflito com a mudança. Reclamou com colegas e amigos que Cook deveria ter nomeado a viúva de Jobs, Laurene Powell Jobs, para a vaga do conselho, ou outra pessoa que conhecia Jobs bem. No mínimo, achava, Cook poderia ter escolhido alguém com alguma sensibilidade de marketing. Um colega com quem Ive conversou defendeu Bell. "Ele é uma minoria sub-representada", disse o colega. "E tem excelente reputação."

"E daí?", retrucou Ive. "A gente devia se preocupar com a empresa. Ele não passa de mais um contador."

Naquela situação, a preocupação de Ive com a empresa falava mais alto do que qualquer consideração sobre diversidade. Ele era um progressista autoproclamado que havia se manifestado em público sobre questões feministas enquanto colegial britânico no Reino Unido de Margaret Thatcher. Era um grande defensor de ter mais mulheres no conselho. Mas na Apple, no que lhe dizia respeito, proteger o legado de Jobs e preservar a sensibilidade criativa da empresa era mais importante que qualquer outra coisa. Ele disse que o chief financial officer anterior da Apple, Peter Oppenheimer, também acreditava na importância de o conselho ter um equilíbrio entre pessoas criativas e pessoas orientadas aos negócios.

Abaixo da superfície de sua frustração, havia outro desgosto: ele não conseguira influenciar quem seria nomeado para o conselho. Quando Jobs liderava a empresa, o CEO levava as opiniões de Ive em consideração. Em seus almoços frequentes, ele e Jobs discutiam planos para o futuro e a situação dos negócios. Sua opinião era importante para Jobs e afetou grandes decisões de negócios sobre o futuro da empresa.

Com a ascensão de Cook, que raramente ia ao estúdio de design, Ive perdeu influência. Os *consiglieres* de Cook para a maioria dos assuntos eram Jeff Williams, seu antigo braço direito de operações, e Luca Maestri, o chief financial officer. Ive passou de influenciador a observador, e sua decisão de afastar-se das operações do dia a dia o deixou ainda mais de canto.

IVE NUNCA SUPEROU A DOR de perder Jobs. Ele sempre ficava aflito em outubro, no aniversário da morte de Jobs. No outono de 2015, a Sony planejava lançar um filme biográfico sobre o finado CEO. Laurene Powell Jobs estava angustiada com o filme, baseado na biografia de Walter Isaacson, de quem ela não gostava, e se concentrava no fato de Jobs ter negado a paternidade de sua primeira filha, Lisa Brennan--Jobs, o que poderia macular o legado de seu falecido marido.[10] Antes do início das filmagens, ela tentou impedir o projeto desencorajando o ator Leonardo DiCaprio de participar do elenco.

Apenas alguns dias depois do aniversário da morte de Jobs, Ive estava em Beverly Hills para o encontro New Establishment Summit da *Vanity Fair*, e subiu ao palco para participar de uma conversa com um painel de celebridades, incluindo J. J. Abrams, diretor de *Star Wars: o despertar da Força*, e Brian Grazer, coprodutor de *Uma mente brilhante*.[11] No palco, Ive sentou-se confortavelmente na poltrona cinza-clara, estendeu os pés calçados com *wallabees* casuais de camurça e se preparou para o que ele esperava ser uma conversa descontraída.

Ele e Abrams, que estava sentado à sua esquerda, eram amigos e confidentes criativos. Ive dissera ao *The New Yorker* que, durante um jantar, aconselhou Abrams a deixar o futuro sabre de luz de *Star Wars* mais agressivo, dando-lhe uma irregularidade que o deixaria mais primitivo e ameaçador,[12] conceito visual que Abrams achou interessante. O resultado foi o sinistro sabre de luz do vilão Kylo Ren.

Grazer conduziu uma conversa entre o designer e o diretor sobre a complexidade do processo criativo. Quando chegou a hora das perguntas da plateia, um homem de paletó se aproximou de um microfone no centro do auditório.

"Jony, eu queria saber se você poderia falar um pouco sobre a onda de filmes sobre o Steve Jobs", disse ele. "Você já viu o filme sobre o Steve Jobs? Você vai ver? E o que você tem a dizer sobre tudo isso que está vindo à tona?"

Ive se inclinou para a frente, fuzilando o homem com os olhos. "Essa é a melhor descrição que eu já ouvi", disse ele, sarcástico. Remexeu-se na cadeira e ergueu as sobrancelhas. "'Onda de filmes'", zombou. Ele olhou para a plateia com um certo desdém. "Você está falando do filme da Sony? Nem sei por onde começar", disse. Ele não tinha visto o filme, mas estava muito contrariado.

"Eu tenho, tipo, esse medo visceral, profundo. Qualquer pessoa pode se apoderar do jeito como você é definido, como é retratado. E essas pessoas podem ter interesses muito diferentes da sua família, dos seus amigos", explicou ele. "Acho que é isso. Não sei mais o que dizer."

Ele deixou as mãos caírem nos braços da poltrona em um gesto de derrota.

"Filhos, filhas, viúvas e amigos muito próximos estão absolutamente perplexos e indignados", disse ele. "Estamos nos aproximando do aniversário da morte de Steve e, ao mesmo tempo, com um *timing* perfeito, esse filme é lançado e essa pessoa retratada no filme não tem nada a ver com o Steve que eu conheci. Eu não queria dar essa resposta tão irritada. Mas me irrita muito e acho essa situação toda muito triste. Porque ele foi um... ele teve seus triunfos e suas tragédias como todo mundo e, ao contrário da maioria de nós, está tendo sua identidade descrita, definida por um monte de outras pessoas."

Ive agarrou seu joelho esquerdo e enfiou a perna direita por baixo da esquerda, como se quisesse colocar suas emoções no lugar. Ele raramente se abria em público, mas a pergunta tinha causado uma erupção emocional. Com a Apple mudando ao seu redor, ele sentia falta de seu amigo e parceiro criativo de maneiras que jamais teria imaginado.

Longe da Califórnia, em Nova York, o curador de um museu refletia sobre o fato de as pessoas darem mais valor ao que era feito à mão do que ao que era feito com processos industriais.

Andrew Bolton raciocinou que era um tanto arcaico por parte da sociedade perceber automaticamente os produtos artesanais como luxuosos e exclusivos, enquanto considerava os itens feitos por máquinas medíocres e comoditizados.[13] Como diretor do Instituto de Vestuário do Museu Metropolitano de Arte, ele queria contestar essas noções preconcebidas com uma exposição que forçaria as pessoas a se perguntar: qual é a diferença?

Bolton, que havia entrado no museu uma década antes, era o contador de histórias mais influente da moda. Suas exposições temáticas receberam os créditos por terem elevado uma indústria que vivia na interseção entre a arte e o comércio. Seu trabalho lhe rendia cadeira cativa em todos os grandes desfiles de moda e, em julho daquele ano, ele se inspirou no desfile da Chanel em Paris, onde viu uma modelo grávida flutuando pela passarela usando um vestido de noiva branco feito de tecido sintético de traje de mergulho com uma cauda de 6 metros repleto de intrincadas decorações douradas. A mulher, que parecia ter acabado de sair de uma pintura do mestre holandês Jan van Eyck, pôs em xeque a noção da moda sob medida ao usar um vestido de Neoprene sintético e uma cauda meticulosamente decorada à mão.[14] O vestido era a encarnação física do homem e da máquina.

Bolton queria usar o conceito como o tema do evento mais importante do museu, o Met Gala. Todo mês de maio, o museu lançava uma nova exposição paralelamente a seu evento anual de arrecadação de fundos, liderado pela editora da *Vogue*, Anna Wintour. Sob a liderança de Wintour, o Met Gala se tornou um dos eventos sociais mais elitistas do ano. Modelos, CEOs, artistas, atores e atletas desfilavam pelo tapete vermelho enquanto fotógrafos tiravam fotos furiosamente.

Quando Bolton contou a Wintour sobre sua ideia e o nome da exposição, *Manus × Machina*, ela imediatamente pensou em Ive. Ela ligou para Ive para saber se a Apple teria algum interesse em patrocinar o evento de gala.[15] A ideia de Bolton de contestar as percepções de produtos industriais e artesanais encantou Ive, que passou a vida inteira tentando fazer produtos em grande escala com um nível de detalhamento artesanal. Ele achou que a exposição seria uma excelente maneira de estender a associação do Apple Watch com a moda. Ele falou com Cook sobre a possibilidade de a Apple patrocinar o evento, estimado em mais de US\$ 3 milhões, e obteve a bênção do CEO.[16]

No outono daquele ano, Ive convidou Bolton e Wintour para ir a Cupertino conhecer o estúdio e conversar sobre a exposição. Eles chegaram no fim de outubro e encontraram um estúdio bem arrumado, com designers concentrados em criar esboços e protótipos. Ive conduziu seus convidados até as mesas de carvalho do estúdio, na altura da cintura, onde leves panos pretos ocultavam os conceitos embrionários dos designers. Ele se aproximou de uma mesa onde relógios eram mantidos e começou a lhes mostrar a última criação da equipe de design, uma colaboração especial com a casa de moda Hermès, de 175 anos.

A parceria nascera em um almoço em Paris, Ive explicou.[17] Ele havia organizado um encontro com o CEO da Hermès logo após o lançamento do relógio na Colette e apresentado a ideia de uma colaboração em um futuro relógio. O resultado combinava uma das caixas de aço inoxidável da Apple com tiras de couro da Hermès, que foram criadas usando um processo secreto por curtidores de couro que transmitiam seu processo de geração em geração. Era uma união de novas tecnologias com técnicas antigas.

Depois do tour pelo estúdio, Bolton e Wintour conversaram com os designers e discutiram a próxima exposição. Bolton mostrou fotos de vestidos que seriam apresentados no desfile, e Wintour respondeu a perguntas do grupo sobre o futuro da moda. Bolton ficou impressionado com as semelhanças entre os designers de tecnologia e de moda. Apesar de atuar em áreas distintas, eles dedicavam incontáveis horas para fazer algo destinado à obsolescência. O vestido mais deslumbrante de um desfile de moda seria descontinuado um ano depois, destronado por um novo estilo. O iPhone mais incrível em pouco tempo se tornaria obsoleto pelo advento de chips mais rápidos e câmeras melhores. Tanto os Ives quanto os Lagerfelds do mundo dedicavam a vida à busca da próxima novidade.

COM O MET GALA SE APROXIMANDO, Ive se tranquilizou em relação ao futuro do Apple Watch. Tecnologia e moda estavam convergindo e o relógio da Apple se posicionava na vanguarda dessa colisão cultural, assim como a empresa fizera com o iPod e o mundo da música anos antes. Ele ignorava as preocupações dos colegas sobre as vendas do relógio; acreditava que aumentariam à medida que a Apple melhorasse a duração da bateria e adicionasse recursos de saúde. Ele não via a necessidade de se preocupar com o tempo que isso levaria para acontecer.

Na ala executiva, porém, Cook não estava tão convencido. Ele vivia angustiado com os problemas da estratégia de marketing de Ive, focada na moda. À medida que o planejamento de futuras promoções de fitness evoluía, ele decidiu reestruturar as equipes de marketing e vendas da empresa. Dispensou Phil Schiller da supervisão do grupo responsável pela publicidade do Apple Watch, apesar de o profissional de marketing e a TBWA\Media Arts Lab terem se unido para ganhar um importante prêmio em Cannes pela campanha de outdoors que exibia fotos tiradas com iPhones. Cook também endossou a saída de Paul Deneve, o arquiteto da estratégia de lançamento do relógio, que a empresa havia atraído da Yves Saint Laurent. Schiller assumiria um papel mais abrangente na gestão das App Stores, ao passo que Deneve decidiu sair da Apple para um possível retorno à indústria da moda. Os dois executivos tiveram um papel central no lançamento de um produto que ficou aquém das expectativas de Cook.

Ive não sabia, mas o Met Gala seria a última vez que a Apple desfilaria em uma passarela. A empresa que ele ajudara a criar estava passando por mudanças que nem ele conseguia ver.

16

SEGURANÇA

No início de uma manhã de dezembro de 2016, cerca de 80 funcionários do Departamento de Saúde Pública do condado de San Bernardino entraram em um prédio da prefeitura para um dia de treinamento e exercícios de formação de equipes.[1] Os participantes incluíam assistentes administrativos e profissionais da saúde; analistas de dados e inspetores de saúde; mães, pais, irmãos e irmãs. Eles se acomodaram em uma sala de conferências genérica, onde uma árvore de Natal, espremida em um canto, tentava emanar alguma alegria natalina.

Pouco antes do intervalo, um dos participantes, Rizwan Farook, saiu da sala. Momentos depois, a porta se abriu e ele voltou vestindo uma máscara preta e empunhando um rifle automático. Entrou na sala e abriu fogo. *Bam! Bam! Bam!*

Alguns funcionários correram para a saída, outros deitaram no chão e procuraram abrigo debaixo das mesas. A esposa de Farook entrou na sala e disparou uma saraivada de balas que perfuraram as paredes, as janelas e um cano de sprinklers. A água jorrava pelo teto enquanto o ataque continuava.

Alguém chamou a polícia, que entrou com cautela no prédio. Eles abriram caminho pelo sibilar dos sprinklers e encontraram corpos espalhados pelo chão. Avançaram por todos os cômodos e descobriram que os atiradores não estavam mais no prédio.

Enquanto paramédicos cuidavam dos feridos, os policiais entrevistaram os sobreviventes e descobriram que o atirador mascarado era Farook. Os investigadores constataram que o americano descendente de paquistaneses havia alugado um SUV preto, que eles encontraram em uma rua residencial de uma cidade da região. Quando a polícia se aproximou, Farook acelerou e tentou fugir. A esposa apontou a arma para os policiais e disparou pela janela traseira. Uma viatura da polícia vinda da direção oposta forçou Farook a frear. A esposa disparou contra a viatura enquanto Farook saiu do banco do motorista e também começou a atirar. Mais de 150 policiais chegaram ao local e dispararam centenas de tiros, matando Farook e a esposa.

Quando o tiroteio terminou, os investigadores esquadrinharam a cena do crime. Em um post no Facebook, a esposa de Farook havia jurado lealdade ao Estado Islâmico antes do ataque, que matou 14 pessoas. Agentes vasculharam o SUV e encontraram vários eletrônicos, incluindo um iPhone, as impressões digitais da era digital. Eles esperavam que o celular pudesse ajudar a explicar o caos e a violência daquele dia.

No DIA SEGUINTE, BRUCE SEWELL se exercitava na academia quando as emissoras de TV a cabo mostraram a cobertura de um ataque terrorista a cerca de 650 quilômetros ao sul da região da Baía de São Francisco. Quando o telefone tocou, o assessor jurídico geral da Apple se afastou do barulho dos equipamentos da academia. Escondido em um canto tranquilo, ouviu que o FBI queria falar com ele imediatamente.

Em poucos minutos, Sewell estava ao telefone com um agente do FBI, que contou os acontecimentos do dia anterior e acrescentou um novo detalhe: um mandado de busca levou os policiais a encontrar um iPhone escondido em um dos carros de Farook. O agente queria a ajuda da Apple para obter acesso ao celular, para a polícia saber se os atiradores faziam parte de uma célula terrorista que planejava mais ataques. Eles precisavam agir rápido.

Sewell ligou para Tim Cook. O CEO percebeu pelo tom de voz de seu assessor jurídico geral que algo estava errado. Sewell costumava ser calmo e comedido, resultado de uma estabilidade adquirida trabalhando como bombeiro antes de entrar na faculdade de direito. Ele havia apagado tantos incêndios literais que os incêndios jurídicos raramente o perturbavam. No entanto, sua voz estava trêmula quando contou que o FBI havia encontrado um iPhone pertencente a um possível terrorista.

Os contatos da Apple com as autoridades policiais seguiram os protocolos, relatou ele ao CEO. Eles deram ao FBI opções para obter acesso ao iPhone e deixaram claro que a Apple forneceria suporte técnico remoto, explicando os meandros do software, apesar de a empresa resistir a se envolver diretamente na recuperação de informações do dispositivo. De acordo com a política da empresa, a Apple não desbloquearia o celular.

A política era controversa. Conforme os dispositivos móveis se tornaram um centro de dados confidenciais, como informações de saúde e comunicação, seus engenheiros reforçaram a segurança e a criptografia para proteger os usuários de hackers. Enquanto isso, a polícia queria mais acesso a celulares que pudessem conter informações para resolver crimes e salvar vidas. O interesse da Apple em proteger os usuários e o interesse do FBI em proteger os cidadãos estavam cada vez mais em desacordo. Em 2014, o atrito se agravou depois que a Apple introduziu recursos que impediam qualquer pessoa de acessar um iPhone sem uma senha ou impressão digital. Policiais e promotores acharam que o recurso colocava a privacidade acima da segurança pública, permitindo que criminosos se comunicassem com menos risco de as informações serem usadas em um tribunal. As autoridades disseram que a situação os forçava a "trabalhar no escuro".

Depois do tiroteio em San Bernardino, Sewell ficou aliviado ao saber que o iPhone 5c recuperado pelo FBI pertencia ao condado de San Bernardino. O dispositivo incluía um software que permitia ao departamento de saúde controlar seu uso. Havia uma chance de que o condado pudesse ter acesso a ele sem a ajuda da Apple. O governo também poderia acessar a conta do iCloud de Farook, que podia ter feito o backup do celular no serviço de armazenamento digital da Apple. A política da Apple não possibilitava à empresa desbloquear um celular, mas a Apple não se negaria a descriptografar backups no iCloud e entregar mensagens e fotos mediante uma intimação judicial, um detalhe que a empresa não anunciava aos clientes, mas promovia às autoridades policiais.[2] A brecha de segurança abria a possibilidade de as autoridades terem acesso às informações do celular.

Mas, nos dias que se seguiram, o otimismo da Apple e do FBI sobre uma rápida solução do problema caiu por terra. O FBI teve acesso à conta do iCloud, porém descobriu que o último backup que o atirador havia feito de seu celular fora meses antes.[3] Os agentes também descobriram que o sistema de gerenciamento de software usado pelo condado não havia sido totalmente implementado, impedindo o FBI de usá-lo para acessar o celular.[4] O FBI emitiu um mandado de busca que rendeu alguns e-mails e mensagens, mas nenhuma das comunicações ajudou a resolver o caso. As respostas que eles procuravam estavam no celular.

No início de janeiro, quase um mês após o ataque, Cook chegou ao Órgão de Patentes e Marcas Registradas dos Estados Unidos em San Jose para se reunir com uma delegação do governo federal, incluindo o diretor do FBI, James Comey, a procuradora-geral, Loretta Lynch, e o chefe de gabinete da Casa Branca, Denis McDonough.[5] Os representantes do governo Obama estiveram no Vale do Silício para encorajar o Facebook, o Google e outros serviços de mídias sociais a remover mensagens do Estado Islâmico que estavam radicalizando os terroristas.[6] Comey também queria discutir os serviços de comunicações criptografadas que estavam complicando as investigações criminais. A relação entre o governo e os gigantes da tecnologia azedara depois que Edward Snowden vazou documentos mostrando que as empresas de tecnologia ajudaram a Agência de Segurança Nacional dos Estados Unidos a vigiar os cidadãos americanos.[7] A reação do público levou as multinacionais a assumir uma postura distante e antagônica. A administração Obama queria mudar essa situação.

Animado com o fôlego do iPhone e o rápido crescimento do Apple Music, Cook estava cheio de coragem e preparado para lutar. Entrou em uma sala sem janelas e sentou-se a uma mesa de reuniões ao lado de alguns colegas, incluindo a chief operations officer do Facebook, Sheryl Sandberg, e o presidente do conselho do Twitter, Omid Kordestani. O grupo do governo sentou-se do outro lado da mesa e deu início a uma discussão que incluiu pedir aos líderes de tecnologia ajuda na contratação de especialistas em mídias sociais para ajudar nas tentativas do governo de dificultar o recrutamento de terroristas. Cook permaneceu em grande parte em silêncio até que eles entraram na questão da criptografia. Então ele disse tudo o que tinha para dizer.

O governo de Obama não demonstrava uma boa liderança no que dizia respeito à criptografia, ele falou. Afirmou que o FBI estava exigindo que a Apple instalasse o que ele considerava ser o equivalente a um *backdoor* tecnológico no iPhone, dizendo que um software especial para dar ao governo acesso aos celulares poderia cair nas mãos de pessoas mal-intencionadas que poderiam usá-lo para prejudicar os clientes da empresa.[8] E sugeriu que a Apple assumia um posicionamento moralmente superior com base na proteção da privacidade das pessoas, enquanto o governo queria derrubar essas proteções.

Enquanto Cook falava, as orelhas de McDonough começaram a ficar vermelhas. As pessoas sentadas perto dele perceberam que ele não tinha ido ao Vale do Silício para ouvir um sermão. Para os representantes do governo presentes, Cook soava como um hipócrita metido a santo.

Lynch interveio e disse que precisava haver um equilíbrio entre a privacidade das pessoas e os interesses de segurança nacional. Comey detalhou a posição do governo, dizendo que as empresas deveriam desenvolver um sistema para possibilitar às autoridades policiais acesso aos dispositivos por ordem judicial durante as investigações.[9]

Ninguém mencionou o incidente de San Bernardino. A questão do iPhone de Farook ficou em segundo plano.

No sul da Califórnia, o FBI se arriscava em um jogo de roleta-russa digital. Os agentes tinham dez tentativas para tentar adivinhar a senha de quatro dígitos do iPhone bloqueado, mas, se errassem todas, o dispositivo poderia retornar automaticamente às configurações de fábrica ou ser desativado. Se isso acontecesse, seria impossível acessar o celular e eles perderiam a pista mais promissora da investigação.

Diante dessa possibilidade, Comey entrou no prédio do Senado para participar de um briefing do Comitê de Inteligência sobre ameaças globais. Era 9 de fevereiro, mais de dois meses depois de o casal de terroristas ter matado 14 pessoas em San Bernardino, e ele estava frustrado porque o FBI ainda não havia obtido acesso ao iPhone de Farook. O senador Richard Burr notou a irritação do diretor do FBI. "Diretor Comey, qual seria o risco para a segurança pública e para a promotoria se, mediante uma ordem judicial, uma empresa se recusasse a fornecer as comunicações exigidas pelo tribunal?", ele perguntou.[10]

"O risco é não conseguirmos informações suficientes e os bandidos ficarem soltos", disse Comey, olhando duramente para os senadores à sua frente. Ele explicou que o problema os forçava a "trabalhar no escuro" e impedia as autoridades locais de solucionar casos de assassinato, tráfico de drogas e sequestro. "Parece-me que, se um tribunal dos Estados Unidos considerar necessário, a empresa de tecnologia deveria fornecer essas informações. Faz sentido?", perguntou o senador Burr.

"Sim, especialmente com relação a dispositivos, celulares, os bloqueios de fábrica desses dispositivos", Comey respondeu. E acrescentou que os dispositivos se tornaram um grande obstáculo para as investigações porque, muitas vezes, continham evidências de pornografia infantil, planos de sequestro ou outros detalhes que poderiam ajudar a resolver crimes. Ele apontou com as duas mãos para o coração para expressar sua frustração pessoal. "Isso está afetando muito o nosso trabalho de contraterrorismo", explicou. "San Bernardino é uma investigação muito importante para nós. Encontramos um celular dos assassinos, mas não temos como ter acesso às informações contidas nele. Já se passaram mais de dois meses."

Repórteres e jornalistas ficaram em polvorosa.[11] As críticas de Comey à Apple forneceram a primeira confirmação de que a criptografia estava comprometendo as investigações de San Bernardino e indicavam que Comey estava se preparando para uma batalha.

Em Cupertino, Sewell interpretou os comentários de James Comey como o mais recente surto de um diretor do FBI que estava travando uma cruzada pessoal contra a criptografia. Os contatos da Apple com as forças policiais mantinham Sewell a par do trabalho com o FBI. Ele estava confiante de que não levaria muito tempo para o caso ser resolvido.

A centenas de quilômetros ao sul, na região de Riverside, na Califórnia, os advogados do Departamento de Justiça planejavam dar um fim a esse impasse. Eles redigiram um mandado judicial com base na All Writs Act, uma lei de 1789 que tinha o poder de forçar uma empresa a ajudar em um caso criminal.[12] A lei, de apenas duas frases, já havia sido usada para conseguir a ajuda da Apple para obter acesso a celulares de pedófilos e traficantes de drogas. Era obscura, porém eficaz.

No dia 16 de fevereiro, a promotoria entrou com um pedido sigiloso de 40 páginas no Tribunal Distrital da Califórnia Central pedindo a um juiz que forçasse a Apple a desenvolver um software para desabilitar o limite de dez tentativas de desbloquear o iPhone.[13] O software aliviaria a pressão da roleta-russa e daria ao FBI mais chances de ter acesso ao celular. O juiz deferiu o pedido preliminarmente e deu à Apple apenas cinco dias para responder.

Sewell ficou exasperado com a decisão judicial. Interpretou a decisão do Departamento de Justiça como um insulto. Ele teria pouco tempo para planejar uma resposta pública à alegação do governo de que a Apple estava ajudando terroristas. Ele se enfureceu, dizendo que o único objetivo do governo era transformar a tragédia terrorista em uma bomba para destruir a marca da Apple.

Sewell ligou para Cook e contou ao CEO sobre a ordem judicial. Quando a equipe jurídica obteve uma cópia da decisão, ele e Cook a leram juntos. Começava sem meias palavras: "Na esperança de obter provas cruciais sobre o massacre de 2 de dezembro de 2015 em San Bernardino, Califórnia, o governo apreendeu legalmente um iPhone da Apple usado por um dos assassinos. Apesar de ter um mandado autorizando o acesso ao conteúdo e de ter o consentimento do proprietário do celular, o governo não conseguiu concluir a busca por não poder acessar o conteúdo criptografado do iPhone. A Apple é a única que tem os meios técnicos para ajudar o governo a concluir sua busca, mas se recusou a dar essa assistência voluntariamente".

Cook compreendeu a linha de argumentação que o governo estava criando: os mocinhos do FBI estavam fazendo de tudo para solucionar um massacre, enquanto os bandidos da Apple insistiam em ser uma pedra em seu caminho. O governo apresentara seus argumentos com o intuito de criar uma disputa de relações públicas e desafiar a Apple no tribunal. A posição da Apple sobre a segurança estava em jogo.

Cook temia que, se a Apple criasse o software exigido pelo governo, o programa poderia ser usado em qualquer iPhone do mundo. Para armazenarem fotos, informações de saúde e dados financeiros em seus iPhones, as pessoas precisavam confiar que as informações seriam protegidas. Criar um sistema para desbloquear o celular de San Bernardino destruiria a confiança delas em seus iPhones. Ameaçaria a magia do dispositivo do qual Cook dependia para continuar garantindo o grosso das vendas da Apple. Sem mencionar que isso enfraqueceria a recente carta de Cook aos clientes, que anunciava o iPhone como mais privado e seguro que o sistema operacional Android, do Google, o qual monitorava o que as pessoas faziam na internet.[14] "Nosso modelo de negócios é muito simples: nós vendemos produtos espetaculares", ele escreveu. "Não montamos um perfil dos usuários com base no conteúdo de seus e-mails ou hábitos de navegação na internet para vender aos anunciantes."

Cook reuniu líderes da empresa – o chief financial officer, Luca Maestri; o vice-presidente de marketing, Phil Schiller; o vice-presidente de software, Craig Federighi; e o vice-presidente de comunicações, Steve Dowling – na sala de reuniões do conselho para discutir como a Apple poderia se defender do ataque do governo. A noite já estava para cair e ele queria uma resposta que chegasse a todos os clientes da Apple antes do nascer do sol.

Ceder ao governo não era uma opção. Cook havia decidido muito antes do tiroteio de San Bernardino que contestaria qualquer ordem judicial. Quando a Apple reforçou a segurança do iPhone, ele discutiu cenários hipotéticos com sua equipe jurídica sobre o que a Apple deveria fazer se alguém fosse sequestrado e a polícia dissesse que a única maneira de resgatar a vítima seria acessar o iPhone do sequestrador. Cook examinou o cenário de todos os ângulos, perguntando: "O que vocês acham disso?". Acabou decidindo que proteger todos os clientes da Apple recusando-se a criar um *backdoor* era mais importante que resolver um crime. Ele estava pronto para lutar.

Os executivos ao redor de Cook foram tomados por uma onda de adrenalina enquanto discutiam as possíveis reações. O confronto arriscava prejudicar a marca da Apple.

Notando a inquietação da equipe, Cook tentou desacelerar a discussão fazendo perguntas metódicas. Sugeriu, sem emoção, que eles começassem "do começo". "O que sabemos sobre o celular?", perguntou.

A pergunta simples e precisa forçou todos a se focarem no problema em questão. Sewell explicou a Cook a situação do celular e recapitulou os pedidos de ajuda do FBI, apresentando a todos um histórico da situação.

Em seguida, Cook se voltou para o que o governo queria que a Apple fizesse. "Que correção técnica é essa que eles estão pedindo?", indagou. "Quanto tempo levaria?"

Federighi esmiuçou o pedido do FBI para fazer algo a que a empresa, havia muito tempo, dera o apelido depreciativo de GovtOS, o sistema operacional personalizado do governo, que permitiria aos agentes da lei contornar os recursos de bloqueio automático do iPhone.[15] Criar algo assim exigiria mais de seis engenheiros trabalhando por duas semanas ou mais. Uma vez que a Apple criasse esse software, a empresa poderia esperar uma montanha de solicitações de órgãos de segurança pública buscando acesso aos celulares de criminosos. À medida que o novo software personalizado se espalhasse, o risco de cair nas mãos de hackers ou de um governo autoritário aumentaria e ninguém teria controle de como o software seria usado e com quais intenções.

O grupo concordou que Cook postaria no site da empresa uma carta explicando a posição da Apple. Seria a maneira mais rápida de se explicar aos funcionários, aos clientes, à imprensa e às autoridades do governo. Feito isso, Sewell e Maestri dariam entrevistas coletivas. A estratégia, ao mesmo tempo, colocava Cook na linha de frente da questão e o protegia de um confronto com a imprensa.

Cook passou uma hora discutindo o que dizer na carta, enquanto Dowling fazia anotações. Para combater a tentativa do Departamento de Justiça de dar a impressão de que a Apple estava protegendo a privacidade dos assassinos, Cook queria deixar claro que ela se solidarizava com as vítimas e suas famílias. Ele também queria elucidar que a resistência da Apple em desbloquear o iPhone tinha como objetivo proteger todos os clientes, não apenas os assassinos de San Bernardino. Cook tinha nas mãos a tarefa de pegar uma pauta emocionalmente carregada sobre terrorismo e transformá-la em uma discussão filosófica sobre privacidade.

Dowling redigiu a primeira versão da carta para Cook avaliar. O CEO sugeriu alterações e a devolveu a Dowling para revisões. Eles repetiram o processo umas seis vezes ao longo de seis horas, enquanto definiam o tom e ajustavam o vocabulário.

Enquanto isso, Sewell e Noreen Krall, o principal advogado de litígios da Apple, redigiram uma resposta jurídica com um tom severo. Eles queriam bancar os durões no tribunal enquanto Cook bancava o bonzinho em público. Garantiram que sua resposta abordasse as lacunas da narrativa do governo, detalhando exatamente as maneiras como a Apple já ajudava o FBI. Em uma certa demonstração de superioridade legal, eles se certificaram de que a resposta tivesse mais páginas que a reclamação do Departamento de Justiça.

"Não se trata de apenas um iPhone isolado", o comunicado começava. "O caso é sobre o Departamento de Justiça e o FBI exigindo legalmente um poder perigoso do qual o Congresso e o povo americano nunca aceitaram abrir mão: a capacidade de forçar empresas como a Apple a ignorar os interesses fundamentais de segurança e privacidade de centenas de milhões de pessoas ao redor do mundo."

Por volta das quatro e meia da manhã, a carta de Cook foi postada na internet. O grupo tinha passado a noite em claro trabalhando e estava ciente de estar assumindo uma posição impopular que poderia prejudicar a Apple. Era uma aposta que tinha o potencial de destruir a empresa.

Nos DIAS QUE SE SEGUIRAM, o confronto da Apple com o FBI dominou os noticiários, alimentando cerca de 500 artigos por dia e discussões constantes na TV. Tornou-se um ponto de discussão da campanha presidencial, pois o candidato republicano Donald Trump criticou a Apple e exigiu que as pessoas boicotassem os produtos da empresa.[16] A opinião pública estava dividida, com metade do país exigindo que a Apple cooperasse com o FBI e metade apoiando a resistência.[17] A batalha entre a maior empresa do mundo e o governo mais poderoso do mundo era fascinante de ver.

No dia 25 de fevereiro, uma semana depois da publicação da carta, uma equipe da ABC News chegou ao Infinite Loop com o âncora do noticiário *World News Tonight*, David Muir.[18] O grupo foi recebido por um funcionário de comunicações da Apple e conduzido através do átrio ensolarado em direção à ala executiva no quarto andar da empresa. Dowling convidara a equipe da ABC a Cupertino na esperança de que ela ajudasse a direcionar a opinião pública a favor da empresa. Ele conhecia o produtor de Muir fazia anos e confiava no âncora de 42 anos e cabelos escuros para transmitir a perspectiva da Apple ao mundo. Afinal, era a "rede do papai", parte do vasto império da Disney supervisionado por Bob Iger, um membro do conselho da Apple.

O grupo caminhou pela ala executiva até o escritório de Cook, onde Muir encontrou um CEO abatido e melancólico. Cook sabia que a entrevista poderia ser sua melhor chance de convencer o país de que o posicionamento da Apple fazia sentido. O local onde eles se reuniram expressava a gravidade do momento. Cook, sempre muito reservado, concordou em dar a entrevista em sua sala, enquanto a equipe de comunicação tentava humanizar um homem que muitas vezes parecia robótico.

Enquanto ele se acomodava em uma banqueta em frente a Muir, a câmera mostrou um vislumbre do local de trabalho diário do CEO. Havia uma mesa bem arrumada ocupada por pastas de papel pardo e um iMac prateado. A parede atrás da mesa exibia fotos coloridas de lojas de varejo da Apple não muito longe de um exemplar emoldurado da revista de ex-alunos da Universidade de Auburn. Juntas, as imagens contavam a história de seus dois objetos de veneração: a Apple e a Auburn.

Cook juntou as mãos no colo, os olhos azuis inchados das noites mal dormidas, e olhou fixamente para Muir. Ele enrijeceu o corpo em cima da banqueta, imóvel e focado.

"Acho que é a primeira vez que fazemos uma entrevista no seu escritório", Muir começou.

"Eu nunca dei uma entrevista no meu escritório", disse Cook, sem sorrir.

Muir decidiu ir direto ao ponto. "Enquanto estamos sentados aqui, parentes das vítimas de San Bernardino fazem uma manifestação em apoio à ordem judicial para que a Apple ajude o FBI a desbloquear o iPhone. Parece que uma família chegou a dizer: 'Estamos furiosos e não entendemos por que a Apple está se recusando a fazer isso'. O que você diria a essas famílias?"

Cook ouviu com atenção. "David, eles têm nossos mais sinceros sentimentos", declarou. "Ninguém deveria ter de passar pelo que eles passaram."

Fez uma pausa e olhou para baixo. "A Apple está cooperando totalmente com o FBI neste caso", continuou. "Eles nos procuraram e nos pediram todas as informações que tínhamos sobre o celular e demos tudo o que tínhamos. Não só isso como oferecemos engenheiros para ajudar e demos várias sugestões de como eles poderiam obter mais informações sobre este caso específico. Mas este caso não é sobre um celular isolado. Este caso é sobre o futuro. O que está em jogo aqui é o seguinte: o governo pode obrigar a Apple a desenvolver um software que acreditamos que deixaria centenas de milhões de clientes ao redor do mundo vulneráveis?"

A entrevista exclusiva foi exibida na ABC naquela noite para uma audiência de cerca de 9 milhões de telespectadores. A ABC também postou no YouTube a conversa de 30 minutos, na íntegra. A aparição de Cook na "rede do papai" foi vista dentro da Apple como uma vitória na batalha com o FBI, um momento no qual o CEO se mostrou sério, solidário e totalmente no controle da questão, apresentando um argumento filosófico complexo que ele resumiu com uma analogia sucinta: o pedido do governo para a Apple desenvolver um código para facilitar o acesso ao celular era "o equivalente a um câncer".

Enquanto isso, Sewell seguiu bancando o durão da Apple, contestando agressivamente o governo dentro e fora do tribunal. Nos dias que se seguiram ao início da batalha de fevereiro, o advogado ligou para a promotora pública Sally Yates, que liderava o caso por parte do governo. Yates acusou Sewell de estar sendo agressivo demais.

"Vocês estão sendo agressivos demais", disse Sewell. "Não vamos recuar."

O Departamento de Justiça intensificou seu ataque à Apple, argumentando em um dos documentos submetidos no processo que a recusa da empresa em cumprir a ordem "parece ser baseada na preocupação da Apple com seu modelo de negócios e sua estratégia de branding".[19] O documento observava que a Apple já havia cumprido as solicitações da lei All Writs Act e apontava que a empresa, sob o comando de Cook, havia aumentado seus esforços para se apresentar como uma protetora da privacidade dos clientes, em contraste com outras empresas de tecnologia, como o Google e o Facebook, que coletavam dados de clientes para usar em seus negócios de publicidade. O documento fazia referência à recente carta de Cook e a seus comentários em público descrevendo a Apple como um cavaleiro branco lutando contra as forças das trevas do Vale do Silício.[20]

Aos olhos do governo e dos rivais da Apple no setor da tecnologia, a posição de Cook de defesa à privacidade dos clientes era no mínimo hipócrita. A Apple não apenas ajudara o governo a desbloquear celulares no passado como também tinha começado a armazenar dados de alguns clientes chineses em servidores daquele país, onde o governo monitorava de perto seus cidadãos. Eles argumentaram que, se a privacidade era um direito humano tal como Cook afirmava, este devia ter contestado o governo chinês também. Contudo, naquele país, onde o governo tinha o poder de restringir a venda de marcas internacionais, Cook abrira mão de sua superioridade moral para proteger as vendas e justificara a concessão dizendo que a Apple obedecia às regras dos países onde operava.[21] Ele também fechou uma série de acordos com o Google no valor estimado de US$ 10 bilhões anuais para fazer do Google o mecanismo de busca padrão dos iPhones, permitindo que a Apple se beneficiasse financeiramente das mesmas práticas de coleta de dados que ele condenava em público. Além disso, Cook permitia que a empresa encorajasse as pessoas a fazer o backup de seus iPhones no iCloud, um serviço pelo qual a Apple cobrava uma taxa mensal acima de um limite de dados sem dizer abertamente aos clientes que suas informações confidenciais estariam vulneráveis a intimações do governo. Na opinião dos críticos, a fortaleza de privacidade de Cook estava cheia de buracos com o objetivo de ganhar dinheiro.

Em março, o Comitê Judiciário da Câmara convocou Comey e Sewell para testemunhar sobre a batalha em andamento. O membro da câmara dos representantes Bob Goodlatte perguntou a Sewell se a Apple estava se posicionando contra um problema de tecnologia ou contra um potencial problema de modelo de negócios. As mãos de Sewell começaram a tremer de frustração. "Sempre que ouço isso, fico furioso", disse.[22] "Não é uma questão de marketing. Essa especulação é uma maneira de minimizar o outro lado da discussão. Não temos outdoors ostentando os nossos recursos de segurança. Não saímos por aí anunciando a nossa tecnologia de criptografia. Fazemos isso porque acreditamos que proteger a segurança e a privacidade de centenas de milhões de usuários do iPhone é a coisa certa a fazer."

A dura defesa de Sewell surpreendeu o pessoal do FBI. Eles sabiam que a privacidade fazia parte do marketing da Apple e estavam furiosos com o que consideravam a decisão da Apple de priorizar a privacidade dos clientes individuais em detrimento da segurança nacional. Alguns anos depois, eles teriam a confirmação de que o desempenho de Sewell tinha sido mais teatral do que concreto, já que a Apple cobriu Las Vegas com outdoors e anúncios na TV dizendo: "O que acontece no seu iPhone fica no seu iPhone".[23]

O IMPASSE SE ARRASTOU por mais de um mês. No fim de março, Sewell foi a um julgamento no condado de San Bernardino para saber se a Apple seria forçada a cumprir a ordem judicial. Sua equipe jurídica passara os últimos três dias ensaiando argumentos iniciais, preparando testemunhas e praticando respostas a perguntas esperadas do tribunal. Sewell havia passado mais de seis anos lutando contra a Samsung, mas aquele seria de longe o julgamento mais importante de sua vida. Ele fervilhava de adrenalina enquanto a equipe jurídica repassava os preparativos finais. O celular de alguém tocou. Era a corte de justiça.

Sewell foi colocado em uma teleconferência com o Departamento de Justiça e a juíza, que disseram que o tribunal suspenderia a audiência por duas semanas porque o FBI possivelmente encontrara outra maneira de acessar o celular.

Sewell ligou imediatamente para Cook, que estava em Cupertino, e transmitiu a notícia. "Você não vai acreditar nisso, mas acabamos de receber uma prorrogação de duas semanas", informou.

Cook se pôs a fazer perguntas. Ele queria saber tudo o que Sewell sabia. Tudo o que Sewell pôde dizer foi que o FBI havia encontrado um terceiro capaz de acessar o conteúdo do celular, o que invalidaria o argumento do governo de que apenas a Apple tinha capacidade de acessar o dispositivo.

O CEO ficou em silêncio enquanto processava a última reviravolta da história. Sewell explicou que a juíza incluiria em sua ordem que, durante o adiamento, a Apple não estava violando as exigências da corte. Por ora, a Apple não era mais a vilã da história.

Alguns dias depois, o Departamento de Justiça desistiu do caso. O governo acessou o conteúdo do iPhone do terrorista sem a ajuda da Apple, pagando a hackers profissionais mais de US$ 1 milhão para invadir o dispositivo.[24] O FBI não gostou do resultado. A agência, que não era capaz de invadir o celular sozinha, desejava uma solução mais permanente para a batalha pelo acesso a iPhones em investigações criminais.[25] Queria poder forçar a Apple a desbloquear celulares por ordem judicial quando necessário, mas perdeu essa opção ao encontrar uma maneira alternativa de acessar as informações contidas no iPhone.

Cook e Sewell estavam preparados para levar a batalha até a Suprema Corte dos Estados Unidos, um processo que teria prolongado o debate e a acusação do FBI de que a empresa colocava os lucros à frente da segurança pública. Teria sido desastroso para a marca. Embora a questão central do caso tenha ficado sem solução, os danos infligidos à Apple foram reduzidos.

A resolução permitiu a Cook se concentrar em uma preocupação mais urgente: a situação dos negócios.

Durante a saga de um mês, as vendas do iPhone 6s, lançado em setembro de 2015, caíram, especialmente na China. O relógio, que Cook esperava que se beneficiasse do novo marketing focado no condicionamento físico, não estava contribuindo com receita suficiente para compensar a queda das vendas do iPhone. Pela primeira vez em mais de uma década, a empresa reportou uma queda nas vendas trimestrais.[26]

No dia 26 de abril, Cook enfrentou um interrogatório de analistas financeiros preocupados. Ele parecia cansado ao detalhar um período difícil de três meses no qual a Apple havia vendido 10 milhões de iPhones a menos que no ano anterior. Enquanto falava, o preço das ações da empresa despencava 8% e seu valor de mercado caía US$ 46 bilhões.[27]

Os problemas da empresa, como as marés, revelavam uma vulnerabilidade corporativa de longa data: o futuro da Apple dependia de um produto do passado. O público esperava que a empresa continuasse inventando produtos revolucionários e inovadores e, se a Apple não fizesse isso, corria o risco de entrar em um período de estagnação ou, pior, de irrelevância. Para Cook, a pressão era implacável.

17

A FASE DO HAVAÍ

Jony Ive chegou a Sunnyvale para uma avaliação agendada de um projeto de carro que não estava conseguindo sair do ponto morto. Era o início de 2016 e ele estava começando a ficar nervoso com o pouco progresso feito no projeto.

O desenvolvimento do software do carro totalmente autônomo que ele vislumbrara estava ficando para trás em razão da insuficiência de dados e da complexidade de construir um sistema autônomo do zero. O hardware estava progredindo, mas sem conseguir acompanhar o ambicioso cronograma da empresa. Seria impossível construir um carro totalmente autônomo no prazo proposto de 2019.

Ive surtou. Todos os envolvidos sabiam que o problema era o projeto ser ambicioso demais. A visão de Ive para um veículo totalmente autônomo demandara a criação de uma enorme equipe de programadores e especialistas em sensores, ao passo que o foco do vice-presidente de hardware, Dan Riccio, na criação de um veículo elétrico levara à criação de uma enorme equipe de especialistas em baterias e automóveis. O projeto tinha três líderes que pareciam mais interessados em construir seu feudo corporativo do que em levar adiante um projeto unificado. Os problemas lembravam as disputas internas que acometeram o Apple Watch.

Gastos generosos agravavam os problemas. Os custos do projeto explodiram para a impressionante marca de US$ 1 bilhão por ano. Os líderes do Projeto Titan contrataram pesquisadores de veículos autônomos por US$ 10 milhões cada e investiram no desenvolvimento de lasers para rastrear os olhos dos passageiros na tentativa de reduzir a náusea causada pelos movimentos bruscos de um carro. As despesas com pesquisa e desenvolvimento da Apple cresceram rapidamente, quase dobrando para US$ 8,1 bilhões no final de 2015. O valor era insignificante para uma empresa com US$ 200 bilhões em caixa, mas os engenheiros viam o projeto como o exemplo mais recente de uma gigante do Vale do Silício gastando a rodo sem ter nada para mostrar.

Em um ataque de frustração, Ive retirou toda a equipe de design do projeto para que eles pudessem redirecionar seu foco a outro trabalho. Ele não considerava mais o carro digno do tempo da equipe. O ambicioso projeto da Apple teria que seguir em frente sem sua divisão mais alardeada.

Muitos membros da equipe do Projeto Titan também estavam descontentes. O grupo do projeto especial havia se tornado uma organização de mil pessoas com uma cultura mutante que misturava a determinação opressiva dos executivos da Apple, empenhados em fazer o impossível, com o ceticismo de outsiders que tinham experiência com os desafios de criar um veículo autônomo. Tanto os veteranos quanto os recém-chegados sabiam que Jobs havia criado o iPhone usando uma abordagem diferente: ele contara com uma equipe enxuta, composta principalmente de funcionários existentes de várias divisões que atuaram sob sua orientação. Mas, no novo reinado colaborativo de Tim Cook, o CEO da Apple não liderava mais o desenvolvimento de produtos, e esse vácuo atravancava as tentativas da empresa de inovar.

O confronto entre Ive e Riccio marcou o auge de uma frustração crescente em uma empresa não acostumada ao fracasso. Uma das consequências foi o cancelamento de uma demonstração do carro, que ocorreria em fevereiro, ao conselho de administração. O futuro da empreitada era incerto. A corrida para a próxima grande novidade da Apple desacelerou quando seus líderes agitaram a bandeira amarela indicando um perigo na pista.

Sem a empolgação de uma nova empreitada, a distância entre o artista e seu antigo local de trabalho aumentou. Ive desviou o foco das coisas que já dominava. Seu interesse não tinha mais como se limitar às melhorias contínuas na curvatura dos futuros iPhones ou às reduções da espessura de futuros laptops. Ele alimentava sua criatividade explorando novas ideias e satisfazendo curiosidades inesperadas. Sem Jobs para impor ordem ao processo criativo da Apple e clareza de pensamento para seus ambiciosos projetos, Ive se viu à deriva.

Em 2016, enquanto procurava satisfação em outros lugares, ninguém se surpreendeu quando Ive voltou sua atenção para o envolvimento da Apple na próxima exposição do Museu Metropolitano de Arte, o *Manus × Machina*. O foco da exposição na interseção da tecnologia com a moda satisfazia sua fome por novas descobertas. Seus anos trabalhando para imbuir o Apple Watch com um estilo atemporal despertaram seu interesse em aprender mais sobre a arte das casas de moda. No primeiro dia de maio, Ive saiu do Carlyle Hotel, no Upper East Side de Nova York, e caminhou pela Quinta Avenida até o maior museu de arte da cidade para um tour privado pela nova exposição de Andrew Bolton. A exposição marcava um momento importante para Ive e a Apple. Quase dois anos depois de mostrar o relógio a Anna Wintour no Carlyle, ele voltava à cidade não como um estranho vindo da terra da tecnologia, mas como um colaborador aceito pelo mundo da moda.

Bolton o recebeu no museu de paredes de calcário e o conduziu até a ala Robert Lehman, uma extensão em forma de triângulo que se projetava para o Central Park. A galeria iluminada por claraboias normalmente exibia 300 pinturas, incluindo obras de mestres renascentistas italianos. Nos últimos meses, ela havia sido transformada pela construção de um prédio dentro do prédio, com telas brancas erguidas para converter o interior em uma catedral sem cor e de estilo gótico.

Ive seguiu Bolton pelos corredores brancos, onde uma série de nichos que remetiam a uma igreja exibia uma coleção de vestimentas que estendiam os limites da moda. Bolton havia encontrado 170 exemplos de vestidos e designs que contestavam a noção de que roupas feitas à mão eram superiores às feitas por máquinas. Os itens expostos incluíam um terno creme de aparência tradicional com detalhes em azul-marinho criado por Gabrielle "Coco" Chanel e um vestido de noite em cascata feito com penas rosadas de aves-do-paraíso criado por Yves Saint Laurent. Flutuando por cima de tudo, ouvia-se o som celestial de teclados em camadas e sintetizadores imponentes da música "An Ending (Ascent)", do compositor britânico Brian Eno.

O tour culminou na peça central da exposição: uma sala circular com teto abobadado onde o vestido de noiva da Chanel criado por Karl Lagerfeld estava em exibição. O corpo feito de tecido de traje de mergulho fluía em uma cauda de 6 metros de comprimento encimado por um padrão de folhagem dourada e pedras preciosas costurado à mão. Bolton explicou que a cauda exigira 450 horas de mão de obra artesanal para ser feita. "É a *haute couture* sem a *couture*", disse ele.

Ive riu, deliciado com o jogo de palavras. De fato, o vestido fora feito sob medida, como a alta-costura deveria ser, mas o uso de um tecido sintético de traje de mergulho rompia com a doutrina de que a alta-costura deveria ser toda feita à mão. Ive passou quase dez minutos examinando o vestido, maravilhado com a mistura de conhecido e desconhecido, formalidade e informalidade. A visão criativa de Lagerfeld o deixou inspirado.

No dia seguinte, Ive voltou ao museu para uma prévia da exposição à imprensa antes do Met Gala daquela noite. Caminhou cheio de energia pelos pisos de mármore e dirigiu-se a um café da manhã com cerca de 100 repórteres no Tribunal Europeu de Esculturas Carroll e Milton Petrie. Procurou a planejadora do evento, Anna Wintour, que usava óculos escuros mesmo no ambiente fechado. Eles bateram papo por um tempo até que os jornalistas começaram a se sentar diante de um púlpito. Ive foi até um microfone e colocou várias páginas impressas no púlpito. Olhou para o grupo reunido diante de si e começou a explicar por que um designer de iPhones estava abrindo uma exposição de moda.

"Quando Anna e Andrew me procuraram para falar sobre a exposição, fiquei particularmente intrigado com a ideia de estimular um debate explorando a relação entre o que é feito à mão e o que é feito por máquinas – que contestaria o preconceito que algumas pessoas têm de que o primeiro é inerentemente mais valioso que o segundo", expôs ele.[1]

Passou os olhos pela sala. Poucas pessoas presentes sabiam como era raro a Apple patrocinar um evento. Mesmo com uma fortuna que superava a riqueza de muitos países, a empresa evitava a tradição corporativa de emprestar sua marca a entidades que não tinha como controlar completamente. Uma das razões que levaram a Apple a romper seu protocolo fora o fato de o evento ser tão importante para Ive. Teria sido difícil para Cook negar isso a ele. Mas Ive decidiu não entrar na questão do patrocínio e concentrou os repórteres em sua atração por uma exposição que espelhava sua própria filosofia criativa.

"Na equipe de design da Apple [...] muitos de nós acreditamos nas possibilidades poéticas das máquinas", ele explicou. E acrescentou: "Nosso objetivo sempre foi tentar criar objetos que sejam tão bonitos quanto funcionais; tão elegantes quanto úteis".

Disse que alguns designers contemporâneos perderam a curiosidade de saber como as coisas são feitas. "Meu pai é um artesão fantástico e eu cresci acreditando que é somente quando você trabalha um material com as próprias mãos que entende a verdadeira natureza deste, as características, os atributos e, ainda mais importante, o potencial."

Ele deixou a plateia processar as palavras sobre seu pai.

"Um design autêntico e de sucesso requer muita atenção e cuidado", declarou, antes de observar a beleza da moda em exibição. "Não importa se foram feitas à mão ou por uma máquina, todas essas criações se basearam em muita consideração e não em uma preocupação com prazos ou preços."

A plateia aplaudiu enquanto ele pegava suas anotações e voltava a seu lugar. O discurso colocara em palavras sua filosofia de design. Para ele, assim como para Jobs, a arte deveria conduzir o comércio, e não o contrário.

Depois da prévia para a imprensa, Bolton fez um tour com Laurene Powell Jobs e Tim Cook. Conforme caminhavam de uma peça a outra, Jobs fazia perguntas sobre as peças em exibição enquanto Cook se arrastava em silêncio, passando os olhos pelas paredes brancas e os nichos da catedral temporária. Ele, que durante a construção da nova sede da Apple desenvolvera um interesse de engenheiro pela arquitetura, perguntou a Bolton como havia construído aquele prédio dentro de um prédio.

Naquela noite, Ive e Cook vestiram smoking e gravata branca e se prepararam para o Met Gala.[2] Eles esperavam um espetáculo sem igual. Modelos vestidos com máscaras cromadas futuristas conduziriam alguns dos artistas, atores, executivos e políticos mais influentes do mundo através de um arco feito de 300 mil rosas cor de fúcsia até mesas à luz de velas com taças de cristal. Ive e Cook chegariam depois a uma mesa mais à frente do salão, onde ficariam perto o suficiente do palco para quase apertar a mão do vocalista da banda The Weeknd, enquanto ele cantava sua balada de R&B "Tell Your Friends".[3]

Só que, antes de tudo isso, eles tiveram que passar pelo pandemônio dos paparazzi.

Chegaram ao Met para encontrar uma cena caótica, com fotógrafos se acotovelando freneticamente por trás de barricadas verdes. Os fotógrafos gritavam para as celebridades que passavam, como Beyoncé e Nicole Kidman. Uma cacofonia de cliques de câmeras se unia aos gritos dos fotógrafos conforme os convidados posavam vestidos como deuses.

Cook passou pela comoção ao lado de Laurene Powell Jobs. No meio do tapete vermelho, ele parou para conversar com o CEO da Uber, Travis Kalanick. Os dois executivos do Vale do Silício pareceram confusos quando os fotógrafos lhes pediram para olhar para as câmeras e sorrir. Eles olharam em direções diferentes antes de entender o que se esperava deles no papel de socialites.

Ive entrou sem fazer alarde e posou para as fotos sozinho. Enfiou as mãos nos bolsos e ergueu o queixo com a barba por fazer na direção dos fotógrafos. Não sorriu, mas seus olhos brilhavam de entusiasmo enquanto posava confiante no tapete vermelho. O filho do artesão da pequena comunidade de Chingford havia chegado ao maior palco da sociedade.

No INFINITE LOOP, Ive se transformou em um fantasma. Ele resistia a voltar a um lugar onde poderia ficar preso em reuniões e em um ciclo interminável de avaliações de atualizações de uma linha de produtos que consumiram anos de sua vida.

O hardware e o software nos quais ele trabalhara não tinham mais espaço para a criatividade. O iPhone continuava puxando a maior parte das vendas da Apple. A empresa tentava empolgar os clientes incluindo novas cores, chips mais rápidos e câmeras melhores, mas seu formato e seus recursos permaneciam praticamente iguais. O mesmo podia ser dito do iPad, do Apple Watch e do MacBook. Futuros saltos no design exigiriam avanços de engenharia. A situação estava deixando algumas pessoas da empresa entediadas.

Em vez de chafurdar na monotonia de Cupertino, Ive desenvolveu o hábito de reunir-se com membros de sua equipe de design em São Francisco para ficar a par do trabalho em andamento. Ele reservava o Musto Bar, um dos ambientes do clube social que frequentava, o Battery, e fazia avaliações de design no ambiente que remetia a um bar da época da Lei Seca norte-americana com tema de biblioteca.

As reuniões intermitentes mudaram a cadência do grupo. Eles tinham passado anos se reunindo três vezes por semana na mesma mesa do estúdio. Avaliavam a atualização mais recente de cada produto e discutiam como os protótipos poderiam ser melhorados. A regularidade das sessões lhes permitia fazer ajustes incrementais em questão de dias para refinar seu trabalho, como escultores lapidando mármore bruto. Antes de morrer, era Jobs quem orientava essas mudanças. Depois, Ive passou a aprovar cada ajuste e refinamento.

No começo, a equipe de design se saiu bem na ausência de Ive. Eles definiram rapidamente o direcionamento da versão especial de décimo aniversário do iPhone, prevista para 2017. Com o sistema de reconhecimento facial planejado para substituir o botão Home, o grupo rapidamente se uniu em torno da criação de uma tela quase cheia que incluía um recuo na parte superior, onde eles poderiam embutir o sistema que reconheceria o rosto do usuário e desbloquearia o celular. A forma estava em acordo com a função e assim obteve a aprovação de Ive.

Entretanto, sua ausência no dia a dia tinha o poder de criar desafios, principalmente porque ele queria manter o controle sobre o direcionamento dos produtos e insistia em dar a aprovação final. Ele queria se afastar, mas estava tendo dificuldade de abrir mão do controle. A equipe de design e os engenheiros passavam o mês inteiro trabalhando e tomando decisões e depois eram forçados a esperar que ele aparecesse por alguns dias no intervalo de meses para aprovar o trabalho. A disfunção gerou um clima de discórdia na equipe de design antes harmoniosa.

Depois que Cook aprovou o desenvolvimento de um smart speaker, a equipe de design trabalhou duro para definir sua aparência. O speaker, conhecido como HomePod, seria um cilindro do tamanho da jarra de uma cafeteira encimado por uma tampa escura com controles de volume na tela sensível ao toque. Mais para o fim do estágio do desenvolvimento do produto, os designers de produtos contam que Ive avaliou o design e insistiu que as bordas do tecido de camada dupla com diamantes em relevo se encaixassem perfeitamente sob a tampa da tela do speaker. Um integrante da equipe têxtil dedicou horas refazendo o design de acordo com as especificações de Ive. As dificuldades lembraram alguns membros da equipe de design de como a Apple havia batalhado para ajustar suas operações depois da morte de Jobs.

A diferença era que todos sabiam que Jobs jamais voltaria, ao passo que Ive poderia aparecer a qualquer momento.

Às vezes, espalhava-se pelo estúdio a notícia de que Ive faria uma visita. A equipe júnior comparava a visão com cenas antigas do *crash* da bolsa de valores na década de 1920, com papéis sendo jogados para o ar e pessoas correndo em pânico pelo estúdio normalmente tranquilo para pegar materiais e protótipos antes da chegada de Ive.

Alguns batizaram o período de "a fase do Havaí". Com Ive raramente por perto, era mais romântico supor que ele passava a maior parte do tempo em sua propriedade na ilha havaiana de Kauai, ao lado de uma piscina ensolarada e cercado por palmeiras, do que imaginá-lo em São Francisco, a uma hora de Cupertino.

Ineficiências semelhantes atormentavam os designers de software. A equipe considerava as aprovações de conceitos de software por Alan Dye, que Ive havia escolhido para liderar a divisão, como meras autorizações temporárias. No fim das contas, eles queriam a aprovação de Ive.

Essa dinâmica fez com que todos esperassem com grande expectativa pela "semana de design" mensal, quando Ive prometia passar uma semana inteira trabalhando no estúdio, avaliando e discutindo o trabalho. O problema era que ele raramente aparecia – se é que aparecia.

Antes de uma dessas semanas de design, no fim de 2016, Johnnie Manzari, responsável pelo app Fotos da Apple, analisou mais de uma dúzia de imagens impressas, de 30 por 25 centímetros, com as mudanças que planejava apresentar. Ele estava revisando seu trabalho quando a notícia se espalhou pelo estúdio de que Ive não compareceria à apresentação.

"O que eu faço agora?", indagou Manzari, decepcionado, a um colega.[4]

Não que Manzari ou qualquer outra pessoa da equipe precisasse de Ive para tomar todas as decisões, mas a maioria queria passar um tempo com ele. Ele tinha uma das sensibilidades mais refinadas do mundo e sempre os desafiava a melhorar.

Ive voltou-se para fora da Apple em busca de estímulo criativo. Em novembro daquele ano, seu jato Gulfstream V pousou na Inglaterra, onde trabalharia com Marc Newson no projeto de uma instalação imersiva de uma árvore de Natal em seu hotel favorito de Londres, o Claridge's, em Mayfair.

A tradicional instituição tinha uma reputação quase mítica. Fundado em 1812, o hotel era conhecido como uma extensão do Palácio de Buckingham por hospedar regularmente membros da família real. Tinha um saguão de pé-direito alto e paredes forradas de espelhos ao estilo *art déco*. Todos os anos, o hotel contratava um artista renomado para transformar o saguão imbuindo-o de espírito natalino. No ano anterior, Christopher Bailey, da Burberry, criara o design de uma árvore feita com guarda-chuvas dourados.

Ive e Newson estavam entre os primeiros designers industriais a serem convidados para participar da tradição.[5] Enquanto eles discutiam como abordar o projeto, Ive vislumbrou uma sala que seria uma representação da busca de sua vida por autenticidade e simplicidade. Queriam levar uma floresta de tranquilidade para o saguão, incluindo tufos de neve e bosques de bétulas. Ive e Newson imaginaram um sistema de iluminação que espelharia as horas do dia, aquecendo o cenário invernal com uma luz brilhante ao meio-dia antes de diminuir e desaparecer na luz cintilante das estrelas à noite.

Pouco antes do Natal, a visão dos dois ganhou vida quando esguias bétulas prateadas foram colocadas na entrada do hotel, por trás de altos pinheiros verdes. As árvores foram posicionadas na frente de um fundo de papel de parede com a representação de uma floresta que parecia se estender até o infinito. Na frente de tudo, eles colocaram uma muda de uma árvore perene.

Ive explicou que a pequena árvore de pé, sob um holofote, sozinha, simbolizava o futuro.

18

FUMAÇA

A Samsung estava aperfeiçoando a arte de irritar a rival.

Em 2016, a empresa sul-coreana já tinha passado por cima do processo judicial da Apple e das alegações de ter copiado o iPhone. A empresa recorrera dos veredictos do tribunal a favor da Apple e continuara dominando o mercado de smartphones. Sua linha Galaxy, uma série de celulares premium com telas vibrantes, recebera elogios de analistas de tecnologia pelos novos recursos, como telas maiores e câmeras melhores.

A Samsung também buscava uma vantagem adiantando-se aos anúncios de produtos da Apple. No início de agosto, um mês antes do lançamento do iPhone 7, a Samsung reservou o Hammerstein Ballroom de Nova York e convidou a imprensa do mundo todo para o lançamento de seu mais novo Galaxy. O evento imitava as apresentações popularizadas pela Apple, com D. J. Koh, o presidente do negócio de comunicações móveis da Samsung, subindo ao palco para exibir um novo dispositivo em um espetáculo de luzes brilhantes, vídeos elegantes e um toque de música instrumental. Koh se parecia com um Steve Jobs conservador, usando um paletó esporte azul e uma calça creme. Ele brincou que estava se sentindo o George Clooney. A estrela do show foi o Galaxy Note 7, o primeiro celular do mundo capaz de verificar a identidade do usuário escaneando seus olhos.[1]

O escâner de íris ofuscou a aura de originalidade da Apple, e o celular da Samsung representou uma séria ameaça às vendas do iPhone, pelo menos por alguns dias. Logo depois que o novo celular foi colocado à venda, uma cliente chamada Joni Barwick comprou um. Barwick trabalhava com marketing em Marion, no Illinois, e achou que a tela gigante do celular facilitaria seu trabalho de avaliar materiais publicitários, além de lhe dar acesso a uma série de produtos do Google que ela usava para trabalhar.[2] O dispositivo era uma potência da multitarefa. Ela o usava o dia inteiro e o deixava recarregando ao lado de sua cama à noite.

Um dia, lá pelas 3 horas da madrugada, ela acordou com o crepitar de faíscas de fogos de artifício. Virou-se na cama e viu chamas laranja e vermelhas saindo de seu celular Galaxy na mesa de cabeceira. Uma fumaça pungente encheu o ar. Seu marido, John, agarrou o celular pela capa de couro e correu para a cozinha. Ele o largou no balcão, colocou luvas de forno e levou o celular até a porta. Plástico derretido pingou pelo chão enquanto ele corria para o quintal, com medo de a casa pegar fogo.

Depois que o fogo se extinguiu, John ligou para a Samsung para relatar o incidente. De acordo com suas estimativas, a destruição da mesa de cabeceira, do piso de madeira e de carpetes totalizou US$ 9 mil. A empresa disse que retornaria a ligação em 24 horas. Mas eles nunca ligaram de volta.

Enquanto isso, o incêndio se espalhava. Em todo o mundo, celulares Galaxy começaram a entrar em combustão. Os órgãos de proteção ao consumidor dos Estados Unidos receberam 92 relatos de Galaxy Notes 7 pegando fogo nas semanas que se seguiram a seu lançamento.[3] Embora a causa dos incêndios nunca tenha ficado clara, especialistas presumiram que o culpado era a bateria. As baterias recarregáveis de íons de lítio dos smartphones têm uma separação muito fina entre seus componentes positivos e negativos; quando essa separação é rompida, uma bateria pode explodir. Os incêndios representavam um risco de segurança tão grave que a Samsung declarou que planejava adiar as remessas de seu novo smartphone. A empresa sabia que o problema era radioativo.

A EXPERIÊNCIA DE TIM COOK com a cadeia de suprimentos fazia com que fosse impossível para ele se comprazer com o infortúnio da Samsung. Era um clima de preocupação, e não de celebração, que pairava sobre a primeira reunião executiva da segunda-feira que se seguiu à combustão dos celulares da concorrente. Cook queria saber o que havia causado a combustão dos celulares e se os iPhones eram passíveis do mesmo problema. A empresa estava a dias de lançar seu novo iPhone 7. Ainda havia tempo de evitar um problema igualmente embaraçoso se ele estivesse munido das informações corretas.

Com sua precisão típica, Cook questionou uma equipe de especialistas em baterias e em cadeia de suprimentos para verificar se o iPhone era vulnerável ao problema. Eles explicaram que a Samsung dependia de um fornecedor chinês chamado ATL para fabricar cerca de 30% das baterias de seus smartphones, ao passo que os outros 70% vinham de uma subsidiária da Samsung, a SDI.[4] A Apple usava a ATL para fornecer baterias para alguns de seus iPhones, mas não a SDI. Felizmente para a Apple, as investigações indicaram que o problema da Samsung provavelmente vinha da SDI. Os iPhones estavam seguros.

Para a Samsung, os incêndios continuaram. O Note 7 acabou se revelando especialmente suscetível à combustão em aviões. Em virtude da baixa pressão da cabine, celulares pegaram fogo em vários voos. Enquanto a Samsung fazia um recall do celular, a Administração Federal de Aviação dos Estados Unidos decidiu impedir que os passageiros ligassem os celulares durante os voos ou obrigá-los a despachar seus celulares com a bagagem. Os comissários de bordo começaram a discriminar a Samsung antes da decolagem. "É proibido usar um Samsung Galaxy Note 7 neste voo", anunciavam. "O celular deve ser totalmente desligado."

Os avisos de perigo levavam sorrisos de satisfação aos rostos dos executivos da Apple durante os voos. Confiantes de que seus dispositivos eram seguros, eles podiam relaxar e curtir, sabendo que estavam alcançando milhões de pessoas por dia com publicidade grátis. Cada anúncio atuava como um lembrete de que era melhor comprar um iPhone.

TRANQUILIZADO, COOK VOLTOU sua atenção para o próximo evento da Apple em São Francisco. Ele postou no Twitter uma foto às 7h37 da

manhã na frente do Auditório Cívico Bill Graham. O sol nascente projetava sombras na fachada de granito do edifício. Um logotipo gigante da
Apple, elevando-se 5 metros acima da calçada, emitia um brilho branco
no centro de uma janela em arco.[5]

"Hoje é um grande dia!", escreveu Cook.

Quando subiu ao palco, o CEO andou com a tranquilidade de um
conquistador.[6] Cook jamais teria o carisma feroz de Steve Jobs, mas
a essas alturas, depois de cinco anos no comando da empresa, estava
desenvolvendo uma presença de palco calma e controlada, com uma
confiança sincera e menos polida que quase chegava a parecer uma
bravata. Olhando para a multidão de fiéis, ele desfiou uma litania de
provas de que a Apple estava no topo do mundo. Gabou-se das vendas do iPhone, dos quase 20 milhões de clientes que assinaram o Apple
Music no primeiro ano do serviço e de como a App Store estava gerando o dobro da receita em relação a seu concorrente mais próximo.
Em seguida, voltou a atenção do público para o mais novo triunfo da
empresa, o Apple Watch.

O que Cook não disse foi que, no ano e meio desde o seu lançamento, as vendas do Apple Watch nunca chegaram a atingir as
projeções originais. A empresa vendera cerca de 12 milhões de smart-
watches no primeiro ano, mais que o iPhone original após seu lançamento, mas vários milhões de unidades a menos que o iPad após sua
estreia.[7] Considerando o crescimento da base de clientes da Apple,
muitos analistas financeiros consideraram o desempenho do Apple
Watch decepcionante, em especial porque a empresa precisava de novos negócios para compensar a queda das vendas do iPhone. A receita
estimada de US$ 6 bilhões que o relógio gerou não substituía o declínio
de quase US$ 20 bilhões sofrido pela receita do iPhone no ano anterior.

No palco, Cook ignorou todos esses fatos. Apresentou a versão da
realidade na qual a Apple preferia acreditar, concentrando-se no fato de
que a empresa havia terminado o ano no segundo lugar do mundo em receita da indústria de relógios, perdendo apenas para a Rolex. Recusou-se

a revelar números, mas enfatizou que o smartwatch era o número um em satisfação do cliente. Em seguida, passou a palavra ao chief operations officer, Jeff Williams, que apresentou o Apple Watch Series 2, um dispositivo que era exatamente igual a seu antecessor, porém vinha com uma série de novos recursos, incluindo resistência à água, que permitiria ser usado para nadar ou surfar, e GPS integrado, para que os usuários pudessem monitorar com precisão a quilometragem e o ritmo de suas corridas e caminhadas. Williams anunciou que a Apple tinha feito uma parceria com a Nike para criar um relógio em co-branding que incluiria uma pulseira especial perfurada e um app de corrida da Nike. Quase um ano depois de os principais executivos da Apple terem se reunido para discutir como salvar o relógio do fracasso, eles finalmente estavam executando a transição planejada da moda para o fitness.

Embora Cook tivesse passado os meses anteriores preocupado com as perspectivas dos próximos iPhones, não deixou transparecer nenhuma dessas preocupações quando voltou ao palco para apresentar os novos celulares da empresa. A franquia do iPhone podia estar enfrentando desafios, disse ele, mas estava confiante em seu futuro. "Não é por acaso que vocês veem tantos iPhones por toda parte", disse. "Vendemos mais de um bilhão deles. Isso faz do iPhone o produto mais vendido do gênero na história do mundo."

Dito isso, apresentou os modelos mais recentes, o iPhone 7 e 7 Plus. Os celulares eram iguais a seus antecessores, o iPhone 6 e 6s, com algumas pequenas alterações, como a inclusão de uma segunda câmera na parte traseira do Plus e a remoção da entrada para fone de ouvido nos dois modelos. A segunda câmera, combinada com um novo chip e software, possibilitava um novo recurso de fotografia chamado modo retrato.[8] O celular combinava instantaneamente duas imagens distintas para criar um retrato focado de uma pessoa contra um fundo desfocado. O salto sutil porém significativo da inovação na fotografia provocou aplausos. A eliminação da entrada para o fone de ouvido foi recebida com silêncio. Era um componente que costumava vir em todos os smartphones, que as pessoas usavam o tempo todo para ouvir música ou falar ao telefone. Sua eliminação levantou a questão: por quê?

"A razão para seguir em frente", anunciou Phil Schiller depois de subir ao palco, "na verdade se resume a uma palavra: coragem".

Foi uma declaração audaciosa que poderia ter despertado aplausos se tivesse vindo de Jobs, mas que, vinda de um dos sucessores deste, só provocou risadinhas irônicas.

Schiller anunciou a próxima novidade da Apple: os fones de ouvido sem fio chamados AirPods. A equipe de design de Ive tivera a ideia em uma sessão de brainstorming em 2013. O relógio só poderia libertar os usuários de seus celulares se eles tivessem uma maneira sem fio de se conectar ao celular para fazer ligações ou ouvir música. Dessa necessidade surgiu a busca por um novo produto.

A criação dos fones de ouvido sem fio fora uma verdadeira odisseia. Reunião após reunião, engenheiros e especialistas em baterias trabalharam com os designers para criar algo que fosse pequeno e tivesse uma aparência aceitável nos ouvidos das pessoas. Uma combinação de restrições relacionadas à bateria e às limitações da tecnologia Bluetooth, que permitia a conexão sem fio, os levou a explorar um design no qual os buds se conectavam por meio de um cabo a uma bateria pendurada atrás da cabeça. Insatisfeitos com o design desajeitado, o líder da equipe de design, Rico Zorkendorfer, e os engenheiros forçaram o desenvolvimento de baterias cada vez menores. A busca levou à aquisição de uma pequena startup chamada Passif Semiconductor, liderada por dois engenheiros de hardware obcecados por música chamados Ben Cook e Axel Berny, que tinham passado anos sonhando com fones de ouvido verdadeiramente sem fio. Eles desenvolveram um chip que consumiria menos energia e receberia separadamente o sinal em dois fones de ouvido independentes, como se fossem uma única unidade. Depois de adquirir a empresa, Zorkendorfer e a equipe de engenharia ajustaram o protótipo feio da Apple usando designs inspirados pela Passif. Removeram os cabos que conectavam os dois fones e criaram um estojo que recarregava os fones de ouvido independentes. Sabendo que o estojo precisaria caber no bolso das pessoas, Zorkendorfer desenhou um estojo fino do tamanho de um isqueiro Zippo. Em seguida, colaborou com os engenheiros para criar um mecanismo de fechamento magnético que se abria e fechava com um clique satisfatório.

No estojo, eles colocaram dois fones de ouvido sem fio completamente brancos. Um novo chip, o W1, ajudava a justificar o preço premium dos fones de ouvido, US$ 159, possibilitando a reprodução de um áudio distinto em cada ouvido. Os earbuds se conectavam a um iPhone assim que eram retirados do estojo, o que Schiller descreveu da seguinte forma: "funciona como mágica".

"Esta", disse ele, "é a revolução".

NINGUÉM SE EMPOLGOU com a revolução anunciada. Em questão dias, os AirPods da Apple já estavam sendo achincalhados na internet.

O comentário de Schiller sobre a coragem foi ridicularizado. Ele acabou simplificando demais algo que Jobs dissera no passado, eliminando uma nuance que o CEO teria usado para caracterizar uma decisão difícil de produto, como eliminar a entrada de fone de ouvido. Um ano antes de sua morte, Jobs havia destacado o histórico da empresa de abandonar algumas tecnologias populares, como disquetes, em favor de outras emergentes, como unidades de CD-ROM.[9] Ele acreditava que os clientes queriam que a Apple fizesse essas escolhas por eles e que recompensariam as decisões corretas da empresa comprando seus produtos. "As pessoas dizem que somos loucos", ele lembrava. "Mas pelo menos temos a coragem de nossas convicções para dizer: 'Não achamos que isso faz um produto espetacular. Vamos deixar isso de fora'."

O site de comédia CollegeHumor criou um vídeo parodiando o lançamento do iPhone 7, em que um ator com sotaque britânico fingindo ser Jony Ive explicava as mudanças nos produtos da Apple:[10] "Fizemos algo que a princípio parece um contrassenso e, se você parar para ver, é mesmo. Nós pioramos o produto".

"Eliminamos a entrada para o fone de ouvido", dizia um ator interpretando Tim Cook, usando óculos e com cabelos grisalhos. "E é isso. Essa é a grande inovação do nosso novo iPhone. Um recurso que antes existia e agora não existe mais. Antes você tinha uma entrada para fone de ouvido. E agora você não tem mais como conectar o seu fone de ouvido. Abracadabra! Essa é a magia da Apple!"

O comediante Conan O'Brien tirou sarro dos AirPods.[11] Fazendo uma referência aos antigos anúncios do iPod, ele mostrou silhuetas de pessoas com AirPods brancos nos ouvidos dançando ao som de uma música cheia de energia contra um fundo amarelo neon. Enquanto elas balançavam a cabeça, os fones sem fio de US$ 159 saíam voando de seus ouvidos e caíam em um bueiro, forçando-as a comprar novos. O anúncio terminava com o slogan: "AirPods da Apple. Sem fio. Caros. Perdidos".

Dias depois do lançamento, Cook deu uma entrevista a Robin Roberts, da ABC, a "rede do papai", para refutar os temores sobre o novo e caro gadget.[12] Mencionou que os usava enquanto fazia esteira, caminhava, falava ao celular e ouvia música e nunca teve problemas. "Eles nunca caíram dos meus ouvidos desde que comecei a usá-los", disse, na defensiva.

Cook não chegou a dizer a verdade aos espectadores: os badalados AirPods não estavam prontos. Em Cupertino, os engenheiros da Apple ainda estavam tentando fazer com que as antenas conectadas ao celular funcionassem. As equipes de software e hardware se desentendiam enquanto tentavam determinar a causa do problema.[13] Cada equipe usava diferentes processos de teste para tentar melhorar o desempenho das antenas. O conflito era emblemático dos problemas que estavam corroendo o processo de desenvolvimento de produtos antes altamente eficaz da Apple. Para manter o sigilo exigido pela empresa, as divisões separadas não trocavam informações entre si. Jobs encorajava essa abordagem, porém reunia a contribuição de cada grupo em um único produto; Cook, por sua vez, se recusava a se envolver e esperava que os líderes da divisão preenchessem o papel de Jobs como integradores.

A realidade mostrava que isso não estava acontecendo. Quando chegou a hora de enviar os AirPods, antes da temporada de compras de Natal, os problemas de engenharia e fabricação não haviam sido solucionados, e a Apple perdeu milhões de dólares em vendas. A perda levou sua equipe de recursos humanos a fazer uma autópsia do projeto e promover um novo conceito baseado na campanha "Pense diferente",[14] encorajando os funcionários a priorizar o coletivo ao individual e criando um novo slogan: "Diferente. Juntos."

As CRÍTICAS AO IPHONE 7 e aos AirPods foram abafadas pela turbulência envolvendo o maior concorrente da Apple.[15] A Samsung recolheu 2,5 milhões de celulares com baterias defeituosas e os substituiu por aparelhos equipados com baterias de um fornecedor diferente. Só que os celulares substitutos começaram a superaquecer e a empresa foi forçada a fazer um segundo recall, constrangimento que levou algumas pessoas da empresa a brincar que o Note 7 era uma batata quente que ninguém queria assumir. Os erros custaram à Samsung pelo menos US$ 5 bilhões, além de um enorme dano à sua reputação.

Nos Estados Unidos, os voos comerciais passaram meses começando com anúncios que colocavam o celular da Samsung junto com outras advertências. A Samsung acabou retirando o Note 7 do mercado. Em dois meses, o mais recente Galaxy passou de esperado a indisponível.

Cook teve a sorte de poder surfar no azar de seu maior concorrente. Duas vezes.

Em um ano no qual lançou uma linha fraca de smartphones, a Apple seguiu em frente como dava, esperando uma queda nas vendas. Ela havia limitado a produção do iPhone 7 esperando uma demanda fraca por um celular quase idêntico a seus dois antecessores. Aderindo à máxima de Cook de que o estoque é fundamentalmente nocivo, seus executivos tentaram minimizar o risco de produzir mais do que a empresa conseguiria vender. Mas, quando foi lançado, o iPhone 7 Plus vendeu como água, com os clientes clamando por sua câmera traseira dupla e o novo modo retrato. Levou meses para a empresa conseguir acompanhar a demanda.

Cook havia previsto baixas expectativas dos clientes para o iPhone 7, mas o erro inesperado da Samsung ajudou o último lançamento da Apple a se tornar o smartphone mais vendido do mundo.[16] O Galaxy Note 7 nem chegou aos cinco mais vendidos. O negócio de smartphones da Samsung teria dificuldades para se recuperar. A ameaça que a rival representava para os negócios da Apple desapareceu quando o carma negativo de ter copiado seus produtos e eventos atingiu a empresa sul-coreana.

COM AS VENDAS DO IPHONE 7 superando as expectativas, o preço das ações da Apple começou a subir. O preço das ações da empresa tinha passado anos pressionado, com os investidores temendo que o negócio essencial do iPhone estivesse perdendo fôlego. O desempenho decepcionante da empresa no mercado de ações chamara a atenção de um importante investidor de valor.

Ted Weschler, gerente de investimentos da Berkshire Hathaway, a empresa de investimentos de Warren Buffett, vinha acompanhando a Apple fazia vários anos.[17] Ele considerava o iPhone mais eficaz que a Coca-Cola no que dizia respeito à criação de uma base de clientes fiéis. Uma vez que as pessoas compravam um iPhone, elas raramente trocavam de marca, porque não queriam a chateação de aprender um novo sistema operacional. Com a garantia de fidelidade que a Apple tinha sobre esses clientes, a empresa podia cobrar para armazenar suas fotos no iCloud e ouvir músicas no Apple Music, além de cobrar taxas pelos apps que compravam. Weschler percebeu que Cook estava pegando o ecossistema que Jobs havia criado e extraindo mais receita dele, transformando o iPhone em um negócio baseado em assinaturas que basicamente era uma máquina de geração de caixa pelos próximos anos. Ele também gostava da atitude de Cook de recomprar ações, algo que não conseguia imaginar Jobs fazendo. Weschler acumulou discretamente uma participação de US$ 1 bilhão na Apple quando o preço estava em cerca de US$ 27 por ação.

Em uma visita a Nova York, ele conversou com David "Sandy" Gottesman, membro do conselho da Berkshire Hathaway, sobre seu interesse na Apple. Gottesman, de 90 anos, tornara-se bilionário depois de fundar a consultoria de investimentos First Manhattan e fazer amizade com Buffett. Ele, que investia na Apple havia anos e adorava seus produtos, disse a Weschler que levava seu iPhone consigo por toda parte e ficara arrasado quando o esqueceu em um táxi.

"Parecia que eu tinha perdido um pedaço da minha alma", disse.

Quando Weschler contou a história a Buffett, seu chefe se animou. Buffett ficou impressionado com o fato de um amigo daquela idade sentir-se assim em relação a um dispositivo tecnológico e decidiu investigar os negócios da Apple. O Oráculo de Omaha, como Buffett é conhecido, tinha uma grande aversão a investir em empresas de tecnologia. Ele fazia investimentos em negócios de que entendia e não dominava muitos modelos de negócios de tecnologia. Também não tinha um bom histórico no setor, principalmente com um investimento de 2011 na IBM que teve um desempenho ruim. Mas, depois de ouvir a história de Gottesman, começou a prestar mais atenção aos iPhones que todo mundo parecia ter.

Buffett se perguntou o que seria necessário para um usuário de iPhone mudar da Apple para a Samsung, a marca com a bateria problemática. Levando seus netos à sorveteria aos domingos, notou que eles viviam perdidos no celular.[13] E percebeu que Weschler estava certo: o iPhone não era uma tecnologia, era tipo um "miojo" moderno – conquistou um lugar na vida dos usuários e na cultura popular que, provavelmente, se manteria por anos. Buffett orientou a Berkshire a aumentar sua posição na Apple, elevando seu investimento total para US$ 7 bilhões até fazer da Apple uma das maiores participações da empresa.

Quando as notícias da compra de ações chegaram à imprensa, nem todos reagiram bem no Infinite Loop. Os engenheiros de produto temiam que a participação da Berkshire na Apple levasse a empresa a assumir uma postura cautelosa. Seria o fim dos riscos, dos malucos, dos pinos redondos em buracos quadrados. Uma riqueza grande demais poderia ser perdida. Eles temiam que Cupertino se transformasse em um bairro suburbano e pacato onde nada de novo acontecia.

Já Cook estava nas nuvens. Ele via a aposta da Berkshire como a validação definitiva de sua liderança. Disse que ter Buffett como um acionista era uma honra e um privilégio. O investidor mais experiente do mundo via a Apple como Cook via: uma empresa de tecnologia que rivalizava com a Coca-Cola em seu apelo ao consumidor.

O mercado financeiro concordou com Cook. Buffett transformara US$ 174 mil em US$ 80 bilhões ao longo de quatro décadas com uma estratégia de investimento focada no valor de longo prazo. Os investidores menores seguiam o exemplo do peixe grande e copiavam tudo o que ele fazia na esperança de obter um sucesso parecido. Muitos deles correram para comprar ações da Apple, valorizando as ações da empresa.

Cook ficou maravilhado com o aumento do preço das ações. Disse à CNBC que o investimento de Buffett foi o maior elogio que um CEO poderia receber. "E eu levo isso muito a sério", explicou. "Quero dizer, uau, ninguém menos que o Warren Buffett está investindo na empresa."

COM O PREÇO DAS AÇÕES da Apple em alta, Cook ficou livre para voltar sua atenção a outro lugar.

Na tentativa de retomar a iniciativa da empresa de criar um carro autônomo, ele encorajou seu ex-executivo de hardware, Bob Mansfield, a voltar à empresa.[19] Mansfield, que havia se aposentado, tinha passado grande parte do verão avaliando o trabalho em andamento antes de agendar uma reunião fora da empresa.

No início do outono, centenas de integrantes da equipe do projeto se amontoaram em ônibus fretados que os transportaram a um hotel no Vale do Silício. Entraram em uma ampla sala de reuniões, onde Mansfield estava esperando. O engenheiro corpulento de cabelos curtos tinha experiência em semicondutores e chegara ao topo da Apple entregando inovações em produtos como o MacBook Air. Na estrutura hierárquica da Apple, ele impunha respeito.

Mansfield dirigiu-se ao grupo sem rodeios, deixando claro o que a maioria dos presentes já sabia: o projeto estava uma bagunça. Ele reconheceu que não dominava as dificuldades técnicas dos veículos autônomos, mas disse que planejava usar a abordagem do martelo de Thor para colocar o trabalho de volta nos trilhos. Anunciou que cerca de 200 funcionários seriam demitidos para simplificar a operação e mudar o foco. Para ele, estava claro que a Apple não tinha que começar a desenvolver um carro antes de decidir como criar o software que permitisse ao veículo navegar pelas ruas sem motorista.

"Vocês estão fazendo coisas demais antes da hora", ponderou. Daquele ponto em diante, segundo ele, a equipe se concentraria no desenvolvimento de um sistema operacional que pudesse transformar um carro autônomo em realidade. Todos os presentes sabiam que a empreitada levaria anos.

A meta de um lançamento em 2019 foi abandonada. Na empresa toda, a iniciativa do carro autônomo tinha passado de ser vista como o projeto mais quente da Apple a um interminável experimento de pesquisa.

A EXPANSÃO DE CINCO ANOS que Cook promoveu no império da Apple também chegou a um beco sem saída. Apesar do voto de confiança de Buffett e das boas vendas do iPhone 7, a empresa continuava tendo dificuldades na China. O negócio do iPhone, que triplicara de tamanho depois do acordo de Cook com a China Mobile, tinha perdido parte de seus ganhos. As vendas despencaram 17% em relação ao pico, pois uma base de clientes obcecada por símbolos de status adiara a compra dos modelos 6s e 7 por serem praticamente idênticos ao iPhone 6, lançado dois anos antes. O mesmo mercado que havia impulsionado a expansão da Apple estava contribuindo para sua contração.

O problema não estava apenas nos consumidores chineses. O governo do país interrompeu abruptamente as vendas de filmes e livros no iTunes, importantes componentes do crescente negócio de serviços da Apple. Executivos da empresa que trabalhavam na China tentaram alertar Cook e a liderança da Apple de que o líder autocrático do país, Xi Jinping, estava começando a adotar uma linha mais dura com as empresas ocidentais. Ele estava refreando a ideologia ocidental e favorecendo gigantes da tecnologia locais, as quais ele tinha como controlar, como a Huawei e a Tencent. Pouco tempo depois da interrupção de partes do iTunes, Xi se reuniu com alguns dos líderes de tecnologia locais e disse que a China deveria garantir que o conteúdo na internet criasse uma cultura saudável e positiva.[20]

A suspensão parcial do iTunes inquietou Cook. Ele tinha passado uma década construindo um negócio na China e estava sendo informado por seu pessoal de que sua visão para o futuro poderia não se concretizar. Assessores advertiram que o governo chinês estava se preparando para atacar a Apple. O Partido Comunista Chinês era conhecido por punir empresas estrangeiras que considerava grandes ou poderosas demais. Muitas vezes, fazia isso com uma mão invisível, desencadeando o chamado *shuijun* da China, ou "exército da água", um grupo de influenciadores bancados pelo governo que moldava a opinião pública sobre as marcas nas mídias sociais chinesas. Além disso, a China detinha uma força de trabalho de mais de 3 milhões de pessoas que trabalhavam para produzir Macs, iPads e iPhones. Cook orientara a Apple a concentrar sua fabricação no país e precisava do apoio do governo para fabricar e exportar produtos.

Para evitar ações mais agressivas contra os negócios da Apple, Cook trabalhou com a equipe de políticas externas da empresa para melhorar suas relações com o governo chinês. Eles delinearam uma estratégia para transformar a maneira como a empresa falava sobre seus negócios na China. Em vez de enfatizar o número de telefones vendidos, as mensagens da Apple na China começaram a destacar o número de desenvolvedores que a empresa sustentava e de pessoas que empregava indiretamente. Cook passou a se encontrar com alguns desses desenvolvedores quando ia ao país, destacando a maneira como a Apple estava inserida na economia chinesa.

Em outubro, Cook foi a Shenzhen para anunciar planos de criar um centro de pesquisa e desenvolvimento de US$ 45 milhões na cidade. A equipe de relações públicas sugeriu oferecer o centro como um gesto de boa vontade aos líderes chineses. Eles disseram a Cook que o gesto mostraria que a Apple estava comprometida com a China e ajudaria em seus esforços para se tornar uma nação tecnologicamente mais avançada. Ele se reuniu com o primeiro-ministro chinês Li Keqiang e outros líderes durante a viagem.

O investimento e a visita conferiram à Apple uma imagem positiva em seu segundo maior mercado, o que Cook precisava desesperadamente. O que ele não sabia era que a posição da China na economia global estava à beira de uma disrupção inimaginável.

Nos Estados Unidos, o candidato republicano à presidência, Donald Trump, estava despertando sentimentos populistas por todo o país, criticando empresas por terceirizar a produção para a China e prometendo trazer empregos de volta aos Estados Unidos.

Cook era o alvo número um.

"Vamos obrigar a Apple a fabricar seus malditos computadores e outras coisas aqui neste país e não em outros países", disse Trump para um estádio lotado em um discurso de campanha na Universidade Liberty, em Lynchburg, na Virgínia.[21] "Vamos voltar a fazer da América um grande país!"

Para Trump, o caminho do país para a grandeza passava por Cupertino. Ele prometeu a seus apoiadores que, se fosse eleito, aplicaria um imposto de 45% sobre as importações da China, uma taxa que debilitaria o negócio do iPhone.

Cook era um metamorfo político. Como muitos outros aspectos de sua vida, era difícil saber a quem pertencia sua lealdade. Ele havia se registrado para votar para o Partido Republicano na década de 1990, mas fazia doações tanto para democratas quanto para republicanos. Diante dos ataques da campanha de Trump, ele apoiou Hillary Clinton, ajudando a organizar uma campanha de arrecadação de fundos para ela em Los Altos, na Califórnia. Ele contribuiu com US$ 268.500 para a campanha da democrata, que representava uma barreira entre a Apple e um ataque de quatro anos à eficiente máquina de fabricação que ele construíra na China.

No dia da eleição, quando os primeiros resultados saíram, Cook estava no escritório. Durante toda a semana, as prévias haviam favorecido Clinton, com o *New York Times* lhe dando 85% de chances de ganhar.[22] Representantes da campanha de Trump disseram à CNN que seria necessário um milagre para ele vencer as eleições. No entanto, à medida que a noite caía na Califórnia, as projeções começaram a mudar, com mais votos que o esperado para Trump na Carolina do Norte e na Flórida. Representantes da campanha de Trump também começaram a dizer que seu candidato tinha vantagem sobre Clinton na Pensilvânia, um estado que não era republicano desde 1988. Trump também foi declarado vencedor em Ohio. Às 9 da noite, no horário do Pacífico, a corrida parecia ter acabado, e Cook, como grande parte do país, ficou pasmo.

Personificação da previsibilidade, estabilidade e calma, o CEO da Apple se viu diante de um futuro incerto com um presidente imprevisível. Seu maior opositor, um rei do caos, estava entrando na Casa Branca.

19

JONY 50

A convocação saiu em janeiro. Com a expectativa aumentando em Wall Street para um iPhone comemorativo do décimo aniversário, Jony Ive chamou os principais designers de software da empresa a uma reunião no Battery, para uma avaliação do produto.

Por volta das 11 da manhã, um grupo de 20 designers e alguns funcionários de segurança da Apple levaram maletas pretas rígidas contendo iPhones inéditos para a cobertura exclusiva no quinto andar do clube social de São Francisco. Entraram em um salão de quase 600 metros quadrados com vigas de aço expostas e janelas do chão ao teto com vista para a gigantesca Bay Bridge, uma ponte de 7 quilômetros que liga São Francisco a Oakland.[1] Do lado oposto às janelas, havia uma parede cor de ardósia com uma lareira a gás embutida. A sala era minimalista e moderna, com toques de bom gosto que remetiam ao estilo de Ive. Apresentava mesas de vidro cercadas por cadeiras laranja translúcidas que lembravam os iMacs coloridos da Apple.

O grupo começou a distribuir, em impressões de 30 por 25 centímetros, as ideias de design que haviam passado semanas esperando para serem apresentadas a Ive. Eles estavam redefinindo a maneira como os usuários navegariam pelo iPhone para eliminar o botão Home em favor de uma tela cheia. Sem um botão físico para pressionar, Ive queria colocar uma fina barra branca na parte inferior da tela que as pessoas poderiam deslizar para cima para acessar o painel do iPhone. O recurso implicava várias outras decisões que precisariam ser tomadas, inclusive sobre a aparência da tela de bloqueio e da tela inicial e como exibir vídeos no novo dispositivo. O longo tempo de espera pelo feedback de Ive levou alguns membros da equipe a lembrar com nostalgia de suas reuniões semanais com Steve Jobs e Scott Forstall, que forneciam orientações regularmente em um processo de design iterativo. Em vez disso, eles estavam sendo forçados a se adaptar a reuniões infrequentes com Ive, cujas avaliações podiam interromper totalmente um projeto ou levá-lo em uma direção completamente nova.

Depois de organizarem os trabalhos, os designers se sentaram em sofás e esperaram. O relógio se aproximava das 13 horas e Ive ainda não tinha aparecido. Alguns designers ficaram com fome e pegaram os pratos de sushi fornecidos para o almoço. O vice-presidente interino de design de software, Alan Dye, garantiu à equipe que Ive chegaria em breve. Irritados, alguns trabalhavam em seus laptops e olhavam o celular enquanto esperavam. Muitos deles se perguntavam: "Como é que chegamos neste ponto?".

Pouco antes das 14 horas, quase três horas depois do horário marcado para a reunião, Ive saiu do elevador e viu a equipe espalhada pelos sofás da sala da cobertura. Não pediu desculpas nem disse nada sobre o atraso. Simplesmente caminhou em direção às mesas que continham os designs impressos e começou a examinar o trabalho. Dye o conduziu pelos projetos como um mestre de cerimônias.

Ive considerava lentamente cada proposta e dava sua opinião, mas sem tomar nenhuma decisão final. Ele queria mais tempo para pensar. As três horas que todos passaram esperando por sua chegada foram apenas o prelúdio de uma espera mais longa.

Nos meses seguintes, Ive compareceu, com os principais líderes da Apple, ao retiro corporativo anual da empresa. Ao longo dos anos, ele havia participado de dezenas desses retiros e sabia que o clima do encontro dependia dos produtos futuros e das vendas atuais. Naquele ano, em meio ao revés do projeto do carro e à queda nas vendas do iPhone, uma inquietação pairava sobre a conferência.

Quando as apresentações começaram, Ive saiu para tomar um pouco de ar fresco. Estava vagando perto da entrada do hotel cinco estrelas quando um recém-contratado chamado Peter Stern se apresentou ao grupo e começou a propor uma atualização do serviço iCloud. Stern entrara na empresa alguns meses antes vindo da Time Warner Cable, em que seu sucesso em aumentar a base de assinantes levara a Apple a recrutá-lo para desenvolver as ofertas de assinatura da empresa.[2] Com o lançamento do Apple Music, Cook queria encontrar mais maneiras de extrair vendas do iPhone a partir de serviços criados pela empresa. Stern explicou sua proposta.

Diante de todos os executivos, ele clicou na imagem de um gráfico em forma de X que mostrava as margens de lucro de hardware da Apple caindo e as margens de lucro de serviços subindo. Sua mensagem para os participantes era que o negócio legado da Apple, o mais associado a Ive, havia se tornado um empecilho para o desempenho da empresa, porque os custos de incluir mais câmeras e componentes ao iPhone haviam subido enquanto o preço de venda do celular permanecia estável. Enquanto isso, serviços como assinaturas do iCloud estavam elevando os resultados financeiros da empresa porque tinham custos relativamente fixos e um número cada vez maior de pessoas estava se inscrevendo para pagar taxas mensais por eles. O trabalho de Stern era encontrar uma maneira de gerar mais desse dinheiro fácil.

A apresentação assustou algumas pessoas na plateia. Ela esboçava um futuro no qual Ive – e os negócios da empresa como fabricante de produtos – seria menos relevante e a crescente ênfase de Cook nos serviços – como o Apple Music e o iCloud – ganharia importância.

À MEDIDA QUE A EMPRESA ao redor deles mudava, Ive tinha de lidar com a crescente inquietação de sua equipe. A promoção de Richard Howarth a vice-presidente de design criou tensão, pois Howarth passou de apenas mais um membro a um líder do grupo coeso de cerca de 20 pessoas. Ive passara mais de uma década trabalhando com

Jobs e se tornara uma das pessoas mais poderosas da empresa. Sua palavra final era definitiva. Contudo, Howarth não tinha o mesmo prestígio. A ausência de Ive criava um vácuo e outros líderes da empresa tentavam preenchê-lo. Apesar de todo o talento de Howarth como designer, ele podia se melindrar e se exaltar quando os engenheiros o contestavam. Suas explosões se intensificavam à medida que executivos e engenheiros voltados às operações buscavam aumentar sua influência sobre os projetos.

A equipe que ele liderava tinha passado um ano redesenhando totalmente o iPad. A iniciativa fora liderada pelo designer Danny Coster. O neozelandês havia sido fundamental para a criação do iMac translúcido e ajudara a criar o nome "Bondi blue" em homenagem à praia australiana. Ele desenvolveu um iPad atualizado com curvas mais refinadas e um corpo mais leve que dava uma sensação natural nas mãos das pessoas. Alguns designers que trabalharam no produto o consideraram tão elegante que disseram que seria o primeiro modelo que eles comprariam com prazer ao preço de varejo. Entretanto, a equipe de operações da Apple decidiu que fazer o iPad exigiria a criação de vários novos recursos do zero. Os custos iniciais de um novo maquinário, uma nova placa lógica e outros componentes chegariam a bilhões de dólares, um investimento que levaria anos para ser recuperado. Esses chamados custos de engenharia não recorrentes levaram a divisão de negócios da Apple a suspender o iPad.

Decisões como essas, orientadas pelos custos, frustravam alguns membros da equipe de produto.[3] Pouco tempo depois, Coster decidiu sair da Apple e entrar na empresa de câmeras de ação GoPro para liderar o design. Foi a primeira saída de alta visibilidade de um dos principais membros da equipe de design da Apple. Ele trabalhava na empresa desde 1994. E aquela não seria a última deserção na equipe de design.

Quando o trabalho no HomePod foi concluído, o líder de design do projeto, Chris Stringer, decidiu que queria sair da Apple. Ele entrara na empresa em 1995 e não se sentia mais tão energizado pelo trabalho quanto nas duas últimas décadas. Em fevereiro, avisou Ive sobre seus planos de sair. Além de seu crescente desinteresse pelo trabalho, Stringer não gostou de ter trabalhado no HomePod, porque a Apple tratava o projeto como um hobby, privando-o do foco interdivisional que a empresa dedicava a produtos essenciais, como o iPhone e o iPad. Seu desenvolvimento se arrastou em parte porque a Siri, a assistente digital da Apple, era incapaz de pedir produtos, refeições ou um Uber, como o Echo, da Amazon. Ele vislumbrava as possibilidades de um speaker mais sofisticado, mas sabia que a Apple jamais aprovaria o projeto. Os speakers jamais se tornariam um negócio de US$ 10 bilhões, que era o mínimo para Tim Cook, de modo que Stringer acabou abrindo sua própria empresa de áudio.

Como muitos de seus colegas, Stringer podia se dar ao luxo de trabalhar em outra empresa ou se aposentar. A Apple havia começado a conceder ações ao funcionário de 52 anos quando o preço delas era de cerca de US$ 1, valor que crescera ao longo dos anos, principalmente sob o comando de Cook, para mais de US$ 133.[4] O sucesso da empresa fez de Stringer um multimilionário, com casas na região da Baía de São Francisco, em Lake Tahoe e no sul da Califórnia. Ele poderia "descansar em paz com suas ações", como diziam na Apple, uma referência jocosa ao crescente número de aposentados precoces.

EM MEIO AO DESENVOLVIMENTO do iPhone do décimo aniversário, uma inquietação semelhante permeava a equipe de design de software. Imran Chaudhri, um dos principais designers de software, começou a planejar sua saída. O anglo-americano, que raspava a cabeça e ia trabalhar de jeans e camiseta preta, entrara na Apple como estagiário em 1995 e consolidara seu papel na empresa ao participar da equipe que desenvolveu a tecnologia multitoque do iPhone. Passou anos trabalhando com Scott Forstall antes de ser escolhido por Ive para o pequeno grupo que desenvolveu a interface do Apple Watch.[5] Chaudhri também fez uma apresentação principal em uma das recentes conferências de desenvolvedores da empresa. Com o tempo, começou a se incomodar ao ver que a empresa parecia dar menos saltos inovadores.

Com seu lado criativo insatisfeito, decidiu que tinha chegado a hora de sair da Apple. Seguindo a prática comum na empresa, informou a Ive e Alan Dye que planejava sair em alguns meses, depois de receber as ações que estava para ganhar como parte de sua remuneração.[6] Esse tipo de acordo havia se tornado mais comum na Apple sob o comando de Tim Cook. Era um contraste em relação à postura de Steve Jobs, que punia desertores, recusando-se a recontratá-los e tratando sua saída da empresa como faria um amante desprezado.

Um mês antes de sair da empresa, Chaudhri escreveu um e-mail aos colegas anunciando sua partida planejada. Disse que não estaria no estúdio de design, mas ficaria disponível por e-mail até o último dia. Lembrou os colegas do que eles fizeram juntos na Apple, criando produtos voltados a melhorar a vida das pessoas, e disse-lhes que foi uma honra trabalhar ao lado de muitos deles. Ele gostava de uma frase do poeta persa Rumi: "Quando você faz as coisas de alma, sente um rio se mover em você, uma alegria". Com base nela, Imran escreveu: "Infelizmente, os rios secam e, quando isso acontece, você procura um novo".

O e-mail deixou Ive e Dye alarmados. Eles temiam que as pessoas interpretassem na mensagem de Chaudhri que o auge da Apple havia ficado para trás. O rio da empresa havia secado. Uma coisa era alguém de fora dizer que a empresa tinha deixado de ser inovadora, mas era totalmente diferente a crítica vir de alguém que ajudou a criar a tecnologia multitoque do iPhone. Eles temiam que isso envenenasse o moral e se apressaram para conter os danos.

Logo depois do e-mail, Dye demitiu Chaudhri.

A manobra teve enormes repercussões financeiras. Chaudhri não receberia mais suas ações. Profundamente magoado, reclamou com os amigos sobre a demissão, falando que Ive e Dye não entenderam seu comentário sobre o rio. Explicou que o e-mail era uma reflexão pessoal sobre sua própria falta de alegria no trabalho, não um comentário sobre a Apple.

No entanto, em uma empresa lutando com as próprias inseguranças, a mensagem foi vista como um ataque pessoal.

A FUGA DE CÉREBROS CRIATIVOS da Apple foi decepcionante, mas nem um pouco surpreendente para Ive. Ele tinha muitas das mesmas frustrações que estavam sendo expressas pelos colegas que saíam. Sabia que não tinha sido fácil para eles tomarem essa decisão. Duas décadas de dedicação a uma empresa fazem com que ela seja parte da identidade de uma pessoa. É preciso coragem para abrir mão disso, uma coragem que Ive não estava conseguindo reunir.

Em março de 2017, ele organizou um encontro intimista em um de seus restaurantes favoritos de São Francisco, o Quince, para celebrar seu aniversário de 50 anos. Ele jantava regularmente no famoso restaurante italiano contemporâneo, que ostentava três estrelas Michelin. Ive, sua esposa, Heather, e seus filhos chegaram ao prédio histórico de tijolos escondido nas ruas de pedra do bairro de Jackson Square. No restaurante, eles cumprimentaram Laurene Powell Jobs e o filho de Steve Jobs, Reed, bem como os melhores amigos de Ive, o designer Marc Newson e Nick Wood, um produtor musical de Tóquio. A equipe os conduziu por uma área de jantar com toalhas de mesa brancas e um lustre de vidro Murano. Um carrinho de champanhe passou por todas as mesas distribuindo taças de cortesia da bebida favorita de Ive. Depois do jantar, enquanto o grupo posava para uma foto, Ive colocou o braço em volta do pescoço de um de seus filhos e olhou com os olhos arregalados para a câmera.

É comum aniversários levarem as pessoas a refletir sobre a vida, as decisões tomadas e as oportunidades perdidas. Um quarto de século se passara desde que Ive deixou a Inglaterra para ir aos Estados Unidos. Ele passara quase metade da vida trabalhando na Apple e tivera dois filhos que viam a Califórnia como seu lar. Havia acumulado mais riqueza do que poderia ter imaginado. Não era a vida que vislumbrara quando passou semanas angustiado com a oferta de emprego da Apple, em 1992. Desde então, ele perdera seu parceiro criativo, chefe e amigo e liderara a criação do único produto inovador da Apple nos anos que se seguiram. Ive também queria seguir em frente, mas havia prometido ficar até a realização de mais um projeto.

A NOITE TRANQUILA E REFLEXIVA deu lugar a um evento mais ruidoso. Naquela primavera, amigos e familiares de Ive começaram a receber convites. Tratava-se de uma festança de vários dias que começaria em Londres, incluiria uma celebração de dois dias entre as casas de pedra da região de Cotswolds, no centro da Inglaterra, e culminaria com um voo para Veneza para almoçar à margem dos canais, onde algumas pessoas ficariam para uma noite de diversão no luxuoso hotel Aman, de 24 quartos.

Foi uma grande extravagância. O anfitrião em Cotswolds, Matthew Freud, queria que a festa de 50 anos de seu amigo fosse excepcional.[7] Fundador de uma empresa global de marketing e comunicação, neto de Sigmund Freud e ex-marido de Elisabeth Murdoch, ele emprestou sua mansão de 22 quartos e US$ 7 milhões, conhecida como Burford Priory, para o evento. A lista de convidados de Ive incluía amigos e colegas que apoiaram seu trabalho na Apple, incluindo Robert Brunner, Jimmy Iovine, Paul Deneve e a equipe de design industrial de 20 pessoas. Poucos líderes de negócios da Apple foram convidados; em grande parte, ele restringiu os convites ao núcleo criativo da empresa.

Depois da morte de Jobs e da nomeação de Ive como cavaleiro, sua rede de amigos se expandira para incluir comediantes, diretores e músicos britânicos. Eles chegaram com o pessoal da Apple ao Burford Priory, que havia sido convertido em um parque de diversões. Havia carrinhos bate-bate e estandes vermelhos e brancos, incluindo um estande no qual o artista Damien Hirst, amigo de Ive, avaliava as pinturas artísticas feitas pelos convidados. Em certo ponto, todos foram a uma grande tenda e jantaram ouvindo piadas para tirar sarro do aniversariante.

Ive sentou-se ao lado de Heather e dos filhos em uma cadeira de couro redonda empoleirada acima do palco. Usava uma camiseta amarela vintage da Apple e um casaco esporte azul-claro, no qual alguém havia afixado seu crachá para a noite: "Gordinho".

Freud subiu ao palco e se aproximou do microfone. "Bem-vindos ao Burford Priory nesta auspiciosa ocasião da grande celebração do Jony", começou. "Vai ser uma celebração enorme, generosa, espetacular e extravagante e, com a melhor das intenções, devo confessar que tudo saiu um pouco fora de controle."

O ator e amigo de Ive, Stephen Fry, subiu ao palco para fazer o papel de mestre de cerimônias. Ele começou suas piadas pelas origens de Ive, em Chingford, dizendo que o pai de Ive segurou seu primogênito logo após o nascimento e declarou: "É um belo, admirável e frágil objeto. Nosso design é pequeno o suficiente para segurar nas mãos... e só tem um umbigo. Foi preciso muito, muito, muito esmero para lapidar seu pequeno chanfro".

A multidão caiu na gargalhada com a paródia de Ive descrevendo os produtos da Apple.

"Jony – ou como ele preferiria soletrar, Joan-y", disse Fry, zombando da maneira estilística como Ive escrevia seu nome em vez de "Johnny", mais comum. "Mas por que eu estou sendo a primeira pessoa do mundo a falar isso na cara dele?!"

Poucos riram mais da piada do que Ive. Sua seriedade nos eventos da Apple e no trabalho escondia seu tremendo senso de humor entre amigos. Ele quase morreu de rir enquanto Fry falava dos primeiros designs de Ive, as privadas brancas da Tangerine. Fry disse que esse emprego dera início a toda uma carreira na Apple criando produtos inspirados em banheiros. "Tudo o que saiu da Apple a partir do momento em que ele começou a trabalhar lá era basicamente uma laje branca com cantos grossos, lisos e arredondados, como aquelas maravilhosas banheiras, bidês [...] e privadas com suas curvas brancas arrebatadoras e reluzentes que passaram tanto tempo perturbando e torturando sua imaginação febril", disse Fry. "E o resto, é claro, é história."

Ive aplaudiu junto com todos os convidados quando Fry terminou. O próximo a subir ao palco foi o ator Sacha Baron Cohen, com um microfone e um controle remoto de apresentação de slides apresentando um lançamento fake da Apple do modelo Jony 50, 20% mais largo com 85% menos cabelo.

Um punhado de felicitações em vídeo foi exibido em uma grande tela atrás do palco, incluindo a do ex-presidente Barack Obama e a do ator Ben Stiller. Em seu vídeo, Stiller explicou, diante de uma parede branca, que ele e a família de Ive fizeram amizade rapidamente depois de se conhecerem alguns anos antes. No processo, ele contou que passou a admirar a humildade e a generosidade de Ive.

Ive se emocionou enquanto Stiller falava. Heather estendeu a mão e agarrou seu braço esquerdo.

"Eu gostaria de fazer um brinde a você", disse Stiller. Ele se afastou da parede e o vídeo revelou o que a família Ive percebeu, perplexa, ser a cozinha da casa deles em Kauai. A plateia caiu na gargalhada enquanto Stiller se aproximava da geladeira de Ive e pegava uma garrafa de tequila.

"Ei, Richard, Richard!", gritou Stiller.

"Sim, senhor Stiller", disse o caseiro.

"Cadê o resto da tequila?", Stiller perguntou.

"Acredito que o senhor tomou tudo ontem à noite", disse o caseiro.

Stiller pediu que ele saísse para comprar mais e então saiu pela porta da cozinha, tirou a camisa e abaixou as calças. Totalmente nu, mergulhou na piscina de Ive.

Em certo ponto, as paródias e as risadas deram lugar a comentários mais sérios. Laurene Powell Jobs subiu ao palco usando um elegante vestido preto. "Jony e Steve tinham um vínculo raro e profundo", mencionou ela. "Foi por meio da parceria deles, baseada na confiança, que Steve realizou o melhor trabalho de sua vida."

Ela assentiu enquanto falava. "Fui testemunha de uma das epifanias criativas deles", contou. "Eles estavam trabalhando na nossa casa, caminhando pelo jardim em todo o esplendor do verão, percorrendo os caminhos cercados por uma abundância de flores e árvores frutíferas e, no ano seguinte, o mais recente design do iMac tinha um pescoço comprido e uma tela giratória inspirados nas flores."

Ela sorriu e olhou nos olhos de Ive. "Eu não tenho dúvida, Jony, de que você democratizou um design espetacular", declarou. "O que faz dele um amigo tão incrível também faz dele um artista tão sublime. Jony tem uma capacidade sem igual de transformar ideias abstratas e conceitos técnicos em experiências profundas, humanas e cheias de emoção devido à sua própria profundidade emocional. Quando você trabalha nos produtos que ele projetou, você se sente melhor consigo mesmo. Ele pensa nos outros quando cria coisas. É por isso que elas são tão especiais."

Depois do jantar, as luzes esmaeceram e o U2 subiu ao palco.

The Edge começou a dedilhar sua guitarra e Bono agarrou o pedestal do microfone e o jogou sobre o ombro. Eles começaram a tocar "Desire", do oitavo álbum da banda, *Rattle and Hum*, que Iovine havia produzido. Ive, que estava na faculdade quando o álbum fora lançado, inclinou-se para sussurrar no ouvido de seu filho. Em seguida, começou a pular para cima e para baixo e cantar junto, enquanto os amigos ao seu redor se juntavam a ele, testemunhando a plenitude de sua vida fora da Apple.

Depois de tocar vários sucessos, Bono parou para apresentar uma música que, segundo ele, a banda havia ganhado de presente quando se viu em uma encruzilhada musical. Contou que, no início dos anos 1990, ele e The Edge queriam fazer músicas com toques de dance music eletrônica, enquanto o baixista Adam Clayton e o baterista Larry

Mullen Jr. preferiam continuar com o rock.[8] A tensão quase acabou com a banda. Então, um dia, no estúdio, The Edge começou a tocar alguns acordes melancólicos para os quais Bono compôs as letras.

"Esta música voltou a nos unir", Bono declarou. "É sobre como os relacionamentos são difíceis."

Quando ele terminou de falar, The Edge começou a dedilhar sua guitarra e Mullen começou a dar batidinhas rítmicas nos pratos. O teclado começou com uma batida meio ao estilo do blues e Bono começou a cantar "One":[9]

Did I ask too much? More than a lot. (Eu pedi demais? Mais do que muito.) *You gave me nothing, now it's all I got.* (Você não me deu nada, agora é tudo que eu tenho.)

Os amigos de Ive e os colegas criativos da Apple balançavam de um lado ao outro ao ritmo da música. Estavam se deleitando com uma música que mantivera aquela banda unida ao mesmo tempo que os herdeiros de Jobs estavam se separando.

Apesar de os principais líderes de negócios da Apple terem trabalhado com Ive por décadas, eles não estavam lá. Eddy Cue não estava lá. Phil Schiller não estava lá. Nem mesmo Tim Cook estava lá.

20

BRIGA DE CACHORRO GRANDE

Enquanto Donald Trump fazia o juramento presidencial nos degraus do Capitólio, Tim Cook estava em seu escritório em Cupertino, atento a pistas do que o futuro reservava à Apple. O escritório de Cook era uma representação bem arrumada de seus valores. Robert F. Kennedy olhava por cima de seu ombro de um busto de bronze sobre o armário atrás de sua mesa e Martin Luther King Jr. olhava para ele de uma fotografia pendurada na parede perto da porta. Cook considerava os dois homens representantes do que os Estados Unidos tinham de melhor, ambos defensores da justiça na década de 1960. Ele lera suas biografias, esmiuçara seus discursos e incluía suas citações em e-mails para a equipe. Cook admirava o idealismo e a resiliência deles, que conseguiram direcionar um país imperfeito a um futuro melhor. Quase 50 anos depois, contudo, lá estava ele, acompanhando atentamente as palavras de uma estrela de reality show que retratava o país sob uma luz mais sombria.

O novo presidente bufava e falava de maneira intermitente enquanto um vento frio açoitava o céu nublado. A América que ele descrevia era uma terra de fábricas enferrujadas espalhadas como lápides pelo país, um lugar onde empresários gananciosos exportavam empregos a operários do exterior, uma terra de gangues e violência, drogas e pobreza. Era um lugar tão sombrio e aterrorizante quanto um filme de terror. "Essa carnificina contra os americanos acaba aqui e agora", disse Trump com uma carranca, enquanto a multidão aplaudia suas palavras sinistras. Ele prometeu trazer empregos de volta, revitalizar oportunidades econômicas e sempre – sempre – colocar a América em primeiro lugar.[1]

"Precisamos proteger nossas fronteiras da devastação provocada pelos outros países que fabricam nossos produtos, roubam nossas empresas e destroem nossos empregos", declarou.

Para o CEO da empresa mais valiosa dos Estados Unidos, o discurso deve ter soado apocalíptico e pessoal. O poder dos negócios da Apple resultava dos imensos lucros obtidos com a oferta interminável de mão de obra barata da China. Aquela máquina de terceirização fora construída por Cook. No discurso de Trump, ele se encaixava no perfil do empresário americano ganancioso, exportando para o exterior empregos que poderiam ser ocupados por trabalhadores americanos. Cook justificava essas práticas de negócios dizendo aos políticos americanos que a China era o único país do mundo em que as fábricas eram capazes de contratar centenas de milhares de trabalhadores sazonais para produzir os iPhones que a Apple vendia. Ele convencera Barack Obama e outras autoridades de que não havia pessoas ou engenheiros de produção suficientes para fazer esse trabalho nos Estados Unidos. Mas o novo presidente se mostrava indiferente a essas considerações práticas. Seu discurso remetia a uma promessa de campanha de que ele exigiria que a Apple construísse fábricas nos Estados Unidos, uma ameaça que quebraria a máquina de Cook e faria o preço das ações da empresa despencar em queda livre.

Cook precisaria estreitar seu relacionamento com Trump para evitar o risco de uma ordem presidencial calamitosa. Proteger seu estado-nação corporativo exigiria que Cook, o empresário, se tornasse tão astuto e cativante quanto o político que ele enfrentaria.

DEPOIS DE SEIS ANOS no comando da Apple, o operador estava sendo forçado a sair da zona de conforto formada pelas linhas e colunas de suas planilhas. Seu confronto com o FBI o levara a se tornar um mitigador de crises. Os problemas do iTunes na China exigiram que ele bancasse o diplomata. O Met Gala de Nova York o obrigara a ser um patrono das artes. E ele demonstrara versatilidade transitando de disputas judiciais, passando por um conflito geopolítico a uma estreia no tapete vermelho. Mesmo assim, continuava sendo perseguido por investidores e críticos preocupados com a maneira como a Apple parecia depender do iPhone e querendo saber: qual vai ser a próxima novidade?

O ano de 2017 já prometia ser um desafio além de qualquer coisa que Cook havia enfrentado, um desafio o qual exigiria que o CEO de fala mansa se engajasse ainda mais em uma briga de cachorro grande. Não eram apenas as ameaças à existência da Apple sendo tuitadas pelo disruptor que passara a encabeçar a Casa Branca; agora Cook também precisaria equilibrar essas ameaças com as demandas conflitantes dos líderes do Partido Comunista Chinês, que poderiam interromper a cadeia de suprimentos da Apple em um estalar de dedos se quisessem. De alguma forma, Cook precisaria aprender a apaziguar tanto o presidente americano quanto o Partido Comunista Chinês, desenvolvendo um domínio da diplomacia global que até Kissinger teria admirado.

Ao mesmo tempo, Cook teria de cumprir outra missão aparentemente impossível: descobrir uma maneira de neutralizar a pressão constante para a Apple inventar outro dispositivo que transformaria o mundo mais uma vez. A demanda era, ao mesmo tempo, irrealista e implacável, e o clamor só crescia, especialmente depois dos últimos números. No início daquele ano, as vendas do negócio de iPhones da empresa estavam se recuperando, mas ainda aquém do pico de dois anos antes. A Apple estava a caminho de reportar vendas de iPhones 4% menores que as registradas no primeiro semestre do ano fiscal de 2015. O aumento das vendas do Apple Watch não fora suficiente para compensar a diferença.[2] Cook precisava mostrar a Wall Street que a Apple poderia continuar aumentando sua receita total – uma tarefa hercúlea, considerando que a empresa já reportava cerca de US$ 220 bilhões em vendas anuais. Ao analisar os negócios da Apple em busca de uma solução, ele identificou o que acreditou ser a resposta perfeita.

Foi uma ideia radical que reinventou toda a estratégia de negócios da Apple. Em vez de definir a empresa inteiramente por meio de seus produtos deslumbrantes, Cook queria redirecionar a atenção à promessa e ao potencial dos serviços oferecidos por meio desses produtos.

A App Store já havia se tornado uma grande fonte de receita. A Apple ficava com 30% do preço de cada app que vendia e uma porcentagem semelhante de apps que cobravam taxa de assinatura.[3] A empresa mantinha baixos os custos de distribuição desses apps, mantendo uma equipe enxuta de avaliadores para examiná-los. Enquanto isso, os desenvolvedores estavam popularizando games para celular como o Fortnite, com os gamers dispostos a pagar por armas e poderes de super-heróis. A Apple ficava com uma porcentagem de cada compra. Estimava-se que cerca de 80% de tudo isso era puro lucro.[4] O número de apps sendo baixados para iPhones não mostrava sinais de diminuir. Com a taxa de crescimento atual, Cook podia ver a App Store dobrando o tamanho do negócio de serviços. Ele queria que o mercado financeiro reconhecesse o valor que ele via com tanta clareza.

Naquele ponto, os investidores viam a Apple como "a empresa do iPhone". Acreditavam que o negócio já estava maduro e esperavam que os custos dos produtos aumentariam à medida que as vendas fossem diminuindo. A combinação significava que a Apple tinha uma relação preço/lucro – o cálculo do preço das ações de uma empresa em relação às suas projeções de lucros futuros – obstinadamente baixa. Empresas de hardware como a Apple recebem um múltiplo mais baixo que as empresas de software, porque são negócios impulsionados por sucessos: um produto especialmente popular como o iPhone 6 pode levar a um aumento nas vendas, enquanto um fracasso como o iPhone 6s pode derrubar os lucros. O temor de a Apple estar a um produto ruim da irrelevância levava a empresa a ter um índice de lucro de 15 vezes, menos da metade do Google ou do Facebook. Essa situação incomodava Cook porque deprimia o valor de mercado da empresa. Ele queria que a Apple, na ocasião avaliada em US$ 650 bilhões, fosse uma empresa de US$ 1 trilhão.

Em janeiro daquele ano, Cook procurou remover o empecilho do hardware que restringia a avaliação da empresa, concentrando a atenção dos investidores nas vendas crescentes de software. Ele sabia que isso resultaria em um múltiplo mais alto. Depois de detalhar o forte desempenho do iPhone 7 durante uma teleconferência com os analistas, ele disse que o negócio de serviços da empresa – antes conhecido como "iTunes, software e serviços" – tinha gerado US$ 7,2 bilhões em vendas.[5] A App Store respondia por um terço disso.[6] O resto vinha do iTunes, Apple Pay, Apple Music e de outros serviços. Cook disse que, até o fim do ano, os serviços seriam, por si só, um negócio da Fortune 100, registrando quase US$ 27 bilhões em vendas, quase o mesmo que o Facebook, um dos apps distribuídos pela Apple. "Nossa meta é dobrar o tamanho do nosso negócio de serviços nos próximos quatro anos", explicou.

A promessa ricocheteou no Infinite Loop, onde ninguém se lembrava de Cook ter definido uma meta financeira em público antes. Enquanto Jobs impressionava o mercado ao revelar novos produtos revolucionários, Cook estava colocando seu know-how de marketing para impressionar o mercado financeiro, dando destaque a um negócio existente e em crescimento. Na empresa hierárquica, poucos sabiam como Cook planejava cumprir sua promessa, mas ninguém duvidava de que ele conseguiria.

Depois de anunciar as novas metas financeiras, Cook se reuniu com Peter Stern, ex-executivo da Time Warner Cable, e Eddy Cue, vice-presidente de serviços, para delinear um plano. O maior serviço da empresa na época era o iCloud, que cobrava apenas US$ 0,99 por mês para fazer o backup das fotos das pessoas. Stern, que liderava o negócio do iCloud, propôs aumentar o número de assinantes e o valor que eles pagavam agrupando o iCloud com outros apps por assinatura. A estratégia espelhava a Amazon, que criou um serviço de entrega Prime e atraiu assinantes ao incluir o acesso ao seu app de streaming Prime Video, que oferecia séries e filmes. Stern defendia a ideia de criar um pacote da Apple.

Cook sabia que as possibilidades de serviços eram infinitas. A Apple poderia criar um app de fitness com aulas de ioga, desenvolver um serviço de notícias com revistas ou criar sua própria Netflix. Esses apps teriam um custo de desenvolvimento relativamente baixo, mas tinham o potencial de trazer à empresa milhões de assinantes, criando o que os gurus financeiros chamam de receita recorrente, um fluxo constante de pagamentos mensais que encheriam o cofrinho da Apple com a mesma confiabilidade da mesada de uma criança. Os assinantes pagariam mais à Apple ao longo da vida de suas assinaturas do que os US$ 1 mil que pagariam comprando iPhones. Poderia ser uma revolução para a empresa.

Na reunião, Cook aceitou a proposta de Stern, mas desafiou o grupo com uma pergunta: "O que as pessoas vão ganhar com esse pacote?".

Acostumado ao estilo socrático de Cook, o grupo entendeu a mensagem do CEO: quero que vocês levem essa brincadeira a sério. Façam de tudo para criar serviços com um verdadeiro valor para os clientes.

Cook passou uma mensagem diferente em uma série de reuniões com a equipe financeira da Apple. Ele começou a se reunir com eles mensalmente para rever o desempenho da App Store, do iCloud e do Apple Music. As sessões eram tão intensas quanto as maratonas das "noites românticas com o Tim" que ele conduzia às sextas-feiras para analisar as vendas do iPhone, iPad e Mac. A equipe financeira se preparava para responder a uma série de perguntas, incluindo como as vendas do iTunes caíram em comparação com os ganhos de assinaturas do Apple Music; quais eram os custos do iCloud em comparação com a receita de assinaturas; e quais apps mais vendidos estavam impulsionando as vendas na App Store. Para ajudar, eles criaram uma lista dos próximos lançamentos de apps, para que ele pudesse ficar de olho em novos aplicativos com potencial de gerar receita.

O exercício representava um afastamento da maneira como Jobs via a App Store.[7] A divisão de 70/30 para a distribuição introduzida por Jobs foi pensada para cobrir os custos de armazenamento e entrega de apps. O finado CEO jamais esperou que a loja se transformasse em um centro de lucro; ele esperava que o serviço ajudasse a Apple a vender mais iPhones.

Sob o comando de Cook, o foco mudou. Ele estava direcionando a Apple para um futuro no qual a empresa se concentraria menos na venda de dispositivos e mais em extrair mais dinheiro do iPhone vendendo uma série de aplicativos.

Cook chegou a Washington no fim de janeiro e encontrou a capital do país convulsionada por controvérsias. Em questão de dias depois de se mudar para a Casa Branca, o presidente Trump brigou com a imprensa sobre o número de pessoas que compareceram a seu discurso inaugural, alegou falsamente que três milhões de votos ilegais haviam sido dados a Hillary Clinton e criticou a General Motors por terceirizar empregos para o México.[8]

Disposto a cair nas graças do combativo presidente, Cook marcou um jantar no Ristorante Tosca com o genro e a filha, Jared Kushner e Ivanka Trump. Ele foi ao jantar acompanhado de Lisa Jackson, vice-presidente de assuntos governamentais da Apple e ex-diretora da Agência de Proteção Ambiental de Barack Obama. Ela era uma operadora politicamente experiente, com um profundo conhecimento da burocracia do país. Pessoas próximas a Trump aconselharam Cook a se aproximar do genro e da filha, que eram admiradores da Apple.

A viagem a Washington foi um contraste com a abordagem de seu antecessor. Steve Jobs tinha sido antipolítico.[9] Ele acreditava que, se a Apple fizesse produtos espetaculares, teria mais influência política e cultural, e assim manteve pequena a equipe da Apple em Washington – por muitos anos, foram apenas duas pessoas –, desencorajando-a de contratar lobistas externos. Quando Laurene Powell Jobs tentou marcar uma reunião para ele com o presidente Obama em 2010, Jobs não quis;[10] a seu biógrafo, Walter Isaacson, ele disse que não tinha interesse em dar ao presidente a satisfação de fazer uma reunião simbólica com um CEO. Mas sua esposa insistiu. Jobs acabou indo à Casa Branca e deu um sermão no presidente Obama sobre ser hostil com os empresários, contrastando a facilidade de construir uma fábrica na China com a interminável burocracia de construir qualquer coisa nos Estados Unidos.

Cook, por sua vez, gostava de ir a Washington. Os anos de audiências para explicar o pagamento de impostos da empresa lhe ensinaram o valor da influência política. Desde então, ele fazia viagens regulares para andar pelos corredores do Congresso e se encontrar pessoalmente com senadores e congressistas. Viajava frequentemente com Jackson e a incluiu em seu círculo íntimo. Ele apoiava a proposta dela de abrir um escritório da Apple em Washington, aumentando o tamanho da equipe para mais de 100 pessoas. O crescimento da equipe refletia o realismo de Cook. À medida que crescia, a Apple se tornava um alvo de autoridades federais frustradas com o posicionamento da empresa em relação a tudo, desde a segurança do iPhone até o pagamento de impostos.

No sofisticado Tosca, Cook e Jackson foram conduzidos até uma mesa e Kushner e Ivanka chegaram em seguida. Com um cardápio que incluía bisque de lagosta e ragu de cordeiro rústico, eles conversaram casualmente sobre como o casal estava se adaptando a Washington, antes de voltarem-se a questões políticas e o que o governo poderia priorizar. A conversa foi agradável, deixando Cook confiante de que poderia trabalhar com o casal e a administração.

Na tarde seguinte, porém, Trump assinou uma ordem executiva proibindo a imigração vinda de sete países predominantemente muçulmanos. A ordem provocou protestos em todo o país, inclusive no Vale do Silício, onde mais de dois mil funcionários do Google se reuniram na frente de seus escritórios acompanhados do cofundador da empresa, Sergey Brin.

Cook foi pego de surpresa. No jantar, Kushner e Ivanka não disseram nada sobre imigração. Se a proibição estivesse em vigor décadas antes, Jobs, filho de um imigrante do Irã, poderia não ter nascido e a Apple poderia nunca ter existido. A caixa de entrada de Cook transbordou de e-mails de funcionários alarmados.[11] Ele se apressou em escrever uma mensagem a todos os funcionários, garantindo que estava ciente de suas preocupações. "A Apple é uma empresa aberta", escreveu.[12] "Aberta a todos, não importa de onde venham, que língua falem, a quem amem ou como cultuem."

Quando Cook voltou a Cupertino, foi informado por sua equipe das consequências da ordem executiva de Trump. A Apple tinha centenas de funcionários com vistos H1B, muitos deles trabalhando em outros países, e as equipes de recursos humanos, jurídica e de segurança da empresa estavam correndo para localizá-los. Todos os funcionários com quem eles falaram estavam nervosos e assustados. Alguns funcionários originários dos países da lista proibida estavam fora do país ou tinham familiares viajando e temiam não poder voltar aos Estados Unidos; estavam aflitos e queriam que a Apple assumisse um posicionamento mais enérgico. Os recursos humanos queriam que Cook conversasse com um pequeno grupo de funcionários afetados para ter uma ideia melhor de como eles estavam sendo impactados pela mudança. Depois de ouvir uma dúzia de funcionários falarem sobre como a ordem era devastadora para eles, Cook resolveu agir.

Ele assegurou à equipe da Apple que havia entrado em contato com a Casa Branca e transmitido uma mensagem clara: "A ordem deve ser retirada".[13]

Depois da ordem de suspender a imigração, o plano do governo Trump de atacar empresas que terceirizavam mão de obra na China começou a tomar forma.

O governo nomeou dois protecionistas para liderar a política comercial. O representante do comércio dos Estados Unidos, Robert Lighthizer, assumiu o cargo ansioso para aplicar tributos visando a impedir o roubo de tecnologia americana pelos chineses, enquanto o assessor comercial Peter Navarro chamou a China de um parasita econômico. Eles queriam devolver partes da cadeia global de suprimentos aos Estados Unidos, uma perspectiva perigosa para a Apple.

Cook precisava encontrar uma maneira de mostrar a Trump que fazer um iPhone envolvia mais do que apenas montá-lo em uma fábrica chinesa. Na verdade, as empresas americanas forneciam muitos componentes cruciais para o iPhone. A equipe de comunicação da Apple teve uma ideia. Todos os anos, a Apple pagava bilhões de dólares em novas máquinas e processos de montagem a fabricantes norte-americanos que entregavam componentes personalizados para futuros produtos da empresa. E se alguns dos gastos planejados fossem promovidos como provenientes de um fundo especial para apoiar a indústria americana?

Seguiram-se visões de manchetes: "A Apple promete investir bilhões em empregos na indústria americana". Era o tipo de apresentação de fachada que algumas pessoas da empresa acreditavam que conquistaria Trump.

No final de maio, a equipe de comunicação convidou o âncora da CNBC Jim Cramer ao 1 Infinite Loop para divulgar algumas notícias especiais.[14] O apresentador do *Mad Money* encontrou Cook para uma entrevista no pátio da Apple. Cook sentou-se em uma banqueta em frente a Cramer e respondeu ao que pareceu ser uma pergunta plantada: "O que a Apple pretende fazer para criar empregos nos Estados Unidos?".

O CEO se gabou de que a Apple era responsável por dois milhões de empregos nos Estados Unidos, incluindo um milhão e meio de desenvolvedores de aplicativos e cerca de meio milhão de funcionários de fornecedores. Cramer não disse que esse número era muito menor que na China, onde a Apple empregava, direta ou indiretamente, cerca de quatro milhões e meio de trabalhadores, incluindo três milhões em fábricas e um milhão e meio de desenvolvedores.[15] Ele preferiu se concentrar nos Estados Unidos, perguntando a Cook se estaria disposto a investir na criação de empregos no país.

"Não só estamos dispostos como é o que faremos", Cook respondeu. Ele anunciou que a Apple estava criando um "fundo de manufatura avançada" de US$ 1 bilhão para investir em fornecedores americanos. "Nós podemos e queremos fazer essa diferença", disse ele.

O linguajar grandioso de Cook tentava desmentir o que algumas pessoas da empresa acreditavam ser verdade: o fundo de manufatura avançada era um golpe de relações públicas. A empresa já tinha planos de gastar US$ 1 bilhão em fornecedores nos Estados Unidos. Na verdade, a Apple já vinha gastando mais do que isso havia anos no país, só que até então não vira necessidade de promover o fato. No entanto, com um governo mais obcecado com as aparências do que com os detalhes, a empresa passou a florear o dia a dia dos negócios com um toque de encenação corporativa.

O CRESCIMENTO VERTIGINOSO da Apple aumentara seu número de funcionários para 120 mil.[16] O império do iPhone tinha dobrado de tamanho em comparação com a equipe herdada por Cook. Havia escritórios espalhados pelo mundo e nos Estados Unidos. Não era tarefa fácil manter o controle disso tudo, mas Cook continuou sendo o mesmo CEO orientado aos custos que sempre foi, tanto que preferia viajar em voos comerciais. O conselho de administração resolveu intervir.

Em 2017, eles começaram a exigir que Cook viajasse em jatos particulares em vez de voos comerciais. Seu tempo era valioso demais e as operações da Apple eram espalhadas demais pelo mundo para ele perder tempo passando pela segurança do aeroporto a cada vez que viajava. Além disso, os obstáculos impostos pelo novo presidente o forçariam a viajar muito mais para Washington.

Cook foi convocado à Casa Branca em meados de junho para um encontro de tecnologia em que Trump exibiria ao país seu domínio sobre a indústria mais poderosa dos Estados Unidos. As notícias sobre o fundo de manufatura avançada da Apple chegaram ao governo e melhoraram o juízo que o presidente fazia da empresa mais importante do país e que mais terceirizava a mão de obra. Quando os líderes de tecnologia se reuniram na sala de jantar um mês depois, Cook se viu sentado à direita de Trump.

Para ninguém pensar que Cook estava se aproximando demais do presidente, naquela manhã a Apple confirmou uma reportagem do veículo de mídia *Axios,* a qual dizia que Cook planejava confrontar o presidente sobre a ordem de suspensão da imigração.[17] Assessores ansiosos da Casa Branca se inclinavam toda vez que Cook falava, temendo um confronto com seu volúvel chefe. Para alívio deles, Cook não disse uma palavra a respeito.

Quando a conversa chegou ao fim, Cook abordou Trump em particular: "Eu gostaria que o senhor repensasse sua política de imigração".[18] Dito isso, ele saiu. Falou tão rápido que Trump mal chegou a processar o comentário. No entanto, a breve interação chegou quase imediatamente à *Axios,* que apresentou a conversa como um confronto sob a manchete "Tim Cook para Trump: repense a questão da imigração".

Algumas pessoas da Casa Branca admiraram as manobras de Cook. Ele dera ao presidente o que este queria comparecendo ao evento e sentando-se ao seu lado direito. Ao mesmo tempo, salvara as aparências diante do pessoal da Apple ao vazar estrategicamente que havia desafiado Trump sobre a política de imigração, apesar de ter feito isso discretamente e em particular.

Mas foi Trump quem deu a última palavra. Em uma entrevista ao *Wall Street Journal* no Salão Oval, Trump mencionou Cook e disse que o CEO da Apple havia prometido devolver parte da fabricação aos Estados Unidos:[19]

"Ele me prometeu três grandes fábricas – grandes, grandes, grandes."

"É mesmo?", um repórter perguntou. "Onde?"

"Ainda vamos decidir", respondeu Trump. "Você pode ligar para ele para confirmar. Mas eu disse: 'Tim, enquanto você não começar a construir suas fábricas neste país, eu não tenho como considerar o meu governo um sucesso econômico, entendido?'. E ele me ligou e disse: 'Eles vão seguir em frente com três grandes e lindas fábricas'. Você vai ter que ligar para ele. Quero dizer, ele pode não dizer para vocês a mesma coisa que diz para mim, mas eu acredito que ele vai fazer o que me disse que ia fazer."

A declaração irritou a liderança da Apple. Cook nunca disse nada sobre "grandes fábricas" a Trump, mas, quando os repórteres ligaram pedindo comentários, os porta-vozes da Apple se recusaram a contradizer o presidente. Cook e seus assessores temiam que chamar Trump de mentiroso pudesse desencadear uma "guerra de tweets", provocar ameaças de impostos sobre produtos da Apple ou, pior, inspirar um pedido de boicote à Apple. Em vista disso, a empresa preferiu permanecer em silêncio.

Em meio ao silêncio, a inquietação permeava Cupertino. Se Trump estava disposto a mentir sobre isso, Cook e seus colegas não imaginavam o que ele seria capaz de fazer a seguir.

Enquanto Cook procurava mais maneiras de melhorar sua posição com Trump, o robusto grupo de lobby da Apple usava sua influência para apoiar uma iniciativa do governo Trump de rever as leis tributárias. O objetivo era reduzir a alíquota de imposto sobre os lucros no exterior que levava as empresas a manter o dinheiro no exterior. Quando fora aprovada, no final de 2017, a lei prenunciava o fim da controvérsia de anos sobre as práticas tributárias da Apple. Também apresentava mais uma oportunidade de agradar o presidente.

Trabalhando com a equipe de finanças e comunicações da Apple, Cook buscava alguma concessão que a Apple pudesse fazer em prol da economia dos Estados Unidos e que chamasse a atenção de Trump. A nova lei tributária exigia que a Apple pagasse um imposto único de 15,5% sobre seus lucros no exterior, aproximadamente US$ 38 bilhões. A empresa planejava construir um novo *campus* de atendimento ao cliente e data centers, bem como iniciar outras construções que custariam cerca de US$ 30 bilhões. Além disso, estava gastando cerca de US$ 55 bilhões anualmente com fornecedores americanos e contratando cerca de 5 mil novos funcionários anualmente nos Estados Unidos. Desse modo, a empresa poderia alegar que, na esteira da reforma tributária, contribuiria diretamente com US$ 350 bilhões para a economia dos Estados Unidos nos próximos cinco anos, além de criar 20 mil novos empregos. Trump adorava números pomposos e simples como esses.

Quando Cook ligou para Trump para anunciar o considerável compromisso da empresa, o presidente não se impressionou.[20] Ele entendeu que Cook estava dizendo que a Apple comprometeria US$ 350 *milhões*. "É uma fábrica de bom tamanho", pensou o presidente, "mas não é grande coisa". Cook reiterou que a contribuição seria de US$ 350 *bilhões*.

"Aí sim", Trump disse.

No dia 17 de janeiro de 2018, a Apple divulgou um comunicado à imprensa intitulado "A Apple acelera investimentos e a criação de empregos nos Estados Unidos contribuindo com US$ 350 bilhões para a economia americana nos próximos cinco anos". O comunicado não dizia que cerca de 80% desse valor teria sido investido de qualquer maneira como parte dos negócios em andamento da Apple, com ou sem reforma tributária. Mas Trump, que nunca se interessou pelos detalhes, provavelmente não faria as contas.

Durante seu discurso sobre o Estado da União, Trump apontou para a Apple e seu compromisso de US$ 350 bilhões como uma evidência de que suas políticas da América em Primeiro Lugar estavam funcionando.

A MONTANHA-RUSSA EM WASHINGTON mantinha Cook em constante estado de alerta. Sempre que ele dava um passo, o governo colocava uma pedra em seu caminho. Na primavera de 2018, a situação saiu de seu controle.[21]

Durante negociações comerciais em Washington, negociadores americanos e chineses entraram em conflito quando os Estados Unidos exigiram que a China reduzisse o superávit comercial entre as economias dos dois países em US\$ 100 bilhões, parasse de roubar propriedade intelectual e desse um fim aos subsídios a empresas estatais. Foi um ataque direto à economia da China, acompanhado por um relatório de 200 páginas de queixas. O incidente ameaçava criar uma guerra comercial.

Em uma entrevista coletiva, Trump ameaçou impor um imposto de 25% sobre US\$ 60 bilhões em importações chinesas. O mercado de ações se sobressaltou e o preço das ações da Apple caiu 6%, com os investidores preocupados com os danos colaterais que a produção de iPhones poderia sofrer.[22]

O império construído por Cook dependia da capacidade da Apple de manter boas relações com o governo chinês. Afinal, o país fabricava quase todos os produtos da empresa. Sua população de 1,4 bilhão de pessoas se tornou o maior grupo de clientes da Apple, especialmente depois que Cook fechou o acordo com a China Mobile. A disputa comercial entre Washington e Pequim colocava em risco o modelo de negócios da Apple. Se o governo Trump aplicasse impostos sobre produtos importados da China, o custo dos iPhones poderia aumentar. Se Xi Jinping decidisse revidar, os chineses poderiam impedir ou postergar as exportações de iPhones das fábricas, visto que já haviam bloqueado as importações de veículos da Ford.[23] Do lado dos clientes, eles poderiam acionar o "exército da água" *shuijun* para voltar a opinião pública contra a Apple nas mídias sociais. A liderança sênior da Apple na China advertiu Cook: a coisa poderia ficar feia. Eles imploraram que seu distante e robótico CEO encontrasse um equilíbrio entre a volátil celebridade de reality show dos Estados Unidos e o imprevisível autocrata da China.

Em meio à controvérsia, Cook desembarcou em Pequim para o Fórum de Desenvolvimento da China de 2018. O evento anual fora criado para ser a resposta do Partido Comunista Chinês aos encontros do Fórum Econômico Mundial em Davos. As tensões geopolíticas estavam intensas quando um carro levou Cook pelas ruas congestionadas de Pequim até a Diaoyutai State Guesthouse, um complexo diplomático que, em 1972, abrigou o presidente Richard Nixon e o primeiro-ministro chinês, Zhou En-lai. Cook estava lá em sua própria missão diplomática: ele copresidiria o evento de três dias e falaria três vezes no encontro. O mestre taciturno da eficiência da cadeia de suprimentos se tornara o líder empresarial mais importante do mundo; nenhuma outra pessoa do planeta tinha mais a ganhar com o livre-comércio ou mais a perder com uma guerra comercial. Ele sabia que seus comentários seriam esmiuçados nos dois lados do Pacífico para determinar se a sua lealdade na guerra comercial estava com a China ou com os Estados Unidos.

No domingo, Cook caminhou até um púlpito em frente a um pano de fundo vermelho para abrir o evento. Olhou para o salão cheio de líderes do Partido e CEOs de empresas, incluindo Sundar Pichai, do Google, e pediu que eles permanecessem unidos no apoio ao livre-comércio.

Poucos outros líderes empresariais dos Estados Unidos tocaram no assunto, mas Cook o abordou em todos os dias de encontro. Ele encorajou as autoridades americanas e chinesas a agir com a cabeça fria. Em um painel de discussão, perguntaram qual mensagem ele gostaria de enviar a Donald Trump. "Os países que acolhem a abertura, que acolhem o comércio, que acolhem a diversidade são os países que têm um sucesso excepcional", afirmou ele.[24] "Os países que não fazem isso não têm sucesso."

No último dia do evento, o primeiro-ministro chinês Li Keqiang pediu aos líderes empresariais para proteger o livre-comércio e se opor ao protecionismo. "Ninguém sai vencedor em uma guerra comercial", alegou.

Os comentários do primeiro-ministro e de Cook pareciam ter saído do mesmo dossiê. Para qualquer pessoa que estivesse ouvindo, ficou claro que Cook se alinhava com o Partido.

Os PROBLEMAS COMERCIAIS FORÇARAM Cook a acelerar seus planos de mudar a estratégia de negócios da Apple. O desenvolvimento de mais serviços diversificaria a receita da empresa e atenuaria as consequências dos impostos sobre suas operações de hardware. No escritório da empresa na região de Los Angeles, a visão de Cook para o futuro ganhava novas dimensões.

Jimmy Iovine, o membro mais inquieto da equipe de liderança da Apple, queria encontrar uma maneira de fazer com que o Apple Music fosse um serviço de streaming de música sem igual. O serviço de dois anos tinha cerca da metade do número de assinantes do Spotify e não estava conseguindo se diferenciar do rival.[25] Uma tentativa inicial de atrair assinantes com álbuns exclusivos de Drake e outros artistas saíra pela culatra depois que Kanye West culpou a empresa por "ferrar com a indústria da música". Gravadoras e artistas decidiram que, em consideração aos fãs, deviam disponibilizar sua música o máximo possível. O fim dos álbuns exclusivos significava que o Apple Music e o Spotify não passavam de apps de cores diferentes com o mesmo catálogo musical. Saltar à frente dos rivais seria impossível a menos que a Apple incluísse algo único. Iovine decidiu que a solução seria incluir séries originais.

O magnata da música acionou sua extensa rede de contatos em Los Angeles para abordar agentes de Hollywood. Também começou a pressionar Cook e Cue para a Apple começar a produzir séries. "Estou empurrando esses caras", ele dizia. "Eles precisam entrar em conteúdo. Eles precisam entrar em conteúdo."

Ansioso para mostrar como sua ideia funcionaria, Iovine desenvolveu uma série semiautobiográfica de seis episódios sobre o Dr. Dre que apresentava um único personagem, com cada episódio se concentrando em uma emoção diferente, como a raiva, e em como o personagem de Dre lidava com ela. Ele e Dre contaram com o apoio de atores conhecidos como Sam Rockwell e começaram a filmar. Iovine insistiu que Cook visse um episódio.

Quando Cook assistiu, ficou alarmado. Havia armas, pessoas cheirando cocaína e uma longa cena de orgia com sexo simulado em uma mansão de Hollywood. Era muito diferente dos programas favoritos do reservado executivo, *Madame Secretary*, um drama político convencional, e o drama familiar *Friday Night Lights*.[26] A Apple jamais lançaria algo assim. A empresa tinha uma imagem impecável que era fundamental para suas vendas de iPhones e Macs. Uma série com sexo e violência jogaria lama na marca.

"Não vamos lançar isso", comunicou Cook a Iovine. "É violento demais."

Decepcionado, Iovine não desistiu. Em vez disso, propôs um show mais familiar chamado *Planet of the Apps*. Baseado no *Shark Tank*, o programa acompanhava aspirantes a empreendedores enquanto eles criavam um app de celular e buscavam financiamento apresentando suas ideias a um painel de jurados famosos. Cook, que aprovou o projeto, gostou da maneira como a série celebrava os desenvolvedores de aplicativos, que haviam se tornado grandes contribuintes para os negócios da Apple. Os primeiros episódios apresentavam um linguajar forte e momentos tensos nos quais os desenvolvedores, frustrados e sob pressão, diziam palavrões. Cook, Cue e outros executivos pediram que a linguagem obscena fosse cortada. Eles queriam que o show fosse inspirador e positivo, não manchado por diálogos ofensivos.

Quando o programa estreou, os críticos de TV disseram que faltava realismo. A *Variety*, uma das principais publicações de entretenimento, o chamou de "uma imitação insípida, morna e quase incompetente de *Shark Tank*".[27] O jornal *The Guardian* o descreveu como "irritante" e exigiu que a Apple tentasse atingir os altos padrões dos originais pioneiros da Netflix.

As críticas duras eram inéditas para uma empresa acostumada a ser aclamada por fabricar produtos perfeitos. Cook admitiu que uma mudança para a TV corria o risco de manchar a reputação de excelência da empresa. Um catálogo hollywoodiano teria o potencial de conferir glamour ao negócio de serviços da Apple, mas a empresa não poderia se limitar a fazer experimentos. Em vários momentos ao longo dos anos, a equipe de liderança da empresa discutiu a possibilidade de comprar a Disney, a Netflix ou a Time Warner, que detinha a HBO. A difícil integração da Beats, porém, havia mostrado como poderia ser complicado trazer empresas à cultura rígida da Apple. Cook preferia continuar sozinho. Sua preferência levou ao que ficou conhecido dentro da Apple como Projeto North Star, uma aposta de US$ 1 bilhão de que a Apple seria capaz de criar sua própria Netflix.

Cook procurou aprender o máximo que podia sobre Hollywood. Queria entender a indústria, os players, o processo, o que dava certo e o que dava errado. Ele e Cue convocaram uma série de especialistas a Cupertino, incluindo um grupo de agentes da Creative Artists Agency (CAA). Os dois se reuniram com a equipe da CAA na sala de conferências da Apple e explicaram que queriam saber mais sobre a indústria do entretenimento. Cook deixou o grupo à vontade colocando uma perna debaixo da outra em uma pose casual e meditativa. Em seguida, ele e Cue se puseram a fazer perguntas: quanto custa fazer uma série de TV? Como se faz uma série? Como os atores são pagos?

Todos os presentes na reunião sabiam que a TV estava passando por uma transição. As pessoas estavam abandonando a TV a cabo em favor da Netflix e do Hulu. A questão era: a Apple pode entrar nessa briga?

Os agentes explicaram o funcionamento da indústria e o que a Netflix havia feito para ter sucesso. O antigo serviço de aluguel de DVDs lançara um negócio de streaming por assinatura que decolou depois de exibir dois programas aclamados pela crítica em 2013: o drama político *House of Cards* e a comédia ácida *Orange Is the New Black*. A programação ousada preencheu uma lacuna na TV e o número de assinantes disparou, provando que milhões de pessoas com internet de banda larga pagariam para ver programas de TV em um app, da mesma maneira como pagavam às operadoras de cabo para assistir à HBO. Quatro anos depois da estreia de seus programas originais, o valor de mercado da Netflix quadruplicou, atingindo US$ 83 bilhões. A fórmula de seu sucesso era simples: "Vocês só precisam de dois programas de sucesso", disse um dos agentes.

Cook percebeu que o sucesso na indústria do entretenimento exigiria uma mão experiente em Hollywood. No exato momento em que a Apple precisava de ajuda, o contrato de dois dos principais nomes do entretenimento na Sony Pictures estava prestes a expirar.

Iovine não conhecia Zack Van Amburg nem Jamie Erlicht, dois executivos da Sony, mas eles lhe foram indicados por amigos. Iovine gostou que eles tivessem produzido uma de suas séries favoritas, *Breaking Bad*, e os convidou para sua casa em Holmby Hills, um bairro opulento de mansões de US$ 10 milhões com gramados verdejantes e portões enormes para garantir a privacidade dos moradores.

Van Amburg e Erlicht não sabiam o que esperar. Nunca tinham falado com Iovine e não se impressionaram com o que a Apple havia feito até então com o *Planet of the Apps*. Iovine os recebeu em sua sala de estar e conversou com eles sobre sua visão de criar uma TV dentro do Apple Music. Ele não sabia se eles seriam as pessoas ideais para o projeto, mas precisava de alguém que conhecesse o negócio do entretenimento melhor que ele. Van Amburg e Erlicht falaram sobre sua abordagem na Sony Pictures, onde desempenharam um papel crucial no desenvolvimento de programas como *The Blacklist*, da NBC, e *Rescue Me*, da FX. Eles eram discretos sobre seu sucesso, o que pareceu a Iovine a atitude certa para a Apple, um lugar com pouca tolerância para pessoas de fora com grandes egos.

Em seguida, Iovine ligou para Cue e o incentivou a conhecê-los. Cue também se impressionou com os dois. Quando o contrato da dupla com a Sony chegou ao fim, Cue os contratou e lhes deu a liderança do Projeto North Star.[28]

Em questão de meses, eles fecharam um acordo para uma série estrelada por Reese Witherspoon e Jennifer Aniston chamada *The Morning Show*.[29] O drama seria ambientado em um programa matinal de notícias de TV, onde Steve Carell interpretaria o âncora, enredado em um escândalo de assédio sexual.

O show repleto de celebridades mostrava que a Apple estava falando sério. A empresa concordou em pagar a Aniston e Witherspoon mais de US$ 1 milhão por episódio, elevando o custo total da série para US$ 100 milhões.

Acreditando que as estrelas ajudariam a atrair mais estrelas, Cook também insistiu que a equipe levasse Oprah Winfrey de volta à TV no novo serviço da Apple. Em meados de 2018, eles a convenceram a ir a Cupertino para um tour privado pelo Apple Park. Cook, o torcedor do time de futebol americano da Universidade de Auburn, fez o que pôde no papel do treinador mostrando as instalações a um jogador que, se contratado, poderia mudar a história do time. Ele a levou ao Steve Jobs Theater, onde ele e outros líderes mostraram a ela o espaço e lhe pediram que assistisse a um vídeo. Uma música inspiradora encheu o teatro escuro enquanto palavras passavam pela tela. O vídeo dizia que o mundo turbulento sentia falta de sua voz inspiradora. O apelo emocionante da Apple para que ela voltasse à TV a fez chorar. Pouco tempo depois, ela concordou em embarcar na empreitada.

Com a carteira recheada, Cook mostrou que a Apple estava disposta a comprar o poder das celebridades de que precisava para turbinar seus serviços.

As DORES DE CABEÇA RESULTANTES da disputa comercial entre os Estados Unidos e a China exigiam que Cook passasse muito tempo viajando entre as capitais das maiores economias do mundo. Em abril de 2018, um mês depois de falar em público em Pequim, ele providenciou uma visita à Casa Branca para uma audiência privada com o presidente.

Mais de um ano depois da chegada de Trump à presidência, uma desconfiança tácita dividia os dois homens. Cook, um mestre da disciplina, tinha dificuldade de acompanhar as mudanças abruptas nas declarações do presidente e a volubilidade de suas prioridades.[30] Trump, um mestre da volatilidade, colocava Cook no mesmo saco que os líderes liberais do Vale do Silício que conspiravam para frustrar seus planos. Procurando fechar o abismo entre os dois, Cook procurou o recém-nomeado diretor do Conselho Econômico Nacional, Larry Kudlow, e pediu humildemente: "Por favor, me ajude".

Um apresentador de longa data da CNBC, Kudlow admirava a perspicácia comercial de Cook e se solidarizava com sua posição precária. Ele sabia da vulnerabilidade da Apple na China e ajudou a agendar um horário para Cook com o presidente.

As tensões comerciais estavam se intensificando quando Cook entrou na Casa Branca na primavera daquele ano. Nos dias que antecederam sua visita, Trump ameaçou aumentar em mais US$ 100 bilhões os impostos sobre uma série de mercadorias importadas, incluindo carros, smartwatches e smartphones.[31] Os chineses revidaram com uma lista tarifária de US$ 50 bilhões sobre mercadorias importadas dos Estados Unidos. Era o tipo de olho por olho que Cook temia, e a Apple corria o risco de ficar presa nesse turbilhão.

Cook caminhou energicamente pelos corredores apertados e movimentados da Casa Branca e foi até o escritório de Kudlow no segundo andar da Ala Oeste.[32] Ele dispensou uma comitiva, preferindo um estilo simples e um toque pessoal para dar à equipe do governo a confiança de que estava lidando com a autoridade máxima da Apple.

Cook entrou no escritório de Kudlow, com paredes forradas de painéis de madeira, e se acomodou em uma cadeira em frente ao diretor de economia com uma confiança silenciosa que dizia: "Já estive aqui antes". Ele estava descontraído e informal, com uma tranquilidade que impressionou Kudlow, acostumado com CEOs tensos, ansiosos para conhecer o presidente. Cook foi direto aos assuntos que queria discutir, incluindo a Índia, onde as leis de investimento estrangeiro direto impediam a Apple de abrir lojas. Falaram também sobre o processo tributário em andamento da Apple na Irlanda, onde a empresa estava envolvida em uma batalha que já durava anos com o governo irlandês sobre o status fiscal da empresa. Por fim, Cook levantou a questão do roubo de propriedade intelectual. Kudlow lembrou que o CEO e o governo tinham os mesmos interesses no assunto e que concordava com as posições políticas da empresa. Mas Cook minimizou o papel da China, dizendo que o país não causara problemas de propriedade intelectual para a Apple. Disse que estava mais preocupado com a Índia.

O CEO estava demonstrando sua destreza no jogo político. Sinalizava ao governo que aprovava os planos de Trump, ao mesmo tempo que afastava sutilmente os políticos de uma crescente guerra tarifária com a China, a qual poderia ter abalado o modelo de negócios da Apple.

A nova cordialidade de Cook em relação ao governo resultava de novos problemas na China. O país aprovara recentemente uma lei de segurança cibernética exigindo que todos os dados de celulares de clientes chineses fossem armazenados no continente.[33] Isso forçou a Apple a iniciar negociações com uma empresa estatal em Guizhou para construir e operar um data center da Apple na China. O plano frustrou alguns membros da equipe de privacidade e segurança da Apple. Eles não conseguiram conciliar o fato de a Apple ter se recusado publicamente a ajudar o FBI no caso de San Bernardino e a anuência silenciosa da empresa na China. Em vez da promessa altiva de proteger a privacidade dos clientes, Cook capitulou às exigências de um governo conhecido por vigiar seus cidadãos e ainda foi pedir ajuda ao mesmo governo dos Estados Unidos que ele havia desafiado. Cook, sempre prático, parecia estar perdendo sua capacidade de distinguir o certo do errado diante das pressões do mercado que havia construído para a Apple.

Depois da reunião, Kudlow conduziu Cook ao Salão Oval, onde o presidente estava sentado à sua mesa. Eles caminharam até um par de cadeiras diante de Trump. Cook sorriu e começou. "Obrigado por sua reforma tributária, senhor presidente", disse, entusiasmado.

A tensão na sala evaporou. Cook ouviu atentamente enquanto o presidente falava com empolgação sobre as mudanças tributárias e os benefícios que ele esperava que elas trouxessem para a economia.

A reunião deu a Cook uma ideia de como lidar com Trump no futuro. Depois, ele passou a ligar para Trump diretamente. Também fez de tudo para não criticar nem corrigir o presidente, inclusive quando Trump o apresentou em uma reunião na Casa Branca como "Tim Apple". Quando um repórter mais tarde perguntou por que Trump parecia mais próximo de Cook do que dos outros executivos, Trump respondeu: "Ele me liga e os outros não".[34]

APESAR DA INTENSIFICAÇÃO DA BATALHA comercial, os negócios da Apple estavam em alta. No fim de julho, Cook reportou outro trimestre recorde e garantiu aos investidores que a Apple esperava fortes vendas nos próximos meses.

A receita dos serviços da empresa aumentara 40% e o iPhone, o ganha-pão da Apple, arrecadara quase tanto dinheiro no período quanto em seu pico em 2015. Os lucros atingiram um recorde histórico.

Como se tudo isso não bastasse, Cook ainda disse aos analistas de Wall Street que os novos tributos comerciais não afetaram a Apple e que ele acreditava que não afetariam. Recém-saído de sua visita à Casa Branca, Cook estava otimista de que as tensões comerciais entre os Estados Unidos e a China seriam resolvidas.

Encorajados, os investidores elevaram o preço das ações da Apple em 9% nos dois dias que se seguiram. Cook viu o valor de mercado da Apple avançar para a casa do US$ 1 trilhão. No dia 2 de agosto de 2018, a Apple tornou-se a primeira empresa dos Estados Unidos a atingir esse marco. Cook triplicou o valor da Apple em sete anos, transformando uma empresa que já tinha estado à beira da falência em uma que valia tanto quanto a Exxon Mobil, a Procter & Gamble e a AT&T juntas.[35] Ele ficou tão empolgado que escreveu uma carta aos funcionários marcando a ocasião.

Quando o governo Trump divulgou uma lista atualizada de tributos em setembro, os investidores ficaram alarmados ao ver o Apple Watch e os AirPods na lista.[36] O preço das ações da empresa despencou. A equipe jurídica da empresa correu para registrar um protesto formal ao representante do comércio dos Estados Unidos. Analistas financeiros previram que as vendas despencariam.

Cook, no entanto, manteve a calma. Ligou para a Casa Branca e falou com o presidente. Em questão de dias, o governo Trump atualizou a lista tributária. Não havia produtos da Apple na nova lista.

21

COM UM PÉ AQUI E O OUTRO LÁ

O vídeo foi cuidadosamente examinado pelos mais altos executivos da Apple.

Em uma noite no início de setembro de 2017, Jony Ive e Tim Cook se reuniram nas entranhas do novo teatro da empresa para decidir se um filme com a voz de Steve Jobs deveria ser usado na inauguração. Eles se acomodaram no teatro escuro e viram a tela se encher com as palavras "Bem-vindos ao Steve Jobs Theater".

Em seguida, a voz entrou.

"Há muitas maneiras de ser uma pessoa", disse Steve Jobs.[1] "Acredito que uma das maneiras pelas quais as pessoas expressam sua gratidão ao resto da humanidade é fazer algo maravilhoso e colocá-lo no mundo. E você nunca... você nunca conhece pessoalmente, você nunca aperta a mão das pessoas. Você nunca ouve a história delas ou conta a sua, mas, de alguma forma, no ato de fazer algo com muito cuidado e amor, algo é transmitido. E esse é um jeito de expressar ao resto da nossa espécie o nosso mais profundo apreço. Então, precisamos ser fiéis a quem somos e lembrar o que realmente importa para nós. É só se continuarmos sendo quem somos que a Apple vai continuar sendo a Apple."

Ive e Cook tinham uma decisão importante a tomar: o vídeo deveria ou não ser exibido no início de um evento para inaugurar o teatro homônimo de Jobs?

Nos dias anteriores, o vídeo havia sido meticulosamente editado. Fora acelerado e desacelerado até a equipe de produção considerar que o áudio tinha o tom emocional perfeito. Mas Ive e Cook não sabiam se deviam usá-lo.

A indecisão demonstrava o desafio de honrar o legado do homem que ambos adoravam. Em 1997, Jobs rejeitara a ideia de uma versão da famosa campanha "Pense diferente" que teria sua voz porque achava que usar a própria voz faria com que a mensagem fosse sobre ele e não sobre a Apple.[2] Duas décadas depois, seus sucessores se lembravam dessa decisão e se preocupavam com a possibilidade de que exibir um outro vídeo com a voz de Jobs fizesse o evento de abertura do teatro ser sobre o falecido fundador da empresa e não sobre o *campus* que ele havia concebido.

Por fim, Ive e Cook chegaram a uma decisão: Jobs inauguraria seu próprio teatro e lembraria ao mundo aquilo em que ele e a Apple acreditavam.

IVE ACORDOU ENERGIZADO na manhã do evento. O principal designer e sua equipe haviam passado quase uma década projetando todos os detalhes do novo teatro, desde o teto jateado até os corrimãos embutidos ao longo das escadarias. Eles foram os maiores defensores de um elevador de vidro giratório que se torcia à medida que descia em espiral para abrir suas portas na direção oposta. Ive costumava ficar ansioso ao lançar um produto no mundo, mas dessa vez ele estava empolgado para mostrar o prédio.

Antes de os convidados chegarem, ele deu um tour privado pelo local a Virgil Abloh, o influente diretor artístico de moda masculina da Louis Vuitton. Eles fizeram amizade quando Ive entrara no mundo da moda. Ive conduziu Abloh pelo piso branco sob o teto cinza circular que pesava 80 toneladas.[3] Eles entraram no auditório subterrâneo, com o piso especial de carvalho curvado e os assentos de couro da Poltrona Frau. Ive conhecia cada detalhe do design arquitetônico e do interior.

Os convidados começaram a se aglomerar na entrada. Uma passarela sinuosa os levou ao topo de uma colina artificial ladeada por carvalhos com uma cobertura de paisagismo recém-espalhada no chão.

No cume, os convidados tiveram o primeiro vislumbre da joia do *campus*: um edifício perfeitamente minimalista com um telhado de fibra de carbono que repousava sobre um cilindro de vidro de quase 7 metros de altura. Parecia um MacBook Air gigante.[4]

O cofundador da Apple, Steve Wozniak, que estava entre os convidados, ficou perplexo. Quando viu o edifício, pensou: "Isso não é normal".[5] Examinou o exterior do prédio, onde as paredes de vidro se uniam de modo a esconder os fios elétricos, cabos de dados e sistema de sprinklers, garantindo que o edifício tivesse a aparência de um anel vítreo ininterrupto. Para Wozniak, o edifício refletia à perfeição a austera sensibilidade de design de Jobs.

"É o que não se vê que faz desse prédio algo tão incrível", disse, parado à sombra do telhado metálico. "A beleza e abertura dos vidros lembra um estilo de design alemão. É tudo tão clean. Tão minimalista."

Depois de admirar o prédio, Wozniak falou com uma multidão de repórteres sobre o iPhone do décimo aniversário que a Apple lançaria mais tarde naquela manhã. O carro-chefe da empresa precisava ser rejuvenescido. Suas vendas haviam caído 9% em relação ao pico de 2015. Os analistas financeiros esperavam que o novo iPhone conseguisse impedir a queda, mas Wozniak estava cético quanto a isso. Declarou aos repórteres que o smartphone já tinha atingido seu auge. Os novos iPhones se pareciam com os antecessores e ofereciam menos recursos novos e atraentes. Pela primeira vez, confessou, ele poderia não comprar o modelo mais recente.

IVE SENTOU-SE EM SEU LUGAR habitual perto do palco, ao lado de Laurene Powell Jobs, e viu o vídeo que havia aprovado começar a ser exibido.[6] A voz de seu amigo e parceiro criativo encheu a sala, lembrando a todos da total dedicação de Jobs à fabricação de produtos. Quando o vídeo terminou, Cook subiu ao palco sob uma imagem gigantesca de Jobs. O CEO caminhou até o centro do palco e ficou diante da plateia à sombra de seu antecessor.

"Fazia sentido Steve inaugurar seu teatro", enunciou ele, com um sorriso. Enxugou uma lágrima e continuou. "Levou um tempo, mas agora podemos pensar nele com alegria em vez de tristeza."

Cook apresentou sua própria interpretação do legado de Jobs: "Seu maior presente, sua maior expressão de apreço, não seria um único produto. Mas seria a própria Apple".

Nas duas horas seguintes, Ive viu Cook tentando evocar a magia de seu falecido chefe. Mais uma vez, a empresa enfrentava questionamentos sobre sua capacidade de inovar. Ainda exausto depois do projeto do relógio e frustrado com a complexidade de fazer um carro, Ive não tinha como refutar os céticos e revigorar a fé dos fiéis com uma nova categoria de produtos. Em vez disso, deixou Cook dourar a pílula de um dispositivo antigo.

"Nenhum outro dispositivo na nossa geração mudou tanto o mundo quanto o iPhone", discursou Cook. Ele falou dos recursos que o iPhone havia introduzido, desde a tela sensível ao toque até a App Store. "Agora, dez anos depois, faz sentido estarmos aqui, neste lugar, neste dia." Cook fez uma pausa. Então, elevando a voz até quase gritar: "Para revelar um produto que definirá os caminhos da tecnologia na próxima década!".

Sua voz elevada visava energizar uma plateia que se viu olhando para mais um retângulo de vidro. O iPhone que apareceu na tela atrás de Cook apresentava uma tela infinita e um recuo para comportar um sistema de reconhecimento facial composto por duas câmeras, um laser e um projetor em miniatura. A unidade lançava 30 mil pontos invisíveis no rosto do usuário e tirava uma foto instantânea que o celular comparava com uma imagem do rosto do proprietário. Se as imagens correspondessem, o celular seria desbloqueado.

Em um vídeo, Ive disse que o dispositivo cumpria um dos objetivos de longa data da equipe de design: "Criar um iPhone que é todo display, um objeto físico que desaparece na experiência".

O iPhone X eliminava o botão Home e o substituía por um sistema de gestos desenvolvido pela equipe de software. Mas, ao contrário dos modelos anteriores. Cook falou pouco sobre seu design externo ou os materiais. Concentrou-se no sistema de câmeras e no chip A11 Bionic do celular. Esse direcionamento remontava à época da Apple antes do retorno de Jobs, quando Ive se desesperava com o fato de a empresa estar mais focada na potência de seus chips que na beleza de seus produtos. Agora, cerca de duas décadas depois, o próprio artista enfatizava a engenharia.

A PLATEIA FICOU CHOCADA quando o vice-presidente de marketing, Phil Schiller, subiu ao palco e revelou que o iPhone X custaria US$ 999.

O preço representava um aumento de 50% em relação ao preço inicial do iPhone 7 do ano anterior. Era um valor que desafiava as leis da tecnologia, que tendiam a reduzir os preços à medida que os produtos amadureciam. Em um momento no qual a Apple estava vendendo menos iPhones, Cook planejava extrair mais receita do produto mais importante da Apple cobrando US$ 350 a mais por dispositivo vendido. O aumento mais do que compensaria os custos mais altos da tela do celular e do dispendioso sistema de reconhecimento facial. Era uma estratégia sagaz, do tipo que, ao mesmo tempo, desanimaria os consumidores e animaria os investidores.

Rompendo a tradição, o novo celular seria disponibilizado em novembro, e não no final de setembro. Schiller não explicou o motivo, mas os executivos na plateia sabiam que a culpa era dos problemas de fabricação. Os engenheiros da empresa encontraram um problema de desempenho no sistema de reconhecimento facial que os forçara a reavaliar a tecnologia e postergar o lançamento do celular. A empresa também sofria com um desequilíbrio no fornecimento de dois componentes do sistema de reconhecimento facial, que receberam o codinome de Romeu e Julieta.[7] Romeu, a unidade de projeção, levava mais tempo para montar, forçando Julieta, a unidade de câmera, a esperar. Os problemas custaram à empresa seis semanas de vendas.

A Apple reduziu os danos ao lançar outro novo modelo, o iPhone 8, no fim de setembro. O modelo tinha um botão Home e um design parecido com o modelo do ano anterior. Reservado como um plano de contingência desde 2015, ele fornecia a tão necessária rede de segurança.

Depois do evento, Ive abordou Cook fora do teatro para um momento de colaboração ensaiado. Fotógrafos capturaram imagens de Ive espiando por cima do ombro de Cook para ver o novo iPhone. O vazio emocional da cena levou alguns colegas a se constranger por eles.

O acordo de trabalho em meio período de Ive – e a aprovação de Cook – irritava os colegas de Ive. O esquema não combinava com a cultura de uma empresa que priorizava o trabalho no escritório mais que outras empresas do Vale do Silício. Esse esquema de meio período coincidia com vários atrasos no produto. Os contratempos haviam aumentado o escrutínio nos processos da Apple. Entre os maiores impedimentos em suas operações outrora eficientes, estava a ausência de seu principal criador de tendências.

O lançamento dos novos iPhones ajudou a Apple a registrar um recorde de receitas em novembro. Em uma teleconferência com analistas financeiros, Cook disse que as pré-vendas do iPhone X foram robustas o suficiente para colocá-lo a caminho de entregar o ano mais lucrativo da Apple.[8]

Contudo, o sucesso do celular não atenuava a crescente inquietação com o acordo entre Cook e Ive. Além da frustração com as reuniões de Ive no Battery e os atrasos resultantes, a irritação se intensificava entre os altos escalões da Apple porque a empresa pagava mais a Ive para fazer aparentemente menos que todos os outros. Seu salário vinha sendo uma fonte de ressentimento fazia muito tempo. Sob o comando de Jobs e depois de Cook, a Apple pagava igualmente a cada membro de sua equipe executiva de dez pessoas cerca de US$ 25 milhões em remuneração anual total.[9] O numerário era divulgado ao público em conformidade com a lei da Seção 16 da Comissão de Valores

Mobiliários dos Estados Unidos (SEC), que exigia que as empresas revelassem os proventos de executivos que supervisionavam unidades de negócios específicas. Ive, no entanto, recebia um pacote de remuneração maior que os colegas e a empresa não reportava esse fato por ele ser um dos únicos executivos não listados como tal na Seção 16, mesmo trabalhando em meio período.

Outros exemplos de que Ive abusava de sua posição vieram à tona. Logo depois de uma reforma de seu jato Gulfstream V, ele encontrou uma falha nos dispensadores de sabonete líquido que haviam sido personalizados em alumínio. Os engenheiros de computação da Apple foram convocados para encontrar uma solução. Em vez de trabalhar em modelos futuros dos Macs, um membro da equipe passou semanas consertando os dispensadores de sabonete de Ive. "Os acionistas nem fazem ideia", brincavam seus colegas.

As despesas do estúdio de design também se acumulavam. Depois que o fotógrafo Andrew Zuckerman concluiu o trabalho no livro de 2016 da empresa, *Designed by Apple in California*, Ive o chamou para fazer vídeos e fotos do desenvolvimento do Apple Park para um documentário.[10] Zuckerman trabalhava para a Apple desde pelo menos 2010, quando Jobs o contratara para filmar um comercial do FaceTime. Ive e Jobs se identificavam com o trabalho do fotógrafo porque ele compartilhava as obsessões de ambos com perfeição e minimalismo. Ele criava imagens impressionantes para galerias e museus, imagens de pessoas, animais e flores contra fundos brancos que acentuavam a cor e a textura do objeto. Também dirigia filmes, incluindo um curta-metragem estrelado por seus amigos Maggie Gyllenhaal e Peter Sarsgaard.

Pelo trabalho no documentário do Apple Park, a Apple concordou em lhe pagar US$ 3,5 milhões por ano. Era o tipo de valor que os membros da equipe diziam que Jobs teria pagado sem pestanejar. Sua pergunta teria sido: "As fotos e os vídeos são bons?". A habilidade artística seria mais importante que as considerações comerciais. Só que Jobs não estava mais lá para assinar os cheques.

As contas acabaram chamando a atenção da equipe financeira da Apple, que havia sido encorajada por Cook e pelo chief financial officer, Luca Maestri, a esmiuçar os gastos com fornecedores externos. O trabalho que Zuckerman fora contratado para fazer fez dele um alvo do departamento financeiro.

Ao longo dos anos, Zuckerman fez amizade com os designers e com Ive. Em uma troca de mensagens que incluiu designers da Apple, Zuckerman fez um comentário que algumas pessoas da empresa consideraram ofensivo. A Apple monitora os registros telefônicos e as mensagens de texto de seus funcionários, e o comentário de Zuckerman chamou a atenção.[11] A equipe financeira usou a mensagem como parte da justificativa para auditar o trabalho de Zuckerman, um processo permitido por contrato. O processo, que incluía a revisão de anos de faturamento, era invasivo e exaustivo – uma revisão financeira semelhante feita por uma consultoria externa se mostrou tão estressante que o CEO da empresa auditada teve um ataque cardíaco no meio do processo, apesar de a auditoria não ter encontrado qualquer impropriedade.

Na conclusão da revisão, a equipe financeira da Apple determinou que a empresa pagara a mais pelos serviços de Zuckerman e exigiu que ele devolvesse cerca de US$ 20 milhões do que havia faturado ao longo dos anos. Era uma quantia enorme que representava grande parte do que Zuckerman recebera por seu trabalho no livro e em outros projetos. Desesperado para evitar o desastre financeiro, Zuckerman implorou pela ajuda de Ive.

"Sinto muito", disse Ive. Ele explicou que Cook estava por trás da auditoria. "Estou de mãos atadas."

Não foi a única vez que Ive teve de se desculpar pelo comportamento do departamento financeiro da Apple. Apesar de ter mais de US$ 200 bilhões em caixa, a empresa rejeitou cobranças legítimas apresentadas pela empresa de arquitetura, a Foster + Partners, que trabalhou no Apple Park e nas Apple Stores. Quando um dos sócios da empresa contou a Ive o que estava acontecendo, o designer ficou

400   A Apple após Steve Jobs

furioso e se colocou ao lado do fornecedor. Ele não conseguia entender por que a Apple estava se indispondo com seus colaboradores, mas também não tinha mais energia para comprar as brigas dos outros.

Quando Ive se conformou com as limitações de seu poder, Cook começou a se preocupar com sua ausência na gestão do dia a dia. Alegou que o acordo de meio período não estava dando certo.

Para Cook, estava claro que, se Ive saísse da empresa, as pessoas que ele deixaria para trás se sentiriam empoderadas para tomar suas próprias decisões. Já se Ive se mostrasse engajado, as pessoas se sentiriam confiantes, sabendo que ele estava no comando. Entretanto, a situação de um pé aqui e o outro lá que vinha se arrastando havia dois anos estava deixando o lado do produto da empresa em um purgatório de liderança. Era óbvio que Ive precisava retomar a gestão do dia a dia do design.

Mais ou menos na mesma época, a equipe de Ive encenou uma intervenção. Um grupo de designers tentou convencê-lo a voltar, ameaçando sair se a liderança não melhorasse de alguma forma. Ive concordou. As recentes deserções dos designers Danny Coster, Chris Stringer e Imran Chaudhri expunham as dificuldades da equipe na ausência de Ive. Ele quis voltar e restaurar o senso de ordem que havia sido perdido.

No final de 2017, Ive levou grande parte de sua equipe de 20 designers para Washington, para um evento do Smithsonian, onde ele explanaria sobre o futuro do design.[12] Apesar de ter sido ele o convidado a falar, fez questão da presença do grupo porque tudo o que eles fizeram e conquistaram fora feito em conjunto. Durante seu discurso, Ive apontou para o grupo e disse que olharia para trás com mais carinho pela maneira como eles trabalharam do que pelo que criaram.

"Temos tanta confiança na equipe que não censuramos nossas ideias por medo de elas parecerem absurdas", declarou. "Quando se tem confiança, não há competição. O interesse da nossa equipe é realmente tentar descobrir como podemos fazer o melhor produto possível."

A aparição em público sinalizou o retorno de Ive ao rebanho. Quando voltou à Califórnia, ele trabalhou nos próprios termos. Definiu uma agenda para visitar o estúdio de design e começou a se reunir regularmente com os designers em São Francisco, não em Cupertino.

A equipe executiva da Apple ficou aliviada com seu retorno. Eles estavam otimistas de que a supervisão de Ive aceleraria as decisões e afiaria o desenvolvimento dos produtos. De fato, eles comentaram com amigos de fora da empresa que a melhoria foi imediata.

Logo depois de voltar com os dois pés para a empresa, Ive insistiu em um redesenho do iPhone 11. Os planos exigiam uma câmera ultralarga na traseira do celular e o design inicial do dispositivo mostrava as câmeras empilhadas em três fileiras no interior de uma esguia saliência em formato de I. Ive queria reorganizar as lentes dentro de um pequeno quadrado com duas câmeras, uma em cima da outra e a terceira centralizada à direita, criando um triângulo equilátero. O equilíbrio do design resultante minimizou a espessura do hardware.

Era o tipo de toque de bom gosto que tinha sido a marca registrada da carreira de Ive.

Em 2018, o mais recente produto de Ive foi apresentado à equipe. Os funcionários começaram a se mudar do antigo *campus* do Infinite Loop para a futurista sede no Apple Park. O anel de quatro andares levara sete anos para ser construído e custara cerca de US$ 5 bilhões, tornando-o um dos *campi* corporativos mais caros e mais comentados já construídos. O edifício era basicamente um arranha-céu de 60 andares dobrado em um círculo contínuo, com quatro andares de altura e um quilômetro e meio de diâmetro. Seu exterior de vidro curvo sem qualquer emenda visível ia do chão ao teto em cada andar e banhava as passarelas com luz do sol. As amplas janelas davam para colinas encimadas por damasqueiros, macieiras e cerejeiras. Uma piscina ondulada no centro do círculo formava ondas suaves de água sobre pedras do tamanho de batatas com um zumbido meditativo.

Ive e os designers dedicaram anos definindo cada detalhe do prédio, desde a curvatura dos botões dos elevadores até os leitores de crachás nas entradas dos escritórios. Referências a produtos da Apple podiam ser encontradas por toda parte. Enquanto a maioria dos prédios é feita com ângulos de 90 graus, o Apple Park tinha infinitas curvas. Os 800 painéis de vidro que circulavam o prédio eram perfeitamente curvados para criar um círculo de cerca de um quilômetro. O interior do elevador tinha cantos arredondados em vez de bordas quadradas. As escadarias, feitas de concreto branco personalizado que parecia mármore, apresentavam degraus que terminavam em um ligeiro arco. Cada curva remetia à curva cuidadosamente considerada de cada iPhone, dando voltas infinitas, diferente de qualquer outro local de trabalho do mundo.

O círculo se dividia em oito segmentos idênticos separados por portas de vidro tão transparentes que davam a impressão de que o círculo continuava indefinidamente. Para os funcionários, percorrer o prédio podia ser tão confuso quanto entrar em uma sala de espelhos. Pouco tempo depois de se mudar para o novo escritório, um engenheiro da equipe da Siri não notou uma porta de vidro e quebrou o nariz. Sangue escorreu por seu rosto. E ele não seria a última vítima do prédio.

Nas semanas seguintes, a equipe de segurança do Apple Park ligou para a emergência para relatar uma série de incidentes semelhantes.[13] Um funcionário cortou a sobrancelha. Outro ficou com a cabeça sangrando e possivelmente com uma concussão. Um terceiro precisou da assistência de paramédicos. As ligações se tornaram tão rotineiras que os seguranças deram um jeito de colocar o atendente em contato direto com o funcionário ferido.

"Diga-me exatamente o que aconteceu", pediu um atendente depois de um incidente.

"Então... Eu dei de cara com uma porta de vidro no primeiro andar do Apple Park quando estava tentando sair. Foi uma idiotice", relatou o funcionário.

"Você não viu a porta de vidro?", perguntou o atendente.

"É. Eu não vi a porta de vidro e passei direto como se ela não existisse", respondeu o funcionário.

"Entendi, só um momento. Você machucou a cabeça?"

"Eu bati a cabeça no vidro."

Para não parecer que tinham acabado de sair de um ringue de boxe, os funcionários começaram a andar pelo prédio com os braços estendidos como zumbis, na esperança de seus dedos atingirem o vidro antes do rosto. A Apple apressou-se para resolver o problema, encomendando quilômetros de adesivos pretos para aplicar ao redor do prédio. Executivos seniores e membros da equipe de estratégia de negócios da Apple, que estavam entre os primeiros a se mudar para o novo prédio, ajudaram a equipe de manutenção no que os funcionários chamaram de "o mutirão emergencial dos adesivos".

Os pontos pretos dos adesivos eram as únicas imperfeições visíveis em um espaço onde o interior e o exterior se confundiam, em uma cortesia do vidro sem fim. A equipe começou a chamar os adesivos de "lágrimas do Jony".

A SEDE AMBICIOSA dividiu os funcionários. Alguns adoraram. Eles se reuniam ao redor da piscina ondulada e trabalhavam em seus laptops enquanto a água rolava. Outros preferiam trabalhar no refeitório de quatro mil lugares, maravilhados com as silhuetas iluminadas de colegas que pareciam caminhar pelo ar nas passarelas que cruzavam o café. Pessoas perambulavam pelas trilhas construídas para incentivar caminhadas como as que Jobs fazia com os colegas pelas colinas de Palo Alto. Alguns funcionários também apreciavam alguns pequenos toques atenciosos, como a privacidade proporcionada pelos banheiros fechados do chão ao teto. Eles não conseguiam se imaginar trabalhando em qualquer outro lugar.

Mas nem todo mundo gostou da nova sede. Uma facção de funcionários considerava o *campus* a personificação física da tendência de Ive, no fim da carreira, de favorecer a forma sobre a função. Em sua beleza intransigente, o prédio criava dificuldades desnecessárias com as quais eles eram forçados a conviver. Ive e Cook diziam que o Apple Park fora construído para reunir todos em um único espaço, para que pessoas de diferentes divisões pudessem se encontrar por acaso e criar novas maneiras de colaborar. No entanto, apesar de seu grande refeitório e outros espaços comunitários estimularem a interação, o interior desencorajava a colaboração. Os segmentos do interior do edifício foram esculpidos em cunhas independentes de espaços de escritório acessíveis apenas por crachás. Os funcionários reclamavam que, para ir a uma reunião em um espaço no mesmo andar, eram forçados a descer dois lances de escadas e subir por uma escadaria diferente para acessar uma sala que ficava praticamente ao lado. O edifício parecia uma cidade de ruas de mão única. Eles apelidaram o labirinto fechado de "Prisão Espacial".

O barulho também incomodava. A passarela interna do prédio passava ao lado de painéis de vidro curvos que transportavam sons por grandes distâncias, como a parede sussurrante de um museu de ciências. As conversas se infiltravam nos escritórios pelas costuras entre os painéis de vidro, levando alguns funcionários a preencher os espaços com pedaços de isopor colorido. A Apple acabou instalando máquinas de ruído branco para abafar o barulho do corredor.

Além disso, os funcionários foram obrigados a superar os mesmos aborrecimentos iniciais de todos os edifícios recém-concluídos. Ratos infestavam os escombros da Hewlett-Packard e se tornaram os primeiros moradores do *campus*, correndo pela propriedade. No interior do prédio, canos de vapor empurravam umidade através do concreto recém-instalado, deixando manchas de ferrugem nas paredes. Alguns funcionários amarravam toalhas de hotel com fita isolante para absorver a água, levando os engenheiros a brincar que o prédio precisava de fraldas de incontinência de tamanho industrial.

O humor ácido tornou-se uma maneira de sobreviver. Um engenheiro criou um sistema para compartilhar memes com o tema "Hoje, no Apple Park" sobre os absurdos que aconteciam lá. Os colegas tiravam sarro dos 15 minutos a mais que levavam para chegar ao trabalho porque precisavam percorrer 175 acres até chegar a suas mesas. Outros brincavam que Cook tinha encontrado um novo jeito de ganhar dinheiro proibindo os funcionários de colher frutas das árvores da propriedade. Alguém da Apple colhia as frutas e o refeitório as usava para fazer tortas que a empresa vendia aos funcionários. Alguns brincavam que a única imperfeição do teto inclinado do prédio ficava acima do estúdio de design, onde canos se projetavam no ar para liberar fumaça de tinta, uma exigência do código de construção que Ive e os arquitetos tentaram combater, mas não conseguiram derrotar. Um engenheiro reclamou que os colegas que iam ao trabalho com cães-guia não tinham um local exclusivo para levar seus companheiros caninos ao banheiro. Ele gostava de ver os labradores sendo conduzidos até as encostas esculpidas para fazer cocô.

"Foi uma justiça poética", disse ele.

PARA ALGUNS, A NOVA SEDE parecia assombrada. Tudo, desde os ruídos nos corredores até os acidentes nas portas de vidro, lembrava as pessoas de uma empresa que havia saído dos eixos.

Sob o comando de Jobs, a Apple havia equilibrado arte e engenharia para criar produtos belos e inovadores. Ele levara a Apple a omitir os drives de disquete do iMac original em favor dos drives de CD, uma escolha que simplificou o processo de design de um produto que acabou se transformando em uma sensação. Sua intuição de que o iPad original precisava de uma curva na base facilitou tirar o primeiro tablet de uma superfície plana, como uma mesa. Sua grosseria – "Você é um merda!" – com as pessoas responsáveis por protótipos imperfeitos e campanhas publicitárias malsucedidas impulsionava o brilhante trabalho que tornou a empresa excelente. Era impossível andar pelo quartel-general com o qual ele havia sonhado e não ver coisas que ele poderia ter ridicularizado ou melhorias que ele poderia ter feito. Apesar de toda a sua beleza, a nova sede da Apple não era tão perfeita.

Cook decidiu espremer mais funcionários no prédio, aumentando o número total de pessoas do plano original de 12 mil para 14 mil. A decisão de reunir mais gente no mesmo lugar foi motivada pela eficiência operacional. Nos três anos desde o início da construção, a Apple aumentara sua força de trabalho em um terço, de 92.600 para 123.000 pessoas. Colocar um terço a mais de pessoas ali trouxe mais mesas ao leiaute aberto, forçando os engenheiros a trabalhar com menos espaço. O ambiente lotado era um lembrete diário da prensa de sidra de alta tecnologia que a Apple se tornara.

FORA DO *CAMPUS*, o Apple Park virou uma curiosidade. Estudiosos e historiadores o consideraram o mais luxuoso de uma série de projetos arquitetônicos realizados por gigantes da tecnologia. O Google, o Facebook e a Amazon também estavam no processo de trocar os prédios de escritórios genéricos e baixos que predominavam no Vale do Silício por palácios corporativos que evocavam suas avaliações de mercado em alta.

Jobs dera início à bonança arquitetônica em 2010, quando contratou a Foster + Partners para trabalhar no circuito fechado que parecia uma representação física da cultura de sigilo e controle da Apple. O Facebook foi o próximo, com o arquiteto Frank Gehry projetando um *campus* com cafés comunitários e escritórios forrados com madeira compensada, uma homenagem informal a seu CEO de moletom com capuz, Mark Zuckerberg. Para não ficar atrás, a controladora do Google, a Alphabet, contratou o arquiteto dinamarquês Bjarke Ingels para criar um dossel de vidro sobre uma passarela pública, um aceno à acessibilidade de informações possibilitada pelo mecanismo de busca da empresa.

As pomposas sedes corporativas seguiam uma longa linha de monumentos à riqueza e ao poder que remontam aos faraós do Egito.

Sua construção parecia adequada para empresas que se tornaram as forças dominantes do capitalismo moderno, com plataformas tão indispensáveis para banqueiros de Wall Street quanto para aldeões de Bangladesh. Não havia limites para o crescimento dessas empresas. Seus tentáculos poderiam se estender de smartphones, ferramentas de busca ou mídias sociais a setores aparentemente não relacionados, como finanças e saúde. Era natural para elas satisfazerem sua crescente sensação de importância com edifícios diferenciados, mesmo sabendo que cada santuário também poderia ser uma lápide.

No passado, outros templos do capitalismo haviam pressagiado reversões do destino corporativo. Empresas que nadavam em dinheiro construíam templos corporativos pomposos durante um surto de crescimento, mas, em momentos de retração, se arrependiam de ter esbanjado tanto. Em 1970, a American Can Company mudou-se para um *campus* de 155 acres em Greenwich, Connecticut, antes de dar início a uma série de demissões e vendas de ativos. A Enron estava no processo de construir uma sede corporativa de 50 andares quando entrou com um pedido de falência.

O Vale do Silício, um centro de triunfos disruptivos e rápidas retrações, era a própria definição da tendência. Os 175 acres comprados pela Apple haviam sido abandonados pela Hewlett-Packard depois que o mercado de PCs estagnou. O Facebook adquiriu os restos fossilizados da sede da Sun Microsystems, cuja construção foi concluída em 2000, justamente quando a implosão das pontocom devastou os negócios da Sun. Depois de comprar o *campus* em 2011, Mark Zuckerberg deixou visível o letreiro da Sun para lembrar os funcionários sobre os riscos de se acomodarem com o sucesso.

A dispendiosa sede da Apple levantava temores de que a mesma coisa pudesse acontecer com a empresa. O *campus* construído com as vendas do iPhone foi concluído dez anos depois do lançamento do produto mais vendido da empresa. O dispositivo ainda representava dois terços das vendas da empresa, e o Apple Watch, os AirPods e outros novos produtos ainda não tinham alcançado vendas unitárias comparáveis. Os teóricos se perguntavam: será que o palácio da Apple não foi um ato de insensatez?

EM MEIO AOS PREPARATIVOS da equipe de design para se mudar para o novo *campus*, o *New York Times* publicou um obituário da colaboração da tecnologia com a moda.[14] A convergência das duas indústrias fora impulsionada em grande parte por Ive e o Apple Watch, mas a crítica de moda do *Times*, Vanessa Friedman, dizia que o caso de amor tinha esfriado. Ela chamou o Apple Watch de "um bocejo".

A desaprovação intensificou a pressão sobre Ive e a equipe quando eles se estabeleceram em seu novo espaço de trabalho. Eles foram os últimos a se mudar para o Apple Park. Os funcionários brincavam que eles estavam esperando a infestação de ratos ficar sob controle antes de se mudarem. Na verdade, a empresa precisava de tempo para instalar as máquinas pesadas que usava para fazer protótipos. Ninguém se surpreendeu quando os designers ganharam uma das melhores vistas do *campus*, do alto do quarto andar, direto para o interior do parque.

Ive esperava que o novo espaço de trabalho encorajasse a colaboração entre diferentes divisões. Pela primeira vez, as equipes de design de software e de design industrial trabalhariam no mesmo andar e no mesmo espaço. Ele vislumbrava as pessoas se encontrando pelos corredores e trocando ideias que melhorariam a aparência dos dispositivos e a maneira como os usuários interagiriam com eles. Ele sabia que levaria um tempo para alcançar esse objetivo. Depois de anos trabalhando separados em uma empresa envolta em sigilo, os grupos precisariam de incentivo para se ver como pertencentes à mesma equipe. Mas Ive estava otimista com as possibilidades.

Em um de seus primeiros dias no estúdio, viu um grupo de designers perto de uma das amplas janelas com vista para o parque. Ele se aproximou para ver o que tinha chamado a atenção deles e descobriu que eles estavam assistindo ao pôr do sol. Ive se juntou a eles enquanto o céu mudava de cor. Nas décadas que eles haviam passado trabalhando juntos, aquela foi a primeira vez que ele parou de trabalhar para olhar o céu.

No FIM DE JUNHO, Ive foi a Londres para um evento no Royal College of Art, que recentemente o nomeara reitor honorário. O cargo honorário exigia que ele participasse de um jantar anual para alunos e apoiadores da mais importante faculdade de arte e design do Reino Unido. Vestindo um terno azul-claro e *wallabees* de camurça da Clarks, ele se sentou a uma mesa de design moderno com Laurene Powell Jobs, Marc Newson, Naomi Campbell e Tony Chambers, o ex-editor-chefe da influente revista de design e arquitetura *Wallpaper*.

Enquanto o grupo se acomodava em suas cadeiras, Newson chamou um garçom e pediu que as taças de champanhe fossem substituídas por taças de vinho. Newson, Ive e Chambers eram todos amigos do *chef de cave* da Dom Pérignon, que lhes ensinara que as taças do tipo flauta reduzem a riqueza do champanhe. Eles explicaram aos outros que uma taça de vinho tradicional deixava o champanhe respirar e abria as notas de degustação e os aromas. Era algo que consideravam um detalhe de design.

Quando as taças de vinho chegaram e o champanhe foi servido, Ive voltou sua atenção para Chambers. Os dois se conheciam havia anos; Chambers entrevistava Ive regularmente após o lançamento de novos produtos. Ive chegara a ser editor convidado da *Wallpaper* em 2017, criando uma capa branca que continha apenas o banner da revista em tons de arco-íris.

Chambers tinha acabado de sair da publicação, e Ive perguntou o que ele vinha fazendo.

"Consultoria", Chambers respondeu.

Chambers explicou que havia aberto sua própria consultoria e estava expandindo a empresa. O ex-editor contou que sonhava em abrir uma empresa de design gráfico desde que se formara na faculdade de arte. Só que ele acabara entrando na *Wallpaper* e subindo até o topo da hierarquia. Contou que um dia os sonhos de sua juventude começaram a voltar à tona e ele começou a se perguntar: "será que não é melhor eu sair da *Wallpaper* antes que seja tarde demais?".

Não era uma pergunta fácil, confessou ele. Tinha estabilidade no emprego e podia se aposentar lá se quisesse. Mas seu desejo criativo de fazer algo novo o levara a se afastar e passar um ano trabalhando em meio período. Até que um dia ele anunciou que se afastaria de vez.

Ive olhou para ele com uma mistura de surpresa e compreensão.

"Sei bem como é", disse. "Também estou pensando em fazer algo assim."

22

EM UM BILHÃO DE BOLSOS

Em um canto remoto do estado de Utah, um hotel contemporâneo se integrava à paisagem de um platô esculpido pelo vento.[1] Os ângulos agudos de suas paredes de pedra complementavam a paisagem desértica ao redor.

No final de novembro, Tim Cook chegou lá sozinho.

O hotel e resort Amangiri era popular entre aventureiros ricos. A diária para ficar em uma de suas 34 suítes custava cerca de US$ 2.200. Cada suíte se abria para um pátio privativo com lareira e uma vista infinita do céu noturno.

A natureza inspirava e motivava Cook.[2] Ele considerava a caminhada a melhor forma de meditação. Visitar parques nacionais estava entre seus poucos hobbies fora do trabalho. Ele apoiara a ideia de batizar as novas salas de conferências da empresa em homenagem a mecas da natureza, incluindo a Sala Grand Canyon, que ficava quase ao lado de seu escritório. Partindo de Amangiri, ele podia chegar ao Parque Nacional de Zion, um de seus favoritos, onde o céu azul e os choupos de um verde brilhante emolduravam desfiladeiros de arenito vermelho, rosa e salmão. Pouco mais de um ano depois de Ive e seus amigos terem realizado a celebração de seu aniversário de 50 anos no Aman em Veneza, Cook foi ao hotel de Utah para relaxar sozinho.

No Dia de Ação de Graças, ele se sentou a uma mesa na sala de jantar, cujas janelas do chão ao teto davam para belas planícies desérticas. O restaurante seguia as tradições culinárias do Sudoeste americano, com um cardápio permanente que incluía confit de frango criado livre e salmão com creme de açafrão. Enquanto Cook jantava tranquilamente, uma jovem sentada perto notou que ele estava sozinho.

"Devemos chamá-lo para sentar com a gente?", ela perguntou à mãe.

Comovida com a consideração da filha, a mulher olhou para o homem e preparou-se para convidá-lo para jantar com sua família. Mas, pouco antes de falar, ela percebeu: "Eu o conheço. Na verdade, todo mundo conhece. É o Tim Cook".

O CEO da maior empresa do mundo terminou sua refeição sozinho. O humilde workaholic passaria as férias inteiras recarregando as baterias em caminhadas tranquilas e idas ao spa. Tempos difíceis estavam por vir. O Dia de Ação de Graças caía pouco antes do período mais movimentado do calendário da Apple, quando a empresa projetava cerca de um terço de sua receita em compras de Natal de iPhones, iPads e Macs. As caminhadas lhe dariam a calmaria antes da tempestade e, como ele disse a outro hóspede: "Eles têm os melhores massagistas do mundo".

As ordens vindas de Cupertino eram urgentes: cortar a produção. Agora.

No final de 2018, a Apple reduziu drasticamente os pedidos dos componentes que constituíam seus três modelos mais recentes de iPhone.[3] O iPhone X conseguira dar mais um sopro de vida à franquia iPhone, com seu preço mais alto puxando as vendas a um novo recorde, mas seus sucessores, o XS, XS Max e XR, pareciam idênticos sem custar menos. Os modelos XS custavam US$ 1 mil, enquanto o XR, com sua tela de qualidade inferior, custava US$ 749, um aumento de US$ 100 em relação ao modelo básico do ano anterior. Cook e seus executivos tinham grandes expectativas para o XR, especialmente na China, onde Cook havia promovido o celular para seu milhão de seguidores no Weibo, o equivalente ao Twitter do país, dizendo: "É maravilhoso ver tantas pessoas na China curtindo o novo iPhone XR". A mensagem refletia a esperança da empresa de que o aparelho se popularizasse no maior mercado de smartphones do mundo. No entanto, o modelo foi um fracasso.

O cenário competitivo da China havia mudado. A Huawei, a maior fabricante de smartphones do país, chegou ao mercado com uma série de celulares com recursos melhores e preços mais baixos que os da Apple, incluindo o P20, que custava um terço do preço do XR, mas oferecia mais armazenamento, uma câmera melhor e uma bateria maior.[4] Clientes chineses em busca de um bom custo-benefício faziam fila para comprar os celulares da Huawei. Os usuários de celulares da China viviam dentro de um superaplicativo chamado WeChat, que tornava o software da Apple menos atraente porque podia ser usado para tudo, desde mensagens e pagamentos até mídias sociais e um serviço similar ao Uber. As crescentes tensões comerciais entre os Estados Unidos e a China representavam outro obstáculo. Manchetes negativas nos noticiários sobre políticas de tributação estavam causando danos à marca da Apple. Antes líder de mercado na China, nos anos seguintes a empresa cairia para a quinta maior vendedora de celulares do país.[5]

Com os iPhones XR acumulando poeira nas prateleiras, Cook e seus executivos se apressaram em rever seus planos de fabricação do dispositivo.[6] A ordem de cortar a produção repercutiu pela cadeia de suprimentos. A Foxconn alertou os investidores sobre a queda da demanda de smartphones e correu para cortar US$ 2,9 bilhões em despesas, a fim de salvar seus resultados financeiros. Fabricantes de chips, fornecedores de telas e um fornecedor de tecnologia a laser cortaram suas estimativas de lucros trimestrais. Já teria sido raro que uma única empresa fizesse isso, de modo que foi algo sem precedentes que tantas empresas o fizessem ao mesmo tempo. O império do iPhone parecia estar entrando em colapso.

Cook recorreu às equipes de vendas e marketing em busca de soluções. A investigação descobriu que os problemas do iPhone não se limitavam à China e haviam se estendido para a Europa e os Estados

Unidos, onde os clientes que costumavam trocar de celular a cada dois anos começaram a aumentar esse tempo. A mudança dos hábitos de compra refletia o fato de que os iPhones que eles tinham já desempenhavam as funções das quais precisavam e as operadoras de telefonia não ofereciam mais subsídios para reduzir o preço de um novo modelo. A Apple tentou combater o choque com o elevado preço cheio dos iPhones oferecendo o próprio subsídio. A empresa criou um programa de troca que reduzia o preço de um novo iPhone em várias centenas de dólares quando as pessoas entregavam um modelo antigo.[7] A empresa vendia os celulares antigos para intermediários, que os revendiam no exterior.

No início de dezembro, a Apple começou a anunciar o iPhone XR por US$ 449 com um asterisco, observando que o preço com desconto só estaria disponível para pessoas que o trocassem por um iPhone anterior. A equipe de marketing aumentou o apelo da proposta elevando o valor de troca dos iPhones antigos em US$ 25.[8] A Apple estava basicamente pagando às pessoas para comprar celulares novos. A iniciativa transformou o ambiente geralmente descontraído das Apple Stores em algo como uma loja de carros usados, com os funcionários sendo incentivados a divulgar a promoção de troca de celulares ao lado de monitores de computador que exibiam fotos do XR abaixo do preço com desconto por "tempo limitado".

Em Wall Street, as consequências foram rápidas e punitivas. A Apple perdeu mais de US$ 300 bilhões em valor de mercado no final de 2018, um pouco mais que o Walmart valia na virada do ano.[9] Os quase dez anos como a empresa mais valiosa do mundo terminaram quando a Apple foi suplantada por seu antigo arqui-inimigo, a Microsoft.[10]

Cook interpretara mal o mercado. A Apple não conseguiu vender o número esperado de iPhones quando forneceu a Wall Street as projeções de vendas para o período de Natal. Ao examinar os números diários de vendas, ele viu a diferença entre o que havia sido prometido e o que a empresa entregaria. As leis de valores mobiliários exigiam que ele divulgasse o déficit.

Logo depois do fechamento dos mercados no dia 2 de janeiro de 2019, a Apple divulgou uma carta de Cook aos investidores em que reduzia a projeção de vendas trimestrais da empresa pela primeira vez em 16 anos.[11] Ele informava que a Apple passara a esperar vendas de US$ 84 bilhões, em vez dos US$ 89 bilhões previstos, um corte que levou a empresa a uma queda de 4,5% em relação ao crescimento de receita inicialmente projetado. Cook culpou a fraca demanda do iPhone e a desaceleração da economia da China pelo déficit, explicando que a Apple não havia esperado uma desaceleração dessa magnitude.

"Acreditamos que o ambiente econômico na China foi ainda mais impactado pelo aumento das tensões comerciais com os Estados Unidos", ele escreveu. "Com o clima de crescente incerteza pesando nos mercados financeiros, os efeitos também pareceram atingir os consumidores, com o tráfego em nossas lojas de varejo e em nossos parceiros de canal na China diminuindo à medida que o trimestre avançava."

Para Cook, era mais fácil culpar a economia e as sanções comerciais do que admitir a realidade de que os clientes estavam cansados de melhorias incrementais no iPhone. Ele preferiu omitir que a China respondia por menos da metade da queda da receita do iPhone. As vendas também caíram na Europa e nos Estados Unidos. Contudo, os investidores só souberam disso mais tarde, quando analisaram os números divulgados pela empresa. A queda de US$ 9 bilhões na receita do iPhone foi a maior queda em um único trimestre desde 2007. O produto mais importante da empresa estava perdendo força.

Naquela tarde, Cook sentou-se com o repórter da CNBC Josh Lipton na sede da Apple para explicar o que havia dado errado.[12] O CEO, que não raro sorria, brincava e falava energicamente durante as entrevistas na TV, sentou-se curvado em uma banqueta e apertou os lábios antes de falar lenta e gravemente sobre os problemas que a Apple estava enfrentando.

"Vimos, no decorrer do trimestre, coisas como a retração do tráfego em nossas lojas de varejo, do tráfego em nossas lojas parceiras de canal e da indústria de smartphones como um todo", explicou. Ele tentou tranquilizar os investidores garantindo que a Apple tinha um plano para aumentar as vendas: "Não vamos ficar de braços cruzados esperando uma mudança macroeconômica. Espero que a economia mude e até posso dizer que sou bastante otimista em relação a isso, mas vamos nos concentrar nas coisas que podemos controlar."

No dia seguinte, o preço das ações da Apple caiu 10% e a empresa perdeu US$ 75 bilhões em valor.[13] O tombo daquele único dia foi o maior da Apple em seis anos e afundou sua avaliação para um nível que não era visto desde fevereiro de 2017. A queda abalou a economia dos Estados Unidos. A empresa havia se tornado uma das ações institucionais mais populares, incluída em fundos mútuos, fundos de índices e fundos de aposentadoria. Graças, em parte, a Warren Buffett e à Berkshire Hathaway, todo mundo, desde vovôs e vovós na Flórida a operários de montadoras de automóveis no Centro-Oeste, tinha interesse nos negócios da Apple. E todos estavam perdendo.

Cook buscou virar a maré aumentando o tráfego nas Apple Stores. Fez uma série de reuniões com sua equipe de liderança executiva, incluindo a vice-presidente de varejo Angela Ahrendts, para entender por que as lojas não estavam conseguindo atrair clientes. A ex-CEO da Burberry havia se tornado uma figura polarizadora durante seus cinco anos na Apple. Inicialmente aplaudida por trazer estilo para a equipe de executivos da Apple, até então 100% masculina, a executiva elegantemente vestida caíra em desgraça com alguns de seus colegas. Rumores se espalharam entre estes de que seu pacote de remuneração incluía grandes somas para seu cabeleireiro, um motorista particular e carro de luxo. (Uma porta-voz negou que isso fizesse parte da remuneração de Ahrendts.) Essas mordomias, comuns na América corporativa, eram malvistas na Apple enquanto Jobs estava vivo. Além disso, Ahrendts estava tendo dificuldade de convencer os colegas de suas ideias. Eles fizeram pouco caso de sua tentativa de criar uma frota de ônibus que cruzaria a China como Apple Stores itinerantes. Quando ela apresentou a ideia a Cook, ele a interrompeu e disse que não havia necessidade. Considerando a ideia impraticável, a rejeitou.

Alguns colegas contam que, no tempo em que passou na empresa, ela teve dificuldades com a expectativa de Cook de que seus executivos fossem capazes de, ao mesmo tempo, fornecer uma visão de longo prazo e dominar detalhes minúsculos. Equilibrar essas duas funções enquanto Cook enchia a equipe de perguntas podia ser exaustivo. Depois de uma reunião, ela entrou no banheiro feminino, fechou a porta e respirou fundo. Olhou para uma colega com os olhos arregalados, exaurida depois da mais recente rodada de interrogatório. "Como você consegue?", perguntou.

Com os tropeços do negócio de iPhones da Apple, o interrogatório de Cook sobre a situação do negócio de varejo da empresa se intensificou. Ele queria saber por que o tráfego nas lojas havia caído e o que estava sendo feito para reverter isso. Pessoas que trabalhavam com Ahrendts disseram que ela nem sempre tinha números prontos para apresentar ou o profundo e detalhado conhecimento dos números que Cook exigia.

Em meio a uma série de reuniões acaloradas no início de 2019, Cook e Ahrendts concordaram que seria melhor ela se afastar da empresa. Um anúncio abrupto em fevereiro de que ela sairia da Apple alimentou rumores de que havia sido demitida. A equipe de relações públicas entrou em ação para abafar os rumores, divulgando uma história de que a saída tinha sido planejada. Ahrendts dizia aos amigos que não via a hora de sair. Ela tinha passado cinco anos na empresa e ganhado US$ 173 milhões.[14] Estava pronta para sair de um império no qual um CEO distante atacava funcionários com interrogatórios.

Para preencher a vaga, Cook recorreu a uma de suas executivas de longa data e de confiança nas operações, Deirdre O'Brien. Ela já trabalhava na Apple quando Cook entrou, em 1998, e se destacou como uma valiosa integrante da equipe de operações, fazendo projeções precisas para a demanda pelos próximos produtos da Apple. Era o oposto de Ahrendts em muitos aspectos. O'Brien tinha cabelos escuros e curtos e usava jeans escuros com blazers sem personalidade. Adorava números e detalhes, consequência de sua ascensão na organização de Cook. Mergulhou imediatamente no trabalho com Cook e o chief financial officer, Luca Maestri, para combater o colapso do iPhone, ajustando os preços ao redor do mundo.

Pouco tempo depois do anúncio da saída de Ahrendts, Jimmy Iovine revelou que também planejava sair da empresa. O Apple Music, que ele havia ajudado a construir, estava conquistando assinantes em um ritmo constante e o conteúdo de Hollywood que ele havia defendido estava sendo desenvolvido pelos ex-executivos da Sony Zack Van Amburg e Jamie Erlicht. Iovine acreditava que a Apple havia se tornado grande e burocrática demais para acompanhar a cultura popular. Sabendo que não poderia mudar a situação, aos 65 anos, cinco anos após a venda de US$ 3 bilhões da Beats para a Apple, ele decidiu se aposentar.

Eddy Cue, que liderava os serviços, substituiu Iovine por um integrante de longa data da equipe do Apple Music. Oliver Schusser, que dirigia as divisões de conteúdo internacional da empresa, era o oposto de seu enérgico antecessor nascido no Brooklyn. Um alemão discreto e eficiente, Schusser trabalhava na Apple havia quase 15 anos e levou uma operação competente à organização musical.

No intervalo de alguns meses, dois dos criativos mais experientes da Apple saíram: uma mergulhada na moda, outro mergulhado na música. Da mesma maneira como Cook refizera o conselho de administração da Apple, para a frustração de Jony Ive, ele começou a refazer a empresa. Com a Apple em crise, Cook recorreu a executivos disciplinados e qualificados na área que ele mais dominava: as operações.

EM UMA BELA NOITE de primavera, o Apple Park se viu cheio de estrelas. As celebridades foram convidadas a uma celebração que vinha sendo preparada fazia anos.

Desde muito antes da última crise do iPhone, Cook planejava abrir as cortinas e apresentar ao mundo o novo produto que vinha criando. No final de março, ele estava pronto para exibir os serviços da Apple prometidos havia tanto tempo.

Naquele domingo, Oprah Winfrey, Jennifer Aniston e Reese Witherspoon percorreram as passarelas e escadarias da enorme sede a caminho do refeitório. Diretores como J. J. Abrams e Jon Chu seguiram o mesmo caminho. O evento também contou com a presença de agentes e produtores da indústria de entretenimento, que encheram o átrio do Caffè Macs com aquela conversa barulhenta e exuberante típica de pré-estreias de filmes e apresentações exclusivas de prévias de TV.

O encontro estava tão cheio de estrelas que todas as pessoas ali eram familiares. Se você fosse pegar algo para comer, poderia passar por Jennifer Garner ou Ewan McGregor. Uma ida ao bar poderia colocá-lo ao lado do ator de *Breaking Bad*, Aaron Paul, ou a atriz de *Downton Abbey*, Michelle Dockery. A maioria dos convidados estava acostumada a socializar com os famosos. O que não era tão comum era socializar com celebridades em um *campus* corporativo isolado a menos de dois quilômetros de um hotel três estrelas da rede Residence Inn e uma loja da Bed Bath & Beyond.

Os arredores despertaram uma leve irritação entre o pessoal de Hollywood. Eles estavam acostumados a ditar as regras do jogo. Dessa vez, tinham viajado 500 quilômetros para um evento sigiloso sobre o qual a Apple se recusava a dar detalhes. O diretor M. Night Shyamalan viera da Pensilvânia, sem saber se seria apenas mais um convidado ou se teria algum papel na apresentação. Para a irritação de uma indústria que adorava uma fofoca, a Apple fazia questão de manter tudo em segredo.

Enquanto esperavam, alguns convidados caçoaram do tamanho das plantas gigantes no refeitório da empresa. Outros brincaram sobre a incoerência do ambiente luxuoso de US$ 5 bilhões e um cardápio de bebidas que só incluía vinho e cerveja. O pessoal de Hollywood preferia bebidas destiladas leves, vodca com refrigerante ou gim tônica com limão. A *vibe* de casamento barato era outro dos mistérios da Apple, ao lado do pedido da empresa para que os participantes não revelassem que estariam lá.

Antes do fim do evento, alguns atores e diretores se reuniram do outro lado do *campus*, no Steve Jobs Theater.[15] A Apple contratou o fotógrafo de celebridades Art Streiber, que costumava fotografar as pessoas mais importantes da sociedade para a *Vanity Fair*. Ele organizou um grupo de 31 celebridades selecionadas a dedo em uma série de plataformas no saguão circular do teatro. Cook, que usava um suéter preto de gola alta e zíper e calças pretas, se colocou no meio das estrelas. Ele cruzou os braços como um supervisor de linha de montagem e olhou fixamente para a câmera com um leve sorriso. Oprah estava radiante à sua direita, Abrams estava descontraído à sua esquerda. Aniston e Witherspoon estavam por perto. Cook parecia confiante e seguro. Ele pagara Hollywood para vir até ele, demonstrando o poder de fogo financeiro de seu império global.

NA MANHÃ SEGUINTE, recepcionistas alegres usando camisetas com o logotipo da Apple cumprimentavam com "Bom dia!" e "Olá!" os convidados de Hollywood que subiam a pequena colina até o Steve Jobs Theater para um discurso de abertura. Agentes e produtores da indústria do entretenimento foram convidados para o evento daquela manhã e mais de 500 fotógrafos da imprensa tiravam fotos da sede em forma de nave espacial, onde havia acontecido a recepção da noite anterior. Apesar de ter sido inaugurado um ano antes, o anel de vidro ainda era tratado como a oitava maravilha do mundo.

Os convidados de Hollywood juntaram-se a uma plateia eclética no teatro. A sala estava cheia de repórteres e analistas de tecnologia que participavam regularmente dos eventos da Apple, além de pessoas que escreviam sobre entretenimento, games e cartões de crédito. Todos se amontoaram em frente a um bar circular onde café era servido para os convidados. Um séquito de banqueiros do Goldman Sachs seguia o

CEO David Solomon no meio da multidão. Agentes e produtores beliscavam o café da manhã enquanto esperavam o show começar.

Cook estava no camarote no andar de baixo, preparando-se para subir ao palco. Era um espaço pequeno e tranquilo, com um sofá e uma área de maquiagem. Dias antes de um evento anterior, ele havia pedido para silenciarem o sutil zumbido de um gerador que ficava por perto. Engenheiros e a equipe de manutenção forraram o gerador gigante com painéis de borracha. Assim, a sala de 25 metros quadrados ficou em absoluto silêncio.

Quando a plateia se acomodou nos assentos de couro de US$ 14 mil do teatro, Cook subiu ao palco sob aplausos ruidosos e gritos de sua própria equipe.[16] "Obrigado!", agradeceu, acenando. Juntou as mãos diante do queixo em um gesto de quem faz uma oração e garantiu ao público que o evento daquele dia na Apple seria muito diferente.

"A Apple passou anos criando o melhor hardware e software do mundo", disse ele. "Também criamos uma coleção cada vez maior de serviços espetaculares e é disso que vamos falar hoje." Fez uma pausa. "Mas o que é um serviço? Bom, se você procurar no dicionário…" Enquanto ele falava, a definição da palavra "serviço" apareceu em branco na tela preta atrás:

SERVIÇO | SUBSTANTIVO: A ação de ajudar ou fazer algo a alguém sem esperar retribuição

Recorrer ao dicionário rompia completamente com a tradição de apresentações de produtos da empresa. As apresentações de Jobs encantavam as pessoas porque se centravam em dispositivos que simplesmente funcionavam e que eram tão intuitivos que ele mal precisava explicá-los. A magia vinha de tirá-los de uma caixa. Mas Cook estava apresentando um conceito financeiro, não um produto. Ele começara a usar a palavra "serviços" em 2014, depois que a empresa alterou um item de seus relatórios trimestrais de "iTunes, software e serviços" para "Serviços". A categoria foi alterada quando as vendas do iTunes começaram a cair e o Apple Music estava sendo desenvolvido. Depois de prometer a Wall Street, dois anos antes, que a Apple dobraria sua receita de "Serviços" até 2021, ele começou a enfatizar a palavra em suas atualizações para os investidores. Cook passou a apresentar o número de assinantes que pagavam por apps todos os meses e a alardear o desempenho do Apple Music. Os serviços se tornaram a maior defesa da importância das operações na Apple.

A estratégia nasceu, em parte, por necessidade. Cook vislumbrava um futuro no qual a fonte da App Store, a força vital dos serviços, secaria. A Apple estava sendo criticada por cobrar 30% dos desenvolvedores para vender seus produtos aos usuários do iPhone. Duas semanas antes, o Spotify havia apresentado uma queixa formal à União Europeia de que a Apple estava sufocando a concorrência ao dificultar a venda do Spotify aos usuários do iPhone a não ser que pagassem um pedágio à Apple.[17] A investigação antitruste que se seguiu pressagiava um futuro no qual a Epic Games, desenvolvedora do Fortnite, levaria a Apple ao tribunal com uma queixa semelhante destinada a eliminar as taxas cobradas pela empresa. A pressão tinha o poder de reduzir as vendas da App Store, dizimando seu balanço patrimonial e derrubando o preço das ações da empresa. Cook sabia que uma maneira de a empresa se proteger seria introduzir um pacote de apps da própria Apple.

A estratégia ia contra o pedigree da empresa. A força da Apple sempre esteve em fazer dispositivos espetaculares com softwares sofisticados. Sua experiência em serviços nem sempre foi positiva. O iTunes tinha sido um grande sucesso que transformou a indústria da música, mas o Apple Maps foi um enorme fiasco. O MobileMe, um serviço online de e-mail, contatos e calendário lançado em 2008, não dera certo, e a Siri, a nova assistente de voz da Apple, tinha um desempenho abaixo dos rivais. Na ausência do próximo dispositivo revolucionário, Cook estava apostando que conseguiria convencer os clientes a continuar com os iPhones tornando-os tão apegados ao Apple Music e a outros serviços da empresa quanto eram aos próprios dispositivos. Ele estava cavando um segundo fosso.

Usando a fórmula das apresentações da Apple, Cook mostrou um serviço após o outro até chegar à revelação mais importante do evento. Começou apresentando o Apple News+, um serviço que custaria US$ 9,99 mensais e ofereceria acesso ilimitado a mais de 300 publicações, incluindo *Vogue, The New Yorker* e *National Geographic*. Apresentou um cartão de crédito, o Apple Card, desenvolvido em colaboração com a Goldman Sachs e a Mastercard. E apresentou o Apple Arcade, um serviço de assinatura mensal de videogames.

Enquanto Cook falava, os convidados de Hollywood ficaram inquietos e entediados. Revistas, cartões de crédito e videogames não tinham o apelo ao qual eles estavam acostumados depois de anos vendo Jobs desvendar dispositivos que mudaram o mundo.

Em meio à crescente apatia, Cook se colocou no centro do palco e declarou que a Apple planejava estender o trabalho da empresa na indústria do entretenimento para além da fabricação dos Macs que os diretores usavam para editar filmes. Disse que a empresa teria um papel direto em contar histórias em Hollywood. "Fizemos uma parceria com o grupo mais cuidadoso, bem-sucedido e premiado de visionários criativos que já se reuniu em um único local para criar um novo serviço, diferente de tudo o que já foi feito antes!"

A voz de Cook tornou-se um grito, como sempre acontecia quando ele tentava convencer o público de que a Apple estava fazendo algo realmente inovador. Entretanto, o grupo de Hollywood permaneceu indiferente; a indústria vinha contando histórias havia mais de um século. Por trás da voz intensificada e da promessa de algo único, eles viam uma empresa de tecnologia buscando incluir mais programas de TV e filmes a um mundo que já estava repleto de entretenimento.

A tela atrás de Cook confirmou essa impressão quando ganhou vida com uma série de nuvens brancas que deram lugar a um logotipo da Apple e a palavra *TV+*. Para grande parte da plateia, aquilo lembrou uma imitação da abertura de um programa da HBO.

Cook cedeu o palco para um desfile de talentos contratados que tentaram salpicar um toque de glamour em uma empresa cujos produtos haviam perdido o brilho. Os ex-executivos da Sony, Zack Van Amburg e Jamie Erlicht, explicaram a missão da Apple TV+ exibindo um vídeo em que os diretores Steven Spielberg, Sofia Coppola, Ron Howard e Damien Chazelle falavam sobre como contavam histórias. Quando o vídeo terminou, Spielberg subiu ao palco para uma aclamação em pé e falou sobre a série *Amazing Stories*, de sua produtora, que seria exibida na Apple TV+. Em seguida, Reese Witherspoon, Jennifer Aniston e Steve Carell falaram sobre sua série da Apple, *The Morning Show*.

O roteiro soava familiar. A indústria do entretenimento o comparou com as apresentações iniciais que as redes de TV fazem para os anunciantes todos os anos no outono. Nesses eventos, executivos e atores apresentam uma visão geral da próxima temporada de séries para tentar vender espaço publicitário. O serviço da Apple não teria comerciais. Custaria uma taxa mensal a ser determinada e estrearia em uma data a ser marcada. A falta de detalhes frustrou a plateia.

Contudo, a decepção do público não intimidou Cook. Quando voltou ao palco, ele disse que tinha mais uma coisa a anunciar.

A sala ficou escura e começou a ser exibido um vídeo com palavras brancas em um fundo preto. O vídeo dizia que o nosso mundo dividido precisava de alguém com uma voz capaz de construir pontes, precisava de uma voz que estava faltando.

Quando as luzes se acenderam, Oprah Winfrey estava no palco vestindo uma blusa branca e calça preta. A plateia se levantou para gritar e aplaudir. Oprah deixou a explosão de empolgação repercutir por um tempo. "Está bem", ela finalmente pronunciou. "Oi." A plateia riu quando seu tom amigável encheu a sala.

"Todo mundo quer se conectar, cruzar pontes", ela disse. "Buscamos pontos em comum. Queremos ser ouvidos, mas também precisamos ouvir, nos abrir, ser abertos e contribuir." Ela contou que foi por isso que assinou um contrato para apresentar um programa na TV+. A Apple lhe permitiria fazer de "uma maneira totalmente nova" o que ela passara anos fazendo.

"Porque" – ela encolheu os ombros e ergueu as mãos em um gesto de rendição e em seguida se inclinou para frente como se fosse contar um segredo – "eles estão em um bilhão de bolsos, pessoal", disse, com um aceno de cabeça. "Em um bilhão de bolsos."

Quando ela terminou, Cook entrou no palco, aplaudindo. Ele se inclinou para abraçá-la e disse, baixinho: "Você é incrível".

O braço de Oprah envolveu sua cintura enquanto ele enxugava uma lágrima no canto do olho. Espantados com a demonstração de emoção, os colegas de Cook só puderam especular que o CEO vindo da cidadezinha do Alabama estava emocionado com o papel que ele e a Apple desempenharam no recrutamento de Oprah para ser a garota-propaganda da programação de TV que queriam levar ao mundo. Ela riu. Trazer à tona a profundidade emocional das pessoas era seu superpoder. Oprah levara incontáveis pessoas às lágrimas ao longo de sua carreira. Fazer um CEO que raramente traía seus pensamentos ou sentimentos revelar suas emoções só aumentava o fascínio da apresentadora.

"Nunca vou me esquecer disso", manifestou Cook, rindo. Voltou a enxugar os olhos. "Me desculpem", disse à plateia.

Atrás dele, surgiu a fotografia em preto e branco da noite anterior, com todas as estrelas da Apple, exceto uma. A Apple selecionara uma foto de Strieber na qual Cook não se encontrava ao lado dos contadores de histórias de Hollywood. Em vez disso, ele estava no palco, no comando total do grupo que havia reunido.

"Admiramos essas pessoas pelo que elas dizem, por sua criatividade incrível e por suas perspectivas maravilhosamente diversas", aludiu Cook. "Elas impactaram a nossa cultura e a nossa sociedade e estamos muito empolgados." Sua voz falhou e ele parou de falar por um momento. "E muito honrados com a chance de trabalhar com elas."

Quando as pessoas começaram a sair do teatro, algumas estavam confusas. Os emissários de Hollywood queriam saber mais sobre o plano da Apple de entrar na TV. O mundo financeiro queria mais detalhes sobre o cartão de crédito. A indústria editorial clamava por mais informações sobre o app de notícias. Cada indústria estava cega pela própria visão em túnel. No processo, a revolução quase passou despercebida.

Depois de anos sendo pressionado com a mesma pergunta – qual vai ser o próximo novo dispositivo? –, Cook finalmente dera sua resposta: nenhum.

Sua mensagem não era direcionada aos compradores, mas aos investidores. Ele queria que Wall Street visse que a Apple estava fazendo uma grande mudança. Em vez de criar a própria glória com seus produtos, Cook delineava um futuro no qual a Apple se deleitaria com a glória dos outros. Ele queria fazer mais do que apenas atualizar o iPhone a cada ano; queria que as pessoas pagassem assinaturas da Apple pelos filmes que assistiriam naquele iPhone. Queria fazer mais do que apenas possibilitar pagamentos digitais; queria que a Apple fosse o processador de todas as transações. E ele queria que a Apple fizesse mais do que a tela na qual as pessoas leem artigos; queria vender o acesso às revistas e aos jornais que as pessoas liam.

Cook passara anos identificando novas oportunidades de receita em cada um desses negócios. Ele traçara um caminho para chegar lá, comprando a Beats em 2014, cortejando agentes e diretores de Hollywood nos anos que se seguiram e forjando fortes laços com a Goldman Sachs ao longo desse tempo. Ele via em tudo isso uma maneira de se livrar do fardo de um negócio de dispositivos que estava perdendo a força e entrar em um mundo de serviços que prometia um crescimento ilimitado.

Quando Wall Street entendeu a estratégia, o preço das ações da Apple disparou e quase dobrou até o fim daquele ano.[18] A queridinha de longa data dos consumidores se tornou a queridinha dos investidores. A conquista de Cook estava completa.

23

YESTERDAY

A tocaia começou pouco depois do amanhecer. Na primavera de 2019, um repórter do site de notícias de tecnologia *The Information* estacionou um sedã Nissan preto à sombra das mansões de São Francisco. Ele estava de olho em uma casa de tijolos de dois andares com uma garagem verde, do outro lado da rua. O homem observou e esperou.

Havia rumores no Vale do Silício de que Jony Ive havia se afastado da Apple. Pessoas próximas à equipe de design diziam que ele parara de ir ao escritório e transferira grande parte de seu trabalho para uma casa de tijolos a poucos quarteirões de sua residência em Pacific Heights. A construção de US$ 3 milhões tinha um apartamento de um quarto acima de uma grande garagem, no qual Ive havia mandado instalar uma grande mesa de vidro para fazer análises de produtos.[1] A invasão de funcionários da Apple começou a incomodar os vizinhos, que reclamaram que uma empresa havia se instalado na tranquila rua residencial.

O repórter queria descobrir se era verdade. Será que Ive se afastara da Apple, mas ainda queria manter o controle do design?

Com o tempo, a rua foi ganhando vida. Equipes de construção que trabalhavam em casas nas proximidades desembarcavam ferramentas de caminhões recém-estacionados. Uma faxineira chegou e entrou na casa de tijolos. Mais tarde, um entregador deixou pacotes na porta.

O repórter assistia a tudo na expectativa de ver Ive ou alguém de Cupertino. Até que ele saiu do carro e foi dar uma olhada mais de perto. Examinou o prédio para ver se havia câmeras de segurança e percebeu que as luzes do apartamento no andar de cima estavam acesas. Em seguida, viu alguém fechando as cortinas.[2]

Os CONVITES CHEGARAM por e-mail no início de maio.[3] Apresentavam uma roda de cores primárias. Seguiam-se seis linhas de texto, cada uma escrita em uma das cores do logotipo original da Apple: azul, roxo, vermelho, laranja, amarelo e verde.

> Tim Cook, Jony Ive e Laurene Powell Jobs
> convidam você para uma noite muito especial
> no Apple Park em homenagem a Steve.
> Junte-se a nós para uma noite de música,
> comida e celebração.
>
> 17 de maio de 2019

Quase 15 anos depois das primeiras conversas de Steve Jobs sobre a construção de uma nova sede, três das pessoas mais próximas a ele estavam se unindo para celebrar a concretização de sua visão com a inauguração do último produto do finado cofundador.

Nas semanas que antecederam o evento, uma equipe de construção trabalhou no Apple Park para erigir seis estruturas semicirculares de alumínio nas cores de um arco-íris. Elas formavam arcos sobre um palco que Ive havia projetado. As peças curvas de alumínio foram feitas individualmente por um maquinista que passara 12 dias trabalhando nelas e transportadas em uma carreta personalizada para o *campus* da Apple. Cada estrutura reluzia com tons neon. Elas foram instaladas em ordem decrescente, criando um palco que lembrava o famoso Hollywood Bowl, em Los Angeles. A empresa o batizou de Apple Stage.

Em uma mensagem para a equipe a respeito do palco, Ive dissera que queria criar algo que fosse imediatamente reconhecível.[4] "O conceito do arco-íris foi uma daquelas raras ocasiões nas quais as primeiras ideias funcionaram em várias frentes diferentes", discorreu ele. "O logotipo do arco-íris faz parte da nossa identidade há muitos anos. O arco-íris também é uma expressão positiva e alegre dos nossos valores de inclusão e acho que também nos identificamos tanto com a ideia porque [...] um semicírculo tem essa relação tão linda e natural com o formato de um anfiteatro."

Ive estava empolgado com o evento e planejava levar a esposa, Heather, e os filhos adolescentes, Harry e Charlie, para assistir.[5] Entretanto, no dia anterior à celebração, recebeu notícias terríveis. Mike Ive, seu pai, sofrera um grave derrame e fora levado às pressas a um hospital perto de sua casa em Somerset e depois transportado para Londres. Os médicos temiam que ele morresse.

Ive foi imediatamente para a Inglaterra. Ele devia sua vida e sua carreira ao pai. Desde o *hovercraft* da infância de Jony até as conversas na adolescência sobre como as coisas eram feitas, Mike Ive havia cultivado o interesse do filho pela arte de criar coisas. Ele munira Jony de uma profunda apreciação dos materiais usados nos produtos e o ajudara a se tornar um desenhista habilidoso, capaz de, com uma caneta, dar vida à imaginação. Essas ferramentas lhe permitiram se formar em primeiro lugar em sua turma na Politécnica de Newcastle e o colocaram no radar de Robert Brunner, que o contratou na Apple, onde trabalhou com Jobs no design do iMac, iPod e iPhone.

O compromisso da Apple com o sigilo, que beirava o de um culto, forçava Ive a compartilhar com o pai muito menos de seu trabalho do que gostaria. Ao longo dos anos, amigos viviam perguntando a Mike qual produto a Apple lançaria em seguida.[6] Mike só podia dar de ombros. "Não tenho a menor ideia", ele respondia. "O Jony não me conta." Em vez disso, quando seu pai o visitava em São Francisco, Ive o levava a uma Apple Store e eles analisavam e conversavam sobre os produtos expostos. Era uma inversão de papéis em relação ao que eles faziam décadas antes, quando o pai levava o filho pelas lojas da

Inglaterra explicando como os produtos eram feitos. O discípulo havia se tornado o mestre.

Ive ia até o caixa e comprava para seu pai o mais recente iPod ou iPhone. Era sua maneira de escalar o muro entre a Apple e o mundo externo, um muro que o isolava até de sua família.

Quando seu jato pousou em sua terra natal, Ive estava assolado por emoções conflitantes. Na Califórnia, deixara para trás um alegre evento para celebrar o parceiro criativo que transformou em realidade seus sonhos de fazer belos produtos. Na Inglaterra, chegava com a preocupação de perder o homem que lhe deu a possibilidade de perseguir esses sonhos.

No Apple Park, funcionários se apressavam por um gramado do tamanho de um campo de futebol americano em direção ao fim do arco-íris do Apple Stage. Espalhou-se a notícia de que Lady Gaga se apresentaria naquela noite para celebrar a inauguração oficial do novo *campus*, e os funcionários queriam ficar o mais perto possível do espetáculo.

Tim Cook subiu ao palco vestido de preto. Jumbotrons reproduziam uma imagem dele em close através do parque ondulado, com suas árvores frutíferas e piscina de meditação. Ele deu as boas-vindas a todos e direcionou a atenção do público para as telas de vídeo. Uma imagem de Steve Jobs apareceu. A voz do finado cofundador da Apple encheu o reluzente coliseu corporativo.

"O homem, como um criador de ferramentas, tem a capacidade de fazer uma ferramenta para amplificar uma habilidade inerente sua", disse Jobs. "E é exatamente o que estamos fazendo aqui. O que estamos fazendo aqui é criar ferramentas que amplificam uma habilidade humana."

Em seguida, a plateia ouviu o familiar sotaque britânico de Ive. Nos dias anteriores à sua partida para a Inglaterra, ele gravara um vídeo para comemorar a ocasião especial. Enquanto ele falava, apareceram na tela imagens do monumento de US$ 5 bilhões ao império da Apple.

"Às vezes acontece de você acordar pela manhã e, naquele delicioso estado semiconsciente, saber que vai ter um dia raro", expressou Ive. "Um dia que nunca vai esquecer. Foi assim que me senti hoje de manhã."

Poucas pessoas da Apple sabiam que Ive não estava presente. Eles o ouviram contar sobre uma caminhada que fizera com Jobs pelo Hyde Park, em Londres, em 2004. "Foi tudo muito normal. Conversamos sobre caminhadas, parques e árvores", ele disse. "As primeiras ideias que tivemos foram sobre construir espaços que permitiriam que as pessoas criassem fortes conexões entre si e a natureza."

Ive contou que esse conceito foi a base do Apple Park. Depois de muitos anos fazendo produtos para os outros, ele e Jobs adoraram a chance de finalmente fazer um produto para si mesmos. O novo *campus* da Apple era uma ferramenta ambiciosa que exigira anos de design, prototipagem, engenharia e construção. "Nos estágios finais do projeto, aconteceu uma coisa da qual nunca vou me esquecer", mencionou. "Uma coisa aparentemente trivial, mas que teve um significado tremendo." Ele contou do dia em que assistiu ao pôr do sol com sua equipe de design e como aquele momento representava tudo o que ele e Jobs queriam que o Apple Park fosse: pessoas em comunhão umas com as outras e com a natureza. Depois, ele falou, não pôde deixar de pensar na imensa sorte que tinham de poder trabalhar juntos em um lugar tão bonito.

Depois dos discursos, Lady Gaga entrou desfilando no palco usando um capacete cromado. Ela foi seguida por um grupo de dançarinos com macacões justos que brilhavam sob as luzes do palco como globos espelhados de discoteca.

"Vocês estão prontos para celebrar o Steve Jobs?", gritou ela enquanto subia ao palco. "O brilhantismo dele? A generosidade dele?"[7]

A plateia rugiu quando a banda começou as batidas synth-pop de seu hit "Poker Face". Mais músicas e mudanças de figurino se seguiram e levaram os engenheiros da Apple a um frenesi. Em seguida, ela desacelerou e ficou séria. "Eu também gostaria de agradecer ao Jony por projetar um lugar tão bonito", aludiu ela. "Obrigada a Tim Cook. Obrigada a todos vocês."[8]

Ela encerrou o show com "Shallow", uma balada que compôs em coautoria para o filme *Nasce uma estrela*. Sentada ao piano e acompanhada por um violão, começou a cantar baixinho a letra sobre um casal cansado dos fardos da vida, que quer fugir do peso da responsabilidade e anseia pelo refúgio do anonimato.[9] Sua voz explodiu quando ela atingiu a ponte da música, que levava os ouvintes ao lugar seguro que os dois vislumbravam:

> *Crash through the surface, where they can't hurt us.* (Eu caio através da superfície, onde eles não podem nos atingir.)
> *We're far from the shallow now.* (Estamos longe da superfície agora.)

Do outro lado do Atlântico, Ive estava recluso em um quarto de hotel no Claridge's, na esquina do hospital londrino onde seu pai se achava internado. Era tarde da noite e Ive ainda estava acordado, atormentado por sentimentos de decepção e preocupação. Ele odiava não estar em Cupertino com os colegas celebrando a conclusão do Apple Park e temia que seu pai, que havia sobrevivido ao derrame, ficasse com sequelas. Em meio ao cabo de guerra dessas emoções, seu celular se encheu de mensagens e vídeos da performance de Lady Gaga enviados por colegas. Ive se emocionou com um vídeo em que ela lhe agradecia e ficou comovido ao vê-la se apresentar sob os holofotes do palco que ele tinha projetado.

A tensão entre o trabalho e a família era algo que o incomodava havia anos. Em 2008, Ive ficara prestes a sair da Apple para poder passar mais tempo com os pais e mostrar sua terra natal aos filhos, mas, quando o câncer de Jobs voltou, ele decidiu ficar na Apple e continuar o trabalho juntos. E estendeu esse compromisso depois da morte de

Jobs para ajudar a garantir que a empresa de seu mentor sobrevivesse. Com o passar dos anos, a possibilidade de passar mais tempo no Reino Unido evaporou, e o compromisso de Ive com a Apple passou de uma responsabilidade a um fardo. Agora, com o derrame de seu pai, quaisquer momentos que eles passassem juntos no futuro jamais seriam os mesmos que teriam compartilhado se Ive tivesse deixado a Califórnia antes. O relojoeiro de uma nova geração havia sido derrotado justamente pelo que ele queria redefinir: o tempo.

IVE RETORNOU À CALIFÓRNIA como um homem mudado, mas suas responsabilidades na Apple permaneciam as mesmas. Para garantir que o novo *campus* cumprisse a visão de colaboração de Jobs, ele voltou sua atenção a unir as equipes de design de software e design industrial, que passaram a compartilhar o mesmo espaço de trabalho.

Em uma noite de terça-feira no fim de junho, ele reuniu suas equipes em São Francisco, no estúdio de produção e efeitos especiais da Industrial Light & Magic. Fundado pelo criador de *Star Wars*, George Lucas, o estúdio criara a magia de filmes como *Jurassic Park* e *Jumanji*. Ive reservara o teatro do local, com 400 lugares, para uma exibição privada do filme *Yesterday*.

O filme mostra um mundo no qual um cantor e compositor acorda de um acidente e descobre que é a única pessoa no planeta que se lembra dos Beatles. Ive era amigo do roteirista do filme, Richard Curtis, responsável pelos roteiros de *Simplesmente amor* e *Um lugar chamado Notting Hill*. Ive se identificara com o conceito do filme. Afinal, Jobs havia batizado a Apple em parte em homenagem ao selo dos Beatles, a Apple Records, e queria que a empresa fosse como a banda, um lugar onde os colegas se reunissem para criar algo maior do que poderiam criar isoladamente.[10]

Na tela, Ive e os designers viam um músico em dificuldades chamado Jack Malik tocar em bares para um punhado de pessoas que o ignoravam. No filme, depois que um evento do tipo bug do milênio

Yesterday **435**

varre os Beatles da história, Malik passa a fazer de tudo para preservar a música da banda. Ele grava uma demo com músicas dos Beatles, chamando a atenção do executivo de uma gravadora, que o considera o compositor mais brilhante desde Bob Dylan. Em pouco tempo, Malik já é uma celebridade em Los Angeles, forçado a lidar com as expectativas comerciais da gravadora de que seu álbum bata recordes de vendas. Enquanto isso, ele teme que alguém revele ao mundo que ele é uma fraude que toca músicas que não lhe pertencem.

O eterno conflito entre arte e comércio ocupa o centro do filme. Malik queria ser leal à integridade artística dos Beatles e mostrar ao mundo a grandeza da música deles. A gravadora queria garantir lucros vendendo Malik como um gênio do rock. Em uma cena, Malik entra em uma sala de reuniões e encontra mais de 30 executivos de marketing olhando para ele. Eles estavam lá para dizer o nome que queriam dar a seu álbum. O diretor de marketing abre a reunião descartando algumas das ideias de Malik. *Sgt. Pepper's Lonely Hearts Club Band* era comprido demais; *The White Album* podia causar problemas de diversidade; e *Abbey Road* era só um lugar onde as pessoas dirigiam do lado errado da rua. O marqueteiro dizia que eles haviam encontrado o nome perfeito para o álbum: *One Man Only*, "um homem só". Malik fica desiludido ao ver suas ideias para homenagear os Beatles sendo esmagadas pela máquina comercial da gravadora.

Alguns dos designers presentes na sessão viram no filme ecos da jornada de Ive. Na Apple, Ive tivera de passar por uma série de obstáculos para a empresa lançar o Macintosh de vigésimo aniversário tal como ele havia vislumbrado. Ele enfrentara a incerteza da proximidade da empresa com a falência. As dificuldades faziam com que a série de sucessos que Ive havia desenvolvido com Jobs – o iMac, o iPod, o iPhone, o iPad – parecesse surreal. Os colegas diziam que o perfeccionismo de Ive lhe fazia parecer alguém que vivia atormentado pela síndrome do impostor. Ele parecia viver preocupado com a possibilidade de um dia, de alguma forma, ser exposto como uma fraude. Então, quando a Apple atingiu as alturas sob o comando de Cook e se tornou a maior empresa do mundo, Ive se viu em um ambiente de alta pressão voltado ao lado comercial dos negócios. As reuniões intimistas que ele tinha com Jobs deram lugar a reuniões em salas de conferências cheias de executivos, cada um com a própria opinião sobre os produtos que Ive estava criando. Camadas e camadas de abstração eram erigidas à medida que a empresa crescia cada vez mais, criando um abismo entre seu trabalho na criação de novos produtos e os clientes que os usavam.

Após a morte de Jobs, surgiram rachaduras na versão dos Beatles que a Apple mostrava ao mundo. Houve uma debandada de talentos. As perdas incluíam Bob Mansfield, o líder do hardware, e Scott Forstall, o mestre do software. Muitos membros da equipe deles também saíram. Em seguida, a equipe de design começou a se enfraquecer com a saída de Danny Coster e Chris Stringer, seguidos por Daniele De Iuliis, o amigo que costumava dar carona a Ive, Rico Zorkendorfer, líder da divisão de relógios, e Julian Hönig, líder da divisão de Air-Pods. No intervalo de dois anos, Ive perdera um terço da equipe que havia passado mais de uma década trabalhando junta. A banda estava se separando.

Quando o filme terminou, Ive se pôs na frente do grupo para falar. Estava claro que ele tinha sido inspirado pelo filme e se sentia compelido a explicar por que o tinha exibido à equipe. Disse que era importante que eles sempre trabalhassem juntos e promovessem um ambiente na Apple onde a arte e a criatividade pudessem florescer. "A arte precisa do espaço e do suporte adequados para crescer", falou. "E isso é ainda mais importante em uma grande empresa como a nossa."

No DIA SEGUINTE, os designers receberam uma mensagem pedindo para que abrissem suas agendas para uma reunião com Ive. O pedido era incomum. Ninguém nunca tinha sido solicitado a cancelar reuniões com tão pouco tempo de antecedência, especialmente sem especificar uma razão. Eles abriram a agenda sem hesitar.

Os cancelamentos abruptos ricochetearam pelo *campus*, enfurecendo os engenheiros e a equipe de operações que tinham reuniões marcadas com membros da equipe de design. As outras divisões costumavam precisar da aprovação do estúdio para avançar em seu trabalho e não tinham tempo para atrasos.

"Não acredito que você cancelou a reunião", escreveu um engenheiro a um designer.

"Sinto muito", respondeu um membro da equipe de design. "É coisa do Jony."

No DIA DA REUNIÃO, 27 de junho de 2019, Ive reuniu os designers em uma área de leiaute aberto no quarto andar, perto dos estúdios de design de software e design industrial que tinham acabado de ser unificados. Ele observou a equipe de mais de 100 pessoas amontoada ao redor de modernos sofás cinza. A luz do sol de verão entrava pelos vidros do prédio e iluminava o teto com um brilho amarelo e quente.

Ive olhou para o grupo, muito maior que a equipe que herdara. Por meio de uma combinação de força política e conhecimento operacional, ele expandira sua equipe aos poucos para incluir especialistas em ciência de materiais, pesquisadores ergonômicos e engenheiros têxteis. Havia assumido a supervisão de mais de 100 designers de software responsáveis pela aparência dos ícones da Apple e pelo comportamento de seus dispositivos. O grupo lhe dera mais controle sobre o produto do que ele jamais tinha tido sob o comando de Jobs, mas também aumentara muito a demanda sobre seu tempo. A burocracia envolvida na supervisão da equipe que ele havia construído se tornou parte de sua ruína.

Ive disse ao grupo que havia concluído seu projeto mais importante, o Apple Park, o último produto que Jobs havia deixado para trás. Declarou que a equipe de design estava posicionada para o sucesso, mas que seu papel de liderança tinha chegado ao fim.

As pessoas empalideceram. Algumas o encaravam sem entender. Outras pareciam tomadas pelo medo, seu silêncio suprimindo um coro de temor que brotou dentro de todos: "Não acredito! Está acontecendo! Não acredito! Está acontecendo!".

Para vários, as palavras de Ive desaceleraram o tempo, como um carro derrapando em direção a uma colisão. Alguns começaram a chorar quando ele explicou que uma das razões que o estavam levando a sair era o fato de estar cansado da burocracia da Apple. Todo mundo sabia, mas ninguém dizia: a cultura de startup da empresa havia desaparecido. Alguns achavam que, sem Jobs, a Apple tinha se tornado uma máquina com coração de pedra.

Cook havia delegado mais poderes à equipe financeira da Apple. Dera aos contadores e ao pessoal de operações mais voz na tomada de decisões. A influência deles ficara visível no iPad de 2015 que nunca chegou a ver a luz do dia, nas auditorias de colaboradores de longa data, como o fotógrafo Andrew Zuckerman, e nas faturas rejeitadas da empresa de arquitetura Foster + Partners. Jobs acreditava firmemente que advogados e contadores só existiam para executar as decisões tomadas pelas pessoas do núcleo criativo da empresa. Com o tempo, porém, o vagão burocrático da empresa havia se transformado em sua locomotiva.

Como se tudo isso não bastasse, havia as reuniões. Ive tinha começado a trabalhar em seu estúdio em São Francisco, em parte, para evitar que sua agenda se transformasse em uma sucessão interminável de reuniões. No *campus*, o número de participantes das reuniões crescia rápida e descontroladamente, remetendo à sala de conferências lotada retratada no filme *Yesterday*. A tomada de decisões desacelerara, a paralisia se instalara e Ive não suportava mais.

"Não aguento mais perder meu tempo nessas drogas de reuniões", ele desabafou à equipe.

ENQUANTO SE QUEIXAVA sobre o que a Apple havia se tornado, Ive elogiou a equipe e implorou que ela mantivesse a Apple fiel à sua identidade. Sejam deliberados. Sejam resolutos. Continuem lutando para surpreender e encantar o mundo. Ele estava empolgado com o que eles poderiam fazer, agora que a equipe inteira de design estava reunida no Apple Park. Eles tinham novos recursos e equipamentos. O novo espaço compartilhado promoveria a colaboração. Ive não estaria mais lá todos os dias, mas revelou que abriria uma empresa de design independente com seu amigo Marc Newson e continuaria a trabalhar com a Apple.

Ive batizou sua empresa em homenagem a Jobs. No vídeo que gravara para a inauguração do Steve Jobs Theater, ele dizia que os produtos deveriam expressar apreço pela humanidade sendo feitos com cuidado e amor. Para o nome de sua agência, Ive condensara esse princípio em duas palavras que representavam a essência do que queria transmitir com cada produto que faria: LoveFrom.

O que Ive não disse foi que o primeiro cliente da empresa, a Apple, havia concordado com um pacote de saída de mais de US$ 100 milhões. A empresa fechou um acordo que impedia Ive de trabalhar para um concorrente e que podia ser renovado anualmente para manter Ive e a LoveFrom à disposição para contribuir em projetos futuros. O pacote de saída do designer ficava no mesmo nível dos bônus que muitas corporações oferecem aos CEOs que estão saindo.[11]

No final da tarde daquele dia, depois do fechamento do mercado de ações, a Apple divulgou um comunicado à imprensa anunciando a saída de Ive. O comunicado apresentava uma nova estrutura de subordinação. Depois de 15 anos reportando diretamente ao CEO, a antiga equipe de design de Ive – o grupo de estetas antes considerados deuses dentro da Apple – reportaria ao chief operations officer da Apple, Jeff Williams, um engenheiro mecânico com MBA.[12]

EPÍLOGO

A alquimia da Apple passou muito tempo dependendo de duplas de visionários. A empresa foi criada por Steve Wozniak e Steve Jobs, ressuscitada por Jobs e Jony Ive e sustentada por Ive e Tim Cook.

Nos meses e anos que se seguiram à morte de Jobs, o Vale do Silício previu que os negócios da Apple entrariam em colapso.[1] O mercado financeiro se preocupava com o futuro da empresa. E os clientes fiéis se preocupavam com a possibilidade de ficarem sem os produtos inovadores dela.

Uma década depois, o preço das ações da empresa atingiu um recorde. Seu valor de mercado aumentou mais de oito vezes, para cerca de US$ 3 trilhões, e seu domínio do mercado global de smartphones continuou inabalável. A Apple tornou-se a queridinha de Wall Street mesmo tendo perdido um pouco de seu brilho como empresa inovadora e disruptiva. E, ainda mais importante, ela não se transformou em uma Sony, uma Hewlett-Packard ou uma Disney, como Jobs temia.

Sua resistência e seu sucesso financeiro validaram as escolhas de Jobs dos homens que liderariam a empresa. Cook, o operador, revelou-se um verdadeiro artista na expansão do império da Apple na China e nos serviços, ao mesmo tempo que navegou pelos obstáculos diplomáticos que confrontaram o Estado-nação corporativo construído por ele. Ive, o artista, demonstrou conhecimento operacional ao liderar a criação do Apple Watch e concluir o Apple Park, as mais importantes empreitadas lançadas após a morte de Jobs.

Em um e-mail em que refletia sobre a liderança dos dois homens, Laurene Powell Jobs disse que a resistência da empresa não teria sido possível sem as contribuições deles.[2] Segundo ela, eles complementavam os pontos fortes um do outro, enquanto mantinham "o amor que tinham em comum por Steve e pela Apple".

Contudo, o sucesso de ambos foi ofuscado pela decepção de seu divórcio corporativo. A dissolução de sua parceria era inevitável. Os dois tinham em comum o amor pela Apple, mas pouco mais do que isso. À medida que a Apple evoluía junto com o crescimento explosivo do iPhone, Cook começou a mudar a estrutura da empresa em resposta à necessidade de administrar sua escala cada vez maior. Sob sua direção, a Apple expandiu o número de produtos que fabricava, submeteu as despesas a um meticuloso escrutínio e mudou seu foco de hardware para serviços. Os fios que ligavam Cook e Ive foram se desgastando.

A indiferença e o desconhecimento de Cook fizeram dele um parceiro imperfeito para um artista que queria levar empatia a cada produto. Os colegas do CEO diziam que ele demonstrava pouco interesse em seus conselhos para manter Ive criativamente satisfeito e realizado. Apesar de eles o encorajarem repetidamente, Cook raramente ia ao estúdio de design para ver o trabalho da equipe de Ive. Ele não recorria a pessoas dentro da Apple que tinham experiência em gerenciar artistas, como Jimmy Iovine. Quando Ive falou que estava pensando em deixar a empresa em 2015, Cook concentrou-se em definir um plano de sucessão. Aos olhos de quem trabalhava com ele, Cook se interessava mais em proteger a empresa do que em proteger o indivíduo. Era a coisa certa a fazer pelos acionistas, apesar de ser difícil para os colegas testemunharem.

Ive também tinha sua parcela de culpa. Exausto depois de décadas de trabalho e aflito após a morte de Jobs, a chama criativa do aspirante a guardião da Apple começou a perder força. Ele também cometeu seus erros. Depois da saída de Forstall, assumiu a responsabilidade pelo design de software e pelas chateações administrativas, que logo passou a desprezar. Assumiu o projeto da Leica enquanto fazia malabarismos com o desenvolvimento do relógio e do Apple Park. Ele se exauriu. O acordo que fez em 2015, de trabalhar em meio período, poupou a empresa de uma queda imediata no preço de suas ações, mas criou um acordo que acabou sendo prejudicial para ele, sua equipe e a empresa que ele tanto amava.

O POSICIONAMENTO DE COOK na liderança da empresa a transformou de maneiras que Jobs talvez jamais tivesse imaginado e que Ive acabou sendo incapaz de suportar.

Jobs admirava Bob Dylan porque o cantor vivia se reinventando. O falecido CEO da Apple levara esse espírito à empresa, reinventando sua linha de PCs com o iMac; transformando-a, com o iPod, de uma fabricante de computadores em uma gigante dos eletrônicos de consumo; e consolidando sua importância com o iPhone. Esses passes de mágica da inovação fizeram dele um Leonardo da Vinci dos tempos modernos.

Ninguém esperava que Cook replicasse isso, nem mesmo o próprio Cook. Em vez de cultivar a inovação, o engenheiro industrial usou seus pontos fortes, entregando uma das sucessões corporativas mais lucrativas da história ao extrair mais vendas do negócio herdado. Foi um triunfo do método sobre a magia, da persistência sobre a perfeição e da melhoria sobre a revolução. Enquanto Jobs dera à Apple sua identidade, orquestrando saltos revolucionários e derrubando indústrias inteiras, Cook concentrou-se em preservar o produto que considerava o maior entre os criados por Jobs: a própria Apple.

Ele direcionou a empresa para refletir sua própria personalidade: cautelosa, colaborativa e tática. Construiu um ecossistema de produtos e serviços em torno das invenções revolucionárias de seu antecessor e sustentou a reputação da empresa de lançar as melhores atualizações do mundo em sua linha de hardware e software. Por meio de seu trabalho, ajudou a empresa a gerar caixa suficiente – US$ 66 bilhões depois dos impostos no ano fiscal de 2021 – para sustentá-la por muitos anos, mesmo se a Apple decidisse retirar todos os seus produtos das prateleiras das lojas.[3] Ao fazer isso, manteve viva a possibilidade de a Apple voltar a surpreender e encantar o mundo.

Desde que o iPhone continuasse a vender, os fiéis poderiam se perguntar sobre os projetos nos quais a empresa sigilosa estaria trabalhando: quando vão lançar o carro autônomo? E os óculos de realidade aumentada? E o sistema não invasivo de monitoramento de glicose? Será que algum desses produtos um dia chegaria a uma Apple Store?

No DIA 21 DE MAIO DE 2021, Cook chegou a um tribunal de Oakland, na Califórnia, para testemunhar no último dia de um julgamento antitruste contra a Apple. A Epic Games, criadora do Fortnite, processara a gigante da tecnologia alegando que a Apple proibia injustamente a instalação de lojas de aplicativos dos concorrentes em iPhones e forçava os desenvolvedores a entregar 30% das vendas. O caso atingiu o coração do negócio de serviços que Cook havia concebido.

Cook havia cumprido a promessa de dobrar o tamanho do negócio de serviços, que gerou US$ 53 bilhões em vendas no ano fiscal de 2020. Essa receita colocava o negócio de serviços da Apple no mesmo patamar da Goldman Sachs e da Caterpillar.[4] Ele continuou lançando novos serviços de assinatura da Apple, incluindo um serviço de fitness, e a empresa se beneficiou de um aumento nas compras na App Store por pessoas que ficaram confinadas em casa durante a pandemia de covid-19. Os investidores celebraram o crescimento das vendas. Começaram a ver a Apple como mais que um negócio de hardware tradicional, o qual subia e descia dependendo da popularidade de cada lançamento do iPhone. Em 2020, a relação preço/lucro da empresa saltou de uma média de 16 vezes o lucro para mais de 30 vezes o lucro.[5] Foi uma mudança tão drástica que alguns investidores a caracterizaram como violenta.[6]

À medida que o processo judicial da Epic avançava, Cook se irritou com a ameaça ao que havia construído. O pessoal da Apple minimizou a ação judicial, considerando-a um mero processo por procuração orquestrado pelo arqui-inimigo de longa data da empresa, a Microsoft. Cook confiava que a lei estava do lado da Apple. A empresa não tinha uma participação dominante no mercado americano de smartphones e os tribunais relutavam em decidir que seu domínio sobre o iOS, por si só, caracterizava um monopólio. Entretanto, ele não podia pisar na bola naquele dia se quisesse garantir a receita da App Store.

Ao longo de quatro horas, um juiz federal e advogados da Epic encheram Cook de perguntas sobre o negócio da Apple. O interrogador não se deu bem no papel de interrogado. Cook argumentou que a proibição de lojas de aplicativos rivais e as taxas cobradas dos desenvolvedores permitiam à empresa avaliar cuidadosamente os aplicativos e proteger os usuários de falhas de segurança. Quando os advogados da Epic perguntaram se a Apple já havia calculado sua margem de lucro para a App Store, Cook insistiu que a empresa evitava discutir questões relacionadas a lucratividade.[7] A resposta foi uma surpresa, já que o CEO fazia reuniões mensais com uma equipe financeira para analisar a receita proveniente dos serviços. Em uma tentativa de avaliar a honestidade de Cook, o advogado perguntou sobre as alegações de que o Google pagara à Apple entre US$ 8 bilhões e US$ 12 bilhões para ser o mecanismo de busca padrão do iPhone.

"Não me lembro do número exato", Cook respondeu. Quando questionado se foi mais de US$ 10 bilhões, ele desenvolveu um caso de amnésia. Apesar de acordar cedo todo dia de manhã para examinar os números de vendas e esperar que sua equipe se mostrasse informada das promoções nas lojas das operadoras de telefonia móvel em todo o país, ele disse que não sabia sobre os pagamentos ao Google.

O desempenho foi considerado vergonhoso até por alguns dos maiores admiradores de Cook. Documentos internos encontrados durante o julgamento revelaram que a própria Apple calculava que suas margens operacionais para a App Store excederam os 75% nos últimos anos, embora Cook tenha insistido que o documento pertencia a uma "apresentação isolada".[8] Em um momento de profundo ceticismo em relação ao Vale do Silício, ele pareceu recorrer à sua posição como um importante player em uma era de oligopólio tecnológico.

No entanto, o veredicto do juiz validou as práticas comerciais da Apple. A empresa obteve uma vitória quase completa, com sua App Store sendo considerada legal para videogames.[9] A vitória veio com uma ressalva. O juiz decidiu que a Apple não poderia mais impedir que os aplicativos direcionassem os clientes a sites e outros sistemas de pagamento externos nos quais a Apple não pudesse receber sua parte de 30%. A decisão deu uma ideia dos desafios futuros da App Store, que parece estar presa em um jogo de Jenga, com legisladores e desenvolvedores retirando lentamente blocos de um negócio antes sólido. Parece ser apenas uma questão de tempo até que os negócios da App Store sejam reduzidos.

Além do processo judicial da Epic, a Apple enfrentou acusações antitruste semelhantes na Europa, com alegações de que a empresa favorecia a distribuição do Apple Music em detrimento do Spotify. O Departamento de Justiça dos Estados Unidos também abriu uma investigação que deveria ter como alvo a App Store. Entre o trio de casos, ficou claro que o negócio de serviços que Cook havia construído precisaria mudar. A empresa começou a fazer concessões, reduzindo as taxas cobradas de alguns desenvolvedores de 30% para 15%.

A China lançou uma incerteza semelhante sobre o futuro da Apple. Sob o presidente Xi Jinping, o governo do país tornou-se mais discordante e nacionalista. O Partido Comunista assumiu o controle de Hong Kong e eliminou jornais pró-democracia como o *Apple Daily*. Na remota região de Xianjing, o governo abriu campos de reeducação para uigures, um grupo étnico minoritário. Alguns uigures teriam sido forçados a trabalhar em fábricas, incluindo instalações de sete fornecedores ligados à Apple.[10] A empresa declarou que não encontrou evidências de trabalho forçado em sua cadeia de suprimentos, mas o incidente levantou novas questões sobre a disposição de Cook em fazer concessões para manter suas operações no segundo maior mercado da empresa. Para um executivo que citava Martin Luther King Jr. e discorria longamente sobre direitos humanos e privacidade nos Estados Unidos, ele não assumia as mesmas posições na China.

Cook engendrou expansões do negócio de serviços e de operações na China que criaram um valor incrível para a empresa e seus acionistas, mas que basearam grande parte do crescimento da Apple na última década nas areias movediças de um cotidiano sujeito aos caprichos de legisladores e autocratas.

QUANDO SE VIA DIANTE de críticas ou perguntas, Cook sempre podia apontar para os números. Desde sua promoção a CEO, em agosto de 2011, a capitalização de mercado da Apple aumentara em mais de US$ 1,5 trilhão, e seu retorno total aos acionistas, incluindo dividendos reinvestidos, era de 867%, ou cerca de US$ 500 bilhões.[11] No fim de setembro de 2021, o conselho de administração da Apple recompensou Cook com o equivalente a uma extensão de cinco anos em seu contrato contando a partir do final de 2020, concedendo-lhe um pacote baseado em desempenho de 1 milhão de ações adicionais até 2025.[12] No decorrer de uma década, ele adquiriu direitos pela liquidação da totalidade das ações baseadas em desempenho que recebera desde 2011, que somavam 1,12 milhão, e se tornou um bilionário.

Os números espantosos estavam enterrados em um documento corporativo tedioso, tão reservado e discreto quanto o próprio Cook. Eles eram uma prova de sua persistência.

APÓS O ANÚNCIO de sua saída, Jony Ive seguiu em frente. Depois do último discurso de sua carreira na Apple em setembro de 2019, ele e a equipe de design se reuniram em São Francisco para uma festa no Bix, um restaurante de dois andares na Jackson Square. A festa foi regada a champanhe, caviar e sua lista de convidados incluiu a estrela do basquete Kobe Bryant. O líder da LCD Soundsystem, James Murphy, um DJ, tocou músicas cheias de energia e de estourar os tímpanos até bem depois da meia-noite. Foi a última festa temática da Apple para seu artista de longa data.

A saída de Ive foi oficializada dois meses depois, quando a empresa retirou discretamente sua foto e seu nome da página de líderes em seu site. Não houve alarde nem houve qualquer comemoração por suas contribuições. Ao mais característico estilo da Apple, ele estava lá um dia e, no dia seguinte, já não estava mais.

Ele deixou um legado inimaginável de produtos. Ele e Jobs revitalizaram a empresa com o iMac e colaboraram para entregar os produtos de sucesso que se seguiram. As sensibilidades estéticas de Ive ensinaram a sociedade a apreciar o design. A empresa doutrinou o mundo sobre o princípio da simplicidade e o valor dos materiais de maneiras que antecessores como Dieter Rams dificilmente teriam imaginado.

O Apple Watch e seu gêmeo siamês, os AirPods, tornaram-se colaboradores valiosos para os resultados da Apple. Em 2021, as vendas dos produtos vestíveis da empresa aumentaram 25%, para US$ 38,4 bilhões.[13] A receita da empresa foi maior que as vendas anuais da Coca-Cola. O conturbado lançamento de ambos obrigou a Apple – uma empresa que passara grande parte da década aceitando a realidade de que talvez jamais fizesse outro produto tão bem-sucedido quanto o iPhone – a exercitar a humildade.

Ive, entretanto, construiu um negócio considerável para a Apple sobre a rocha espiritual de uma nova categoria de produto, assim como Jobs fizera nas décadas anteriores. O negócio de produtos vestíveis tinha aproximadamente a metade do tamanho do negócio de serviços construído por Cook, mas garantiu uma liderança dominante em sua categoria, e as projeções eram de que geraria bilhões de dólares em vendas ininterruptas nos próximos anos.

IVE NUNCA AFIRMARIA que deixou a Apple do jeito certo. Alguns membros da equipe de design continuam frustrados com o fracasso de seu planejamento sucessório e decepcionados com o desgaste resultante na coesão do grupo. Contudo, não é fácil deixar um emprego depois de mais de 25 anos, especialmente por cima da dor causada pela perda de um parceiro criativo.

Frustrado com o crescimento da empresa, a montanha de reuniões e a pressão da equipe financeira, Ive chegou à conclusão de que poderia ajudar mais a Apple de fora do que de dentro. Ele também queria encontrar novas maneiras de fazer uma contribuição útil para o mundo. Ele e Marc Newson montaram uma equipe na LoveFrom composta por vários colegas de longa data da Apple, incluindo o designer de software Chris Wilson, o designer industrial Eugene Whang e o arquiteto da Foster + Partners James McGrath. O grupo de talentos criativos atraiu clientes que eles consideravam interessantes.[14] A Airbnb contratou Ive para ajudar a transformar seu aplicativo e desenvolver novos produtos, e a Ferrari contratou Ive e Newson para ajudar no design de seu primeiro veículo elétrico e para expandir seus negócios de vestuário e malas de luxo. A empresa também continuou prestando consultoria à Apple.

Uma de suas maiores empreitadas depois de sair da Apple foi uma colaboração com o príncipe Charles em uma iniciativa de sustentabilidade chamada Terra Carta. Com nome inspirado na Magna Carta, que concedeu direitos ao povo inglês, a iniciativa liderada pelo príncipe Charles visa a enfrentar as mudanças climáticas dando direitos à natureza. Ive desenvolveu um selo com uma tipografia original e uma fauna se movendo por cima de um fundo verde que é concedido a empresas que se destacam por suas iniciativas de sustentabilidade.

Ele também continua ajudando a Apple em projetos futuros, incluindo as tentativas de desenvolver um carro e o desenvolvimento de dispositivos de realidade aumentada, como óculos. Como uma estrela do rock que se gaba de seu próximo álbum, ele diz que esses futuros dispositivos serão o melhor trabalho de sua carreira.

"A história de Jony Ive como designer industrial transformador de paradigmas ainda está sendo escrita", afirmou um colega de longa data que trabalhou com ele no projeto do carro.

Grande parte da equipe de design da Apple seguiu em frente sem Ive. Os principais membros da equipe dizem que Ive e a LoveFrom têm pouquíssima influência sobre seu trabalho. Ele se tornou um consultor respeitado em vez de um diretor controlador. Em sua ausência, eles dizem que a colaboração do grupo se tornou mais amigável e democrática, principalmente com os colegas de engenharia e operações. Os designers admitem que estão sujeitos a mais pressões de custo agora do que quando Ive estava lá para rechaçar essas chateações, mas que isso não os impede de desempenhar suas atividades. E insistem que o trabalho que estão fazendo é o melhor que já fizeram.

Com a saída de Ive, não se sabe ao certo se algum dia o design recuperará sua posição como a voz dominante no direcionamento dos produtos da Apple. Foi Jobs que elevou Ive e o estúdio a uma posição de poder que lhes permitiu infundir na empresa uma devoção inigualável ao design na América corporativa. Em curto prazo, seria ingênuo esperar o surgimento de um novo soberano com tanto poder e ascendência. Afinal, Ive levou quase duas décadas para conseguir tamanha influência na empresa.

Depois que a equipe dele se desfez, seus membros aos poucos se deram conta da empresa que haviam deixado. Ao refletir sobre o legado de Jobs, era comum observarem que ele criou produtos que mudaram o mundo. Quando questionados como seu sucessor, Cook, seria lembrado – e, por extensão, a última década que eles passaram na Apple –, alguns sorriam. "Por fazer uma fortuna."

EM UMA TARDE DE VERÃO, Jony Ive estava estirado em um sofá cor de marfim tirando uma soneca. O último andar de sua casa em Pacific Heights era um firmamento branco, com um teto branco abobadado que se elevava sobre paredes brancas. As únicas cores da sala provinham de um buquê vanguardista de dálias cor-de-rosa e rosas do jardim que transbordavam com uma vitalidade incontrolável de um vaso sobre uma pequena mesa.[15] A austeridade do espaço dirigia a atenção das pessoas para as janelas do piso ao teto com vista para a baía, onde a água azul-esverdeada se estendia desde o imponente aço pintado de vermelho da Ponte Golden Gate até as ruínas da prisão da Ilha de Alcatraz, os marcos da cidade que ele tanto amava.

Enquanto Ive dormia, uma assistente pessoal subiu as escadas silenciosamente levando um almoço leve em uma bandeja. Ive tinha um telefonema agendado em uma hora e esperava ser acordado com antecedência. A assistente colocou a bandeja em uma mesa lateral perto do sofá e sussurrou: "Jony, está na hora". Ele não a ouviu e continuou cochilando até sentir um leve toque em seu ombro. Ive piscou lentamente e olhou em direção às janelas, através das quais os raios de luz do meio-dia entravam na sala em linhas estreitas de amarelo.

"Caramba", ele comentou. "A qualidade da luz entrando na sala é linda."

O comentário surpreendeu a assistente. Virando-se para seguir seu olhar, ela estudou a luz para tentar ver através dos olhos dele.[16] Mais tarde, pensando naquele momento tranquilo, ela lembrou que algumas pessoas conseguem ver 100 vezes mais cores que outras. Conhecidas como tetracromatas, essas pessoas têm um quarto tipo de receptor de cores em sua retina que aumenta sua percepção de cores.

"É lindo", ela disse a Ive.

Ela o lembrou do telefonema e apontou para o almoço antes de sair do aposento, deixando-o sozinho, livre da responsabilidade de finalizar a construção de um *campus*, do estresse com uma peça de alumínio de um computador ou da aflição com as pulseiras de couro do próximo Apple Watch. Livre para fazer o que quisesse, se é que queria fazer alguma coisa. Livre e em paz.

AGRADECIMENTOS

Este livro não teria sido possível sem a cooperação de funcionários atuais e antigos da Apple. Para documentar esse período notável da história da empresa, eles ignoraram por alguns momentos a cultura de sigilo da empresa e contaram histórias sobre como criaram produtos que mudaram o mundo. Serei eternamente grato pela generosidade deles.

A jornada deste livro começou com um café e uma sugestão para saber mais sobre Jony Ive enquanto eu cobria a Apple para o *Wall Street Journal*. Quando chegou a hora de contar a história de Ive, o editor de tecnologia global do jornal, Jason Dean, encorajou minha reportagem, orientou meu texto e fez maravilhas para lapidar minhas palavras.

Um grupo de outros editores do *Journal* dirigiu a cobertura da Apple que foi indispensável para concretizar este livro, incluindo Brad Olson, Scott Austin, Brad Reagan, Scott Thurm, Jamie Heller, Matthew Rose, Tammy Audi, Jason Anders e Matt Murray, que apoiaram a empreitada.

Betsy Morris, minha primeira editora no *Journal*, apontou para o lado humano da história do renascimento da Apple, e John Helyar, cujo livro *Barbarians at the Gate* é uma inspiração para mim, destilou a história e me orientou ao longo de todo o processo. Eles fazem parte do grupo de trabalho de Atlanta que considero minha família e meus mentores, incluindo Valerie Bauerlein, Arian Campo-Flores, Mike Esterl, Betsy McKay e Cameron McWhirter.

Muitos colegas do *Journal* apoiaram o trabalho destas páginas, incluindo Yoko Kubota, Yukari Kane, Joe Flint, Liz Hoffman, Jim Oberman e Erich Schwartzel. Sou muito grato aos meus colegas de São Francisco, especialmente Tim Higgins, Aaron Tilley e Georgia Wells.

Mauro DiPreta me convenceu a escrever este livro depois de ler minha cobertura no *Journal* sobre a saída de Ive em 2019. Ele viu o potencial de uma narrativa mais extensa sobre a maior empresa do mundo e deu vida a essa história com seu incrível trabalho de edição. Meu agente, Daniel Greenberg, da Levine Greenberg Rostan Literary Agency, me aconselhou durante todo o processo, desde a proposta até o manuscrito final. A equipe da William Morrow deu vida ao livro, incluindo Vedika Khanna e Lynn Anderson.

Thomas French foi meu primeiro leitor, terapeuta ocasional e coach. Ele vê possibilidades nos mínimos detalhes e temas em cada anedota. Eu literalmente – e digo isso no sentido mais verdadeiro da palavra – não teria conseguido escrever este livro sem ele.

Sean Lavery, meu verificador de fatos, foi mais do que profissional, esmiuçando palavras, apurando acontecimentos e navegando por complexidades. John Bauernfeind, meu assistente de pesquisa, encontrou detalhes sobre Jony Ive e Tim Cook que abriram caminhos cruciais de investigação.

Uma equipe de apoio espetacular filtrou ligações, melhorou o texto e me ajudou a manter a sanidade. Laura Stevens leu e melhorou uma versão inteira deste livro em 48 horas; Eliot Brown ajudou a definir a estrutura e melhorar o manuscrito; Justin Catanoso ajudou a delinear o esquema de tópicos; John Ourand elaborou uma estratégia para decidir quem contatar; e Rob Copeland me encorajou a mergulhar mais profundamente nos fatos. Além de brilhantes, eles são, acima de tudo, amigos incríveis.

A indústria da tecnologia é complexa e não é possível aprender sobre ela sem bons guias. Tive a sorte de poder contar com muitos, mas nenhum mais valioso do que foram John Markoff e Talal Shamoon.

Meus agradecimentos especiais e meu amor à minha família por todo o incentivo, incluindo meus sogros, Sally e Mark, e a família Cooper, Jennifer, Josh, Madelynn e Nathaniel. Meus pais, Marilynn e Russ, sempre apoiaram meu interesse pelo jornalismo e me muniram de habilidades que uso todos os dias, incluindo ouvir com curiosidade e apreciar a palavra escrita.

Minha mais profunda gratidão vai para Amanda Bell, que ficou ao meu lado na montanha-russa de otimismo e desespero que culminou neste livro. Ela sempre será mais do que eu mereço.

UMA OBSERVAÇÃO SOBRE AS FONTES

Na Apple, funcionários atuais e ex-funcionários aderem a um rígido código de sigilo. Um pacto de silêncio corporativo.

Como a máfia italiana que cunhou o termo *omertà* para se proteger, o cartel do iPhone está unido em seu compromisso de guardar os segredos de suas operações. Os funcionários são doutrinados a jurar lealdade ao logotipo original de seis cores da empresa e passam por um programa de orientação no qual são instruídos a não falar sobre seu trabalho com ninguém fora dos limites de Cupertino.

Muitas empresas têm políticas semelhantes. Na Apple, essa política permeia toda a cultura. A empresa é estruturada para guardar as informações a sete chaves. As iniciativas recebem codinomes; as estratégias de negócios são limitadas aos executivos mais seniores; os subordinados são divididos de forma a restringir seu conhecimento de produtos futuros; e todos acreditam na ideia de que a confidencialidade impede que rivais roubem ideias e preserva o mistério que ajuda a empresa a garantir centenas de milhões de dólares em publicidade gratuita resultante da cobertura que a imprensa dedica a seus exuberantes eventos.

Todos acreditam que o sucesso depende do sigilo. Os funcionários são convencidos de que quem fala com a imprensa prejudica a empresa. Alguns funcionários que falaram com repórteres, mesmo depois de deixar a Apple, foram condenados ao ostracismo por colegas e amigos. Outros foram demitidos ou processados.

Essa cultura dificulta escrever sobre a Apple. Os funcionários podem não se abrir nem mesmo entre si. Casais que trabalham em divisões separadas da empresa muitas vezes passam anos sem conversar sobre seu trabalho. Um casal me contou que só muito tempo depois de se aposentarem é que eles finalmente se abriram um com o outro sobre o que faziam na Apple. E disseram que foi necessária muita coragem para ter a conversa.

NOTAS

Prólogo

1. Kia Makarechi, "Apple's Jonathan Ive in Conversation with Vanity Fair's Graydon Carter", *Vanity Fair*, 16 out. 2014, https://www.vanityfair.com/news/daily-news/2014/10/jony-ive-graydon-carter-new-establishment-summit.
2. Entrevista com Joe O'Sullivan, ex-executivo de operações da Apple.

1. Só mais uma coisa

1. ABC 7 Morning News, 4 out. 2011; Lisa Brennan-Jobs, *Small Fry*; entrevistas com vários executivos da Apple que visitaram Jobs em sua casa depois que ele parou de ir ao escritório.
2. Entrevistas com ex-funcionários da Apple; Jim Carlton, *Apple;* Yukari Iwatani Kane e Geoffrey A. Fowler, "Steven Paul Jobs, 1955-2011: Apple Co-founder Transformed Technology, Media, Retailing and Built One of the World's Most Valuable Companies", *Wall Street Journal*, 6 out. 2011, https://www.wsj.com/articles/SB100014240527023 04447804576410753210811910; macessentials, "The Lost 1984 Video: Young Steve Jobs Introduces the Macintosh", *YouTube*, 23 jan. 2009, https://www.youtube.com/watch?v=2B-XwPjn9YY; Andrew Pollack, "Now, Sculley Goes It Alone", *New York Times*, 22 set. 1985.
3. noddyrulezzz, "Apple iPhone 4S–Full Keynote–Apple Special Event on 4th out. 2011", *YouTube*, 6 out. 2011, https://www.youtube.com/watch?v=N qol1AH_zeo; Geoffrey A. Fowler e John Letzing, "New iPhone Bows but Fails to Wow", *Wall Street Journal*, 5 out. 2011, https://www.wsj.com/articles/SB10001424052970204524604576610991978907616.
4. Apple, "Apple Special Event, Ocboter 2011" (vídeo), *Apple Podcasts*, 4 out. 2011, https://podcasts.apple.com/us/podcast/apple-special-event-october-2011/id275834665?i=1000099827893.
5. Nick Wingfield, "A Tough Balancing Act Remains Ahead for Apple", *New York Times*, 5 out. 2011, https://www.nytimes.com/2011/10/06/technology/for-apple-a-big-loss-requires-a-balancing-act.html.
6. Jony Ive, "Jony Ive on What He Misses Most About Steve Jobs", *Wall Street Journal*, 4 out. 2021, https://www.wsj.com/articles/jony-ive-steve-jobs-memories-10th-anniversary-11633354769?mod=hp_featst_pos3.

7. Walter Isaacson, *Steve Jobs*; James B. Stewart, *Disney War* (Nova York: Simon & Schuster, 2005); Michael G. Rukstad, David Collis e Tyrrell Levine, "The Walt Disney Company: The Entertainment King", *Harvard Business School*, 5 jan. 2009, https://www.hbs.edu/faculty/Pages/item.aspx?num=27931; Brady MacDonald, "'The Imagineering Story': After Walt Disney's Death, Imagineering Wonders 'What Would Walt Do?'" *Orange County Register*, 4 nov. 2019, https://www.ocregister.com/2019/11/04/the-imagineering-story-after-walt-disneys-death-imagineering-wonders-what-would-walt-do/; Christopher Bonanos, *Instant: The Story of Polaroid* (Nova York: Princeton Architectural Press, 2012); Christopher Bonanos, "Shaken like a Polaroid Picture", Slate, 17 set. 2013, https://slate.com/technology/2013/09/apple-and-polaroid-a-tale-of-two-declines.html; entrevista com Carl Johnson, ex-vice-presidente executivo de publicidade, Polaroid; Chunka Mui, "What Steve Jobs Learned from Edwin Land of Polaroid", *Forbes*, 26 out. 2011, https://www.forbes.com/sites/chunkamui/2011/10/26/what-steve-jobs-learned-from-edwin-land-of-polaroid/; John Nathan, "Sony CEO's Management Style Wasn't Made in Japan", *Wall Street Journal*, 7 out. 1999, https://www.wsj.com/articles/SB939252647570595508; John Nathan, *Sony*.

8. Diálogo baseado em entrevistas com funcionários da Apple; Brian X. Chen, "Simplifying the Bull: How Picasso Helps to Teach Apple's Style", *New York Times*, 10 ago. 2014, https://www.nytimes.com/2014/08/11/technology/-inside-apples-internal-training-program-.html.

9. Wylsacom, "A Celebration of Steve's Life (Apple, Cupertino, 10/19/2011) HD", *YouTube*, https://www.youtube.com/watch?v=ApnZTL-AspQ.

2. O artista

1. Walter Isaacson, *Steve Jobs*: descrição do local e entrevistas com funcionários da Apple.
2. Entrevistas sobre a família com amigos e colegas de Mike Ive, incluindo John Chapman, Richard Tufnell e Tim Longley.
3. John Arlidge, "Jonathan Ive Designs Tomorrow", *Time*, 17 mar. 2014, https://time.com/jonathan-ive-apple-interview/; Rick Tetzeli, "Why Jony Ive Is Apple's Design Genius", *Smithsonian Magazine*, dez. 2017, https://www.smithsonian mag.com/innovation/jony-ive-apple-design-genius-180967232/; entrevistas com Ralph Tabberer, Richard Tuffnel, John Cave e Netta Cartwright, amigos e ex-colegas de Mike Ive; entrevista com Rob Chatfield, Stephen Palmer e Dan Slee, colegas de turma de Jony Ive; Leander Kahney, *Jony Ive*; Rob Waugh, "How Did a British Polytechnic Graduate Become the Design Genius Behind $200 Billion Apple?", *Daily Mail*, 19 mar. 2013, https://www.dailymail.co.uk/home/moslive/article-1367481/Apples-Jonathan-Ive-How-did-British-polytechnic-graduate-design-genius.html.
4. Entrevista com Dave Whiting, professor de design da Walton; Kahney, *Jony Ive*; NAAIDTHMI apresentação de Mike Ive 2001, http://archive.naaidt.org.uk/spd/record.html?Id=29&Adv=1&All=3; entrevista com Ralph Tabberer, ex-colega de faculdade de Ive.
5. Entrevista com Roberts Weaver, diretor geral de Phil Gray; entrevistas sobre a Politécnica de Newcastle com Craig Mounsey, formado em 1988; colegas de classe de 1989 Steve Bailey, Sean Blair e David Tonge; colega de classe de 1990 Jim Dawton; professores John Elliott e Bob Young; e membro do corpo docente Mark Bailey.

6. Entrevistas sobre a Politécnica de Newcastle com o diretor de design de inovação da Universidade Northumbria, Mark Bailey; Steve Bailey e Sean Blair, colegas de Ive; e os professores John Elliott e Bob Young; visita ao Squires Building; "Memphis Group: Awful or Awesome", *The Design Museum*, https://designmuseum.org/discover-design/all-stories/memphis-group-awful-or-awesome; Dieter Rams, *Less But Better*; slogan "Tough on the sheets" lembrado por Sean Blair; Nick Carson, "If It Looks Over-Designed, It's Under-Designed", https://ncarson.files.word press.com/2007/01/ten4-jonathanive.pdf.

7. Luke Dormehl, *The Apple Revolution*; entrevistas sobre Roberts Weaver com Clive Grinyer, Peter Phillips, Jim Dawton, Phil Gray e Barrie Weaver; entrevistas sobre o aparelho auditivo com o colega Jim Dawton e o professor John Elliott; entrevista sobre o Macintosh com Ann Irving; "Q&A with Jonathan Ive", *The Design Museum*, 3 out. 2014, https://designmuseum.org/designers/jonathan-ive; Ian Parker, "The Shape of Things to Come: How an Industrial Designer Became Apple's Greatest Product", *The New Yorker*, 16 fev. 2015, https://www.newyorker.com/magazine/2015/02/23/shape-things-come.

8. Entrevistas com os professores John Elliott e Bob Young, e com os colegas Jim Dawton, Sean Blair, Craig Mounsey e David Tonge; Melanie Andrews, "Jonathan Ive and the RSA's Student Design Awards", *RSA*, 25 maio 2012, https://www.thersa.org/blog/2012/05/jonathan-ive-amp-the-rsas-student-design-awards; "Apple's Jonathan Ive in Conversation with Vanity Fair's Graydon Carter" (vídeo), *Vanity Fair*, 16 out. 2014, https://www.vanityfair.com/video/watch/the-new-establishment-summit-apples-jonathan-ive-in-conversation-with-vf-graydon-carter; "The First Phone Jony Ive Ever Designed" (vídeo), *Vanity Fair*, 28 out. 2014, https://www.youtube.com/watch?v=oF21m-6yV0U; entrevista com Clive Grinyer; Kahney, *Jony Ive*; Sheryl Garratt, "Interview: Jonathan Ive", *Times Magazine*, 3 dez. 2005.

9. Entrevista com Craig Mounsey, formado pela Politécnica de Newcastle e diretor de conceitos e inovação da Fisher & Paykel Technologies.

10. Entrevistas com David Tonge, amigo de Ive, e Robert Brunner, cofundador da Lunar Design; Molly Wood, "We Love Stories About Silicon Valley Success, but What Is Its History?", *Podchaser*, 10 jul. 2019, https://www.podchaser.com/podcasts/marketplace-tech-50980/episodes/we-love-stories-about-silicon-41846275; Andrews, "Jonathan Ive and the RSA's Student Design Awards."

11. Entrevistas com Phil Gray, diretor geral, e Barrie Weaver, principal sócio, da Roberts Weaver; entrevistas com Peter Phillips, Clive Grinyer, Martin Darbyshire e Jim Dawton, da Tangerine; Kahney, *Jony Ive*; Parker, "The Shape of Things to Come"; Waugh, "How Did a British Polytechnic Graduate Become the Genius Behind Apple Design?"; Peter Burrows, "Who Is Jonathan Ive?", *Bloomberg Businessweek*, 24 set. 2006, https://www.bloomberg.com/news/articles/2006-09-24/who-is-jonathan-ive; "Q&A with Jonathan Ive", *The Design Museum*, 3 out. 2014, https://designmuseum.org/designers/jonathan-ive; "The First Phone Jony Ive Ever Designed" (vídeo), *Vanity Fair*, 28 out. 2014, https://www.youtube.com/watch?v=oF21m-6yV0U.

12. Entrevista com o então diretor de design da Apple, Robert Brunner; entrevistas com Clive Grinyer, Peter Phillips e Martin Darbyshire, da Tangerine; entrevista com Steve Bailey; Burrows, "Who Is Jonathan Ive?"; Parker, "The Shape of Things to Come".

3. O operador

1. Steven Levy, "An Oral History of Apple's Infinite Loop", *Wired*, 16 set. 2018, https://www.wired.com/story/apple-infinite-loop-oral-history/.
2. Violla Young, "Tim Cook (CEO of Apple) Interview in Oxford", *YouTube*, 18 jul. 2018, https://www.youtube.com/watch?v=QPQ8qQP4zdk: "Vi o meu pai ir ao trabalho sem gostar do que fazia. Ele trabalhava para sustentar a família... mas nunca gostou do que fazia. Por isso eu quis encontrar um trabalho do qual eu gostasse".
3. Michael Finch II, "Tim Cook–Apple CEO and Robertsdale's Favorite Son–Still Finds Time to Return to His Baldwin County Roots", *AL.com*, 24 fev. 2014, atualizado em 14 jan. 2019, https://www.al.com/live/2014/02/tim_cook_--_apple_ceo_and_robe.html.
4. Joe R. Sport, History of Crenshaw County.
5. Pesquisa da Ancestry.com sobre Canie Dozier Cook, 1902-1985; Daniel Dozier Cook, 1867-1938; Alexander Hamilton Cook, 1818-1872; e William Cook, 1780-1820.
6. Registros do Censo Federal dos Estados Unidos de 1930 e 1940 no site Ancestry.com.
7. Entrevista de Tim Cook para Debbie Williams, WKRG TV, 16 jan. 2009.
8. Entrevista com Linda Booker, moradora de Robertsdale e viúva de um amigo de Donald Cook.
9. John Underwood, "Living the Good Life", Gulf Coast Media, 13 jul. 2018.
10. "Robert Quinley Services Held"; "Bay Minette Wreck Takes Three Lives", Ancestry.com.
11. Finch, "Tim Cook–Apple CEO and Robertsdale's Favorite Son–Still Finds Time to Return to His Baldwin County Roots."
12. Jack House, "Vanity Fair to Expand Its Robertsdale Plant", *Baldwin Times*, 31 out. 1963.
13. Entrevistas com moradores locais, incluindo Barbara Davis, Fay Farris e Rusty Aldridge, e artigos da *Baldwin Times* de 1977 e 1978.
14. Entrevistas com Fay Farris, Barbara Davis e Eddie Page, professores da escola de ensino médio de Robertsdale.
15. Entrevista com Clem Bedwell, colega de Tim Cook e ex-membro da igreja.
16. Underwood, "Living the Good Life"; "Industry Wage Survey: Shipbuilding and Repairing, set. 1976", Bulletin no. 1968, Bureau of Labor Statistics, *U.S. Department of Labor*, 1977, https://fraser.stlouisfed.org/files/docs/publications/bls/bls_1968_1977.pdf.
17. *Homecoming*, "With Tim Cook", SEC Network, 5 set. 2017.
18. Entrevista com Jimmy Stapleton, farmacêutico da Lee Drug Store.
19. Entrevista com Fay Farris, professora de Cook.
20. Entrevistas com Eddie Page e Ken Brett, professores de Cook.
21. *Homecoming*, "With Tim Cook", SEC Network, 5 set. 2017; Kirk McNair, "Remembering Alabama's 1971 Win over Auburn", *247sports.com*, 24 nov. 2017, https://247sports.com/college/alabama/Board/116/Contents/As-this-year-1971-Alabama-Auburn-game-had-major-ramifications-110969031/; Creg Stephenson, "Check Out Vintage Photos from 1972 'Punt Bama Punt' Iron Bowl", *AL.com*, 24 nov. 2015, atualizado em 13 jan. 2019, https://www.al.com/sports/2015/11/check_out_vintage_photos_from.html.
22. Finch, "Tim Cook–Apple CEO and Robertsdale's Favorite Son–Still Finds Time to Return to His Baldwin County Roots."
23. Entrevistas com Wayne Ellis, colega da escola de Robertsdale, e outros.
24. Entrevistas com Wayne Ellis, Fay Farris e outros.

25. Todd C. Frankel, "The Roots of Tim Cook's Activism Lie in Rural Alabama", *Washington Post*, 7 mar. 2016, https://www.washingtonpost.com/news/the-switch/wp/2016/03/07/in-rural-alabama-the-activist-roots-of-apples-tim-cook/; Matt Richtel e Brian X. Chen, "Tim Cook, Making Apple His Own", *New York Times*, 15 jun. 2014, https://www.nytimes.com/2014/06/15/technology/tim-cook-making-apple-his-own.html.

26. Auburn University, "Tim Cook Receiving the IQLA Lifetime Achievement Award", *YouTube*, 14 dez. 2013, https://www.youtube.com/watch?v=dNEafGCf-kw.

27. No artigo do *New York Times* "Tim Cook, Making Apple His Own", os repórteres Matt Richtel e Brian X. Chen escreveram que a Apple "confirmou os detalhes da história da queima da cruz" e observaram que Cook recusou-se a ser entrevistado.

28. Grupo do Facebook, Robertsdale, Past and Present, "Discussion: 'Apple's CEO Tim Cook: An Alabama Day That Forever Changed His Life,' AL.com", *Facebook*, 15 jun. 2014, https://www.facebook.com/groups/263546476993149/permalink/863822150298909/.

29. Entrevista com Lisa Straka Cooper. Um porta-voz da Apple recusou-se a comentar.

30. Entrevistas com Mike Vivars e Eddie Page.

31. Entrevistas com os colegas Rusty Aldridge, Johnny Little, Clem Bedwell e Lisa Straka Cooper.

32. Entrevista com Johnny Little, colega da escola de Robertsdale, Alabama.

33. Entrevista com Lisa Straka Cooper.

34. Entrevista com Barbara Davis, professora e orientadora do anuário da escola.

35. Trice Brown, "Apple CEO Tim Cook Was Robertsdale High School's Salutatorian in 1978, but Whatever Happened to the Valedictorian?", *Lagniappe*, 1 jul. 2020, https://lagniappemobile.com/apple-ceo-tim-cook-was-robertsdale-high-schools-salutatorian-in-1978-but-whatever-happened-to-the-valedictorian/.

36. "Letter About Elimination of Gays Disgusting", *Auburn Plainsman*, 4 mar. 1982, https://content.lib.auburn.edu/digital/collection/plainsman/id/2559/.

37. Entrevistas com Fay Farris, Barbara Davis, Mike Vivar e Johnny Little.

38. Tim Cook no *The Late Show with Stephen Colbert*, 15 set. 2015; entrevistas com Mike Vivar, Lisa Straka Cooper e Rusty Aldridge.

39. Entrevista com Fay Farris.

40. Entrevista com Mike Vivar.

41. Entrevista com Rusty Aldridge.

42. Anuário da Universidade de Auburn, 1982, https://content.lib.auburn.edu/digital/collection/gloms1980/id/17321/.

43. *Homecoming*, "With Tim Cook", SEC Network, 5 set. 2017.

44. Ibid.

45. Entrevista com Fay Farris; Auburn University Bulletin 1978-1982, diz que a mensalidade era de US$ 200 a US$ 240; Leslie Cardé, "Tim Cook", Inside New Orleans, Summer 2019, p. 48-49, https://issuu.com/in_magazine/docs/1907inoweb/49; Ray Garner, "Steve Jobs' World Man", *Business Alabama*, nov. 1999, p. 59-60.

46. Entrevistas com Pamela Palmer, formada em engenharia industrial pela Auburn em 1981; Mike Peeples, formado em engenharia industrial pela Auburn em 1981; e Paul Stumb, formado em engenharia industrial pela Auburn em 1982.

47. Entrevista com Paul Stumb, formado em engenharia industrial pela Auburn em 1982.

48. "Ele podia ignorar todo o lixo e identificar o problema rapidamente", disse o professor Robert Bulfin. Yukari Iwatani Kane, *A Apple depois de Steve Jobs*, p. 116.

49. Entrevista com o professor da Universidade de Auburn, Sa'd Hamasha, que trabalha com a sociedade de honra.

50. Kit Eaton, "Tim Cook, Apple CEO, Auburn University Commencement Speech 2010", *Fast Company*, 26 ago. 2011, https://www.fastcompany.com/1776338/tim-cook-apple-ceo-auburn-university-commencement-speech-2010.

51. Andrew Pollack, "Big I.B.M. Has Done It Again", *New York Times*, 27 mar. 1983, https://www.nytimes.com/1983/03/27/business/big-ibm-has-done-it-again.html.

52. Michael W. Miller, "IBM Formally Picks Gerstner to Be Chairman and CEO–RJR Executive Doesn't Have a Turnaround Plan Yet for U.S. Computer Giant", *Wall Street Journal*, 29 mar. 1993; entrevista com Richard L. Daugherty, ex-vice-presidente de fabricação global de PCs da IBM.

53. Tim Cook no *The David Rubenstein Show*, 13 jun. 2018; anunrelatedusername, "IBM Manufacturing Systems–Keyboard Assembly", *YouTube*, https://www.youtube.com/watch?v=mEN6Rry4ekk; Gene Bylinsky, "The Digital Factory", *Fortune*, 14 nov. 1994, https://archive.fortune.com/magazines/fortune/fortune_archive/1994/11/14/79947/index.htm; entrevista com Richard L. Daugherty.

54. Entrevista com Richard L. Daugherty; John Marcom, Jr., "Slimming Down: IBM Is Automating, Simplifying Products to Beat Asian Rivals", *Wall Street Journal*, 14 abr. 1986.

55. Entrevistas com Richard L. Daugherty e Gene Addesso, diretor de fábrica da IBM.

56. Bill Boulding, "What Tim Cook Told Me When I Became Dean of Duke University's Fuqua School of Business", *LinkedIn*, 10 dez. 2015, https://www.linkedin.com/pulse/what-tim-cook-told-me-when-i-became-dean-duke-fuqua-school-boulding.

57. Andrew Gumbel, "Tim Cook: Out, Proud, Apple's New Leader Steps into the Limelight", *The Guardian*, 1 nov. 2014, https://www.theguardian.com/theobserver/2014/nov/02/tim-cook-apple-gay-coming-out.

58. Violla Young, "Tim Cook (CEO of Apple) Interview in Oxford."

59. Entrevista com Dave Boucher, ex-diretor geral da IBM.

60. Entrevistas com Thomas Coffey, ex-diretor de finanças da Intelligent Electronics; Gregory Pratt, ex-presidente da Intelligent Electronics.

61. Entrevista com Thomas Coffey; Raju Nasiretti, "Extra Bites: Intelligent Electronics Made Much of Its Profit at Suppliers' Expense", *Wall Street Journal*, 6 dez. 1994; repórter contratado, "Intelligent Electronics Agrees to Settle Class-Action Suits", *Wall Street Journal*, 21 fev. 1997, https://www.wsj.com/articles/SB856485760719766500; Leslie J. Nicholson, "Intelligent Electronics Pays $10 Million to Shareholders in Lawsuit", *Philadelphia Inquirer*, 2 dez. 1997; Intelligent Electronics Inc. Form 10-Q, Exton, Pennsylvania: Intelligent Electronics, 16 set. 1997, https://www.sec.gov/Archives/edgar/data/814430/0000814430-97-000027.txt.

62. Entrevista com Larry Deaton, ex-executivo da IBM e colega de Tim Cook.

63. Intelligent Electronics Inc., Form DEF 14A Proxy Statement, 23 jul. 1996, https://bit.ly/2XD4Hri.

64. Kevin Merrill, "IE Beefs Up Memphis, Inacom Makes Addition on West Coast", *Computer Reseller News*, 6 set. 1995.

65. Entrevista com Tom Coffey.

66. Raju Narisetti, "Intelligent Electronics Sale", *Wall Street Journal*, 21 jul. 1997; Raju Narisetti, "Xerox Agrees to Buy XLConnect and Parent Intelligent Electronics", *Wall Street Journal*, 6 mar. 1998, https://www.wsj.com/articles/SB889104642954787000.
67. "Ingram Micro Will Buy Division", *Wall Street Journal*, 1 maio 1997; entrevista com Tom Coffey.
68. Entrevista com Greg Petsch, ex-vice-presidente sênior de manufatura e qualidade da Compaq Computer Corporation.
69. Entrevista com Greg Petsch.
70. Tim Cook no *The Charlie Rose Show*, 12 set. 2014; CEO da Apple Tim Cook no *The David Rubenstein Show*, 13 jun. 2018.
71. Entrevista com Rick Devine, o *headhunter* executivo que encontrou Cook.
72. Entrevista com o *headhunter* executivo, Rick Devine, que recrutou Cook para Steve Jobs.

4. É melhor ficar com ele

1. Entrevistas com Robert Brunner e Clive Grinyer.
2. "San Francisco in the 1990s [Decades Series]", *Bay Area Television Archive*, https://diva.sfsu.edu/collections/sfbatv/bundles/227905.
3. Gillian Edevane, "Look Back: Pioneers of '90s Mission Arts Scene", *San Francisco Museum of Modern Art*, 2020, https://www.sfmoma.org/read/mission-school-1990s/; Stephanie Buck, "During the First San Francisco Dot-Com Boom, Techies and Ravers Got Together to Save the World", *Quartz*, 7 ago. 2017, https://qz.com/1045840/during-the-first-san-francisco-dot-com-boom-techies-and-ravers-got-together-to-save-the-world/.
4. Emma O'Kelly, "I've Arrived", *Design Week*, 6 dez. 1996, https://www.designweek.co.uk/issues/5-december-1996/ive-arrived/.
5. Entrevista com Robert Brunner.
6. Paul Kunkel, *Apple Design*, p. 253.
7. G. Pascal Zachary e Ken Yamada, "Apple Picks Spindler for Rough Days Ahead", *Wall Street Journal*, 21 jun. 1993.
8. Entrevistas com Robert Brunner e Tim Parsey.
9. Emma O'Kelly, "I've Arrived", *Design Week*, 6 dez. 1996, https://www.designweek.co.uk/issues/5-december-1996/ive-arrived/; John Markoff, "At Home with: Jonathan Ive: Making Computers Cute Enough to Wear", *New York Times*, 5 fev. 1998, https://www.nytimes.com/1998/02/05/garden/at-home-with-jonathan-ive-making-computers-cute-enough-to-wear.html.
10. Entrevista com Tim Parsey, ex-gestor do estúdio de design da Apple, 1991-1996.
11. The Legacy Of Apple, "Jony Ive Introduces the 20th Anniversary iMac", *YouTube*, 21 maio 2013, https://www.youtube.com/watch?v=et6-hK-LA4A.
12. Entrevista com Robert Brunner.
13. Jim Carlton, "Fading Shine: What's Eating Apple? Computer Maker Hits Some Serious Snags–Talk Rises About Booting Spindler as Share Falls and Laptops Catch Fire–The Search for a Power Mac", *Wall Street Journal*, 21 set. 1995.
14. Jim Carlton, "Apple Ousts Spindler as Its Chief, Puts National Semi CEO at Helm, *Wall Street Journal*, 2 fev. 1996, https://www.wsj.com/articles/SB868487469994949500.
15. Jim Carlton, *Apple*.
16. O'Kelly, "I've Arrived".

17. Entrevista com Clive Grinyer; O'Kelly, "I've Arrived".
18. Kahney, *Jony Ive*.
19. Isaacson, *Steve Jobs*; Brent Schendler e Rick Tetzeli, *Becoming Steve Jobs*.
20. Isaacson, *Steve Jobs*, p. 317.
21. Entrevista com Doug Satzger.
22. Alyn Griffiths, "'Steve Jobs once wanted to hire me'–Richard Sapper", *Dezeen*, 19 jun. 2013, https://www.dezeen.com/2013/06/19/steve-jobs-once-wanted-to-hire-me-richard-sapper/.
23. Entrevista com Hartmut Esslinger.
24. Ian Parker, "The Shape of Things to Come: How an Industrial Designer Became Apple's Greatest Product", *The New Yorker*, 16 fev. 2015, https://www.newyorker.com/magazine/2015/02/23/shape-things-come.
25. Entrevista com Doug Satzger.
26. Parker, "The Shape of Things to Come".
27. Isaacson, *Steve Jobs*, p. 342.
28. Karnjana Karnjanatawe, "Design Guru Says Job Is to Create Products People Love", *Bangkok Post*, 27 jan. 1999.
29. Entrevista com Doug Satzger; Leander Kahney, *Jony Ive*.
30. Karnjanatawe, "Design Guru Says Job Is to Create Products People Love".
31. Isaacson, *Steve Jobs*, p. 349.
32. Kahney, *Jony Ive*.
33. Entrevista com Peter Phillips, que trabalhava na LG à época.
34. Isaacson, *Steve Jobs*.
35. Kahney, *Jony Ive*.
36. Isaacson, *Steve Jobs*, p. 352; entrevista com Wayne Goodrich.
37. Entrevista com Wayne Goodrich. Outra pessoa que estava presente não se lembra de ver Ive interagindo com Jobs, mas concordou que Ive tinha um efeito tranquilizador sobre ele.
38. Karnjanatawe, "Design Guru Says Job Is to Create Products People Love".
39. David Redhead, "Apple of Our Ive", *Design Week*, outono 1998, 36-43.
40. Jon Rubinstein, chefe de Ive, liderou o desenvolvimento do iMac, tomando decisões cruciais sobre os componentes e o firmware do computador.
41. John Ezard, "iMac Designer Who 'Touched Millions' Wins £25,000 Award", *The Guardian*, 3 jun. 2003.
42. Kahney, *Jony Ive*; entrevista com Doug Satzger.
43. Isaacson, *Steve Jobs*.
44. Steven Levy, "An Oral History of Apple's Infinite Loop", *Wired*, 16 set. 2018, https://www.wired.com/story/apple-infinite-loop-oral-history.
45. Isaacson, *Steve Jobs*, p. 342.
46. Austin Carr, "Apple's Inspiration for the iPod? Bang & Olufsen, Not Braun", *Fast Company*, 6 nov. 2013, https://www.fastcompany.com/3016910/apples-inspiration-for-the-ipod-bang-olufsen-not-dieter-rams.
47. Isaacson, *Steve Jobs*; Tony Fadell contou a Isaacson que Ive deu a "pele" ao produto, uma maneira de dizer que ele foi encarregado de criar seu exterior.
48. Isaacson, *Steve Jobs*.
49. Entrevista com Doug Satzger: "Não é fácil acertar a cor. As pessoas podem se indispor com um produto só com base nisso. Algumas pessoas podem ficar felizes, outras podem se irritar. O preto é pesado demais. O branco é revigorante e leve".

50. Ron Adner, "From Walkman to iPod: What Music Teaches Us About Innovation", *The Atlantic*, 5 mar. 2012.
51. Kahney, *Jony Ive*.
52. Isaacson, *Steve Jobs*, p. 342.
53. Entrevistas com membros da equipe de design. Um membro da equipe disse que a saída de Meyerhoffer já havia sido planejada antes do retorno de Jobs e que tentaram convencê-lo a ficar.
54. Entrevista com Doug Satzger.
55. Entrevista com Tim Parsey.
56. Justin Housman, "Designer Rides: From Lamborghinis to Surfboards, Julian Hoenig Knows a Thing or Two About Design", *Surfer*, 13 nov. 2013, https://www.surfer.com/features/julian-hoenig/.
57. Brian Merchant, *The One Device*.
58. Brent Schendler e Rick Tetzeli, *Becoming Steve Jobs*, p. 310.
59. Jonathan Turetta, "Steve Jobs iPhone 2007 Presentation (HD)", *YouTube*, 13 maio 2013, https://www.youtube.com/watch?v=vN4U5FqrOdQ.
60. Schendler e Tetzeli, *Becoming Steve Jobs*, p. 356-57.
61. Simon Trump, "Designer of the iPod Tunes into Nature", *Telegraph*, 24 maio 2008, https://www.telegraph.co.uk/news/uknews/2023212/Designer-of-the-iPod-tunes-into-nature.html.
62. Entrevista com Clive Grinyer; Parker, "The Shape of Things to Come".
63. Isaacson, *Steve Jobs*. Representantes de Ive disseram que ele não falou com Isaacson sobre esse importante episódio. Isaacson não informou a reação de Jobs nem detalhes sobre quem relatou as falas de Ive nessa conversa.
64. Isaacson, *Steve Jobs*.
65. "Apple Design Chief Jonathan Ive Is Knighted" (vídeo), *BBC*, 23 maio 2012, https://www.bbc.com/news/uk-18171093; Yukari Iwatani Kane, *A Apple depois de Steve Jobs*.
66. Entrevistas e fotografias fornecidas pela organizadora do evento, Tracy Breeze.
67. Entrevista com Richard Tufnell, um amigo de Mike Ive e ex-colega na Politécnica de Middlesex: "Jony foi sua criação mais requintada. Ele morria de orgulho. Ele diz que se pega pensando: 'Ele é mesmo o meu filho?'".

5. Determinação ferrenha

1. Registros de imóveis mostram que Cook morava em um apartamento de 50 metros quadrados.
2. Entrevistas com o ex-vice-presidente de produtos de consumo e operações da Apple na Ásia, Joe O'Sullivan, e o chief financial officer, Fred Anderson.
3. Entrevista com Joe O'Sullivan.
4. Adam Lashinsky, "Tim Cook: The Genius Behind Steve", *Fortune*, 23 nov. 2008, https://fortune.com/2008/11/24/apple-the-genius-behind-steve/; Adam Lashinsky, *Inside Apple*.
5. Entrevista com Joe O'Sullivan; Yukari Iwatani Kane, *A Apple depois de Steve Jobs*.
6. Entrevista com Joe O'Sullivan e outros membros da equipe.
7. Entrevista com Joe O'Sullivan.
8. Yukari Iwatani Kane, *A Apple depois de Steve Jobs*.
9. Walter Isaacson, *Steve Jobs*.

10. Entrevistas com Joe O'Sullivan e outros membros das operações de hardware.
11. Jason Dean, "The Forbidden City of Terry Gou", *Wall Street Journal*, 11 ago. 2007, https://www.wsj.com/articles/SB118677584137994489.
12. Entrevistas com a liderança da Apple.
13. Apple Form Def 14A, 6 mar. 2000.
14. Entrevista com Joe O'Sullivan.
15. Lashinsky, "Tim Cook: The Genius Behind Steve".
16. Entrevistas com ex-executivos seniores da Apple; Brent Schlender e Rick Tetzeli, *Becoming Steve Jobs*.
17. Schlender e Tetzeli, *Becoming Steve Jobs*, p. 393.
18. Isaacson, *Steve Jobs*.
19. Em entrevistas, executivos seniores da Apple atribuem a visão estratégica dessa manobra de cadeia de suprimentos a Jobs, que pediu a Cook para comprar a maior quantidade possível de memória. Veja também Lashinsky, "Tim Cook: The Genius Behind Steve"; "Apple Announces Long-Term Supply Agreements for Flash Memory", *Apple*, 21 nov. 2005, https://www.apple.com/newsroom/2005/11/21Apple-Announces-Long-Term-Supply-Agreements-for-Flash-Memory/; Leander Kahney, *Tim Cook*.
20. Leander Kahney, *Jony Ive*.
21. Corning Incorporated, "Apple & Corning Press Conference: Remarks from Apple COO Jeff Williams", *YouTube*, 17 maio 2017, https://www.youtube.com/watch?v=AZgULosw6cY.
22. Isaacson, *Steve Jobs*.
23. "Apple Inc., Q1 2009 Earnings Call", *S&P Capital IQ*, 21 jan. 2009, https://www.capitaliq.com/CIQDotNet/Transcripts/Detail.aspx?keyDevId=6156218&companyId=24937.
24. Adam Lashinsky, "The Cook Doctrine at Apple", *Fortune*, 22 jan. 2009, https://fortune.com/2009/01/22/the-cook-doctrine-at-apple/.
25. Schlender e Tetzeli, *Becoming Steve Jobs*, p. 403–6.
26. z400racer37, "Apple CEO Tim Cook at D10 Full 100 Minute Video", *YouTube*, 6 jul. 2012, https://www.youtube.com/watch?v=eUAPHgiEniQ.
27. Isaacson, *Steve Jobs*.
28. Donna Riley-Lein, "Apple No. 2 Has Local Roots", *Independent*, 25 dez. 2008.
29. Entrevista com Donna Riley-Lein.
30. z400racer37, "Apple CEO Tim Cook at D10 Full 100 Minute Video", *YouTube*, 6 jul. 2012, https://www.youtube.com/watch?v=eUAPHgiEniQ.
31. Kane, *A Apple depois de Steve Jobs*.
32. Jessica E. Vascellaro, "Apple in His Own Image", *Wall Street Journal*, 2 nov. 2011, https://www.wsj.com/articles/SB10001424052970204394804577012161036609728.
33. Tripp Mickle, "How Tim Cook Made Apple His Own", *Wall Street Journal*, 7 ago. 2020, https://www.wsj.com/articles/tim-cook-apple-steve-jobs-trump-china-iphone-ipad-apps-smartphone-11596833902.
34. *Homecoming*, "With Tim Cook", SEC Network, 5 set. 2017.
35. Em uma entrevista, um membro da equipe de design disse: "Todo mundo olhou para ele e pensou: 'Ele não está entendendo'. Foi quando caiu a ficha de que as coisas seriam diferentes."

6. Ideias frágeis

1. Alguns membros da equipe de design da Apple lembram que a iniciativa do relógio foi oficializada neste momento. Outros se lembram de uma conversa por mensagens de texto, na qual a ideia circulou pela primeira vez, e do designer Julian Hönig criando um modelo inicial de um relógio depois.
2. Charlie Rose, "Oracle CEO Larry Ellison: Google CEO Did Evil Things, Apple Is Going Down" (vídeo), *CBS News*, 13 ago. 2013, https://www.cbsnews.com/news/oracle-ceo-larry-ellison-google-ceo-did-evil-things-apple-is-going-down/.
3. Cambridge Union, "Sir Jony Ive | 2018 Hawking Fellow | Cambridge Union", *YouTube*, 28 nov. 2018, https://www.youtube.com/watch?v=KywJimWe_Ok.
4. Walter Isaacson, *Steve Jobs*, p. 555.
5. Pessoas envolvidas no projeto disseram que a tentativa de entrar na TV não decolou porque o executivo da Apple, Eddy Cue, não conseguiu negociar acordos de licenciamento com os conglomerados de emissoras de TV, incluindo a Walt Disney Company e a CBS Corp. Shalini Ramachandran e Daisuke Wakabayashi, "Apple's Hard-Charging Tactics Hurt TV Expansion", *Wall Street Journal*, 28 jul. 2016, https://www.wsj.com/articles/apples-hard-charging-tactics-hurt-tv-expansion-1469721330.
6. Adam Satariano, Peter Burrows e Brad Stone, "Scott Forstall, the Sorcerer's Apprentice", *Bloomberg Businessweek*, 13 out. 2011; Computer History Museum, "CHM Live | Original iPhone Software Team Leader Scott Forstall (Part Two)", *YouTube*, 28 jun. 2017, https://www.youtube.com/watch?v=IiuVggWNqSA; Code.org, "Code Break 9.0: Events with Macklemore & Scott Forstall", *YouTube*, 20 maio 2020, https://youtu.be/-bcO-X9thds.
7. Computer History Museum, "CHM Live | Original iPhone Software Team Leader Scott Forstall (Part Two)".
8. Jim Carlton, *Apple*.
9. Entrevista com William Parkhurst, que delineou o processo, e outros ex-engenheiros da NeXT.
10. Computer History Museum, "CHM Live | Original iPhone Software Team Leader Scott Forstall (Part Two)".
11. Ibid.
12. Entrevista com Dan Grillo, colega na NeXT.
13. Computer History Museum, "CHM Live | Original iPhone Software Team Leader Scott Forstall (Part Two)".
14. Ibid.
15. Satariano, Burrows e Stone, "Scott Forstall, the Sorcerer's Apprentice".
16. Tony Fadell saiu da empresa em 2008.
17. Entrevista com Henri Lamiraux, ex-vice-presidente de engenharia do iOS.
18. Entrevista com Henri Lamiraux.
19. Peter Burrows e Connie Guglielmo, "Apple Worker Said to Tell Jobs iPhone Might Cut Calls", *Bloomberg*, 15 jul. 2010, https://www.bloomberg.com/news/articles/2010-07-15/apple-engineer-said-to-have-told-jobs-last-year-about-iphone-antenna-flaw.
20. Geoffrey A. Fowler, Ian Sherr e Niraj Sheth, "A Defiant Steve Jobs Confronts 'Antennagate'", *Wall Street Journal*, 16 jul. 2010, https://www.wsj.com/articles/SB10001424052748704913304575371131458273498.
21. "An Introduction to BEZIER Curves", apresentação da Apple Industrial Design para a Foster + Partners, por volta de 2014.

22. Matt Hamblen, "Android Smartphone Sales Leap to Second Place, Gartner Says", *Computerworld*, 9 fev. 2011, https://www.computerworld.com/article/2512940/android-smartphone-sales-leap-to-second-place-in-2010--gartner-says.html.

23. Hansen Hsu e Marc Weber, "Oral History of Kenneth Kocienda and Richard Williamson", *Computer History Museum*, 12 out. 2017, https://archive.computerhistory.org/resources/access/text/2018/07/102740223-05-01-acc.pdf.

24. Ibid.

25. Yukari Iwatani Kane, *Haunted Empire*.

26. Hsu e Weber, "Oral History of Kenneth Kocienda and Richard Williamson".

27. Apple, "Apple WWDC 2012 Keynote Address" (vídeo), *Apple Podcasts*, 11 jun. 2012, https://podcasts.apple.com/us/podcast/apple-wwdc-2012-keynote-address/id275834665?i=1000117538651.

28. Juliette Garside, "Apple Maps Service Loses Train Stations, Shrinks Tower and Creates New Airport", *The Guardian*, 20 set. 2012, https://www.theguardian.com/technology/2012/sep/20/apple-maps-ios6-station-tower.

29. Kilian Doyle, "Apple Gives Dublin a New 'Airfield,'" *Irish Times*, 20 set. 2012, https://www.irishtimes.com/news/apple-gives-dublin-a-new-airfield-1.737796.

30. Nilay Patel, "Wrong Turn: Apple's Buggy iOS 6 Maps Leads to Widespread Complaints", *Verge*, 20 set. 2012, https://www.theverge.com/2012/9/20/3363914/wrong-turn-apple-ios-6-maps-phone-5-buggy-complaints.

31. Jordan Crook, "Tim Cook Apologizes for Apple Maps, Points to Competitive Alternatives", *TechCrunch*, 28 set. 2012, https://techcrunch.com/2012/09/28/tim-cook-apologizes-for-apple-maps-points-to-competitive-alternatives/.

32. Tim Cook no *The Charlie Rose Show*, 12 set. 2014.

7. Possibilidades

1. Ian Parker, "The Shape of Things to Come: How an Industrial Designer Became Apple's Greatest Product", *The New Yorker*, 16 fev. 2015, https://www.newyorker.com/magazine/2015/02/23/shape-things-come.

2. "Inside Apple", *60 Minutes*, CBS, 20 dez. 2015.

3. Banksy, Monkey Queen, *MyArtBroker*, https://www.myartbroker.com/artist/banksy/monkey-queen-signed-print/; Banksy-Value.com, https://bit.ly/39gTqzk.

4. Good Fucking Design Advice, "Classic Advice Print", gfda.co, https://gfda.co/classic/.

5. Joel M. Podolny e Morten T. Hansen, "How Apple Is Organized for Innovation", *Harvard Business Review*, nov.–dez. 2020, https://hbr.org/2020/11/how-apple-is-organized-for-innovation; Tony Fadell, "For the record, I fully believe...", *Twitter*, 23 out. 2000, https://twitter.com/tfadell/status/1319556633312268288.

6. Klaus Göttling, "Skeumorphism Is Dead, Long Live Skeumorphism", *Interaction Design Foundation*, https://www.interaction-design.org/literature/article/skeuomorphism-is-dead-long-live-skeuomorphism.

7. Descrição do St. Regis Lobby fornecida pelo hotel por e-mail, a pedido do autor.

8. Erica Blust, "Apple Creative Director Alan Dye '97 to Speak Oct. 20", *Syracuse University*, https://news.syr.edu/blog/2010/10/18/alan-dye/; "Alan Dye", *Design Matters with Debbie Millman* (podcast), 1 jun. 2007, https://www.designmattersmedia.com/podcast/2007/Alan-Dye; "Bad Boys of Design III", *Design Matters with Debbie Millman* (podcast), 5 maio 2006, https://www.design mattersmedia.com/podcast/2006/Bad-Boys-of-Design-III;

Debbie Millman, "Adobe & AIGA SF Presents Design Matters Live w Alan Dye", *YouTube*, https://www.youtube.com/watch?v=gBre88MsZZo.

9. "An Introduction to BEZIER Curves", apresentação da Apple Industrial Design para a Foster + Partners, por volta de 2014.

10. Entrevista com Bob Burrough, ex-engenheiro da Apple, que participou da reunião.

11. Entrevista com David Rooney, escritor e ex-curador de marcação de tempo do Royal Observatory, Greenwich, U.K.; David Belcher, "Wrist Watches: From Battlefield to Fashion Accessory", *New York Times*, 23 out. 2013, https://www.nytimes.com/2013/10/23/fashion/wrist-watches-from-battlefield-to-fashion-accessory.html; Benjamin Clymer, "Apple, Influence, and Ive", *Hodinkee Magazine*, vol. 2, https://www.hodinkee.com/magazine/jony-ive-apple; Esti Chazanow, "9 Types of Uncommon Mechanical Watch Complications", *LIV Swiss Watches*, 21 dez. 2019, https://p51.livwatches.com/blogs/everything-about-watches/9-types-of-uncommon-mechanical-watch-complications; Jason Heaton, "In Defense of Quartz Watches", *Outside*, 17 jul. 2019, https://www.out sideonline.com/outdoor-gear/tools/defense-quartz-watches/.

12. Mark Sullivan, "What I Learned Working with Jony Ive's Team on the Apple Watch", *Fast Company*, 15 ago. 2016, https://www.fastcompany.com/3062576/what-i-learned-working-with-jony-ives-team-on-the-apple-watch.

13. Catherine Keenan, "Rocket Man: Marc Newson", *Sydney Morning Herald*, 30 jul. 2009.

14. Jony Ive e Marc Newson on *The Charlie Rose Show*, 21 nov. 2013, https://charlierose.com/videos/17469.

15. "Crown (Watchmaking)", *Foundation High Horology*, https://www.hautehorlogerie.org/en/watches-and-culture/encyclopaedia/glossary-of-watchmaking/.

16. Maria Konnikova, "Where Do Eureka Moments Come From?", *The New Yorker*, 27 maio 2014, https://www.newyorker.com/science/maria-konnikova/where-do-eureka-moments-come-from.

8. A luta pela inovação

1. Este relato foi fornecido por uma fonte a quem Cook contou a história. A Apple contestou o relato, caracterizando-o como impreciso. Cook não respondeu a várias tentativas de esclarecimento.

2. "Apple Fans Crowd New Downtown Palo Alto Store", *Palo Alto Online*, 27 out. 2012, https://www.paloalto online.com/news/2012/10/27/apple-fans-crowd-new-palo-alto-store.

3. "iPhone 5 First Weekend Sales Top Five Million", *Apple*, 24 set. 2012, https://www.apple.com/newsroom/2012/09/24iPhone-5-First-Weekend-Sales-Top-Five-Million/; "iPhone 4S First Weekend Sales Top Four Million", *Apple*, 17 out. 2011, https://www.apple.com/newsroom/2011/10/17iPhone-4S-First-Weekend-Sales-Top-Four-Million/; "iPhone 4 Sales Top 1.7 Million", *Apple*, 28 jun. 2010, https://www.apple.com/newsroom/2010/06/28iPhone-4-Sales-Top-1-7-Million/.

4. Matt Burns, "Apple's Stock Price Crashes to Six Month Low and There's No Bottom in Sight", *TechCrunch*, 15 nov. 2012, https://techcrunch.com/2012/11/15/apples-stock-price-is-crashing-and-the-bottom-is-not-in-sight/. O valor de mercado caiu de US$ 656,34 bilhões, em 18 de setembro de 2012, para US$ 493,51 bilhões, em 15 de novembro de 2012, de acordo com a Macrotrends.

5. Jon Russell, "IDC: Samsung Shipped Record 63.7m Smartphones in Q4 '12", *TNW*, 25 jan. 2013, https://thenextweb.com/news/idc-samsung-shipped-record-63-7m-smartphones-in-q4-12.
6. Entrevista com Scott Pendleton; Michal Lev-Ram, "Samsung's Road to Global Dominatation", *Fortune*, 22 jan. 2013, https://fortune.com/2013/01/22/samsungs-road-to-global-domination/. Brian X. Chen, "Samsung Saw Death of Apple's Jobs as a Time to Attack", *New York Times*, 16 abr. 2014, https://bits.blogs.nytimes.com/2014/04/16/samsung-saw-death-of-steve-jobs-as-a-time-to-attack/.
7. Ina Fried, "Apple Designer: We've Been Ripped Off", *All Things Digital*, 31 jul. 2012, https://allthingsd.com/20120731/apple-designer-weve-been-ripped-off/.
8. Entrevista com Scott Pendleton.
9. Scott Peters, "Rock Center: Apple CEO Tim Cook Interview", *YouTube*, 20 jan. 2013, https://www.youtube.com/watch?v=zz1GCpqd-0A.
10. Peter Burrows e Adam Satariano, "Can Phil Schiller Keep Apple Cool?", *Bloomberg*, 7 jun. 2012, https://www.bloomberg.com/news/articles/2012-06-07/can-phil-schiller-keep-apple-cool.
11. Sean Hollister, "Apple's New Mac Ads Are Embarrassing", *Verge*, 28 jul. 2012.
12. Ian Sherr e Evan Ramstad, "Has Apple Lost Its Cool to Samsung?", *Wall Street Journal*, 28 jan. 2013, https://www.wsj.com/articles/SB10001424127887323854904578264090074879024.
13. Jay Yarrow, "Phil Schiller Exploded on Apple's Ad Agency in an Email", *Business Insider*, 7 abr. 2014, https://www.yahoo.com/news/phil-schiller-exploded-apples-ad-163842747.html.
14. *Apple v. Samsung*, U.S. District Court, Northern District of California, C-12-00630, vol. 3, 498-756, 4 abr. 2014.
15. Elise J. Bean, *Financial Exposure:* Carl Levin's Senate Investigations into Finance and Tax Abuse (Nova York: Palgrave Macmillan, 2018), e-book; entrevista com Elise Bean.
16. Ibid.; entrevista com Elise Bean.
17. Offshore Profit Sharing and the U.S. Tax Code–Part 2 (Apple Inc.), audiência diante do Subcomitê Permanente de Investigações do Comitê de Segurança Nacional e Assuntos do Governo, *Senado dos Estados Unidos*, 21 maio 2013, https://www.govinfo.gov/content/pkg/CHRG-113shrg81657/pdf/CHRG-113shrg81657.pdf.
18. Ibid., 9.
19. Apple, "Apple WWDC 2013 Keynote Address" (vídeo), *Apple Podcasts*, 10 jun. 2013, https://podcasts.apple.com/us/podcast/apple-wwdc-2013-keynote-address/id275834665?i=1000160871947.
20. Ibid.
21. David Pogue, "Yes, There's a New iPhone. But That's Not the Big News", *New York Times*, 17 set. 2013, https://pogue.blogs.nytimes.com/2013/09/17/yes-theres-a-new-iphone-but-thats-not-the-big-news/; Darrell Etherington, "Apple iOS 7 Review: A Major Makeover That Delivers, but Takes Some Getting Used To", *TechCrunch*, 18 set. 2013, https://techcrunch.com/2013/09/17/ios-7-review-apple/.
22. TouchGameplay, "Official Designed by Apple in California Trailer", *YouTube*, 10 jun. 2013, https://www.youtube.com/watch?v=0xD569Io7kE.
23. Seth Stevenson, "Designed by Doofuses in California", *Slate*, 26 ago. 2013, https://slate.com/business/2013/08/designed-by-apple-in-california-ad-campaign-why-its-so-terrible.html.

24. Cara Lombardo, "Carl Icahn Is Nearing Another Landmark Deal. This Time It's with His Son", *Wall Street Journal*, 19 out. 2019, https://www.wsj.com/articles/carl-icahn-is-nearing-another-landmark-deal-this-time-its-with-his-son-11571457602; entrevista com Carl Icahn.
25. Jeff Chu, "Can Apple's Angela Ahrendts Spark a Retail Revolution?", *Fast Company*, 6 jan. 2014, https://www.fastcompany.com/3023591/angela-ahrendts-a-new-season-at-apple.
26. Nicole Nguyen, "Meet the Woman Who Wants to Change the Way You Buy Your iPhone", *BuzzFeed News*, 25 out. 2017, https://www.buzzfeednews.com/article/nicolenguyen/meet-the-woman-who-wants-to-change-the-way-you-buy-your.
27. Veja Apple Inc.; Form 10-K, *United States Securities and Exchange Commission*, 28 set. 2013, https://www.sec.gov/Archives/edgar/data/320193/000119312513416534/d590790d10k.htm.

9. A coroa

1. Paul Goldberger, "Designing Men", *Vanity Fair*, 10 out. 2013, https://www.vanityfair.com/news/business/2013/11/jony-ive-marc-newson-design-auction#~o.
2. Ibid.
3. Jony Ive e Marc Newson, *The Charlie Rose Show*, 21 nov. 2013, https://charlierose.com/videos/17469.
4. Goldberger, "Designing Men".
5. "Apple Unveils Apple Watch–Apple's Most Personal Device Ever", *Apple*, 9 set. 2014, https://www.apple.com/newsroom/2014/09/09Apple-Unveils-Apple-Watch-Apples-Most-Personal-Device-Ever/.
6. Site publicitário do Apple Watch, 30 abr. 2015, via Wayback Machine–Internet Archive, https://web.archive.org/web/20150430052623/http://www.apple.com/watch/apple-watch/.
7. The Apptionary, "Full March 9, 2015, Apple Keynote Apple Watch, Macbook 2015", *YouTube*, 9 mar. 2015, https://www.youtube.com/watch?v=U2wJsHWSafc; Benjamin Clymer, "Apple, Influence, and Ive", *Hodinkee Magazine*, vol. 2, https://www.hodinkee.com/magazine/jony-ive-apple.
8. Ariel Adams, "10 Interesting Facts about Marc Newson's Watch Design Work at Ikepod", *A Blog to Watch*, 9 set. 2014, https://www.ablogtowatch.com/10-interesting-facts-marc-newson-watch-design-work-ikepod/.
9. Jim Dallke, "Inside the Small Evanston Company Whose Tech Was Acquired by Apple and Used by SpaceX", *CHICAGOINNO*, 15 fev. 2017, https://www.bizjournals.com/chicago/inno/stories/inno-insights/2017/02/15/inside-the-small-evanston-company-whose-tech-was.html; "Charlie Kuehmann, VP at SpaceX and Tesla Motors, Is Visiting Georgia Tech!", *Georgia Institute of Technology*, https://materials.gatech.edu/event/charlie-kuehmann-vp-spacex-and-tesla-motors-visiting-georgia-tech.
10. Kim Peterson, "Did Apple Invent a New Gold for Its Luxury Watch?", *Moneywatch*, CBS News, 10 mar. 2015, https://www.cbsnews.com/news/did-apple-invent-a-new-gold-for-its-luxury-watch/; "Crystalline Gold Alloys with Improved Hardness", patente n. WO 2015038636A1, 19 mar. 2015, https://patentimages.storage.googleapis.com/59/52/60/086e50f497e052/WO2015038636A1.pdf; Apple Videos, "Apple Watch Edition–Gold", *YouTube*, 13 ago. 2015, https://www.youtube.com/watch?v=S-aEW0vWdT4.

11. Walter Isaacson, *Steve Jobs*.
12. Anick Jesdanun, "Pick Your Apple Watch: 54 Combinations of case, band, size", *Associated Press*, 9 abr. 2015, https://apnews.com/0cf0112b699a407e9fcc8286946949ff.
13. Christina Passariello, "How Jony Ive Masterminded Apple's New Headquarters", *Wall Street Journal Magazine*, 26 jul. 2017, https://www.wsj.com/articles/how-jony-ive-masterminded-apples-new-headquarters-1501063201.
14. David Pierce, "iPhone Killer: The Secret History of the Apple Watch", *Wired*, 1 maio 2015, https://www.wired.com/2015/04/the-apple-watch/.
15. Apple Inc. Definitive Proxy Statement, Schedule 14A, *United States Securities and Exchange Commission*, 7 jan. 2013, https://www.sec.gov/Archives/edgar/data/320193/000119312513005529/d450591ddef14a.htm.
16. "Monitor Your Heart Rate with Apple Watch", *Apple*, https://support.apple.com/en-us/HT204666.
17. Jon Russell, "IDC: Smartphone Shipments Hit 1B for the First Time in 2013, Samsung 'Clear Leader' with 32% Share", *TNW*, 27 jan. 2014, https://thenextweb.com/news/idc-smartphone-shipments-passed-1b-first-time-2013-samsung-remains-clear-leader.
18. Mark Gurman, "Apple Store Revamp for Apple Watch Revealed: 'Magical' Display Tables, Demo Loops, Sales Process", *9to5Mac*, 29 mar. 2015, https://9to5mac.com/2015/03/29/apple-store-revamp-for-apple-watch-revealed-magical-tables-demo-loops-sales-process/.
19. Entrevista com Anna Wintour.

10. Acordos

1. Ian Johnson, "China's Great Uprooting: Moving 250 Million into Cities", *New York Times*, 15 jun. 2013, https://www.nytimes.com/2013/06/16/world/asia/chinas-great-uprooting-moving-250-million-into-cities.html; Rui Zhu, "Understanding Chinese Consumers", *Harvard Business Review*, 14 nov. 2013, https://hbr.org/2013/11/understanding-chinese-consumers.
2. WikiLeaks, "Cablegate: Apple Iphone Facing Licensing Issues in China", *Scoop Independent News*, 12 jun. 2009, https://www.scoop.co.nz/stories/WL0906/S00516/cablegate-apple-iphone-facing-licensing-issues-in-china.htm?from-mobile=bottom-link-01.
3. Zheng Jun, "Entrevista com Cook: Hope That the Mainland Will Become the First Batch of New Apple Products to Be Launched", *Sina Technology* (traduzido) 10 jan. 2013; John Underwood, "Living the Good Life", *Gulf Coast Media*, 13 jul. 2018, https://www.gulfcoastnewstoday.com/stories/living-the-good-life,64626.
4. Apple Inc., Form 10-Q, relativo ao trimestre fiscal terminado em 27 dez. 2013, *United States Securities and Exchange Commission*, https://www.sec.gov/Archives/edgar/data/320193/000119312515259935/d927922d10q.htm.
5. "Apple Inc. Presents at Goldman Sachs Technology & Internet Conference 2013", *S&P Capital IQ*, 12 fev. 2013, https://www.capitaliq.com/CIQDotNet/Transcripts/Detail.aspx?keyDevId=227981668&companyId=24937.
6. "CNBC Exclusive: CNBC Transcript: Apple CEO Tim Cook and China Mobile Chairman Xi Guohua Speak with CNBC's Eunice Yoon Today", *CNBC*, 15 jan. 2014, https://www.cnbc.com/2014/01/15/cnbc-exclusive-cnbc-transcript-apple-ceo-tim-cook-and-china-mobile-chairman-xi-guohua-speak-with-cnbcs-eunice-yoon-today.html.

7. "CEO Tim Cook Visits Beijing", *Getty Images*, 17 jan. 2014, https://www.gettyimages.com/detail/news-photo/tim-cook-chief-executive-officer-of-apple-inc-visits-a-news-photo/463193469; Dhara Ranasinghe, "Apple Takes a Fresh Bite into China's Market", *CNBC*, 17 jan. 2014, https://www.cnbc.com/2014/01/16/apple-takes-a-fresh-bite-into-chinas-market.html; Mark Gurman, "Apple CEO Cook Hands Out Autographed iPhones at China Mobile Launch, Says 'Great Things' Coming", *9to5Mac*, 16 jan. 2014, https://9to5mac.com/2014/01/16/tim-cook-hands-out-autographed-iphones-at-china-mobile-launch-says-great-things-in-product-pipeline/.

8. Marco della Cava, "For Iovine and Reznor, Beats Music Is 'Personal'", *USA Today*, 11 jan. 2014, https://www.usatoday.com/story/life/music/2014/01/11/beats-music-interview-jimmy-iovine-trent-reznor/4401019/.

9. Tripp Mickle, "Jobs, Cook, Ive–Blevins? The Rise of Apple's Cost Cutter", *Wall Street Journal*, 23 jan. 2020, https://www.wsj.com/articles/jobs-cook-iveblevins-the-rise-of-apples-cost-cutter-11579803981.

10. Sydney Franklin, "How the World's Largest Curved Windows Were Forged for Apple HQ", *Architizer*, https://architizer.com/blog/inspiration/stories/architectural-details-apple-park-windows/.

11. "Steel-and-Glass Design with Curved Glass for LACMA", *Seele*, https://seele.com/references/los-angeles-county-museum-of-arts-usa.

12. Os arquitetos da Foster + Partners trabalharam para reduzir a tira de aço de 2,5 centímetros para 1,5 centímetro, de acordo com pessoas que conheciam a fundo o evento e o projeto.

13. Mike Ramsey, "Tesla Motors Nearly Doubled Staff in 2014", *Wall Street Journal*, 27 fev. 2015, https://www.wsj.com/articles/tesla-motors-nearly-doubled-staff-in-2014-1425072207; Daisuke Wakabayashi e Mike Ramsey, "Apple Gears Up to Challenge Tesla in Electric Cars", *Wall Street Journal*, 13 fev. 2015, https://www.wsj.com/articles/apples-titan-car-project-to-challenge-tesla-1423868072.

14. "2015 Global Health Care Outlook: Common Goals, Competing Priorities", *Deloitte*, https://www2.deloitte.com/content/dam/Deloitte/global/Documents/Life-Sciences-Health-Care/gx-lshc-2015-health-care-outlook-global.pdf; "The World's Automotive Industry", *International Organisation of Motor Vehicles Manufacturers*, 29 nov. 2006, https://www.oica.net/wp-content/uploads/2007/06/oica-depliant-final.pdf.

15. Tom Relihan, "Steve Jobs Talks Consultants, Hiring, and Leaving Apple in Unearthed 1992 Talk", *MIT Sloan School of Management*, 10 maio 2018, https://mitsloan.mit.edu/ideas-made-to-matter/steve-jobs-talks-consultants-hiring-and-leaving-apple-unearthed-1992-talk.

16. "Tim Cook", *Charlie Rose*, 12 set. 2014, https://charlierose.com/videos/18663.

17. Ben Fritz e Tripp Mickle, "Apple's iTunes Falls Short in Battle for Video Viewers", *Wall Street Journal*, 9 jul. 2017, https://www.wsj.com/articles/apples-itunes-falls-short-in-battle-for-video-viewers-1499601601.

18. Tom Connick, "Dr. Dre Discusses History of Abuse Towards Women: 'I Was Out of My Fucking Mind'", *NME*, 11 jul. 2017, https://www.nme.com/news/music/dr-dre-discusses-abuse-women-fucking-mind-2108142; Joe Coscarelli, "Dr. Dre Apologizes to the 'Women I've Hurt,'" *New York Times*, 21 ago. 2015, https://www.nytimes.com/2015/08/22/arts/music/dr-dre-apologizes-to-the-women-ive-hurt.html.

19. *Wall Street Journal*, "Behind the Deal– The Weekend That Nearly Blew the $3 Billion Apple Beats Deal", *YouTube*, 13 jul. 2017, https://www.youtube.com/watch?v=A0md3ok60g8.

11. A casa caiu

1. "Jony Ive: The Future of Design", *Hirshhorn Museum*, 29 nov. 2017, podcast publicado no Soundcloud.com por Fuste, https://soundcloud.com/user-175082292/jony-ive-the-future-of-design; Ian Parker, "The Shape of Things to Come: How an Industrial Designer Became Apple's Greatest Product", *The New Yorker*, 16 fev. 2015, https://www.newyorker.com/magazine/2015/02/23/shape-things-come.
2. Justin Sullivan, "Apple Unveils iPhone 6", *Getty Images*, 9 set. 2014, https://www.gettyimages.com/detail/news-photo/the-new-iphone-6-is-displayed-during-an-apple-special-event-news-photo/455054182; Karl Mondon, "Final Preparations Are Made Monday Morning, 8 set. 2014, for Tomorrow's Big Apple Media Event", *Getty Images*, 8 set. 2014, https://www.gettyimages.in/detail/news-photo/final-preparations-are-made-monday-morning-sept-8-for-news-photo/1172329286; Karl Mondon, "Different Models of the New Apple Watch Are on Display", *Getty Images*, 9 set. 2014, https://www.gettyimages.com/detail/news-photo/different-models-of-the-new-apple-watch-are-on-display-for-news-photo/1172329258.
3. Don Emmert/AFP, "People Wait in Line on Chairs set. 9, 2014 Outside the Apple Store on 5th Avenue", *Getty Images*, 9 set. 2014, https://www.gettyimages.com/detail/news-photo/people-wait-in-line-on-chairs-september-9-2014-outside-the-news-photo/455039230.
4. Parker, "The Shape of Things to Come", *The New Yorker*.
5. "Apple Special Event, September 2014" (vídeo), *Apple Podcasts*, 9 set. 2014, https://podcasts.apple.com/us/podcast/apple-special-event-september-2014/id275834665?i=1000430692664.
6. "Apple Watch: Will It Revolutionize the Personal Device?", *Nightline*, ABC, 9 set. 2014, https://abcnews.go.com/Nightline/video/apple-watch-revolutionize-personal-device-25396956.
7. Suzy Menkes, "A First Look at the Apple Watch", *Vogue*, 9 set. 2014, https://www.vogue.co.uk/article/suzy-menkes-apple-iwatch-review.
8. Chris Welch, "Apple Releases One-Click Tool to Delete the U2 Album You Didn't Want", *Verge*, 15 set. 2014, https://www.theverge.com/2014/9/15/6153165/apple-u2-songs-of-innocence-removal-tool; Robert Booth, "U2's Bono Issues Apology for Automatic Apple iTunes Download", *The Guardian*, 15 out. 2014, https://www.theguardian.com/music/2014/oct/15/u2-bono-issues-apology-for-apple-itunes-album-download.
9. Colette Paris, "Apple Watch at Colette Paris", *Facebook*, 1 out. 2014, https://www.facebook.com/www.colette.fr/photos/a.10152694538705266/10152694539145266.
10. Miles Socha, "Apple Unveils Watch at Colette", *Women's Wear Daily*, 30 set. 2014, https://wwd.com/fashion-news/fashion-scoops/apple-unveils-watch-at-colette-7959364/.
11. Emilia Petrarca, "Karl Lagerfeld Talks Death and His Enemies in a Wild New Interview", *New York*, 13 abr. 2018, https://www.thecut.com/2018/04/karl-lagerfeld-numero-interview-azzedine-alaia-virgil-abloh.html#_ga=2.218658718.629632365.1631210806-1193973995.1631210803; Ella Alexander, "Full of Faults", *Vogue*, 23 jun. 2011, https://www.vogue.co.uk/article/alaia-criticises-karl-lagerfeld-and-anna-wintour.

12. "Apple Azzedine Alaia Party with Lenny Kravitz, Marc Newson, Jonathan Ive for Apple Watch", *Audrey World News*, 11 nov. 2014, http://www.audreyworldnews.com/2014/11/apple-azzedine-alaia-party.html; Vanessa Friedman, "The Star of the Show Is Strapped on a Wrist", *New York Times*, 1 out. 2014, https://www.nytimes.com/2014/10/02/fashion/apple-watch-azzedine-alaia-paris-fashion-week.html.

12. Orgulho

1. "Apple Inc., Q4 2014 Earnings Call, Oct. 20, 2014", *S&P Capital IQ*, 20 out. 2014, https://www.capitaliq.com/CIQDotNet/Transcripts/Detail.aspx?keyDevId=273702454&companyId=24937.
2. Apple Inc., Form 10-Q, relativo ao trimestre fiscal terminado em 27 dez. 2014, *United States Securities and Exchange Commission*, https://www.sec.gov/Archives/edgar/data/320193/000119312515023697/d835533d10q.htm.
3. Walt Mossberg, "The Watcher of the Apple Watch: Jeff Williams at Code 2015 (Video)", *Vox*, 18 jun. 2015, https://www.vox.com/2015/6/18/11563672/the-watcher-of-the-apple-watch-jeff-williams-at-code-2015-video.
4. "Apple Inc., Q4 2014 Earnings Call, Oct 20, 2014", *S&P Capital IQ*, 20 out. 2014, https://www.capitaliq.com/CIQDotNet/Transcripts/Detail.aspx?keyDevId=273702454&companyId=24937.
5. Ryan Phillips, "Tim Cook, Nick Saban Among Newest Members of Alabama Academy of Honor", *Birmingham Business Journal*, 27 out. 2014, https://www.bizjournals.com/birmingham/morning_call/2014/10/tim-cook-nick-saban-among-newest-members-of.html.
6. Tim Cook, "Workplace Equality Is Good for Business", *Wall Street Journal*, 3 nov. 2013, https://www.wsj.com/articles/SB10001424052702304527504579172302377638002.
7. Jena McGregor, "Anderson Cooper was Tim Cook's Guide for Coming Out as Gay", *Washington Post*, 15 ago. 2016, https://www.washingtonpost.com/news/on-leadership/wp/2016/08/15/why-tim-cook-talked-with-anderson-cooper-before-publicly-coming-out-as-gay/.
8. Anderson Cooper on *The Howard Stern Show*, 12 maio 2020, https://www.howardstern.com/show/2020/05/12/robin-quivers-struggles-turning-down-houseguests-amidst-global-pandemic/.
9. Bloomberg Surveillance, "Apple CEO Tim Cook: I'm Proud to Be Gay" (vídeo), *Bloomberg*, 30 out. 2014, https://www.bloomberg.com/news/videos/2014-10-30/apple-ceo-tim-cook-im-proud-to-be-gay.
10. Tim Cook, "Tim Cook Speaks Up", *Bloomberg*, 30 out. 2014, https://www.bloomberg.com/news/articles/2014-10-30/tim-cook-speaks-up.
11. "LGBT Rights", Gallup, https://news.gallup.com/poll/1651/gay-lesbian-rights.aspx.
12. "The History of the Castro", *KQED*, 2009, https://www.kqed.org/w/hood/castro/castroHistory.html.
13. "Apple Gives Benefits to Domestic Partners", *San Francisco Chronicle*, 25 jul. 1992.
14. Adam Lashinsky, "Tim Cook: The Genius Behind Steve", *Fortune*, 23 nov. 2008, https://fortune.com/2008/11/24/apple-the-genius-behind-steve/; Owen Thomas, "Is Apple COO Tim Cook Gay?", *Gawker*, 10 nov. 2008, https://www.gawker.com/5082473/is-apple-coo-tim-cook-gay.

15. Nicholas Jackson, "To Be the Most Powerful Gay Man in Tech, Cook Needs to Come Out", *The Atlantic*, 25 ago. 2011, https://www.theatlantic.com/technology/archive/2011/08/to-be-the-most-powerful-gay-man-in-tech-cook-needs-to-come out/244083/.
16. Ryan Tate, "Tim Cook: Apple's New CEO and the Most Powerful Gay Man in America", *Gawker*, 24 ago. 2011, https://www.gawker.com/5834158/tim-cook-apples-new-ceo-and-the-most-powerful-gay-man-in-america; entrevistas com Ben Ling e amigos de Ben Ling, que disseram que Ling e Cook nunca namoraram.
17. Erin Edgemon, "Apple CEO Tim Cook Criticizes Alabama for Not Offering Equality to LGBT Community", *AL.com*, 27 out. 2014, atualizado em 13 jan. 2020, https://www.al.com/news/montgomery/2014/10/apple_ceo_tim_cook_criticizes.html; WKRG, "Apple's Tim Cook Honored, Slams Alabama Education System", *YouTube*, 12 nov. 2014, https://www.youtube.com/watch?v=P6xZSCyPWmA.
18. Ismail Hossain, "Apple CEO Tim Cook Speaks at Alabama Academy of Honor Induction", *YouTube*, 3 jan. 2015, https://www.youtube.com/watch?v=frpvn_0bxQs.
19. Ryan Boggus, "Sims Unloads on Apple CEO for 'Swooping In' to 'Lecture Alabama on How We Should Live'", *Yellowhammer News*, 28 out. 2014, https://yellowhammernews.com/sims-unloads-apple-ceo-swooping-lecture-alabama-live/.
20. "Exclusive: Amanpour Speaks with Apple CEO Tim Cook" (vídeo), *CNN*, 25 out. 2018, https://www.cnn.com/videos/business/2018/10/25/tim-cook-amanpour-full.cnn.
21. Cook, "Tim Cook Speaks Up".
22. Marc Hurel, "Tim Cook of Apple: Being Gay in Corporate America (letter)", *New York Times*, 31 out. 2014, https://www.nytimes.com/2014/11/01/opinion/tim-cook-of-apple-being-gay-in-corporate-america.html; James B. Stewart, "The Coming Out of Apple's Tim Cook: 'This Will Resonate'", *New York Times*, 30 out. 2014.

13. Fora de moda

1. Registros de voo do N586GV; Ian Parker, "The Shape of Things to Come", *The New Yorker*, 16 fev. 2015, https://www.newyorker.com/magazine/2015/02/23/shape-things-come.
2. Parker, "The Shape of Things to Come"; Jake Holmes, "2014 Bentley Mulsanne Adds Pillows, Privacy Curtains and Wi-Fi", *Motortrend*, 23 jan. 2013, https://www.motortrend.com/news/2014-bentley-mulsanne-adds-pillows-privacy-curtains-and-wi-fi-199127/.
3. Jim Cramer. "Cramer: Own Apple, Don't Trade It" (vídeo). *CNBC*, 28 jan. 2015, https://www.cnbc.com/video/2015/01/28/cramer-own-apple-dont-trade-it.html.
4. Jim Cramer. "Cook Calls Cramer: Happy 10th Anniversary!" (vídeo). *CNBC*, 12 mar. 2015, https://www.cnbc.com/video/2015/03/12/cook-calls-cramer-happy-10th-anniversary.html.
5. Vanessa Friedman, "This Emperor Needs New Clothes", *New York Times*, 15 out. 2014, https://www.nytimes.com/2014/10/16/fashion/for-tim-cook-of-apple-the-fashion-of-no-fashion.html.
6. Parker, "The Shape of Things to Come".
7. "Apple Special Event, March 2015" (vídeo), *Apple Podcasts*, 9 mar. 2015, https://podcasts.apple.com/us/podcast/apple-special-event-march-2015/id275834665?i=1000430692662.
8. Comunicado à imprensa, "Apple Watch Available in Nine Countries on April 24", *Apple*, 9 mar. 2015, https://www.apple.com/newsroom/2015/03/09Apple-Watch-Available-in-Nine-Countries-on-abr.-24/.

9. Apple Inc., formulário 10-K referente ao ano fiscal terminado em 24 set. 2011, (submetido em 26 out. 2011), p. 30, *United States Securities and Exchange Commission*, https://www.sec.gov/Archives/edgar/data/320193/000119312511282113/d220209d10k.htm.

10. Jay Yarow, "There's 'Lackluster Interest' in Apple Watch, Says UBS", *Business Insider*, 1 maio 2015, https://www.businessinsider.com/ubs-on-the-apple-watch-2015-5; "Can Apple Watch Move the Needle?" (vídeo), *CNBC*, 13 mar. 2015, https://www.cnbc.com/video/2015/03/10/can-apple-watch-move-the-needle.html.

11. Karen Turner, "As Apple's Profits Decline, iPhone Factory Workers Suffer, a New Report Claims", *Washington Post*, 1 set. 2016, https://www.washingtonpost.com/news/the-switch/wp/2016/09/01/as-apples-profits-decline-iphone-factory-workers-suffer-a-new-report-claims/.

12. Daisuke Wakabayashi e Lorraine Luk, "Apple Watch: Faulty Taptic Engine Slows Rollout", *Wall Street Journal*, 29 abr. 2015, https://www.wsj.com/articles/apple-watch-faulty-taptic-engine-slows-roll-out-1430339460.

13. Entrevista com Patrick Pruniaux, que entrou na equipe de Deneve vindo do fabricante suíço de relógios de luxo Tag Heuer.

14. Alan F. "Rich and Famous in Milan Get Free Apple Watch", *PhoneArena.com*, 17 abr. 2015, https://www.phonearena.com/news/Rich-and-famous-in-Milan-get-free-Apple-Watch-Apple-Watch-Band-and-more_id68390.

15. Nick Compton, "Road-Testing the Apple Watch at Salone del Mobile 2015", *Wallpaper*, 13 abr. 2015, https://www.wallpaper.com/watches-and-jewellery/the-big-reveal-road-testing-the-apple-watch-at-salone-del-mobile-2015.

16. Micah Singleton, "Jony Ive: It's Not Our Intent to Compete with Luxury Goods" (vídeo), *Verge*, 24 abr. 2015, https://www.theverge.com/2015/4/24/8491265/jony-ive-interview-apple-watch-luxury-goods;Scarlett Kilcooley-O'Halloran, "Apple Explains Its Grand Plan to Suzy Menkes" (vídeo), *Vogue*, 22 abr. 2015, http://web.archive.org/web/20150425201744/https://www.vogue.co.uk/news/2015/04/22/the-new-luxury-landscape.

17. Imran Chaudhri, "So the Real Story Is That Steve's Brief", *Twitter*, 16 dez. 2019, https://twitter.com/imranchaudhri/status/1206785636855758855?lang=en.

18. Associated Press, "Shoppers Get to Know Apple Watch on First Day of Sales", *CTV News*, 10 abr. 2015, https://www.ctvnews.ca/sci-tech/shoppers-get-to-know-apple-watch-on-first-day-of-sales-1.2320387.

19. Tim Higgins, Jing Ceo e Amy Thomson, "Apple Watch Debut Marks a New Retail Strategy for Apple", *Bloomberg*, 24 abr. 2015, https://www.bloomberg.com/news/articles/2015-04-24/apple-watch-debut-marks-a-new-retail-strategy-for-apple.

20. Sam Byford, Amar Toor e Tom Warren, "We Went Shopping for an Apple Watch in Tokyo, Paris, and London", *Verge*, 10 abr. 2015, https://www.theverge.com/2015/4/10/8380993/apple-watch-tokyo-paris-london-shopping.

21. Nilay Patel, "Apple Watch Review", *Verge*, 8 abr. 2015, https://www.theverge.com/a/apple-watch-review; Nicole Phelps, "Apple Watch: A Nine-Day Road Test", *Vogue*, 8 abr. 2015, https://www.vogue.com/article/apple-watch-test-drive.

22. Joshua Topolsky, "Apple Watch Review: You'll Want One, but You Don't Need One", *Bloomberg*, 8 abr. 2015, https://www.bloomberg.com/news/features/2015-04-08/apple-watch-review-you-ll-want-one-but-you-don-t-need-one.

23. Jay Yarow, "There's 'Lackluster Interest' in Apple Watch, Says UBS", *Business Insider*, 1 maio 2015, https://www.businessinsider.com/ubs-on-the-apple-watch-2015-5;

sfgoldberg, "Long Sync Times, Delayed Notifications, and Other Issues– Explained!", *Apple*, 12 maio 2015, https://discussions.apple.com/thread/7039051.
24. Entrevista com Patrick Pruniaux.
25. Parker, "The Shape of Things to Come".
26. "Fortune 500", Fortune, 2015, https://fortune.com/fortune500/2015/search/.
27. Stephen Fry, "When Stephen Fry Met Jony Ive: The Self-Confessed Tech Geek Talks to Apple's Newly Promoted chief design officer", *Telegraph*, 26 maio 2015, https://www.telegraph.co.uk/technology/apple/11628710/When-Stephen-Fry-met-Jony-Ive-the-self-confessed-fanboi-meets-Apples-newly-promoted-chief-design-officer.html.

14. O projeto Fuse

1. Apple Inc., Formulário 10-K referente ao ano fiscal terminado em 26 set. 2015 (submetido em 28 out. 2011), p. 30, *United States Securities and Exchange Commission*, https://www.sec.gov/Archives/edgar/data/320193/000119312515356351/d17062d10k.htm.
2. Daisuke Wakabayashi e Mike Ramsey, "Apple Gears Up to Challenge Tesla in Electric Cars", *Wall Street Journal*, 13 fev. 2015, https://www.wsj.com/articles/apples-titan-car-project-to-challenge-tesla-1423868072; Tim Bradshaw e Andy Sharman, "Apple Hiring Automotive Experts to Work in Secret Research Lab", *Financial Times*, 13 fev. 2015, https://www.ft.com/content/84906352-b3a5-11e4-9449-00144feab7de.
3. Nik Rawlinson, "History of Apple: The Story of Steve Jobs and the Company He Founded", *Macworld*, 25 abr. 2017, https://www.macworld.co.uk/feature/history-of-apple-steve-jobs-mac-3606104/.
4. Evan Minsker, "Trent Reznor Talks Apple Music: What His Involvement Is, What Sets It Apart", *Pitchfork*, 1 jul. 2015, https://pitchfork.com/news/60190-trent-reznor-talks-apple-music-what-his-involvement-is-what-sets-it-apart/.
5. Todd Wasserman, "Report: Beats Music Had Only 111,000 Subscribers in March", *Mashable*, 13 maio 2014.
6. Josh Duboff, "Taylor Swift: Apple Crusader, #GirlSquad Captain, and the Most Influential 25-Year-Old in America", *Vanity Fair*, 11 ago. 2015, https://www.vanityfair.com/style/2015/08/taylor-swift-cover-mario-testino-apple-music.
7. Apple, "Apple–WWDC 2015", *YouTube*, 15 jun. 2015, https://www.youtube.com/watch?v=_p8AsQhaVKI.
8. "Steve Jobs to Kick Off Apple's Worldwide Developers Conference 2003", *Apple*, 8 maio 2003, https://www.apple.com/newsroom/2003/05/08Steve-Jobs-to-Kick-Off-Apples-Worldwide-Developers-Conference-2003/; "Apple Launches the iTunes Music Store", *Apple*, 28 abr. 2003, https://www.apple.com/newsroom/2003/04/28Apple-Launches-the-iTunes-Music-Store/; Apple Novinky, "Steve Jobs Introduces iTunes Music Store–Apple Special Event 2003", *YouTube*, 3 abr. 2018, https://www.youtube.com/watch?v=NF9o46zK5Jo.
9. Duboff, "Taylor Swift: Apple Crusader, #GirlSquad Captain, and the Most Influential 25-Year-Old in America"; entrevista com Scott Borchetta.
10. Peter Helman, "Read Taylor Swift's Open Letter to Apple Music", *Stereogum*, 21 jun. 2015, https://www.stereogum.com/1810310/read-taylor-swifts-open-letter-to-apple-music/news/.
11. "HBO's Richard Plepler and Jimmy Iovine on Dreaming and Streaming–FULL CONVERSATION", *Vanity Fair*, 8 out. 2015, https://www.vanityfair.com/video/watch/hbo-richard-plepler-jimmy-iovine-dreaming-streaming.

12. Duboff, "Taylor Swift: Apple Crusader, #GirlSquad Captain, and the Most Influential 25-Year-Old in America"; Fortune Magazine, "How Technology Is Changing the Music Industry", *YouTube*, 17 jul. 2015, https://www.youtube.com/watch?v=5ZdVA-_deYE.

13. Entrevista com Scott Borchetta.

14. Jim Famurewa, "Jimmy Iovine Interview: Producer Talks Apple Music, Zane Lowe, and Taylor Swift's Wrath", *Evening Standard*, 6 ago. 2015, https://www.standard.co.uk/tech/jimmy-iovine-interview-producer-talks-apple-music-zane-lowe-and-taylor-swift-s-wrath-10442663.html.

15. Fortune Magazine, "How Technology Is Changing the Music Industry"; entrevista com Scott Borchetta.

16. Entrevista com Scott Borchetta.

17. Tim Ingham, "Pandora: Our $0.001 per Stream Payout Is 'Very Fair' on Artists. And Besides, Now We Can Help Them Sell Tickets", *MusicBusiness Worldwide*, 22 fev. 2015, https://www.musicbusinessworldwide.com/pandora-our-0-001-per-stream-payout-is-very-fair/.

18. Entrevista com Scott Borchetta.

19. Anne Steele, "Apple Music Reveals How Much It Pays When You Stream a Song", *Wall Street Journal*, 16 abr. 2021, https://www.wsj.com/articles/apple-music-reveals-how-much-it-pays-when-you-stream-a-song-11618579800.

20. Entrevista com Scott Borchetta.

21. Taylor Soper, "Amazon Echo Sales Reach 5M in Two Years, Research Firm Says, as Google Competitor Enters Market", *GeekWire*, 21 nov. 2016, https://www.geekwire.com/2016/amazon-echo-sales-reach-5m-two-years-research-firm-says-google-competitor-enters-market/.

22. Sean Hollister, "Microsoft Releases Xbox One Cheat Sheet: Here's What You Can Tell Kinect to Do", *Verge*, 25 nov. 2013, https://www.theverge.com/2013/11/25/5146066/microsoft-releases-xbox-one-cheat-sheet-heres-what-you-can-tell; Liz Gannes, "Apple Aiming at PrimeSense Acquisition, but Deal Is Not Yet Done", *All Things D*, 17 nov. 2013, https://allthingsd.com/20131117/apple-aiming-at-primesense-acquisition-but-deal-is-not-yet-done.

23. Linda Sui, "Apple iPhone Shipments by Model: Q2 2007 to Q2 2018", Strategy Analytics, 11 fev. 2019, https://www.strategyanalytics.com/access-services/devices/mobile-phones/handset-country-share/market-data/report-detail/apple-iphone-shipments-by-model-q2-2007-to-q4-2018.

24. Joanna Stern, "Apple Music Review: Behind a Messy Interface Is Music's Next Big Leap", *Wall Street Journal*, 7 jul. 2015, https://www.wsj.com/articles/apple-music-review-behind-a-messy-interface-is-musics-next-big-leap-1436300486; Brian X. Chen, "Apple Music Is Strong on Design, Weak on Networking", *New York Times*, 1 jul. 2015, https://www.nytimes.com/2015/07/02/technology/personaltech/apple-music-is-strong-on-design-weak-on-social-networking.html; Micah Singleton, "Apple Music Review", *Verge*, 8 jul. 2015, https://www.theverge.com/2015/7/8/8911731/apple-music-review; Walt Mossberg, "Apple Music First Look: Rich, Robust–but Confusing", *Recode*, 30 jun. 2015, https://www.vox.com/2015/6/30/11563978/apple-music-first-look-rich-fluid-but-somewhat-confusing.

25. Susie Ochs, "Turning Off Connect Makes Apple Music Better", *Macworld*, 1 jul. 2015, https://www.macworld.com/article/225829/turning-off-connect-makes-apple-music-better.html.

26. Matthew Garrahan e Tim Bradshaw, "Apple's Music Streaming Subscribers Top 10M", *Financial Times*, 10 jan. 2016, https://www.ft.com/content/742955d2-b79b-11e5-bf7e-8a339b6f2164.

15. Contadores

1. Walter Isaacson, *Steve Jobs*.
2. Isaacson, *Steve Jobs*, p. 366.
3. Brad Stone e Adam Satariano, "Tim Cook Interview: The iPhone 6, the Apple Watch, and Remaking a Company's Culture", *Bloomberg*, 18 set. 2014, https://www.bloomberg.com/news/articles/2014-09-18/tim-cook-interview-the-iphone-6-the-apple-watch-and-being-nice.
4. Buster Hein, "These Are the Fabulous Rides of Sir Jony Ive", *Cult of Mac*, 27 fev. 2014, https://www.cultofmac.com/254380/jony-ives-cars/.
5. Daisuke Wakabayashi, "Apple Scales Back Its Ambitions for a Self-Driving Car", *New York Times*, 22 ago. 2017, https://www.nytimes.com/2017/08/22/technology/apple-self-driving-car.html.
6. Jack Nicas, "Apple, Spurned by Others, Signs Deal with Volkswagen for Driverless Car", *New York Times*, 23 maio 2018, https://www.nytimes.com/2018/05/23/technology/apple-bmw-mercedes-volkswagen-driverless-cars.html.
7. Aaron Tilley e Wayne Ma, "Before Departure, Apple's Ive Faded from View", *The Information*, 27 jun. 2019, https://www.theinformation.com/articles/before-departure-apples-jony-ive-faded-from-view.
8. Foster + Partners, "The Steve Jobs Theater at Apple Park", *fosterandpartners.com*, 15 set. 2017, https://www.fosterandpartners.com/news/archive/2017/09/the-steve-jobs-theater-at-apple-park/; Gordon Sorlini, "Full Leather Trim", *The Official Ferrari Magazine*, 29 mar. 2021, https://www.ferrari.com/en-GM/magazine/articles/full-leather-trim-poltrona-frau-dashboards; Seung Lee, "Apple's New Steve Jobs Theater Is Expected to Be a Major Reveal of Its Own", *Mercury News*, 11 set. 2017, https://www.mercurynews.com/2017/09/11/apples-new-steve-jobs-theater-is-expected-to-be-a-major-reveal-of-its-own/.
9. Dawn Chmielewski, "Rev. Jesse Jackson Lauds Apple's Diversity Efforts, but Says March Not Over", *Recode*, 10 mar. 2015, https://www.vox.com/2015/3/10/11560038/rev-jesse-jackson-lauds-apples-diversity-efforts-but-says-march-not.
10. Stephen Galloway, "A Widow's Threats, HighPowered Spats and the Sony Hack: The Strange Saga of 'Steve Jobs'", *Hollywood Reporter*, 7 out. 2015, https://www.hollywoodreporter.com/movies/movie-features/a-widows-threats-high-powered-829925/.
11. "Jony Ive, J. J. Abrams e Brian Grazer on Inventing Worlds in a Changing One–FULL CONVERSATION" (vídeo), *Vanity Fair*, 9 out. 2015, https://www.vanityfair.com/video/watch/the-new-establishment-summit-jony-ive-j-j-abrams-and-brian-grazer-on-inventing-worlds-in-a-changing-one-2015-10-09.
12. Ian Parker, "The Shape of Things to Come: How an Industrial Designer Became Apple's Greatest Product", *The New Yorker*, 16 fev. 2015, https://www.newyorker.com/magazine/2015/02/23/shape-things-come.
13. Entrevista com Andrew Bolton; Guy Trebay, "At the Met, Andrew Bolton Is the Storyteller in Chief", *New York Times*, 29 abr. 2015, https://www.nytimes.com/2015/04/30/fashion/mens-style/at-the-met-andrew-bolton-is-the-storyteller-in-chief.html.

14. Christina Binkley, "Karl Lagerfeld Runway Show Features Pregnant Model in Neoprene Gown", *Wall Street Journal*, 9 jul. 2014, https://www.wsj.com/articles/BL-SEB-82150.
15. Entrevista com Anna Wintour.
16. Entrevista com Anna Wintour; Maghan McDowell, "Yahoo's $3 Million Met Ball Sponsorship Comes Under Fire", *Women's Wear Daily*, 16 dez. 2015, https://wwd.com/fashion-news/fashion-scoops/yahoos-3-million-met-ball-sponsorship-comes-under-fire-10299361/.
17. Christina Passariello, "Apple's First Foray into Luxury with Hermès Watch Breaks Tradition", *Wall Street Journal*, 11 set. 2015, https://www.wsj.com/articles/apple-breaks-traditions-with-first-foray-into-luxury-1441944061; entrevista com Andrew Bolton.

16. Segurança

1. Rick Braziel, Frank Straub, George Watson e Rod Hoops, Bringing Calm to Chaos: A Critical Incident Review of the San Bernardino Public Safety Response to the dez. 2, 2015, Terrorist Shooting Incident at the Inland Regional Center, Office of Community Oriented Policing Services, *Departamento de Justiça dos Estados Unidos*, 2016, https://www.justice.gov/usao-cdca/file/891996/download.
2. Apple, "Legal Process Guidelines: Government & Law Enforcement Within the United States", https://www.apple.com/legal/privacy/law-enforcement-guidelines-us.pdf.
3. Lev Grossman, "Inside Apple CEO Tim Cook's Fight with the FBI", *Time*, 17 mar. 2016, https://time.com/4262480/tim-cook-apple-fbi-2/; The Encryption Tightrope: Balancing Americans' Security and Privacy, Hearing Before the Committee on the Judiciary, *House of Representatives*, 1 mar. 2016, https://docs.house.gov/meetings/JU/JU00/20160301/104573/HHRG-114-JU00-Transcript-20160301.pdf.
4. Kim Zetter, "New Documents Solve a Few Mysteries in the Apple-FBI Saga", *Wired*, 11 mar. 2016, https://www.wired.com/2016/03/new-documents-solve-mysteries-apple-fbi-saga/.
5. John Shinal, "War on Terror Comes to Silicon Valley", *USA Today*, 25 fev. 2016, https://www.usatoday.com/story/tech/columnist/2016/02/25/war-terror-comes-silicon-valley/80918106/.
6. Ellen Nakashima, "Obama's Top National Security Officials to Meet with Silicon Valley CEOs", *Washington Post*, 7 jan. 2016, https://www.washingtonpost.com/world/national-security/obamas-top-national-security-officials-to-meet-with-silicon-valley-ceos/2016/01/07/178d95ca-b586-11e5-a842-0feb51d1d124_story.html.
7. Glenn Greenwald, "NSA Prism Program Taps In to User Data of Apple, Google and Others", *The Guardian*, 7 jun. 2013, https://www.theguardian.com/world/2013/jun/06/us-tech-giants-nsa-data.
8. Jena McLaughlin, "Apple's Tim Cook Lashes Out at White House Officials for Being Wishy-Washy on Encryption", *The Intercept*, 12 jan. 2016, https://theintercept.com/2016/01/12/apples-tim-cook-lashes-out-at-white-house-officials-for-being-wishy-washy-on-encryption/.
9. Daisuke Wakabayashi and Devlin Barrett, "Apple, FBI Wage War of Words", *Wall Street Journal*, 22 fev. 2016, https://www.wsj.com/articles/apple-fbi-wage-war-of-words-1456188800.
10. Current and Projected National Security Threats to the United States, Hearing Before the Select Committee on Intelligence of the United States Senate, 9 fev. 2016, https://

www.govinfo.gov/content/pkg/CHRG-114shrg20544/pdf/CHRG-114shrg20544.pdf, p. 43-44; C-SPAN, "Global Threats" (vídeo), *c-span.org*, 9 fev. 2016, https://www.c-span.org/video/?404387-1/hearing-global-terrorism-threats.

11. Dustin Volz e Mark Hosenball, "FBI Director Says Investigators Unable to Unlock San Bernardino Killer's Phone Content", *Reuters*, 9 fev. 2016, https://www.reuters.com/article/california-shooting-encryption/fbi-director-says-investigators-unable-to-unlock-san-bernardino-killers-phone-content-idUSL2N15O246.

12. Orin Kerr, "Opinion: Preliminary Thoughts on the Apple iPhone Order in the San Bernardino Case: Part 2, the All Writs Act", *Washington Post*, 19 fev. 2016, https://www.washingtonpost.com/news/volokh-conspiracy/wp/2016/02/19/preliminary-thoughts-on-the-apple-iphone-order-in-the-san-bernardino-case-part-2-the-all-writs-act/; Alison Frankel, "How a N.Y. Judge Inspired Apple's Encryption Fight: Frankel", *Reuters*, 17 fev. 2016, https://www.reuters.com/article/apple-encryption-column/refile-how-a-n-y-judge-inspired-apples-encryption-fight-frankel-idUSL2N15W2HZ.

13. Attorneys for the Applicant United States of America. In the Matter of the Search of an Apple iPhone Seized During the Execution of a Search Warrant on a Black Lexus IS300, California License Plate 35KGD203, ED No. 15-0451M, Government's Ex Parte Application, U.S. District Court, Central District of California, 16 fev. 2016, https://www.justice.gov/usao-cdca/page/file/1066141/download.

14. Issie Lapowsky, "Apple Takes a Swipe at Google in Open Letter on Privacy", *Wired*, 18 set. 2014, https://www.wired.com/2014/09/apple-privacy-policy/.

15. Attorneys for Apple Inc. Apple Inc's Motion to Vacate Order Compelling Apple Inc to Assist Agents in Search and Opposition to Government's Motion to Compel Assistance, ED No. CM 16-10 (SP), United States District Court, Central District of California, Eastern Division, 22 mar. 2016, https://epic.org/amicus/crypto/apple/In-re-Apple-Motion-to-Vacate.pdf.

16. Scott Bixby, "Trump Calls for Apple Boycott amid FBI Feud–Then Sends Tweets from iPhone", *The Guardian*, 19 fev. 2016, https://www.theguardian.com/us-news/2016/feb/19/donald-trump-apple-boycott-fbi-san-bernardino.

17. Devlin Barrett, "Americans Divided over Apple's Phone Privacy Fight, WSJ/NBC Poll Shows", *Wall Street Journal*, 9 mar. 2016, https://www.wsj.com/articles/americans-divided-over-apples-phone-privacy-fight-wsj-nbc-poll-shows-1457499601.

18. ABC News, "Exclusive: Apple CEO Tim Cook Sits down with David Muir (Extended Interview)", *YouTube*, 25 fev. 2016, https://www.youtube.com/watch?v=tGqLTFv7v7c.

19. Eric Lichtblau and Matt Apuzzo, "Justice Department Calls Apple's Refusal to Unlock iPhone a 'Marketing Strategy'", *New York Times*, 19 fev. 2016, https://www.nytimes.com/2016/02/20/business/justice-department-calls-apples-refusal-to-unlock-iphone-a-marketing-strategy.html.

20. Matthew Panzarino, "Apple's Tim Cook Delivers Blistering Speech on Encryption, Privacy", *TechCrunch*, 2 jun. 2015, https://techcrunch.com/2015/06/02/apples-tim-cook-delivers-blistering-speech-on-encryption-privacy/.

21. Jack Nicas, Raymond Zhong e Daisuke Wakabayashi, "Censorship, Surveillance and Profits: A Hard Bargain for Apple in China", *New York Times*, 17 maio 2021, https://www.nytimes.com/2021/05/17/technology/apple-china-censorship-data.html; Reed Albergotti, "Apple Puts CEO Tim Cook on the Stand to Fight the Maker of 'Fortnite'", *Washington Post*, 21 maio 2021, https://www.washingtonpost.com/technology/2021/05/21/apple-tim-cook-epic-fortnite-trial/.

22. The Encryption Tightrope: Balancing Americans' Security and Privacy, Hearing Before the Committee on the Judiciary, House of Representatives.

23. Michael Simon, "Apple's iPhone Privacy Billboard Is a Clever CES Troll, but It's Also Inaccurate", *Macworld*, 6 jan. 2019, https://www.macworld.com/article/232305/apple-privacy-billboard.html.

24. Mark Hosenball, "FBI Paid Under $1 Million to Unlock San Bernardino iPhone: Sources", *Reuters*, 28 abr. 2016, https://www.reuters.com/article/us-apple-encryption/fbi-paid-under-1-million-to-unlock-san-bernardino-iphone-sources-idU SKCN0XQ032; Ellen Nakashima e Reed Albergotti, "The FBI Wanted to Unlock the San Bernardino Shooter's iPhone. It Turned to a Little-Known Australian Firm", *Washington Post*, 14 abr. 2021, https://www.washingtonpost.com/technology/2021/04/14/azimuth-san-bernardino-apple-iphone-fbi/.

25. "A Special Inquiry Regarding the Accuracy of FBI Statements Concerning Its Capabilities to Exploit an iPhone Seized During the San Bernardino Terror Attack Investigation", Office of the Inspector General, Departamento de Justiça dos Estados Unidos, mar. 2018, https://www.oversight.gov/sites/default/files/oig-reports/o1803.pdf.

26. Comunicado da Apple à imprensa, "Apple Reports Second Quarter Results", *Apple*, 26 abr. 2016, https://www.apple.com/newsroom/2016/04/26Apple-Reports-Second-Quarter-Results/.

27. Daisuke Wakabayashi, "Apple Sinks on iPhone Stumble", *Wall Street Journal*, 26 abr. 2016.

17. A fase do Havaí

1. Vídeo do discurso de Jony Ive no Metropolitan Museum of Art obtido durante a reportagem; Dan Howarth, "'Fewer Designers Seem to Be Interested in How Something Is Actually Made' says Jonathan Ive", *Dezeen*, 3 maio 2016, https://www.dezeen.com/2016/05/03/fewer-designers-interested-in-how-something-is-made-jonathan-ive-apple-manus-x-machina/.

2. Jim Shi, "See How Tech and Fashion Mixed at the Met Gala", *Bizbash*, 10 maio 2016, https://www.bizbash.com/catering-design/event-design-decor/media-gallery/13481625/see-how-tech-and-fashion-mixed-at-the-met-gala.

3. Patricia Garcia, "Watch the Weeknd and Nas Perform at the 2016 Met Gala", *Vogue*, 3 maio 2016, https://www.vogue.com/article/the-weeknd-nas-met-gala-performance.

4. Tripp Mickle, "Jony Ive Is Leaving Apple, but His Departure Started Long Ago", *Wall Street Journal*, 30 jun. 2019, https://www.wsj.com/articles/jony-ive-is-departing-apple-but-he-started-leaving-years-ago-11561943376?mod=article_relatedinline.

5. Alice Morby, "Jony Ive and Marc Newson Create Room-Size Interpretation of a Christmas Tree", *Dezeen*, 21 nov. 2016, https://www.dezeen.com/2016/11/21/jony-ive-marc-newson-immersive-christmas-tree-claridges-hotel-london/; Jessica Klingelfuss, "First Look at Sir Jony Ive and Marc Newson's Immersive Festive Installation for Claridge's", *Wallpaper*, 19 nov. 2016, https://www.wallpaper.com/design/first-look-jony-ive-marc-newson-festive-installation-claridges.

18. Fumaça

1. Jonathan Cheng, "Samsung Adds Iris Scanner to New Galaxy Note Smartphone", *Wall Street Journal*, 2 ago. 2016, https://www.wsj.com/articles/samsung-adds-iris-scanner-to-new-galaxy-note-smartphone-1470150004; "Gartner Says Worldwide Sales

of Smartphones Grew 7 Percent in the Fourth Quarter of 2016", *Gartner*, 15 fev. 2017, https://www.gartner.com/en/newsroom/press-releases/2017-02-15-gartner-says-worldwide-sales-of-smartphones-grew-7-percent-in-the-fourth-quarter-of-2016.

2. Entrevista com Joni Barwick; Olivia Solon, "Samsung Owners Furious as Company Resists Paying Up for Note 7 Fire Damage", *The Guardian*, 19 out. 2016, https://www.theguardian.com/technology/2016/oct/19/samsung-galaxy-note-7-fire-damage-owners-angry; "Samsung Exploding Phone Lawsuits May Be Derailed by Fine Print", *CBS News*, 3 fev. 2017, https://www.cbsnews.com/news/samsung-galaxy-note-7-fine-print-class-action-waiver-lawsuits/; Joanna Stern", Samsung Galaxy Note 7 Review: Best New Android Phone", *Wall Street Journal*, 16 ago. 2016, https://www.wsj.com/articles/samsung-galaxy-note-7-review-its-all-about-the-stylus-1471352401.

3. "Samsung Recalls Galaxy Note7 Smartphones Due to Serious Fire and Burn Hazards", *United States Consumer Product Safety Commission*, 15 set. 2016, https://www.cpsc.gov/Recalls/2016/Samsung-Recalls-Galaxy-Note7-Smartphones/.

4. Sijia Jiang, "China's ATL to Become Main Battery Supplier for Samsung's Galaxy Note 7: Source", *Reuters*, 13 set. 2016, https://www.reuters.com/article/us-atl-samsung-battery/chinas-atl-to-become-main-battery-supplier-for-samsungs-galaxy-note-7-source-idUSKCN11J1EL; Sherisse Pham, "Samsung Blames Batteries for Galaxy Fires", *CNN*, 23 jan. 2017, https://money.cnn.com/2017/01/22/technology/samsung-galaxy-note-7-fires-investigation-batteries/.

5. Tim Cook, *Twitter*, 7 set. 2016, https://twitter.com/tim_cook/status/773530595284529152.

6. Apple, "Apple Special Event, October 2016" (vídeo), *Apple Podcasts*, 7 set. 2016, https://podcasts.apple.com/us/podcast/apple-special-event-october-2016/id275834665?i=1000430692673.

7. Daisuke Wakabayashi, "Apple's Watch Outpaced the iPhone in First Year", *Wall Street Journal*, 24 abr. 2016, https://www.wsj.com/articles/apple-watch-with-sizable-sales-cant-shake-its-critics-1461524901; comunicado da Apple à imprensa, "Apple Reports Fourth Quarter Results", *Apple* (with consolidated financial statements), 25 out. 2016, https://www.apple.com/newsroom/2016/10/apple-reports-fourth-quarter-results/.

8. Comunicado da Apple à imprensa, "Portrait Mode Now Available on iPhone 7 Plus with iOS 10.1", *Apple*, 24 out. 2016, https://www.apple.com/newsroom/2016/10/portrait-mode-now-available-on-iphone-7-plus-with-ios-101/.

9. "Steve Jobs in 2010, at D8", *Apple Podcasts*, https://podcasts.apple.com/us/podcast/steve-jobs-in-2010-at-d8/id529997900?i=1000116189688.

10. CollegeHumor, "The New iPhone Is Just Worse", *YouTube*, 8 set. 2016, https://www.youtube.com/watch?v=RgBDdDdSqNE.

11. Team Coco, "Apple's New AirPods Ad | Conan on TBS", *YouTube*, 14 set. 2016, https://www.youtube.com/watch?v=z_wImaGRkNY.

12. Paul Blake, "Exclusive: Apple CEO Tim Cook Dispels Fears That AirPods Will Fall out of Ears", *ABC News*, 13 set. 2016, https://abcnews.go.com/Technology/exclusive-apple-ceo-tim-cook-dispels-fears-airpods/story?id=42054658.

13. Entrevista com Chris Deaver, ex-executivo de recursos humanos, que escreveu um relatório técnico sobre o problema e desenvolveu uma solução que chamou de "Collaboration by Design", algo como "colaboração deliberada".

14. Entrevista com Chris Deaver, ex-executivo sênior de recursos humanos; Chris Deaver, "From Think Different to Different Together: The Best Work of My Life at Apple",

LinkedIn, 29 ago. 2019, https://www.linkedin.com/pulse/think-different-together-best-work-my-life-apple-chris-deaver/.

15. Jonathan Cheng e John D. McKinnon, "The Fatal Mistake that Doomed Samsung's Galaxy Note", *Wall Street Journal*, 23 out. 2016, https://www.wsj.com/articles/the-fatal-mistake-that-doomed-samsungs-galaxy-note-1477248978.

16. Neil Mawston, "SA: Apple iPhone 7 Was World's Best-Selling Smartphone Model in Q1 2017", *Strategy Analytics*, 10 maio 2017, https://www.strategyanalytics.com/strategy-analytics/news/strategy-analytics-press-releases/strategy-analytics-press-release/2017/05/10/strategy-analytics-apple-iphone-7-was-world%27s-best-selling-smartphone-model-in-q1-2017.

17. Mark Böschen, "Berkshire Hathaway Manager Establishes Apple Investment", *Manager Magazin*, 28 out. 2016; Anupreeta Das, "Warren Buffett's Heirs Bet on Apple", *Wall Street Journal*, 16 maio 2016, https://www.wsj.com/articles/buffetts-berkshire-takes-1-billion-position-in-apple-1463400389; Hannah Roberts, "Warren Buffett's Berkshire Hathaway Has More than Doubled Its Stake in Apple", *Business Insider*, 27 fev. 2017, https://www.businessinsider.com/warren-buffetts-berkshire-hathaway-has-more-than-doubled-its-stake-in-apple-2017-2; Becky Quick e Lauren Feiner, "Watch Apple CEO Tim Cook's Full Interview from the Berkshire Hathaway Shareholder Meeting", *CNBC*, 6 maio 2019, https://www.cnbc.com/2019/05/06/apple-ceo-tim-cook-interview-from-berkshire-hathaway-meeting.html.

18. Emily Bary, "What Warren Buffett Learned About the iPhone at Dairy Queen", *Barron's*, 27 fev. 2017, https://www.barrons.com/articles/what-warren-buffett-learned-about-the-iphone-at-dairy-queen-1488216174.

19. Daisuke Wakabayashi, "Apple Taps Bob Mansfield to Oversee Car Project", *Wall Street Journal*, 25 jul. 2016, https://www.wsj.com/articles/apple-taps-bob-mansfield-to-oversee-car-project-1469458580; Daisuke Wakabayashi e Brian X. Chen, "Apple Is Said to Be Rethinking Strategy on Self-Driving Cars", *New York Times*, 9 set. 2016, https://www.nytimes.com/2016/09/10/technology/apple-is-said-to-be-rethinking-strategy-on-self-driving-cars.html.

20. Paul Mozur e Jane Perlez, "Apple Services Shut Down in China in Startling About-Face", *New York Times*, 21 abr. 2016, https://www.nytimes.com/2016/04/22/technology/apple-no-longer-immune-to-chinas-scrutiny-of-us-tech-firms.html.

21. Liberty University, "Donald Trump– Liberty University Convocation", *YouTube*, 18 jan. 2016, https://www.youtube.com/watch?v=xSAyOlQuVX4.

22. Josh Katz, "Who Will Be President?", *New York Times*, 8 nov. 2016, https://www.nytimes.com/interactive/2016/upshot/presidential-polls-forecast.html; Gregory Krieg, "The Day That Changed Everything: Election 2016, as It Happened", *CNN*, 8 nov. 2017, https://www.cnn.com/2017/11/08/politics/inside-election-day-2016-as-it-happened/index.html.

19. Jony 50

1. "About the Battery", *The Battery*, https://www.the batterysf.com/about.

2. Shalini Ramachandran, "Apple Hires Former Time Warner Cable Executive Peter Stern", *Wall Street Journal*, 14 set. 2016, https://www.wsj.com/articles/apple-hires-former-time-warner-cable-executive-peter-stern-1473887487.

3. Fred Imbert, "GoPro Hires Designer Away from Apple; Shares Spike", *CNBC*, 13 abr. 2016, https://www.cnbc.com/2016/04/13/gopro-hires-apple-designer-daniel-coster-shares-jump.html; Paul Kunkel, *AppleDesign*.

Notas **487**

4. Mike Murphy, "Apple Shares Just Closed at Their Highest Price Ever", *Quartz*, 13 fev. 2017, https://qz.com/909729/how-much-are-apple-aapl-shares-worth-more-than-ever/.
5. Jay Peters, "One of the Apple Watch's Original Designers Tweeted a Behind-the-Scenes Look at Its Development", *Verge*, 24 abr. 2020, https://www.theverge.com/tldr/2020/4/24/21235090/apple-watch-designer-imran-chaudhri-development-tweetstorm.
6. A Apple concede ações aos funcionários como parte de sua remuneração total. Os funcionários poderiam converter a totalidade dessas ações, conhecidas como ações restritas, após um período de carência de cerca de quatro anos. Na Apple, as ações normalmente são exercíveis no outono e na primavera, quando uma onda de funcionários sai ou se aposenta. Em alguns casos, funcionários receberam ações exercíveis no início de um novo ano.
7. Charlotte Edwardes, "Meet the Glamorous New Tribes Shaking Up the Cotswolds", *Evening Standard*, 20 jul. 2017, https://www.standard.co.uk/lifestyle/esmagazine/new-wolds-order-how-glamorous-new-arrivals-are-shaking-things-up-in-the-cotswolds-a3590711.html; Suzanna Andrews, "Untangling Rebekah Brooks", *Vanity Fair*, 9 jan. 2012, https://www.vanityfair.com/news/business/2012/02/rebekah-brooks-201202.
8. Bono, The Edge, Adam Clayton, Larry Mullen, Jr., com Neil McCormick, *U2 by U2*. Londres: itbooks, 2006, p. 270-75.
9. Bono, Adam Clayton, The Edge, Larry Mullen, Jr., "One", *Achtung Baby*, 1992, https://genius.com/U2-one-lyrics.

20. Briga de cachorro grande
1. "'America First': Full Transcript and Video of Donald Trump's Inaugural Address", *Wall Street Journal*, 20 jan. 2017, https://www.wsj.com/articles/BL-WB-67322.
2. Comunicado da Apple à imprensa, "Apple Reports Fourth Quarter Results (Consolidated Financial Statements)", *Apple*, 2 nov. 2017, https://www.apple.com/newsroom/2017/11/apple-reports-fourth-quarter-results/; comunicado da Apple à imprensa, "Apple Reports Fourth Quarter Results (Consolidated Financial Statements)", Apple, 27 out. 2015, https://www.apple.com/newsroom/2015/10/27Apple-Reports-Record-Fourth-Quarter-Results/.
3. Tripp Mickle, "Apple's Pressing Challenge: Build Its Services Business", *Wall Street Journal*, 10 jan. 2019, https://www.wsj.com/articles/apples-pressing-challenge-build-its-services-business-11547121605.
4. Tim Higgins e Brent Kendall, "Epic vs. Apple Trial Features Battle over How to Define Digital Markets", *Wall Street Journal*, 2 maio 2021, https://www.wsj.com/articles/epic-vs-apple-trial-features-battle-over-how-to-define-digital-markets-11619964001.
5. "Apple Inc., Q1 2017 Earnings Call, Jan 31, 2017", S&P Capital IQ, https://www.capitaliq.com/CIQDotNet/Transcripts/Detail.aspx?keyDevId=415202390&companyId=24937.
6. Mickle, "Apple's Pressing Challenge: Build Its Services Business".
7. Nick Wingfield, "'The Mobile Industry's Never Seen Anything like This': An Enterview with Steve Jobs at the App Store's Launch", *Wall Street Journal*, 25 jul. 2018, https://www.wsj.com/articles/the-mobile-industrys-never-seen-anything-like-this-an-interview-with-steve-jobs-at-the-app-stores-launch-1532527201.
8. Timothy B. Lee, "Trump Claims 1.5 Million People Came to His Inauguration. Here's What the Evidence Shows", Vox, 23 jan. 2017, https://www.vox.com/policy-and-politics/2017/1/21/14347298/trump-inauguration-crowd-size; Abby Phillip e

Mike DeBonis, "Without Evidence, Trump Tells Lawmakers 3 Million to 5 Million Illegal Ballots Cost Him the Popular Vote", *Washington Post*, 23 jan. 2017, https://www.washingtonpost.com/news/post-politics/wp/2017/01/23/at-white-house-trump-tells-congressional-leaders-3-5-million-illegal-ballots-cost-him-the-popular-vote/; Akane Otani e Shane Shifflett, "Think a Negative Tweet from Trump Crushes a Stock? Think Again", *Wall Street Journal*, 23 fev. 2017, https://www.wsj.com/graphics/trump-market-tweets/.

9. G. Pascal Zachary, "In the Politics of Innovation, Steve Jobs Shows Less Is More", IEEE Spectrum, 15 dez. 2010, https://spectrum.ieee.org/in-the-politics-of-innovation-steve-jobs-shows-less-is-more.

10. Walter Isaacson, *Steve Jobs*.

11. Entrevista com Tim Cook.

12. Edward Moyer, "Apple's Cook Takes Aim at Trump's Immigration Ban", CNET, 28 jan. 2017, https://www.cnet.com/news/tim-cook-trump-immigration-apple-memo-executive-order/.

13. Entrevista com Tim Cook.

14. Lizzy Gurdus, "Exclusive: Apple Just Promised to Give U.S. Manufacturing a $1 Billion Boost" (vídeo), CNBC, 3 maio 2017, https://www.cnbc.com/2017/05/03/exclusive-apple-just-promised-to-give-us-manufacturing-a-1-billion-boost.html.

15. Tripp Mickle e Yoko Kubota, "Tim Cook and Apple Bet Everything on China. Then Coronavirus Hit", *Wall Street Journal*, 3 mar. 2020, https://www.wsj.com/articles/tim-cook-and-apple-bet-everything-on-china-then-coronavirus-hit-11583172087; Glenn Leibowitz, "Apple CEO Tim Cook: This Is the No. 1 Reason We Make iPhones in China (It's Not What You Think)", Inc., 21 dez. 2017, https://www.inc.com/glenn-leibowitz/apple-ceo-tim-cook-this-is-number-1-reason-we-make-iphones-in-china-its-not-what-you-think.html.

16. Apple Inc. Form 10-K 2017, Cupertino: Apple Inc, 2017, https://www.sec.gov/Archives/edgar/data/320193/000032019317000070/a10-k20179302017.htm; Apple Inc. Form 10-K 2011, Cupertino: Apple Inc, 2011, https://www.sec.gov/Archives/edgar/data/320193/000119312511282113/d220209d10k.htm; Apple Inc. Definitive Proxy Statement 2018, Cupertino: Apple Inc., 15 dez. 2017, https://www.sec.gov/Archives/edgar/data/320193/000119312517380130/d400278dd ef14a.htm.

17. Jonathan Swan, "What Apple's Tim Cook Will Tell Trump", Axios, 18 jun. 2017, https://www.axios.com/what-apples-tim-cook-will-tell-trump-1513303073-74d6db9f-d6c2-46c7-8e24-a291325d88e9.html.

18. David McCabe, "Tim Cook to Trump: Put 'More Heart' in Immigration Debate", Axios, 20 jun. 2017, https://www.axios.com/tim-cook-to-trump-put-more-heart-in-immigration-debate-1513303104-f5799556-4f78-4c80-aca3-d7b48864a917.html.

19. "Excerpts: Donald Trump's Interview With the Wall Street Journal", *Wall Street Journal*, 25 jul. 2017, https://www.wsj.com/articles/donald-trumps-interview-with-the-wall-street-journal-edited-transcript-1501023617?tesla=y; Tripp Mickle and Peter Nicholas, "Trump Says Apple CEO Has Promised to Build Three Manufacturing Plants in U.S.", *Wall Street Journal*, 25 jul. 2017, https://www.wsj.com/articles/trump-says-apple-ceo-has-promised-to-build-three-manufacturing-plants-in-u-s-1501012372.

20. "Remarks by President Trump to the World Economic Forum", The White House, 26 jan. 2018, https://trumpwhitehouse.archives.gov/briefings-statements/remarks-president-trump-world-economic-forum/.

21. Bob Davis e Lingling Wei, *Superpower Showdown*.

22. O preço das ações da Apple em 20 mar. 2018 era de US$ 42,33; em 23 mar. 2018, era de US$ 39,84.

23. Jack Nicas e Paul Mozur, "In China Trade War, Apple Worries It Will Be Collateral Damage", *New York Times*, 18 jun. 2018, https://www.nytimes.com/2018/06/18/technology/apple-tim-cook-china.html; Norihiko Shirouzu e Michael Martina, "Red Light: Ford Facing Hold-ups at China Ports amid Trade Friction", Reuters, 9 maio 2018, https://www.reuters.com/article/us-usa-trade-china-ford/red-light-ford-facing-hold-ups-at-china-ports-amid-trade-friction-sources-idUKKBN1IA1O1; Eun-Young Jeong, "South Korea's Companies Eager for End to Costly Spat with China", *Wall Street Journal*, 1 nov. 2017, https://www.wsj.com/articles/south-koreas-companies-eager-for-end-to-costly-spat-with-china-1509544012.

24. Yoko Kubota, "Apple's Cook to Trump: Embrace Open Trade", *Wall Street Journal*, 24 mar. 2018, https://www.wsj.com/articles/apples-cook-to-trump-embrace-open-trade-1521880744; "Apple CEO Calls for Countries to Embrace Openness, Trade and Diversity at China Development Forum", CCTV, 24 mar. 2018; "China to Continue Pushing Forward Opening Up and Reform: Li Keqiang", China Plus, 27 mar. 2018, http://chinaplus.cri.cn/news/china/9/20180327/108308.html.

25. Caroline Cakebread, "With 60 Million Subscribers, Spotify Is Dominating Apple Music", Yahoo! Finance, 1 ago. 2017, https://finance.yahoo.com/news/60-million-subscribers-spotify-dominating-195250485.html.

26. Tripp Mickle e Joe Flint, "No Sex Please, We're Apple: iPhone Giant Seeks TV Success on Its Own Terms", *Wall Street Journal*, 22 set. 2018, https://www.wsj.com/articles/ no-sex-please-were-apple-iphone-giant-seeks-tv-success-on-its-own-terms-1537588880; Margaret Lyons, "'Madam Secretary' Proved TV Didn't Have to Be Hip to Be Great", *New York Times*, 8 dez. 2019, https://www.nytimes.com/2019/12/08/arts/television/madam-secretary-finale.html.

27. Maureen Ryan, "TV Review: Apple's 'Planet of the Apps'", *Variety*, 6 jun. 2017, https://variety.com/2017/tv/reviews/planet-of-the-apps-apple-gwyneth-paltrow-jessica-alba-1202456477/; Jake Nevins, "Planet of the Apps Review– Celebrity Panel Can't Save Apple's Dull First TV Show", *The Guardian*, 8 jun. 2017, https://www.theguardian.com/tv-and-radio/2017/jun/08/planet-of-the-apps-review-apple-first-tv-show.

28. Tripp Mickle e Joe Flint, "Apple Poaches Sony TV Executives to Lead Push into Original Content", *Wall Street Journal*, 16 jun. 2017, https://www.wsj.com/articles/apple-poaches-sony-tv-executives-to-lead-push-into-original-content-1497616203.

29. Joe Flint, "Jennifer Aniston, Reese Witherspoon Drama Series Headed to Apple", *Wall Street Journal*, 8 nov. 2017, https://www.wsj.com/articles/jennifer-aniston-reese-witherspoon-drama-series-headed-to-apple-1510167626.

30. Entrevista com Larry Kudlow.

31. Hanna Sender, William Mauldin e Josh Ulick, "Chart: All the Goods Targeted in the Trade Spat", *Wall Street Journal*, 5 abr. 2018, https://www.wsj.com/articles/a-look-at-which-goods-are-under-fire-in-trade-spat-1522939292; Bob Davis, "Trump Weighs Tariffs on $100 Billion More of Chinese Goods", *Wall Street Journal*, 5 abr. 2018, https://www.wsj.com/articles/u-s-to-consider-another-100-billion-in-new-china-tariffs-1522970476.

32. Aaron Steckelberg, "Inside Trump's West Wing", *Washington Post*, 3 maio 2017, https://www.washingtonpost.com/graphics/politics/100-days-west-wing/.

33. Jack Nicas, Raymond Zhong e Daisuke Wakabayashi, "Censorship, Surveillance and Profits: A Hard Bargain for Apple in China", *New York Times*, 17 jun. 2021, https://www.nytimes.com/2021/05/17/technology/apple-china-censorship-data.html.

34. "Remarks by President Trump Before Marine One Departure", The White House, 21 ago. 2019, https://trumpwhitehouse.archives.gov/briefings-statements/remarks-president-trump-marine-one-departure-011221/.

35. Noel Randewich, "Apple Breaches $1 Trillion Stock Market Valuation", Reuters, 2 ago. 2018, https://www.reuters.com/article/us-apple-stocks-trillion/apple-breaches-1-trillion-stock-market-valuation-idUSKBN1KN2BE.

36. Tripp Mickle e Jay Greene, "Apple Says China Tariffs Would Hit Watch, AirPods", *Wall Street Journal*, 7 set. 2018, https://www.wsj.com/articles/apple-says-china-tariffs-would-hit-watch-airpods-1536353245; Tripp Mickle, "How Tim Cook Won Donald Trump's Ear", *Wall Street Journal*, 5 out. 2019, https://www.wsj.com/articles/how-tim-cook-won-donald-trumps-ear-11570248040.

21. Com um pé aqui e o outro lá

1. Apple, "Apple Special Event, September 2017" (vídeo), *Apple Podcasts*, 14 set. 2017, https://podcasts.apple.com/us/podcast/apple-special-event-september-2017/id275834665?i=1000430692674.

2. Walter Isaacson, *Steve Jobs*.

3. Nick Compton, "In the Loop: Jony Ive on Apple's New HQ and the Disappearing iPhone", *Wallpaper*, dez. 2017, https://www.wallpaper.com/design/jony-ive-apple-park.

4. Tripp Mickle e Eliot Brown, "Apple's New Headquarters Is a Sign of Tech's Boom, Bravado", *Wall Street Journal*, 14 maio 2017, https://www.wsj.com/articles/apples-new-headquarters-is-a-sign-of-techs-boom-bravado-1494759606.

5. Entrevista com Steve Wozniak, 14 set. 2017.

6. Apple, "Apple Special Event, September 2017" (vídeo), *Apple Podcasts*, 14 set. 2017, https://podcasts.apple.com/us/podcast/apple-special-event-september-2017/id275834665?i=1000430692674

7. Yoko Kubota, "Apple iPhone X Production Woe Sparked by Juliet and Her Romeo", *Wall Street Journal*, 27 set. 2017, https://www.wsj.com/articles/apple-iphone-x-production-woe-sparked-by-juliet-and-her-romeo-1506510189.

8. "Apple Inc., Q4 2017 Earnings Call, Nov. 02, 2017", *S&P Capital IQ*, 2 nov. 2017, https://www.capitaliq.com/CIQDotNet/Transcripts/Detail.aspx?keyDevId=540777466&companyId=24937.

9. Apple Inc. Definitive Proxy Statement 2018, Cupertino: Apple Inc., 15 dez. 2017, https://www.sec.gov/Archives/edgar/data/320193/000119312517380130/d400278ddef14a.htm.

10. O documentário de Zuckerman foi abandonado. A Apple não revelou se pretende lançar o trabalho dele.

11. *Apple Inc v. Gerard Williams III, Williams Cross Complaint Against Apple Inc.*, Superior Court of the State of California, County of Santa Clara, 6 nov. 2019.

12. "Jony Ive: The Future of Design", *Hirshhorn*, 29 nov. 2017, https://hirshhorn.si.edu/event/jony-ive-future-design/; fuste, "Jony Ive: The Future of Design" (gravação de áudio), *Soundcloud*, 2018, https://soundcloud.com/user-175082292/jony-ive-the-future-of-design.

13. "Apple Park: Transcript of 911 Calls About Injuries from Walking into Glass", *San Francisco Chronicle*, 2 mar. 2018, https://www.sfchronicle.com/business/article/Apple-Park-Transcript-of-911-calls-about-12723602.php.

14. Vanessa Friedman, "Is the Fashion Wearables Love Affair Over?", *New York Times*, 12 jan. 2018, https://www.nytimes.com/2018/01/12/fashion/ces-wearables-fashion-technology.html.

22. Em um bilhão de bolsos

1. Becca Hensley, "Review: Amangiri", *Condé Nast Traveler*, https://www.cntraveler.com/hotels/united-states/canyon-point/amangiri-canyon-point.
2. Michael Roberts, "Tim Cook Pivots to Fitness", *Outside*, 10 fev. 2021, https://www.outside online.com/health/wellness/tim-cook-apple-fitness-wellness-future/; "Tim Cook on Health and Fitness" (podcast), *Outside*, 9 dez. 2020, https://www.outsideonline.com/podcast/tim-cook-health-fitness-podcast/.
3. Yoko Kubota, "The iPhone that's Failing Apple: iPhone XR", *Wall Street Journal*, 6 jan. 2019, https://www.wsj.com/articles/the-phone-thats-failing-apple-iphone-xr-11546779603.
4. The Times of India, "Compare Apple iPhone XR vs Huawei P20", *Gadgets Now*, https://www.gadgetsnow.com/compare-mobile-phones/Apple-iPhone-XR-vs-Huawei-P20.
5. Yoko Kubota, "Apple iPhone Loses Ground to China's Homegrown Rivals", *Wall Street Journal*, 3 jan.2019, https://www.wsj.com/articles/apple-loses-ground-to-chinas-homegrown-rivals-11546524491.
6. Debby Wu, "Apple iPhone Supplier Foxconn Planning Deep Cost Cuts", *Bloomberg*, 21 nov. 2018, https://www.bloomberg.com/news/articles/2018-11-21/apple-s-biggest-iphone-assembler-is-said-to-plan-deep-cost-cuts.
7. Hayley Tsukayama, "Apple Launches iPhone Trade-in Program", *Washington Post*, 30 ago. 2013, https://www.washingtonpost.com/business/technology/apple-launches-trade-in-program/2013/08/30/35c360a0-1183-11e3-b4cb-fd7ce041d814_story.html.
8. Mark Gurman, "Apple Resorts to Promo Deals, Trade-ins to Boost iPhone Sales", *Bloomberg*, 4 dez. 2018, https://www.bloomberg.com/news/articles/2018-12-04/apple-is-said-to-reassign-marketing-staff-to-boost-iphone-sales.
9. O valor de mercado da Apple, em 4 set. 2018, era de US$ 1,131 trilhão; em 24 dez. 2018, era de US$ 695 bilhões. Fonte: Macrotrends.net.
10. Jay Greene, "How Microsoft Quietly Became the World's Most Valuable Company", *Wall Street Journal*, 1 dez. 2018, https://www.wsj.com/articles/how-microsoft-quietly-became-the-worlds-most-valuable-company-1543665600.
11. "Letter from Tim Cook to Apple Investors", *Apple*, 2 jan. 2019, https://www.apple.com/newsroom/2019/01/letter-from-tim-cook-to-apple-investors/.
12. "CNBC Exclusive: CNBC Transcript: Apple CEO Tim Cook Speaks with CNBC's Josh Lipton Today", *CNBC*, 2 jan. 2019, https://www.cnbc.com/2019/01/02/cnbc-exclusive-cnbc-transcript-apple-ceo-tim-cook-speaks-with-cnbcs-josh-lipton-today.html.
13. Sophie Caronello, "Apple's Market Cap Plunge Must Be Seen in Context", *Bloomberg*, 4 jan. 2019, https://www.bloomberg.com/news/articles/2019-01-04/apple-s-market-cap-plunge-must-be-seen-in-context.
14. Apple Inc. Definitive Proxy Statement, 2014, Schedule 14A, *United States Securities and Exchange Commission*, https://www.sec.gov/Archives/edgar/data/320193/000119312514008074/d648739ddef14a.htm; Apple Inc. Definitive Proxy Statement, 2017, Schedule 14A, *United States Securities and Exchange Commission*, https://www.sec.gov/Archives/edgar/data/320193/000119312517003753/d257185ddef14a.htm.

15. John Koblin, "Hollywood Had Questions. Apple Didn't Answer Them", *New York Times*, 26 mar. 2019, https://www.nytimes.com/2019/03/26/business/media/apple-tv-plus-hollywood.html.
16. Apple, "Apple Special Event, mar. 2019" (vídeo), *Apple Podcasts*, 25 mar. 2019, https://podcasts.apple.com/us/podcast/apple-special-event-march-2019/id275834665?i=1000433397233.
17. Valentina Pop e Sam Schechner, "Spotify Accuses Apple of Stifling Competition in EU Complaint", *Wall Street Journal*, 13 mar. 2019, https://www.wsj.com/articles/spotify-files-eu-antitrust-complaint-over-apples-app-store-11552472861.
18. Kevin Kelleher, "Apple's Stock Soared 89% in 2019, Highlighting the Company's Resilience", *Fortune*, 31 dez. 2019, https://fortune.com/2019/12/31/apple-stock-soared-in-2019/.

23. *Yesterday*
1. "Pac Heights Carriage House in Contract at $4K Per Square Foot", *SocketSite*, 10 jun. 2015, https://socketsite.com/archives/2015/06/3-5m-carriage-house-in-contract-at-4k-per-square-foot.html.
2. Aaron Tilley e Wayne May, "Before Departure, Apple's Jony Ive Faded from View", *The Information*, 27 jun. 2019, https://www.theinformation.com/articles/before-departure-apples-jony-ive-faded-from-view.
3. Cópia do convite.
4. Lewis Wallace, "How (and Why) Jony Ive Built the Mysterious Rainbow Apple Stage", *Cult of Mac*, 9 maio 2019, https://www.cultofmac.com/624572/apple-stage-rainbow/.
5. Entrevista com Camille Crawford, ex-assistente pessoal de Jony Ive.
6. Entrevista com John Cave, amigo de longa data de Mike Ive e colega na Politécnica de Middlesex.
7. Sina Digital, "Apple Park, Apple's New Headquarters, Opens Lady Gaga Rainbow Stage Singing (translated)", *Sina*, 19 maio 2019, https://tech.sina.com.cn/mobile/n/n/2019-05-19/doc-ihvhiqax9739760.shtml
8. Monster Nation, PAWS UP, "Lady Gaga Live at the Apple Park" (vídeo), *Facebook*, 17 maio 2019, https://www.facebook.com/MonsterNationPawsUp/videos/671078713305170/.
9. Peggy Truong, "The Real Meaning of 'Shallow' from 'A Star Is Born,' Explained", *Cosmopolitan*, 25 fev. 2019, https://www.cosmopolitan.com/entertainment/music/a26444189/shallow-lady-gaga-lyrics-meaning/; Lady Gaga, Mark Ronson, Anthony Rossomando e Andrew Wyatt, "Shallow", *A Star Is Born*, 2018, https://genius.com/Lady-gaga-and-bradley-cooper-shallow-lyrics.
10. Paulinosdepido, "Steve Jobs My Model in Business Is the Beatles", *YouTube*, 13 dez. 2011, https://www.youtube.com/watch?v=1QfK9UokAIo.
11. "10 of the Largest Golden Parachutes CEOs Ever Received", *Town & Country*, 6 dez. 2013.
12. Tripp Mickle, "Jony Ive's Long Drift from Apple– The Design Chief's Departure Comes After Years of Growing Distance and Frustration", *Wall Street Journal*, 1 jul. 2019.

Epílogo
1. Tripp Mickle, "How Tim Cook Made Apple His Own", *Wall Street Journal*, 7 ago. 2020, https://www.wsj.com/articles/tim-cook-apple-steve-jobs-trump-china-iphone-ipad-apps-smartphone-11596833902.

2. E-mail de Laurene Powell Jobs, 25 mar. 2021.
3. Apple Inc., "Apple Return of Capital and Net Cash Position", Cupertino, CA, Apple Inc., 2021, https://s2.q4cdn.com/470004039/files/doc_financials/2021/q3/Q3'21-Return-of-Capital-Timeline.pdf.
4. "Fortune 500", *Fortune*, 2020, https://fortune.com/fortune500/2020/.
5. "Apple Inc.", *FactSet*, https://www.factset.com.
6. Tripp Mickle, "Apple Was Headed for a Slump. Then It Had One of the Biggest Rallies Ever", *Wall Street Journal*, 26 jan. 2020, https://www.wsj.com/articles/apple-was-headed-for-a-slump-then-it-had-one-of-the-biggest-rallies-ever-11580034601.
7. Tim Higgins, "Apple's Tim Cook Faces Pointed Questions from Judge on App Store Competition", *Wall Street Journal*, 21 maio 2021, https://www.wsj.com/articles/apples-tim-cook-expected-to-take-witness-stand-in-antitrust-fight-11621589408.
8. Tim Higgins, "Apple Doesn't Make Videogames. But It's the Hottest Player in Gaming", *Wall Street Journal*, 2 out. 2021, https://www.wsj.com/articles/apple-doesnt-make-videogames-but-its-the-hottest-player-in-gaming-11633147211.
9. Ben Thompson, "The *Apple v. Epic* Decision", *Stratechery*, 13 set. 2021, https://stratechery.com/2021/the-apple-v-epic-decision/.
10. Wayne Ma, "Seven Apple Suppliers Accused of Using Forced Labor from Xinjiang", *The Information*, May 10, 2021, https://www.theinformation.com/articles/seven-apple-suppliers-accused-of-using-forced-labor-from-xinjiang.
11. "Apple Inc. Notice of 2021 Annual Meeting of Shareholders and Proxy Statement", *Apple*, 5 jan. 2021, https://www.sec.gov/Archives/edgar/data/320193/000119312521001987/d767770ddef14a.htm.
12. Anders Melin e Tom Metcalf, "Tim Cook Hits Billionaire Status with Apple Nearing $2 Trillion", *Bloomberg*, 10 ago. 2020, https://www.bloomberg.com/news/articles/2020-08-10/apple-s-cook-becomes-billionaire-via-the-less-traveled-ceo-route; Mark Gurman, "Apple Gives Tim Cook Up to a Million Shares That Vest Through 2025", *Bloomberg*, 29 set. 2020, https://www.bloomberg.com/news/articles/2020-09-29/apple-gives-cook-up-to-a-million-shares-that-vest-through-2025.
13. Apple Inc. Form 10-K 2020. Cupertino: Apple Inc., 2020, https://s2.q4cdn.com/470004039/files/doc_financials/2020/q4/_10-K-2020-(As-Filed).pdf.
14. Dave Lee, "Airbnb Brings in Jony Ive to Oversee Design", *Financial Times*, 21 out. 2020, https://www.ft.com/content/8bc63067-4f58-4c84-beb1-f516409c9838; Tim Bradshaw, "Jony Ive Teams Up with Ferrari to Develop Electric Car", *Financial Times*, 27 set. 2021, https://www.ft.com/content/c2436fb5-d857-4aff-b81e-30141879711c; Comunicado da Ferrari N.V. à imprensa, "Exor, Ferrari and LoveFrom Announce Creative Partnership", *Ferrari*, 27 set. 2021, https://corporate.ferrari.com/en/exor-ferrari-and-lovefrom-announce-creative-partnership; Nergess Banks, "This Is Ferrari and Superstar Designer Marc Newson's Tailored Luggage Line", *Forbes*, 6 maio 2020, https://www.forbes.com/sites/nargessbanks/2020/05/05/ferrari-marc-newsons-luggage-collection/?sh=248a8e762d11.
15. Entrevista com Camille Crawford.
16. Entrevista com Camille Crawford; Alexa Tsoulis-Reay, "What It's Like to See 100 Million Colors", *New York*, 26 fev. 2015, https://www.thecut.com/2015/02/what-like-see-a-hundred-million-colors.html.

REFERÊNCIAS

Livros

Rob Austin e Lee Devin. *Artful Making*: What Managers Need to Know About How Artists Work. Nova York: FT Prentice Hall, 2003.

Lisa Brennan-Jobs. *Small Fry*: A Memoir. Nova York: Grove Press, 2018.

Robert Brunner, Stewart Emery e Russ Hall. *Do You Matter?* How Great Design Will Make People Love Your Company. Upper Saddle River: FT Press, 2009.

Geoffrey Cain. *Samsung Rising*: The Inside Story of the South Korean Giant That Set Out to Beat Apple and Conquer Tech. Nova York: Currency, 2020.

Jim Carlton. *Apple*: The Inside Story of Intrigue, Egomania, and Business Blunders. Nova York: Times Books, 2017.

Bob Davise Lingling Wei. *Superpower Showdown*: How the Battle Between Trump and Xi Threatens a New Cold War. Nova York: Harper Business, 2020.

Luke Dormehl. *The Apple Revolution*: Steve Jobs, the Counter Culture and How the Crazy Ones Took Over the World. Londres: Virgin Books, 2012.

Hartmut Esslinger. *Keep It Simple*: The Early Design Years at Apple. Stuttgart: Arnoldsche Art Publishers, 2013.

Antonia Higgs. *Tangerine*: 25 Insights into Extraordinary Innovation & Design. Londres: Goodman, 2014.

Robert Iger. *The Ride of a Lifetime*: Lessons Learned from 15 Years as CEO of the Walt Disney Company. Nova York: Random House, 2019.

Walter Isaacson. *Steve Jobs*. Nova York: Simon & Schuster, 2011.

Jony Ive, Andrew Zuckerman e Apple Inc. *Designed by Apple in California*. Cupertino: Apple, 2016.

Leander Kahney. *Jony Ive*: The Genius Behind Apple's Greatest Products. Nova York: Portfolio/Penguin, 2013.

Leander Kahney. *Tim Cook*: The Genius Who Took Apple to the Next Level. Nova York: Portfolio/Penguin, 2019.

Yukari Iwatani Kane. *A Apple depois de Steve Jobs*. São Paulo: Benvirá, 2014.

Ken Kocienda. *Creative Selection*: Inside Apple's Design Process During the Golden Age of Steve Jobs. Nova York: St. Martin's Press, 2018.

Paul Kunkel. *AppleDesign*: The Work of the Apple Industrial Design Group. Cupertino: Apple, 1997.

Adam Lashinsky. *Inside Apple*: How America's Most Admired–and Secretive–Company Really Works. Nova York: Business Plus, 2013.

Steven Levy. *Insanely Great*: The Life and Times of Macintosh, the Computer That Changed Everything. Nova York: Penguin, 1994.

Brian Merchant. *The One Device*: The Secret History of the iPhone. Nova York: Back Bay Books, 2017.

Michael Moritz. *Return to the Little Kingdom*: How Apple & Steve Jobs Changed the World. Nova York: Overlook Press, 2009.

John Nathan. *Sony*: The Private Life. Boston: Houghton Mifflin Harcourt, 1999.

Dieter Rams. *Less but Better*. Berlim: Gestalten, 1995.

Brent Schendler e Rick Tetzeli. *Becoming Steve Jobs*: The Evolution of a Reckless Upstart into a Visionary Leader. Nova York: Crown Business, 2015.

Joshua Wolf Shenk. *Powers of Two*: How Relationships Drive Creativity. Nova York: First Mariner Books, 2014.

George Stalk Jr. e Thomas M. Hout. *Competing Against Time*: How Time-Based Competition Is Reshaping Global Markets. Nova York: Free Press, 1990.

Fred Vogelstein. *Dogfight*: How Apple and Google Went to War and Started a Revolution. Nova York: Sarah Crichton Books, 2013.

Filmes e séries

THE FIRST MONDAY IN MAY. Direção: Andrew Rossi. Produção: Condé Nast Entertainment, MediaWeaver Entertainment e Relativity Media. Estados Unidos da América: Magnolia Pictures, 2016.

OBJECTIFIED. Direção: Gary Hustwit. Produção: Plexi Productions e Swiss Dots. Estados Unidos da América, 2009.

THE SEPTEMBER ISSUE. Direção: R. J. Cutler. Produção: A&E Indie Films e Actual Reality Pictures. Estados Unidos da América: Roadside Attractions, 2009.

THE DEFIANT ONES. Direção: Allen Hughes. Produção: Alcon Entertainment e Silverback 5150 Pictures. Estados Unidos da América, 2017.

YESTERDAY. Direção: Danny Boyle. Produção: Decibel Films, Dentsu, Perfect World Pictures e Working Title Films. Estados Unidos da América: Universal Pictures, 2019.